배 만들기

나라 만들기

Building Ships, Building a Nation: Korea's Democratic Unionism under Park Chung Hee
by Hwasook Nam

배 만들기, 나라 만들기
박정희 시대의 민주노조운동과 대한조선공사

1판 1쇄 | 2013년 12월 27일

지은이 | 남화숙
옮긴이 | 남관숙·남화숙

펴낸이 | 박상훈
주간 | 정민용
편집장 | 안중철
책임편집 | 최미정
편집 | 윤상훈, 이진실, 장윤미(영업 담당), 성지희(외주 교정)
업무지원 | 김재선

펴낸 곳 | 후마니타스(주)
등록 | 2002년 2월 19일 제300-2003-108호
주소 | 서울 마포구 합정동 413-7번지 1층 (121-883)
전화 | 편집_02.739.9929 제작·영업_02.722.9960 팩스_02.733.9910
홈페이지 | www.humanitasbook.co.kr

인쇄 | 천일_031.955.8083 제본 | 일진_031.908.1407

값 23,000원

ISBN 978-89-6437-198-5 93300

이 도서의 국립중앙도서관 출판시도서목록(CIP)은 e-CIP 홈페이지(http://www.nl.go.kr/ecip)에서
이용하실 수 있습니다(CIP제어번호: CIP2013027208).

배 만들기

나라 만들기

박정희 시대의 민주노조운동과
대한조선공사

남화숙 지음

남관숙·남화숙 옮김

후마니타스

한국어판 서문

10년 전 미국에서 박사 학위 논문으로 처음 세상에 나왔고 오랜 수정 작업을 거쳐 2009년에 영문 단행본으로 출간되었던 이 책이 이제 한글판으로 다시 태어난다니 신기하기도 하고 설레기도 한다. 한국사 전공자의 유학이 드물던 시절 국내에서 한국사로 석사과정을 마치고 미국에 가서 떠듬거리는 영어 실력으로 말과 글의 전장인 역사학과 박사과정에 도전했던 것이 어느덧 20여 년 전의 일. 한국 밖에서 한국사를 공부하고 가르치고 토론하는 소중한 경험을 했지만, 1980년대 한국의 세미나 풍토와 뒤풀이 문화를 그리워하며 소수자로서의 삶에 낯설어 하는 고단한 여정이기도 했다.

박사과정부터 지금까지 고민하고 씨름해 온 주제들을 돌아보면 대부분이 박정희 시대의 역사와 유산을 20세기 한국 근현대 역사의 큰 흐름에 비추어 어떻게 이해할 것인가 하는 질문으로 모아지는 것 같다. 그 질문은 유신 시대에 중·고등학교와 대학교를 다닌 필자 자신의 의식과 행동을 이해하고 싶은 욕망에서 출발한 것이지만, 공부가 진행될수록 박정희 시대를 알기 위해서는 필자 또래에겐 부모 세대인 당시의 기성세대를 이해해야 한다는 생각이 점점 깊어졌다. 그들이 식민지 경험을 뒤로 하고 해방과 분단을 맞고, 새로운 냉전 질서 속에서 한국전쟁,

발전 국가의 동원과 민주화 투쟁을 거치면서 그려 온 복잡한 사상과 삶의 궤적을 자식 세대인 우리는 얼마만큼이나 이해하고 또 이해할 수 있는 것일까. 우리에겐 머나먼 식민지 시기의 경험이 1960년대를 살아가던 한국인들에게는 겨우 20년 전의 일로, 지금으로 치자면 김광석의 노래에 젖고 국제통화기금IMF 위기가 몰아치던 1990년대와의 간격이다. '과거는 낯선 나라다'라는 명제는 우리가 직접 경험한 멀지 않은 과거에도 적용된다는 깨달음, 우리 부모 세대가 살아온 세월을 우리는 잘 모른다는 사실을 인정하는 데서 출발해 새롭게 보자는 생각이었다.

이 책의 밑그림이 된 박사 학위 논문의 주제는 원래 노동운동의 젠더 문제, 특히 1987년 노동자 대투쟁을 기점으로 민주노동운동의 주도권이 여성 노동자에서 중공업 남성 노동자로 넘어가면서 여성 주도 노동운동의 위상과 역할이 빠르게 쇠퇴해 갔던 그 동학을 이해해 보려는 것이었다. 기존 연구들처럼 여성 노동자에 초점을 맞추어서는 새로운 시각이 나오기 어렵다는 판단에서 필자는 해방 이후 정치경제 변화의 흐름 속에 남성 노동자가 구축해 온 위치와 주체 의식을 먼저 파악하고, 그에 대비시켜 여성 노동운동사를 조명해 한국 노동운동의 젠더 동학을 파악한다는 두 단계의 구상을 짰다. 오랜 역사를 가진 조선산업 사업장(대한조선공사, 현재 한진중공업)의 노조 자료를 만났기에 가능했던 이 연구는 꼬리에 꼬리를 무는 질문을 낳았고, 젠더 문제에 집중하기보다는 1950년대로, 해방 직후 시기로, 다시 식민지 시대로 거슬러 올라가면서 역사적 유산의 문제를 탐구하고 박정희 시대의 정치를 아래로부터의 시각에서 재해석하는 문제로 서술의 초점이 모아졌다. 젠더 분석을 중심에 놓은 한국 노동운동사 다시 쓰기 작업은 아직도 진행 중이다.[1]

번역을 시작하면서 지난 10여 년 동안 쏟아져 나온 새로운 연구 성과들을 받아들여 개작을 하지 않고 원문을 그대로 내놓는 것이 잘하는 일일까 하는 회의가 들곤 했다. 예컨대 해방 후 1950년대까지 정치사상사 분야의 새 연구 성과들을 수용해 반공 이데올로기의 지형을, 특히 노동문제와 관련해 다시 천착해 보고 싶었고, 사료와 재현의 문제에도 더 관심을 기울여 표현을 가다듬고 싶었다. 그럼에도 모자란 점이 많은 이 책을 한국어로 내놓겠다는 결심을 한 데는 크게 두 가지 이유가 있었다. 첫째는 앞으로도 오래 연구를 계속할 주제이니만큼 그 한 단계의 성과를 정리해 드러내고 질정을 받는 것이 필요하다는 생각이었다. 두렵지만, 고마운 비판을 많이 받았으면 하는 바람이다.

둘째는 이 책에 담긴, 사람 사는 이야기 그 자체를 들려주고 싶어서였다. 우여곡절이 많았던 집필 과정에서도 언제나 필자를 다시 책상머리에 돌아가 앉게 만든 건 대한조선공사 노조 사무실의 캐비닛 속에 차곡차곡 쌓여 있던 서류 뭉치들 속에서 필자가 마주했던 1960년대 대한조선공사 노동자들의 마음을 울리는 삶의 이야기, 동시대의 문제와 치열하게 대결하면서 약자인 비정규 임시공들을 끌어안는다는 중대한 결정을 내리고, 우울함과는 거리가 먼 진취적인 노동운동을 꾸려간 우

1_ 이 책에서 분석이 미진했던 부분 중 작업장의 젠더 문제, 그리고 김준 박사가 *The Review of Korean Studies* 13-2(2010)에 실린 서평에서 지적해 주었던 경상도라는 지역 특성에 대한 논의는 이후 발표한 두 논문에서 본격적으로 다루었다. "Shipyard Women and the Politics of Gender: A Case Study of the KSEC Yard in South Korea," Elyssa Faison & Ruth Barraclough eds, *Gender and Labor in Korea and Japan: Sexing Class*(London: Routledge, 2009); "Progressives and Labor: A Forgotten Alliance in 1960s South Korea," *Journal of Asian Studies* 72-4(2013) 참조.

리 부모 세대 보통 사람들의 이야기였다. 이 책에 담긴 것은 사료들을 섭렵해 찾아낸 조각 기억들을 모아 필자 나름대로 풀어낸 1960년대 산업 건설, 민족국가 건설, 그리고 노동 현장의 이야기다. 오랜 세월 잊혀 온 대한조선공사 노동자들의 이야기가 한글판을 통해 한국 사회에 말을 걸 수 있게 되길 바라는 마음이 컸다. 옛날 대한조선공사 노동자들이 그랬듯이 지금의 한진중공업 노동자들도 여전히 노사 관계의 핵심 쟁점들을 부여잡고, 희망버스로 대표되는 새로운 운동 양식과 운동 주체 형성을 모색하는 싸움의 한복판에 서있는 것으로 보인다. 이 책이 전하는 옛날 이야기가 오늘 어떤 기억이 되어 자리 잡을지 지켜볼 일이다.

집필에도 출판에도 오랜 시간이 걸려 가족들의 참을성을 시험하더니 번역 과정도 삼 년 이상 걸리며 번역이라는 것이 얼마나 힘든 작업인지 다시금 깨우치게 해주었다. 한국어판 출간은 생각지도 못한 탓에 인용한 한글 원문 자료들을 따로 모아 두지 않았던 필자의 실수도 지연에 한몫했다. 초기 번역 작업에서 많은 도움을 준 고故 류제철 박사께 심심한 감사를 표하며, 필자의 난삽한 초벌 번역을 깔끔한 한글로 옮겨 주고 뜻이 명확히 전달되는 글이 되도록 도와준 동생 관숙과 후마니타스 편집부 여러분께 고마운 마음을 전하고 싶다. 평소 좋아하던 후마니타스 출판사에서 책을 내게 된 것은 필자와 이 책의 행운이다. 박상훈 대표를 비롯해 후마니타스 여러분께 진심으로 감사드린다.

2013년 12월
남화숙

감사의 말

이 책이 나오기까지 굴곡 많고 길었던 여정을 돌이켜 보면서 도움과 지도를 베풀어 주었던 많은 이들에게 깊은 감사를 느낀다. 그분들의 꾸준한 격려와 지원이 없었다면 이 책은 존재할 수 없었을 것이기에.

박정희 시대에 서울에서 성장하고, 대학생 시절 민주화운동과 사회운동에서 자기를 희생하며 싸우는 사람들, 특히 친구들의 자기희생적 행동을 목격하면서, 한국의 슬픈 현실 뒤에 놓인 역사에 대한 강렬한 관심과 민중 저항의 원천에 대해 알고 싶은 열망이 싹텄다. 학생운동의 한 귀퉁이에 잠시나마 섰던 경험도 삶과 역사에 대해 많은 것을 가르쳐 주었다.

교실 바깥에서의 배움에 더하여 서울대학교에서 훌륭한 선생님들 밑에서 한국사를 공부하는 행운을 누렸다. 많은 대학 친구들이 창창한 앞날을 포기하고 노동자가 되어 노동운동에 투신하러 공장에 들어가던 시절, 필자는 1980년대 내내 노동운동을 관찰자로서 바라보는 데 그쳤고, 그 후 오랜 세월 자신이 믿는 대의를 위해 해야 할 일을 제대로 못한 것에 대한 깊은 죄책감에 시달려야 했다. 1990년대에 워싱턴대학교 역사학과 박사과정에 들어가 노동사로 논문 주제를 잡았을 때 필자가 바란 것은 1987년 노동자 대투쟁에서 발현된 한국 노동자의 투쟁성의 원천을 이해하는 것이었지만, 동시에 그것은 필자 자신이 선택한 삶을 이해하고자 하는 노력이기도 했다.

박사과정에서 고故 제임스 팔레 교수를 지도교수로 모실 수 있었던 것은 큰 행운이었다. 팔레 교수는 학생들에게 역사학을 어떻게 '하는'지만이 아니라 원칙에 입각한 당신의 행동을 통해 좋은 학자, 좋은 시민으로 산다는 게 어떤 것인지를 가르쳐 주었다. 한국 권위주의 정부에 반대하는 여러 활동에 적극 참여했던 팔레 교수는 한국의 노동자 운동을 연구하겠다는 필자의 계획을 크게 환영했다. 학생들을 위해 시간과 노력을 아끼지 않기로 워낙 유명했던 팔레 교수이지만, 박사 학위 논문의 단계 단계마다, 그리고 논문을 보강해 쓴 이 책의 초고에 대해 줄을 띄지 않고 쓴 수십 페이지에 달하는 코멘트를 보내 주는 그에게 필자는 감동하지 않을 수 없었다. 날카롭고 끈질기게 도전해 들어오는 그와의 토론은 필자의 논지를 가다듬는 데 매우 큰 도움이 되었다. 그의 핵심을 찌르는 예리한 질문과, 가끔 필자가 그의 비판을 잘 받아쳤을 때 기뻐하며 껄껄 웃던 모습이 지금도 몹시 그립다.

켄트 가이, 케네스 파일, 제임스 그레고리 교수 등 워싱턴대학교의 다른 지도교수들도 필자의 대학원생 시절과 그 이후 교수 초년병 시절까지 격려와 도움을 아끼지 않았다. 찰스 벌퀴스트, 제임스 그레고리, 엘리자베스 페리, 앤드류 고든, 제임스 팔레 교수 등이 가르친 워싱턴대학교의 남미·미국·아시아 노동사 수업들은 필자가 비교사적인 시각에서 한국 노동사를 접근하도록 시야를 터주었다. 2003년 박사 학위를 받은 뒤 4년간 가르친 유타대학교에서 필자는 동료 교수들의 우정과 그들이 제공하는 지적인 자극에 둘러싸여 축복받은 시절을 보냈다. 특히 웨슬리 사사키-우에무라, 재닛 타이스, 벤 코헨, 최수희 교수에게 감사한다.

박사 학위 논문을 쓰는 과정에서, 지금은 은퇴하신 최유환 사서 선생님의 평생에 걸친 노력의 소산인 워싱턴대학교 동아시아도서관의 한국 장서에 큰 도움을 받았다. 한국의 국회도서관과 국립중앙도서관의 장서도 매우 유용했다. 한국과 미국의 노동 연구자들과 한국학 연구자들과의 대화를 통해서도 많은 도움을 받았는데, 많은 동료, 선학들 중에서도 특히 김준, 김경일, 신원철, 단 스미스, 구해근 선생님과 워싱턴대학교 출판부의 한국학 시리즈 편집자 클락 소렌슨 교수, 그리고 이 책의 출판 과정에서 외부 평가를 맡아 준 앤드류 고든 교수와 또 다른 평자에게 깊이 감사드린다. 그분들의 제안과 비판 덕분에 이 책의 내용과 구성이 훨씬 나아졌다. 물론 이 책에 문제점과 미흡한 점들이 있다면 그것은 전적으로 필자의 부족함의 소산이다.

필자는 이 책에 포함된 일부 내용들을 여러 학술회의와 콜로키엄에서 발표할 기회를 가졌다. 2002년 포항서 열린 포스코 한국학국제학술회의, 2003년 클레어몬트-맥캐나대학의 "한국사의 새 방향" 학술회의, 2004년 시애틀에서 열린 아시아학회 서부컨퍼런스, 2005년 스탠포드대학교 아시아-태평양연구센터Asia-Pacific Research Center와 하버드대학교 한국학연구소Korea Institute의 콜로키엄, 그리고 2006년 유타대학교의 "한국 평등주의의 뿌리" 학술회의 등이다. 귀중한 비판과 제안을 해준 패널 참가자들과 학술 모임 참석자들에게 심심한 감사를 드린다.

필자에게 한국과 미국의 친구들은 언제든 기댈 수 있는 버팀목, 그리고 끊이지 않는 영감의 원천이었다. 한국의 동료와 선후배인 이남희, 이상경, 고故 강옥초, 정현백, 김봉률, 강정숙, 곽복희와 미국의 김선주, 김욱수, 단과 토모코 스미스 부부, 최성호, 최혜월, 최경희의 우정과 필자의 작업에 보여 준 관심에 고마움을 표하고 싶다.

이 책은 영남노동운동연구소 임영일 소장과 김영희 부소장이 대한조선공사의 옛 기록으로 필자를 인도해 주고 그 자료를 이용할 수 있도록 필자와 노조를 연결해 주었기에 잉태될 수 있었다. 한진중공업 노조는 그때까지 어떤 연구자도 이용한 적이 없던 그 귀중한 자료를 필자가 빌려 볼 수 있게 허락해 주었다. 필자를 믿어 준 노조, 그리고 면담 요청에 응해 준 조합원들께도 감사의 마음을 표하고 싶다.

거의 1만 쪽에 가까운 노조 자료를 정성 들여 여러 차례 읽은 뒤 필자는 큰 혼란에 빠졌다. 아무리 열심히 노력해도 그 문서들이 전하는 내용을 이해할 수가 없었다. 한국에서 남성 노동자들 사이에 자주적인 노조가 등장하기 시작한 1980년대보다 한참 전인 1960년대에 일부 산업 노동자들이 전투적이고 민주적인 노조를 만들어 가고 있었다니. 노조 문서가 그려 내는 그런 장면은 불가능해 보였고, 그것을 사실로 받아들인다는 것은 그때까지 필자가 한국 노동사에 대해 공부한 것 대부분을 버리는 것을 의미했다. 해결의 실마리를 찾은 것은 그로부터 2년 후. 당시 필자는 박사 학위 논문 작업을 거의 포기하고 따라서 학문의 길도 접은 상태에서 시애틀 동쪽 레드몬드에 있는 유명 하이텍 회사에 소프트웨어 검사자로 취직해 임시직 노동자로 일하고 있었다. 무노조 회사에서 임시직 노동자로 살아가면서 자신과 정규직 노동자들 사이의 차별에 분개하는 경험을 통해, 필자는 1960년대 임시공을 노조에 끌어안은 대한조선공사 노조의 행위가 얼마나 철두철미 민주적인 행위였는지를 비로소 이해하기 시작했다. 이전에 노조 회의록을 읽으며 받아들이기 어려워 고민하던 조합원들의 '민주주의'에 대한 주장과 원론적인 발언들이 이제 그들의 민주적인 실제 행동과 일치하는, 실체가 있는 민주주의 담론으로 마음에 와 닿기 시작한 것이다. 학문 외의 노동이 준 깨우침 덕분에 필자는 2000년도에 박사 학위 논문 집필로 돌아와 2003년 5월에 논문을 완성할 수 있었다. 이 책은 그 논문을 기초로 하여 쓴 것이다.

오랜 기간이 걸린 논문 연구 과정에서 필자는 미국 사회과학연구회의Social Science Research Council의 박사 학위 논문 기금, 워싱턴대학교의 해리브리지스노동연구소Harry Bridges Center for Labor Studies가 주는 대학원생 연구 장학금, 그리고 인제대학교가 제공한 강사 연구 장학금의 도움을 받았다. 이 책의 초고 집필은 유타대학교의 교수 연구 기금과 아시아학회 동북아회의Northeast Asia Council 소액 지원금에 힘입었다. 초고를 책으로 출판하는 과정에서 필자는 워싱턴대학교 출판부의 뛰어난 편집자들과 직원의 도움을 받았는데, 특히 첫 저서를 내는 벅찬 여정을 잘 이끌어 준 마이클 덕워스, 매리 리베스키, 베스 휴젯, 그리고 프리랜서 교열자 에이미 스미스 벨에 감사드린다.

마지막으로, 가장 깊은 감사는 가족의 몫이다. 부모님과 동생들은 어떤 상황에서도 변함없는 사랑과 지지를 보내 주었고, 아들 병하는 엄마의 대학원생 시절 유머를 사랑하는 밝은 천성으로 고통과 행복의 순간들을 함께해 주었다. 아이와 이 책은 함께 자라났다. 책을 좋아하는 아이가 언젠가 이 책도 손에 잡기를 희망해 본다. 가장 고마운 이는 친구이자 동반자, 최고의 비판자로 오랜 세월 함께해 준 남편 찰스 벌퀴스트다.

서장

파란만장했던 한국 군사독재의 첫 10년이 끝나 가던 1969년 가을, 박정희 정권은 한반도 동남부 항구도시 부산에 위치한 국내 최대 조선소인 대한조선공사(현재 한진중공업, 약칭 조공)[1]의 전투적 노조를 분쇄하는 일에 개입한다. 장장 19개월에 걸쳐 타결될 조짐을 보이지 않던 대규모 노사분규에 정부가 개입하면서, 조공에서 10년여에 걸쳐 발전해 온 강력한 노동조합운동은 종말을 맞게 된다.

이 중요한 10년 동안 조공 노동자들은 놀랄 만큼 민주적인 노동조합을 만들어 냈고, 민주적이고 풍요로운 민족국가를 건설하는 과정에서 노동자 자신들이 중심적인 자리를 점하고 있다는 의식을 발전시켰다. 조공 노조에 대한 억압이 있은 그해 가을 이후 박정희 정권은 '발전국가'[2]가 주도하는 고도성장 계획을 추진하기 위해 본격적인 권위주의 단계로 이행해 간다. 박정희의 신질서하에서 노동자들은 투쟁적인 태

1_대한조선공사의 연혁은 다음과 같다. 1937년 7월 '조선중공업(주)' 설립, 1945년 8월 '대한조선공사'(국영)로 상호 변경, 1968년 11월 '(주)대한조선공사'(민영)로 개편, 1989년 5월 한진그룹이 입찰에 참가해 인수, 1990년 6월 '(주)한진중공업'으로 상호 변경.

2_'발전 국가'(developmental state) 개념에 관해서는 Woo-Cumings(1999, 서론) 참고.

도를 포기하고 온순하고 효율적인 일꾼으로서 국가의 이해에 사심을 버리고 봉사하도록 요구되었다. 1969년 이후 중공업 노동자들의 저항은 거의 사라졌다가, 엄청난 파업의 물결이 전국을 뒤덮은 1987년이 되어서야 비로소 강력한 조직노동운동 세력으로 재등장한다.

이 책은 박정희 시기(1961~79년) 동안 대한조선공사에서 전투적인 노조가 일어났다가 쇠망해 가는 이야기를 다룬다. 주로 남성인 조선소 중공업 노동자들의 인식과 태도 및 그들의 담론에 초점을 맞추어, 그 투쟁성의 역사적이고 사회·정치적인 원천을 분석한다. 이 책은 지역 사업장 차원에서 산업 노동자를 관찰해 봄으로써, 다시 말해 노동 정치를 아래로부터 재해석함으로써, 한국 사회에서 노동자들이 수행했던 역할과 그들의 심성에 대한 기존 지식에 도전하려 한다. 이와 같은 작업을 통해 우리는 일하는 사람들의 관점에서 해방 이후의 역사를 다시 조명해 볼 수 있는데, 일찍이 한국의 지식인들과 정책 입안자들은 노동자들의 정신과 마음 그리고 신체가 근대 민족국가 건설에 핵심적인 것으로 이해한 바 있다.

이 같은 내용을 이 책에 담을 수 있었던 것은 조공 노조가 보존해 온 아주 드물고 귀한 문서들 덕분에 가능했다. 하지만 조공 노동자들이 남긴 진술과 행동의 의미를 이해하는 것은, 단순히 수천 쪽의 문서를 읽고, 일상적인 노조 활동과 쟁의들을 분석하며, 그것을 박정희 정권의 권위주의적 노동 정치에 대한 기존의 이해 틀에 비추어 해석하는 작업만으로는 불가능했다. 1960년대 한국에서 있었던 민주적 노동조합운동의 이 놀라운 사례를 납득하기 위해 필자는 20세기 한국사와 노동사의 주요 주제들, 예컨대 일본 식민 지배와 해방 직후 시기의 역사가 남긴 유산, 이승만 정권(1948~60년)과 박정희 정권의 성격, 그리고 한국인의 삶을 민주화하는 데 큰 기여를 한 1980년대 중반 이래 노동자 약진의 정치 등에 대해 갖고 있던 생각을 많이 바꾸어야 했다. 따라서 이 서장에서는 이 연구가 한국사의 몇 가지 주요 문제를 해석하는 데 있어 어떤 함의를 갖는지를 먼저 간략히 제시할 것이다. 다음으로, 이 연구에서 이용된 주요 자료들(대한조선공사 노조의 내부 운영과 조합원들의 심성을 들여다볼 수 있는)을 소개할 것이다.

역사적 유산과 한국의 노동운동

한국의 노동운동 관련 문헌은 해방 직후 시기를 다룬 다음 곧바로 1970년대로 건너뛰면서 그 중간에 속한 기간 동안 노동운동이 얼마나 열악한 상황에 처해 있었는지를 간략히 언급하는 것이 보통이다.[3] 1990년대 후반 이래 한국의 노동 연구에는 중요한 진전이 있어 왔지만(주로 1970년대와 1980년대 여성 경공업 수출 노동자의 주체성, 문화 및 행위 주체 연구에 초점을 맞추고 있다), 이 새로운 연구들에서도 시대를 건너뛰는 경향은

3_노동운동가, 노동문제 전문가, 학자들이 쓴 현대 한국 노동운동에 관한 문헌은 너무나 많아 이 곳에서 일일이 소개하기 어렵다. 영문으로 된 주요 저서로는 이 책 참고문헌의 Asia Labor Monitor(1988); Asia Watch Committee(1986; 1990); Deyo(1987; 1989); Choi(1989); Ogle(1973; 1990); Hart-Landsberg(1993); Frenkel(1993); Kim Hyun-Mee(1995); Kim Seung-Kyung(1997); Koo(2001) 참조. 해방 후 시기의 한국 노동운동에 관한 문헌으로는 김 낙중(1982)과 한국노총(1979)이 기본 자료로 오래 이용되어 왔다. 후자는 한국노동조합총연맹(약칭 한국노총)이 자체적으로 편찬한 방대한 규모의 노동조합사다. 한국노총 산하 산별노조들 다수도 자체 역사서를 편찬·출판했다. 노동 관련 주요 문헌은 Koo(2001) 참조. 2004년 고려대학교 노동문제연구소에서 발간한『한국노동운동사』전 6권 중 제4권(송종래 지음), 제5권(이원보 지음), 제6권(김금수 지음)과 김원,『여공 1970, 그녀들의 反역사』(이매진, 2005) 도 좋은 참고가 된다.

거의 그대로 유지된다.[4] 한국 노동운동에 대한 일반적 견해는 해방 직후 시기와 1970년대 이래의 운동 사이에 아무런 연결도 상정하지 않는다. 또한 일제 식민지 시기가 남겼을 긍정적 유산의 가능성도 대개 배제한다.

이 같은 기존 견해는 한국전쟁(1950~53년)을 통해 공고화된 좌파의 역사적 패배와 반공 정권의 확립이라는 사실에 방점을 둔다. 해방 직후 시기에는 좌파의 전국 노동조직인 조선노동조합전국평의회(약칭 전평)가 지도한 대규모 노동자 투쟁이 있었다. 농민들의 항쟁 및 인민위원회 운동과 동일한 시기에 분출된 산업 노동자들의 급진적 운동은 냉전이 시작되는 1947년경이면 미군정과 우파 경찰의 탄압 아래 대체로 가라앉는다. 노동사에 관한 기존 서술들은 그 후에 일어난 좌파 섬멸을 강조한다. 강력했던 전평 노조들이 무지막지한 빨갱이 숙청에 의해 파괴되었고, 동족상잔의 전쟁이 사람들에게 국가의 폭력적인 힘에 대한 엄청난 공포를 주입시켰으며, 전쟁 그 자체 또한 반공 이데올로기의 정통성을 더욱 강화해 주었다는 면을 강조하는 것이다.[5]

4_한국 노동에 관한 근래의 저서 중 가장 영향력 있고 뛰어난 작품은 구해근의 『한국 노동자들』(*Korean Workers*, 2001. 『한국 노동계급의 형성』으로 한국어판이 출간된 바 있다)이다. 구해근은 한국 노동자들의 경험과 투쟁을 분석하고, 그들의 집단 정체성과 계급의식이 1970~90년대 한국 산업화라는 큰 맥락에서 어떻게 형성되고 표출되었는지를 밝혔다. 김승경은 한국의 첫 수출자유지역인 마산 수출자유지역 여성 노동자들의 심성, 특히 한국의 가부장적 젠더 이데올로기가 여성 노동자의 주체성과 운동에 영향을 준 방식들을 연구했고(Kim Seung-Kyung 1997), 김현미는 박사 학위 논문에서 1980년대 후반 다국적기업 여성 노동자들의 젠더 정체성과 계급 정체성 형성 문제를 다루었다(Kim Hyun-Mee 1995). 한국 의류산업 착취 공장의 노동 통제 제도와 여성 노동자 투쟁에 대해 서술한 전순옥의 저서는 노동자의 행위 주체성(agency)을 부각함으로써 노동운동 발전에서 지식인의 역할을 강조하는 경향에 대한 시각 수정을 요구하는 점에서 중요하다(Chun 2003).

한국 노동운동에 대한 기존의 통상적인 해석과는 달리, 이 책은 해방 직후 시기에 일어났던 노동자와 농민의 대규모 움직임이 비록 패배로 끝났을지라도 이후의 노동운동에 큰 영향을 끼쳤다고 주장한다. 특히 중요한 것은 기층으로부터 일어난 이 운동의 영향으로 이승만 정부가 1950년대 초반 상당히 진보적인 일련의 노동법을 제정하게 되었다는 점이다. 이 노동법은 조직노동운동에 상당히 유리한 노사 관계의 제도적 틀을 확립한다.

해방 후 노동자들의 급진적 운동은 부분적으로는 일본 식민지 시기에 조선의 노동자들이 획득한 경험의 산물이기도 했다. 동북아시아 지역의 지정학과 냉전의 도래로 더욱 증폭된 극심한 좌우 대립도 식민지 시기의 경험에 뿌리를 둔 것이었다. 따라서 해방 후의 노동운동을 이해하기 위해서는 식민지 시기의 노동사에 대한 검토가 반드시 필요하다고 볼 수 있다. 노동자들의 인식과 기대를 형성하는 측면에서 특별히 중요했던 것은 1930년대 초반부터 1945년까지 조선에서 일본 식민 정부가 수행한 강도 높은 전시 동원 정책이었다. 식민지 시기의 경험 가

5_한국 노동사의 흐름에 대한 이런 통상적 견해의 영향력은 한국 노동에 관한 뛰어난 학술 저서 속에서도 종종 드러난다. 한국 노동자의 의식과 노동운동의 역학을 예리하게 분석하고 감동적으로 서술한 구해근의 저서가 좋은 예다. 그는 1987년 노동자 대투쟁을 이해하기 위해 역사적 관점이 필요함을 역설하고 "근시안적인 역사적 전망"을 비판하며, 1987년 노동자 대투쟁에 대한 1970년대 여성 노동자 운동의 기여와 역할을 "주변적이고 비가시적인" 것으로 규정하는 젠더에 기초한 편견에 대해 경고한다. 그러나 과거의 투쟁들이 기여한 바를 밝히려는 그의 준거 틀은 1970~80년대 초반에 머물고, 그 이전으로 거슬러 올라가지 않는다(Koo 2001, 182~86 참조). 1970년대 이전의 노동운동의 역사적 유산에 대해 구해근은 그것이 "주로 부정적인" 방식으로 작용했다고 본다. "전후 노동자 투쟁은 다음 세대 노동자들에게 잊어야 할 나쁜 기억이 되었"고, 사실 "노동운동은 해방 직후기의 위험한 전통을 부정하고 그것과 단절해야만 존재할 수 있었다"(Koo 2001, 27).

운데 주목해야 할 또 하나는 반제국주의 저항운동에서 노동운동가들과 노동운동이 수행했던 역할이다. 조선이 제국주의의 희생물이 되고 근대 민족국가 건설이라는 과제와 씨름했던 20세기 초반이라는 역사적 맥락에서 식민지 노동사를 검토해 보면, 이 시기의 경험으로부터 이후 한국 조직노동운동의 강점과 약점을 이해하는 데 도움이 되는 귀중한 실마리들을 발견할 수 있을 것이다.

1960년대 노동운동의 재발견

식민지 경험이 남긴 부정적인 역사적 유산과 해방 직후 시기 좌파의 패배에 대한 인식은, 1950년대 이승만과 1960년대 박정희의 반공 정권 하에서 노동운동이 겪은 고난과 침체를 강조하는 견해로 이어진다. 1950~60년대 노동운동에 대한 표준적인 견해는 운동이 완전히 압살되어 무력한 상태였다는 것이다. 그리고 이 시기에 의미 있는 노동운동이 없었다는 사고는 이 시기 노동운동은 연구할 가치가 별로 없다는 선입관으로 이어진다. 이 같은 견해를 반영하는 예로 이남희의 다음과 같은 지적을 들 수 있다. "따라서 1970년대의 노동자들은 해방 직후의 전투적 노동자 운동으로부터 한 세대가 떨어져 있을 뿐만 아니라 그런 운동에 대한 그 어떤 사회적·집단적 기억도 결여하고 있었다"(Lee 2005, 914).[6] 이런 설정은 이 책에서 묘사하는 조공 조선소 노동자들의 전투적

6_이남희에 따르면, 그런 결핍은 "철저하게 정권에 통제당하는 한국노총 이외에는 1970년대에 다른 어떤 노동자 조직 형태도" 부재한 상황을 초래했고, 그것이 "한국 지식인들이 노동운동에서 과도하게 큰 역할을 맡게" 된 시대적 맥락이었다(Lee 2005).

인 노동조합운동이 들어설 여지를 조금도 남기지 않는다.

1960년대 한국 조직노동운동을 직접 논의하는 연구도 드물지만 존재한다. 미국의 감리교 목사이자 학자인 조지 오글이 쓴 노사 관계 분야의 미출간 박사 학위 논문(Ogle 1973)과 1960~70년대 노동—국가 관계를 분석한 최장집의 책(최장집 1988; Choi 1989)이 그런 연구의 예로, 두 연구 모두 1960~70년대 조직노동운동의 취약성을 설명하고 있다. 다만 1960년대 노동 정치 자체의 작동 방식을 치밀하게 분석한 그들의 연구에서는, 대부분의 노동 관련 문헌이 제시하는 전형적인 모습보다 훨씬 더 복합적이고 역동적인 노동조합운동의 상이 드러난다.

한국 노동운동의 참여 관찰자였던 오글은 자신의 관찰과 노조 활동가들과의 면담에 기초해 박사 학위 논문을 작성했다.[7] 근대화론의 가정들에 영향을 받은 것이 분명히 드러나는 그의 연구는 '부자父子 관계' 같은 '전통적' 한국적 가치들이 가졌던 압도적인 영향력을 강조하는 입장에 서 있으며, 이런 가치들이 노사 관계에 짙은 그림자를 드리웠고 조직노동의 약체화에 크게 기여했다고 주장한다. 1960년대에 목격한 전투적인 노동운동과 자주적인 노동조합운동을 기록하면서도, 오글은 그런 사례들을 한국 노동운동의 '약체성'에 대한 그의 전반적인 이해와 모순되지 않는 예외로 취급했다.

7_오글의 학위논문은 그가 인천 도시산업선교회(UIM)의 공동 간사(codirector)로서 1960~70년대 초반까지 한국 노동운동에 참여했던 경험에서 나온 결과물이다. 1960년대의 노동운동에 관한 원 자료들 대부분이 체계적으로 보존되어 있지 못하다는 사실을 고려할 때, 그의 학위논문 말미에 첨부된 몇몇 투쟁 사례들에 대한 분석은 매우 유용한 자료다. 오글은 식민지 시기부터 1980년대까지의 한국 노동운동사를 요약·개괄한 대중서(Ogle 1990)를 출간했다.

최장집의 책은 박정희 시기 한국노동조합총연맹(약칭 한국노총)에 대한 유일한 포괄적 연구서다. 세 개의 산별노조(섬유, 금속, 화학)를 분석한 그의 책에서 최장집은 조직노동운동이 전국 차원에서 권위주의 정권의 권력정치에 크게 영향을 미치지는 못했어도, 적극적인 참여자 역할은 수행했다고 주장한다.[8] 본 책에서는 한국노총 산하의 또 다른 산별노조인 전국해상노동조합(약칭 해상노조)에 대해 논의하며, 이 해상노조가 최장집의 연구에 등장하는 산별노조들보다 훨씬 큰 투쟁성을 가졌음을 보여 준다. 앞으로 살펴볼 것처럼, 해상노조는 정력적인 노조 조직화운동을 시도하고 조공 지부를 비롯한 산하 지부 노조들의 파업을 적극 지원했다. 조공 지부, 그리고 조공 지부와 해상노조 간의 관계에 대한 이 책의 논의는 1960년대 노동 정치의 코포라티즘적 성격에 대한 최장집의 주장을 검토 보완할 필요성을 제기한다. 이 책은 한국 노동운동사에서 '암흑기'로 여겨지는 시기에 사업장 수준에서 노동운동이 어떻게 전개되고 있었는지를 살펴봄으로써 1960년대에 적어도 일부 주요 부문에서는 민주적이고 전투적인 노동조합운동이 자라나고 있었음을 보여 줄 것이다. 해방 직후 시기와 전투적 노동운동이 분출한 1980년대 사이에서 1960년대의 운동 사례를 드러내는 것은 잃어버린 연결 고리를 찾는 일이기도 하다.

8_그의 결론은 세 개의 산별노조와 국가의 관계가 배제적 유형의 국가조합주의(state corporatism)가 가지는 특징들을 보여 준다는 것이다. 배제적 유형에서 노조는 큰 영향력을 가진 위치에 서지 못한다.

박정희 시대 정치의 재인식

1960년대 한국 노동운동의 역사를 회복하는 것이 중요한 이유는 그것
이 우리에게 해방 후의 한국사, 나아가 20세기 한국사 전체를 가로질러
노동운동의 역학을 다시 생각해 보도록, 그리고 부정적 집단 기억 및 과
거와의 결별이라는 측면에만 머무르지 않고 과거 역사와의 일정한 연
결성과 긍정적 유산에도 눈을 돌리도록 촉구하기 때문이다. 나아가 노
동 정치에 대해 새롭게 이해하게 되면 박정희 정권과 박정희 시기 한국
민족국가 건설의 역사에 대해서도 좀 더 깊이 있는 인식이 가능해진다.

노동자 투쟁의 역사는 동시에 한국 산업화의 역사이기도 하며,
1960년대부터는 한국 경제 발전의 놀라운 성공에 대한 이야기이기도
하다. 한국의 경제 발전을 연구한 학자들과 노동 정치 연구자들은 한결
같이 '약한 노동'이, 식민지 유산의 중요한 한 요소로서 강한 발전 국가
가 한국의 경제 '기적'을 이루어 내는 데 중요한 역할을 했다고 주장해
왔다. 한국의 전후 발전에 미친 식민지 유산의 긍정적 기여를 강조하는
이 입장을 가장 단도직입적으로 주장하는 학자는 아툴 콜리Atul Kohli다.
그는 지배계급에 의한 하층계급의 체계적 지배를 식민지 시기에 뿌리
내린 국가-사회 관계의 세 가지 특징 가운데 하나로 주목한다. 제2차
세계대전 이후 나타나는 불연속적인 요소들에도 불구하고 그런 특징
들이 "박정희의 지도 아래 한국이 도로 찾아 들어간" 움푹 파진 "바퀴
자국grooves"으로 남아 있었다는 것이다. 한국은 "1980년대에 접어들어
서도 [이 바퀴 자국들을] 따라 달려갔다."[9] 식민지 유산 중에서도 '약한 노

9_아툴 콜리가 강조한 세 가지 국가-사회 관계의 특징 가운데 첫 번째는 식민지 시기에 국가가

동'이라는 유산의 결정력만큼은, 식민지 유산이 한국의 경제 발전에서 어느 정도의 역할을 수행했는지에 대해 입장을 달리하는 여러 학자들 사이에서도 이견 없이 널리 받아들여져 왔다. 스테판 해거드, 데이비드 강, 문정인은 콜리의 주장에서 다른 측면들에 대해서는 날카롭게 비판하면서도 '노동 탄압'이 해방 이후에도 달라지지 않은, 식민지적 기원을 갖는 요소라는 콜리의 논점에는 동의를 표한다.[10]

이런 기존 견해는, 적어도 1980년대 중반 조직노동자가 노사 관계의 한 세력으로 등장할 때까지는 노동자의 이야기를 한국 경제 성장에 대한 서술의 변두리에 배치하며, 크게 보아 해방 후 국가 건설 프로젝트의 하향적 성격에 강조점을 둔다. 단순하게 이야기하자면, 한국에서는 노동이 약하고 국가가 강했기 때문에 1980년대까지 민족국가 건설의 전략과 목표, 그리고 노동 정치를 국가가 일방적으로 결정했고, 노동자는 체제에 순응하고 복종하는 모습에 머물렀다고 이해하는 것이다. 이런 시각에서 볼 때 이승만과 박정희 반공 독재 정권 시대에 진보적 성격의 노동법이 존재했다는 사실은 기이해 보인다. 모순적으로 보

"고도로 권위주의적이고, 침투력이 강하며, 조선 사회를 통제와 동시에 변형할 능력을 가진 조직"으로 발전했다는 것이다. 두 번째 특징은 "국가와 지배계급이 참여하는 생산 지향 동맹"의 발전으로, 이는 제조업과 수출의 상당한 확대를 가져왔다. 세 번째는 "도시와 농촌의 하층계급이 국가와 지배계급에 의해 체계적으로 통제되어 갔다"는 사실이다. 콜리는 해방 후 한국에서 이런 식민지 유산들이 계속 유지된 점이 "나중에 고도성장 발전 경로로 진화해 간, 한국의 정치·경제를 형성하는 데 결정적"이었다고 주장한다(Kohli 1997; 1999 참조).

10_이들은 무엇보다도 식민지 시기와 해방 후 시기 사이에 불연속성이 크다는 사실을 강조한다. 그들의 견해에 따르면, 정치 엘리트가 토지개혁 사례에서처럼 일본이 실시했던 많은 정책들을 뒤집고 고도성장 경제가 가능하도록 중요한 정책 개혁을 추진할 수 있었다는 점에서 정치적 독립이 이후 한국 경제의 성장에 중요한 요소였다(Haggard & Kang & Moon 1997).

이는 이 사실은 보통 진보적인 노동법이 노동운동 자체의 역사적 성취물이라기보다는 국가 엘리트가 선진국의 노동법을 시행할 의도 없이 베낀 결과로 이해되고 넘어간다. 이 책에서 필자는 '약한 노동, 강한 국가'라는 관념을 받아들이는 것이 노동자들의 주체적 행동력을 가리고, 일정한 역사적 맥락에서 노동자들이 자신들의 힘으로 이룰 수 있었던 성취들을 간과하게 되는 결과를 초래한다고 주장한다.

노동운동을 포함하는 아래로부터의 시각에서 보자면, 박정희의 근대화 프로젝트는 단순히 백지상태의 한국 사회에 엘리트들이 자신들의 구상을 펼쳐 나간 결과가 아니라, 1950~60년대를 통해 항상적인 저류를 형성했던 근대에 대한 대중의 열망과 이에 대한 국가의 반응이 결합해 형성된 것으로 볼 수 있다. 그렇게 본다면, 1980년대 민주화운동의 만개와 노동자 투쟁의 폭발은 박정희 정권의 권위주의적 민족국가 건설 프로젝트의 경험에 그 기원을 두고 있는 완전히 새로운 현상이라는 대다수 연구자들의 통상적인 견해와는 달리, 해방 직후 시기에 분출하고 1960년대에 다시 나타났던 대중적 전망과 에너지가 다시금 터져 나온 것이라 보는 것이 더 타당할 것이다. 아래로부터 올려다볼 때 해방 후 한국사는 민족국가 건설의 방법을 놓고 여러 대안적 경로의 가능성이 활발히 모색되던 열린 공간으로 상상할 수 있다.

1960년대 한국 정치의 상대적 개방성을 조명하는 것은 곧 박정희 정권의 성격에 대한 질문으로 이어진다. 이는 1961~79년까지에 이르는 박정희 정권의 성격을 일괄 권위주의적 독재 정권으로 규정지을 수 있는지의 문제와 맞닿아 있다. 노동운동의 시각에서 보면 1960년대의 박정희 정권은 1970년대와 상당히 달라 보인다. 1970년대에 국가기관에 의해 자행되었거나 용인된 노동 탄압의 증거들을 박정희 시대 전체에 무비판적으로 확대 적용해서는 곤란하다. 박정희 정권이 노동 분야에서 권위주의적 정책으로 선회한 것은 노동자 투쟁성이 급속히 증가하면서 고성장 근대화 프로젝트에 내재된 모순을 확연히 드러나게 만든 데 부분적인 원인이 있었다. 고도성장 경제를 이루는 데 필수적인 여러 사회·정치적 조건들이 1960년대 후반 활성화되어 가던 대중운동에 의해 위협받고 있다는 인식의 변화가, 1969년까지 노동운동을 어느 정도 용인하던 박정희로 하여금 전투적인 노조들을 분쇄하는 결정을 내리게 만든 것으로 보인다. 그 시점에서 식민지 시기의 노동 통제 관행들도 부활되어, 전혀 온순하지 않은 노동자들을 제어할 필요에 부응하도록 개조·적용된다.

한국의 '경제 기적'은 조공 조선소 노동자와 같은 산업 노동자들이 지녔던 민주적 전망들이 억압된 후에야 비로소 달성되었다. 박정희 정권이 내세운 '성장 우선' 이데올로기는 1970년대에야 굳게 뿌리내렸고, 그 이데올로기는 산업 노동자들보다는 새로 성장하는 중산층의 지지를 더 많이 받은 것으로 보인다. 이렇게 볼 때 박정희는 콜리의 주장처럼 "바퀴 자국"을 따라 쉽게 앞으로 달려 나갔다기보다는 그의 근대화 전망에 대한 대중의 저항과 직면해야 했고, 따라서 1972년 본격적인 권위주의 체제로 이행하는 결단을 내려야 했다고 이해된다.

노동자 주체성과 행동력

1960년대 정치가 1970년대의 권위주의적 정치와 크게 다르지 않았고, 긍정적 유산으로 가져올 집단적 기억도 자원도 없는 상태에서 노동자들은 이 두 시기 동안 무력한 상태로 남아 있었다는 기존 견해를 받아들인다면, "어떻게 노동이 나중에 그처럼 강력해질 수 있었는가"라는 질문에 대한 대답은 노동운동 외부에서 찾을 수밖에 없다. 그리고 그것이 바로 1987년 전국적 노동자 투쟁의 폭발에 큰 기여를 한 1970년대 여성 노동자 운동의 발전을 주로 대학생 활동가 및 지식인들의 지원과 자극에 크게 힘입은 결과로 해석하는 많은 학자들이 택하는 입장이다. 그런 입장은 외부 세력, 특히 대학생과 교회 활동가들이 노동운동에서 수행한 역할을 과대평가하는 효과를 낳는다. 반면, 노동자 자신들의 주체적 활동과 역량은 정당한 평가를 받지 못한다. 1960년대 노동 정치를 새롭게 이해하려는 이 책은 그런 관점에 도전해 한국 노동자들의 끈질긴 행동력을 드러내며 그들이 전개한 운동의 전향적 성격을 조명한다.

필자는 한국 사회에서 오랫동안 뿌리내려 온 신분에 기초한 육체노동에 대한 차별 관행과 그에 대한 예민한 감수성이 조선산업 노동자의 주체성 형성과 운동에 핵심적 역할을 했다고 본다. 이 책이 소개하는 조선산업 노동자들은, 1960년대에 민주적이고 전투적인 노동조합운동을 꽃피운 특별한 역사를 지녔으며 일하는 사람들의 권리와 존엄성을 보장하는 민주적인 국가에 대한 일관된 전망을 분명하게 표현했다. 이들은 일반 사회에서 널리 수용된 민주주의와 민족주의의 이상을 전유해 효과적인 저항 담론을 생산해 냈다. 민주주의와 국가 건설에서 노동자가 담당하는 사명에 대해 그들이 만들어 낸 담론은 산업화의 과실을 공유할 권리는 물론 사회적 위상에서의 평등을 주장할 근거도 함께 제공하는 장점을 지녔다. 동시에 그들의 담론은 성차에 대한 관념에 깊이 뿌리박은 것으로, 그들의 주장은 가장으로서 노동자가 가지는 남성적 주체성에 대한 인식에 견고히 연결되어 있었다. 1960년대 남성 노동자의 남성성과 존엄성에 대한 감각은 일정 수준의 가족 생활급을 벌어들이는 능력에 크게 기대고 있었기 때문이다.

대한조선공사의 사례는 이후에 발전된 1970년대 경공업 여성 노동자들과 1980년대 중공업 남성 노동자들의 운동에 일정한 원근감을 제공해 준다. 대한조선공사 노동운동을 1970~80년대의 운동과 해방 직후의 투쟁 사이에 놓고 바라보면 각 시기 노동운동 사이의 연속성과 유사성이 부각된다. 이 문제는 이 책의 마지막 부분에서 다룰 것이다. 20세기 후반기의 급변하는 정치·경제적 조건이라는 거시적 맥락 속에서 각 시기에 나타난 노동자들의 열망, 태도, 요구의 공통점을 검토해 본다면 노동자 주체성의 여러 측면과 투쟁성의 원천에 대해 중요한 실마리를 얻을 수 있을 것이라 믿는다.

대한조선공사 문서 자료실

식민지 시기에 시작된 한국의 강선 건조 조선산업은 상대적으로 잘 알려진 오랜 역사를 가지고 있다. 조선산업은 1970년대 중화학공업화 전략에 따라 국가의 집중적인 지원을 받았고, 1980년대에 이르러 주요한 수출산업으로 발돋움했다. 조선산업의 노조들은 1960년대에, 그리고 다시 1980년대 중반 이후에, 가장 전투적인 조직노동운동 세력으로 등장한다. 대한조선공사 노조는 이 두 시기 모두에 걸쳐 전투적 노동조합운동의 선봉에 섰다.

대한조선공사 노동조합운동사는 회사의 긴 역사(1937년 창립)와 아울러 많은 양의 노조 문서 자료가 존재한다는 점에서 특히 검토 가치가 크다. 조공 노조는 부산 영도의 넓지 않은 사무실 한쪽에 낡은 노조 자료들을 조심스럽게 보관해 왔고, 노조의 민주화 이후 이 자료실을 연구

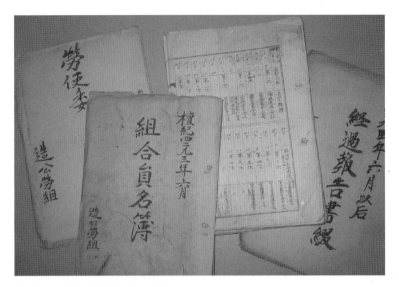

대한조선공사 노조 문서 자료(한진중공업 노조 소장 자료).

자들에게 개방했다.[11] 수십 년 전에 언젠가는 자신들의 이야기가 세상에 알려지기를 기대하며 차곡차곡 문서들을 철해 보관하던 조합원들의 정성이 어린 자료 모음이었다. 보관되어 있는 문서의 종류는 1960~80년대까지의 일상적인 노조 활동 기록, 업무 일지, 조합원 통계, 조합원 명단, 이력서, 회의록, 전단, 정부 기구나 상급 노조와 주고받은 문서철 등 방대하다(노조 자료실 문서철 목록은 이 책의 〈부록 1〉 참조).[12] 이 책을

11_조공 노조 자료를 이용할 수 있도록 도와준 영남노동운동연구소의 임영일 소장과 김영희 부소장, 그리고 한진중공업 노조에 다시 한 번 깊이 감사드린다.

저술하는 데에는 대한조선공사의 출간물, 대한조선공사의 사보 『조공』, 기타 한국 노동운동, 조선산업, 전국·지역 차원의 정치사에 관한 일차 자료와 학술 문헌들이 동원되었지만, 그 핵심 원자료는 이 대한조선공사 노조 문서다.

12_필자 외에도 몇몇 사회학자들이 조공 노조 자료를 이용했다. 필자와 연구의 초점이 다르기는 했지만, 그들이 행한 1960년대의 조공 노동운동 참여자 및 관리자들과의 면담 기록은 이 책의 저술에 큰 도움이 되었다. 조공 노조 자료를 이용한 연구로는 신원철(2001); 金鎔基(1997) 가 있다.

제1부

식민지 경험과 냉전의 유산

1

해방 직후 시기 노동운동의 고양

1945년 8월 15일 일본의 항복 뉴스가 전해지자 해방된 조선에서는 독립된 나라와 더 나은 사회를 열망하는 사람들의 열정에 찬 정치 활동이 폭발적으로 일어났다. 그러나 19세기 말 이래 한국 정치의 기본 명제였던 부국강병의 꿈은 지정학적인 기원을 갖는 새로운 장애들과 마주쳤다. 소련군이 8월 9일 한반도로 진주하고 9월 초에는 미국 점령군 정부가 남반부에 세워지는 등 한반도는 빠르게 확산되는 동북아시아의 냉전 구도에 휩쓸려 들었지만, 그럼에도 정치의 틀을 혁명적으로 바꾸려는 열기는 잦아들지 않았다. 수백 개의 정당이 만들어지고, 방방곡곡에서 아래로부터 '인민위원회'[1]가 구성되어 지역의 정치·경제적 문

1_인민위원회의 성격에 관해서는 Cumings(1981) 참조.

제를 스스로 해결하려 했다. 해방 정국에서 농민과 산업 노동자들도 식민지 시기의 사회운동과 식민 정부의 대중 동원 체제를 겪으며 획득한 경험과 자원을 바탕으로 빠르게 조직화되기 시작했다.

그해 여름 전국을 휩쓴 정치적 열기는, 이후 대한조선공사(약칭 조공)로 이름이 바뀌는 조선중공업(대한조선공사의 전신)에도 밀어닥치게 된다. 비록 짧은 기간이었지만 해방 직후 시기에 일찍이 보지 못했던 강력하고 급진적인 노동자 운동이 일어나고, 그 뒤를 이어 남한에서 반공산주의 성향의 조직노동운동 역시 발전했던 역사는 한국 노동운동에 쉽게 사라지지 않는 유산을 남겼다. 이 장에서는 급진적 노동운동의 놀랄 만한 고양이라는 전국적 상황을 배경으로 해방 직후 조공 조선소에서 터져 나온 노사 갈등을 분석한다.

해방 후 남한의 노동운동은 곧 좌파와 우파 정치 세력이 내전으로 치닫는 상황의 한가운데 놓이게 된다. 1940년대 후반 조선중공업에서 일어난 일들은 이런 전국 차원의 정치 흐름을 긴밀히 따라갔는데, 이는 조선중공업이 남한의 주요 산업 시설 중 하나이고 따라서 좌파와 우파 모두에게 목표가 되었다는 사실과 관련이 있다. 대한조선공사의 공식 역사서인 『대한조선공사 30년사』는 해방 직후 격변기 조선소의 노동 사정에 대한 묘사를 다음과 같이 시작한다.

> 이 정치적·사회적인 혼돈과 무질서를 틈타서 좌익분자들의 선동과 선전과 조직이 맹렬한 위세로 파급되어 전국을 풍비(風痺)하였다. 원래 좌익분자들은 많은 노동자를 옹(擁)하고 있는 공장을 우선적으로 또 중점적으로 조직을 강화하였기 때문에 이 조선중공업주식회사도 예외는 아니었다.

일부 종업원들이 이 전술에 현혹되어 공산당의 침투 공작에 가세하게 되었고 이들 공산주의자들은 종업원들의 복리를 도모한다는 미명 아래 세포조직에 광분하면서 파괴와 절도를 일삼았다. 사사건건 대립과 선동으로 일관하며 일면으로는 공공연한 회합을 강행하고 협박과 폭력으로 부화뇌동을 강요해 선량한 종업원들도 그들의 발호에 전전긍긍해 본의 아닌 추종을 하게 되었다. 그들은 심지어 그들의 조직체인 전국노동조합평의회에 가입을 강요하고 가맹하지 않은 자에게는 모든 자격과 대우를 박탈한다고 하면서 …… 강제 가맹을 시키는 형편이었다(대한조선공사 1968, 55).

이것이 공산주의자가 조선소에 침투해 큰 분란을 일으키고 조선소 노동자들을 조선노동조합전국평의회(약칭 전평)[2] 조직에 강제로 가입시켰다는 회사 측의 주장이다. 회사는 '관리대책위원회'를 만들어 "공산주의자들의 발호에 대하여 이를 방지하는 데 많은 부심腐心을 하였으나" 전평 노조들이 1946년 9월 총파업을 일으킬 때까지 "그 성과는 여의치 못"하였다.[3] 이 총파업으로 인해 미군정이 전평을 본격적으로 탄압하기 시작했으며, 그 기회를 틈타 관리대책위원회는 "결사적으로 투쟁하여 한때는 격렬한 혈투가 전개되어 그들을 숙청하기에 이르렀다. …… 그러나 끈덕진 지하운동으로 들어간 적색 세력의 부식은 의연 계속되었고 음으로 양으로 파괴와 파업 모략과 방해를 일삼아 하루의 영

2_전평에 관한 연구 문헌 목록은 안태정(2002, 18-20) 참조.

3_박철규에 따르면, 대책위원회의 지도자는 전직 경찰관 박상길이었고, 그 구성원들은 종업원의 생활비를 위해 별도로 관리되는 회사 자금을 횡령했다(박철규 2002, 200).

일도 불허하였지만 사社 간부幹部 일동은 더욱 분발하여 눈물겨운 공산 당 배제에 주력한 결과 점차 그 세력을 거세시키기에 이르렀다"(대한조 선공사 1968, 61-62).

이와 같은 상황에 대해 전평 기관지인 『전국노동자신문』이 묘사하 는 그림은 이와는 크게 다르다. 이 신문의 1946년 4월 기사는 다음과 같다.

부산 조선중공업 회사는 …… 8·15 직후 악덕 모리배들의 탐욕의 촛점이 되어 소 위 중공업 대책위원회라는 것을 꾸며 가지고 그 일흠을 이용하야 시내 일부 반동 간부와 결탁하야 자기네끼리 경영진을 맨들어 운영을 한다고 하면서 해방 직후 일 인에게서 획득한 종업원의 생활비를 횡령하는 일까지 잇섯다. 이것을 알게 된 종 업원 300여 명은 분개하야 단결의 힘으로서 그들 반동배들을 몰아내자고 노조 분 회를 결성하고 자주적으로 공장 조업을 준비하든 중 또다시 그들의 무의식[의식 이 없는] 종업원들을 호별 방문하야 매수하는 등 가진 모략을 써서 노조 간부를 강 제 해고하며 공장의 원료 자재를 밀매하였다.

이 기술에 의하면, 조선중공업 노조는 두려워하지 않고 "그들의 부 정 사실을 적발하고 공장 관리에 참가를 요구하야 전적으로 승락을 시 켜" 낸다. 그리고 노조는 "현 임금 24원을 3배 올릴 것을 결의"하고 동 시에 생산성 배가 운동을 시작한다. 5백여 명의 전체 종업원이 "돌격 전"같이 매진한 이 "능률 배가 운동"은 "전보다 7~8배의 생산 능률을 발 휘"하게 되는 결과를 낳았고, "관리인 사장"은 노조의 기여를 인정하여 임금을 60원으로 올리기로 결정한다.[4]

조선중공업 노사 관계에 대한 기억이 서로 어긋나는 까닭을 이해하기 위해서는 해방 직후에 일어났던 노동자 자주관리운동과 폭력적이고 고도의 정치성을 띤 노동운동의 좌우익 투쟁 상황에 대해 검토할 필요가 있다. 이를 위해 먼저 식민지 시기 노동운동의 역사와 식민 말기 일제의 전시 통제 정책들에 대해 간략히 살펴본다. 이 역사가 해방 후 한국 노동 정치의 역학을 규정하는 틀을 만드는 데 큰 영향을 미쳤기 때문이다.

식민지 시기의 노동운동

1910년 일제에 합병되었을 당시 조선은 아직 농업을 주된 기반으로 하는 경제구조를 가지고 있었다. 조선왕조의 마지막 군주들은 1890년대부터 산업화와 근대적 개혁을 시도했지만 뚜렷한 성과를 거둘 만한 충분한 시간을 갖지 못했다. 합병 후 일제는 식민지 조선에서 대대적인 근대화 프로그램에 착수했다. 식민 정부는 막강한 권력과 능력을 이용해 조선을 일본 제국을 위한 근대적 식민지로 만드는 데 온 힘을 기울였다. 브루스 커밍스에 따르면, 1910~40년 사이 조선 식민지의 이차산업은 연평균 10%씩 성장했으며 국민총생산GNP도 연 4% 정도씩 증가했다(Cumings 1987, 45). 일본이 중국을 침공하고 전쟁 수행을 위해 조선의 산업구조 수준을 높이려 한 1930년대 초반 이후 산업화의 속도는 눈에 띄게 빨라졌다.

합병 후 첫 20년 동안에는 산업 노동자 수가 빠르게 증가하지 않았

4_『전국노동자신문』(1946/04/12); 조순경·이숙진(1995, 327)에서 재인용.

다. 이 시기 조선은 일본에서 저임금을 유지할 수 있도록 값싼 쌀을 공급하는 장소로 간주되었다. 그러나 일본이 전시경제에 돌입하면서, 특히 1937년 중일전쟁이 발발한 후 조선은 전쟁에 필요한 군사물자를 조달하고 산업 노동력을 공급하는 전진기지로 제국 내 위치가 조정된다. 이 시기 일본은 한국과 만주에서 중공업 분야에 대한 투자를 급속히 늘렸는데, 경성방직의 김연수 등 일부 조선 자본가들도 이 기회를 잡아 만주로 기업 활동을 넓혀 간다.[5] 조선에 대규모 조선소가 지어지는 등 근대 조선산업의 역사가 시작된 것도 일본의 제국주의 전쟁의 부산물로, 1930년대 후반의 일이었다. 조선중공업도 1937년 전쟁에 필요한 강선을 건조하고 선박을 수리할 목적으로 설립되는데, 여기에는 일본의 자본, 특히 미쓰비시三菱 자본이 중점적으로 투입되었다.[6] 부산 앞바다 목도(지금의 영도)에 세워진 조선중공업은 3천 톤급 선대 두 개와 8천 톤급 선거를 갖춘 조선 최초의 근대적 조선소로[7] 연 선박 건조 총톤수는 1만 톤이었다.[8]

산업 노동자 수도 1930년대 후반에서 1940년대 전반까지 크게 증

5_ 김연수와 경성방직의 전시 확장에 관해서는 Eckert(1991), 특히 6장 참조.

6_ 식민지 시기의 회사 역사에 대해서는 필자의 학위논문인 Nam(2003, 2장) 참조. 처음 투자 자본 150만 엔의 92%가 일본 자본이었다.

7_ 목도 산업 지역은 1930년대의 간척 사업 및 부산시와 목도를 잇는 도진교(현재 영도대교)의 건설(1932~34년)로 생겨났다(한국민족문화연구소 1998, 152-155). 그 직후 많은 공장, 조선소, 목재 및 석탄회사가 목도로 들어왔고, 그 일대는 식민지 조선의 조선산업 중심지가 되었다.

8_ 대한조선공사(1968)의 "대한조선공사 변천 약도" 참조. 총톤수(gross tonnage)는 선창(holds)과 갑판실을 포함한 갑판 위아래 닫힌 공간의 용적을 계산한 것인데, 1백 입방 피트(cubic feet)를 1톤으로 친다(Jonsson 1995, 6).

가한다. 1943년이 되면 비농업 노동자 수는 공장노동자 39만, 광산 노동자 28만, 운수 노동자 17만, 건설 노동자 38만을 포함해 인구의 약 7%인 175만 명으로 늘어난다(김경일 1992, 52).[9] 이 시점에서 전체 노동자 가운데 공장노동자가 차지하는 비율은 22.3%로 늘어 있었고, 대규모 공장, 광산, 건설 현장에서 일하는 노동자의 수도 빠르게 증가하고 있었다(Park 1999, 141).

노동자 조직은 19세기 말 개항된 항구의 부두 노동자들 사이에 처음 등장했는데,[10] 식민지 시기 산업 노동자의 대다수는 비공장노동자였으므로 이 시기 가장 극적이고 효과적인 파업은 부두 노동자들에 의해 조직되었다. 이들의 파업은 항구를 마비시키고 나아가 식민지 경제 전체를 마비시킬 수 있었다.[11] 임금노동의 등장과 더불어 도시에도 노동자 조직이 출현하기 시작했다.[12] 1920년대가 되면 부두 노동자, 지게

9_ 박현채·김형기 외(1985, 51)는 공장노동자 59만1천 명, 건설 노동자 43만8천 명, 광산 노동자 34만6천 명으로 1944년의 수치를 훨씬 높게 제시한다. 1910년 조선의 인구는 1,740만이었고, 1944년에는 2,510만이었다(Kwon et al. 1975, 7).

10_ 부두 노동자들의 초기 조직에 관해서는 김경일(1992, 267-271) 참조.

11_ 최초의 연대 파업 가운데 하나는 1921년 부산에서 부두 인부들에 의해 일어났다. 1929년 원산항에서 정유와 부두 노동자에 의해 시작된 원산 총파업은 흔히 식민지 시기 노동운동의 최고봉으로 일컬어진다. 조선의 거의 모든 항구가 식민지 시기 어느 시점에 부두 노동자의 파업을 경험했다.

12_ 식민지 시기의 노동에 관한 선구적 연구로는 김윤환(1981); 김경일(1992); 박순원(Park 1999)의 연구가 있다. 김경일의 연구는 식민지 시기 한국 노동운동의 성격에 대한 가장 포괄적이고 치밀한 연구이고, 박순원은 '식민지 근대'의 발전 과정에서 노동자의 주체적 행위를 강조해 식민지 시기 노동에 대한 새로운 시각을 제시했다. 곽건홍(2001)의 전시 노동 동원에 관한 최근 연구와 이옥지(2001)의 식민지 시기부터 1987년까지 여성 노동자의 운동에 관한 검토는, 매우 중요함에도 불구하고 연구가 희소했던 이들 분야에 대한 이해를 높이는 데 기여했

꾼과 전차·인력거 노동자 등과 같은 운수 노동자, 점원과 요식업소 종업원 등과 같은 상업·서비스업 노동자, 목수, 철공 노동자, 구두 직공, 양복 직공, 물지게꾼, 일용 노동자를 비롯한 다양한 분야에서 노동자 조직들이 등장한다.

공장 중에는 조선인이 소유한 중소 규모의 정미·양말·신발·인쇄·고무·섬유 산업에서 조직 결성이 활발했고 파업이 많이 일어났다.[13] 그 중에서도 여성이 대다수인 섬유와 고무 산업에서 발생한 파업들이 특히 주목되는데, 이런 파업은 장기적이고 치열한 싸움으로 발전하곤 했다.[14] 인쇄 등 일부 분야에서는 노조 조직률이 15%에 달했다고 한다.[15] 이에 비해 일본인 소유 대기업에서는 노조의 조직이 어려웠다. 노동자 조직의 수는 1920년 33개에서 1925년 128개, 1928년 488개로 늘어나고 1930년에는 561개로 최고치를 기록했다. 식민 정부의 탄압이 증가하면서 노조 수는 1933년 334개, 1934년 250개, 1935년 207개로 계속 줄어든다(김경일 1992, 83). 노동쟁의도 이와 비슷한 패턴을 따라가며

다. 김경일(1992, 14-19)에는 식민지 시기 노동운동, 노동 상태, 노동 통제에 관한 박사·석사 논문을 포함한 남한과 북한의 연구 논저 목록이 실려 있다.

13_ 식민지 시기 주요 도시의 노동단체와 파업 목록은 김경일(1992, 522-567, 부록) 참조. 1898년 조직된 부두 노조를 비롯한 초기 노조의 목록은 한국노총(1979, 15, 표 1-6) 참조.

14_ 식민지 시기 여성 노동자의 생활과 노동조건, 의식, 단체행동에 대해서는 Janice Kim(2001) 참조.

15_ 주요 도시에서 인쇄·출판 산업 노동자들이 매우 활발한 활동을 펼쳤는데, 그들은 다른 노동자보다 비교적 높은 교육 수준을 지녔고, 1920년대 새로운 식민지 정책인 '문화 통치'하에서 번성했던 사회주의 서클을 비롯한 도시 문화의 여러 양상에 쉽게 접근할 수 있었다. 김경일은 1920년대 서울 인쇄 노동자의 노조 조직률이 약 15%였으며, 노조의 평균 규모는 약 1백 명 수준이었다고 본다(김경일 1992, 109-111).

1920년대에 계속 증가해 1931년에는 205건, 참가자 1만7,114명으로 정점에 이르렀다(김경일 1992, 309).

식민지 시기 노동운동의 뚜렷한 특징이자 중요한 유산은, 노동운동이 처음부터 당시의 민족주의적 성향의 사회운동들과 밀접하게 결부되어 발전했다는 점이다. 사회주의와 아나키즘의 조류들은 1880년대부터 조선에 소개되기 시작했는데, 중국과 일본을 거쳐 조선에 전파된 서구의 혁명적 사상 가운데에서도, 1917년 러시아혁명이 일어나 공산주의가 대두하기 이전까지, 가장 큰 호소력을 발휘한 것은 아나키즘이었다.[16] 조선의 아나키스트들, 특히 아나코-생디칼리즘 활동가들은 노동운동의 초창기에 커다란 역할을 수행했다. 최초의 전국 노동자 조직인 조선노동공제회를 비롯해 많은 초기 노동자 조직이 아나키스트들의 도움으로 창립되었다.[17] 하지만 1920년대 중반부터는 공산주의자들이 전문 노동운동가의 주류를 형성하고 식민지 조선의 노동운동에

16_ 식민지 시기 사회주의 및 아나키스트 이데올로기의 한국 유입과 한국 아나키스트 운동의 전개에 대해서는 이호룡(2001) 참조. 이호룡에 따르면, 한일 강제 병합을 경험한 1910년대에 일본 제국주의를 정당화하는 사회적 다윈주의(social darwinism) 이론을 극복하고 반제 운동 건설에 적합한 대안적 사상 틀을 발견하는 것이 지식인들의 긴급한 임무가 되었고, 많은 이들이 해결책으로 표트르 크로포트킨(Pyotr Kropotkin)의 상호부조론(mutualism)과 같은 무정부주의 사상을 수용했다. 이호룡은 1910년대와 1920년대 한국 사회운동에서 아나키스트들이 수행한 역할을 강조하면서, 1920년대 초반 공산주의(마르크스-레닌주의)의 급속한 발전도 아나키스트와 사회주의 활동가들이 이루어 놓은 성과에 크게 힘입었다고 지적했다. 이 점에서 한국의 상황은 당시 중국 아나키스트 운동의 전개 상황과 궤를 같이한다(Pusey 1983; Dirlik 1991 참조).

17_ 조선노동공제회는 1922년 아나키스트와 공산주의자 사이의 폭력적 충돌 후에 분열되었다(이호룡 2001, 96-98; 187-189; 조세현 2001, 107; 140). 1920년대 한국 노동운동에서 아나키스트들의 활동상에 대해서는 이호룡(2001, 98-107; 183-184); 김경일(1992, 413-426) 참조.

심대한 영향을 미쳤다.[18]

비사회주의 민족운동가들도 1910년대와 1920년대 초기 노동자 조직의 창립에 관여했다. 당시 민족주의 지식인과 활동가들 대다수는 산업 노동자와 소작인을 계몽하고 조직해 민족주의적이고 근대적인 정신을 불어넣는 일을 민족국가 건설 프로젝트의 필수적인 과제로 인식하고 있었다. 초기 노동단체의 강령과 선언에는 사회주의적 이데올로기보다 민족주의적 자강의 이데올로기가 반영되어 있는 경우가 많았으며, 노동단체에서 활발하게 활동하는 사람들 중에는 지역사회에서 영향력 있는 민족주의계 인사들이 포함되어 있었다.[19] 이 시기는 식민지 산업화가 본격적으로 전개되기 전, 즉 자본주의 체제가 필연적으로 계급 이해의 갈등을 초래한다는 점을 이해한다는 의미에서의 계급적 정체성이 노동자나 자본가의 심리 세계에 뿌리내리기 전이었고, 따라서 당시의 '계급' 개념은 매우 포괄적이었다. 식민지 조선에서 '사회주의'는 아나키스트, 사회주의자, 공산주의자를 포함하는 넓은 범위의 좌

18_하지만 한국의 좌파 문헌에서 노동운동에 대한 지식인 활동가의 영향이 종종 부풀려져 온 점을 고려해야 한다. 식민지 시기의 많은 파업이 활동가나 노조의 지도 없이 일어났고, 자생적 파업이 노조 조직화나 기존 노조의 개혁으로 이어진 사례도 많았다. 김경일에 따르면, 1920~39년 사이 신문 지상에 보도된 다섯 개 주요 도시의 파업 429건 중 노조가 관계된 것은 90건(21%)뿐이었다(김경일 1992, 360). 부정적인 측면을 보면, 노동조합운동에 지식인 활동가들이 깊숙이 관여했다는 것은 인쇄공 노조, 신문 배달부 노조, 철공소 노조와 같이 지식인 활동가들과 긴밀한 연계를 지녔던 일부 노조가 비사회주의적인 '문화적 민족주의자'와 사회주의자 간, 아나키스트와 공산주의자 간, 그리고 공산주의 운동 내의 다양한 파벌 간 분쟁에 휩쓸리게 됨을 의미했다.

19_1920년대 초반 노동자 조직화에 참여한 민족주의 엘리트의 사례와 그들의 관점에 대해서는 김경일(1992, 374-384) 참조.

파를 통칭하는 말로 쓰였는데, 1920년대 초의 '사회주의' 활동가 다수
는 '계급'을 생산수단의 소유 여부에 따라 정의하는 대신 '착취계급' 대
'피착취계급'의 대립으로 보고 있었다(이호룡 2001, 99-101).[20] 그러므로
당시의 '노동조합'은 1920년대에 소수에 불과했던 산업 노동자만이 아
니라 당시 일하는 사람의 대다수를 차지하는 소작 농민까지 포함된 피
착취계급 전체, 즉 '노동하는 사람'을 모두 포함하려는 조직이었다.[21]

　　그러나 1920년대 산업화가 점차 진전됨에 따라 소유주-자본가와
임금노동자 간 계급 이해의 충돌은 양자 모두에게 더 분명하게 드러나
게 된다. 1920년대 초중반을 경과하며 정치·사회 운동에서 사회주의
자들의 영향력이 증대하면서 미디어, 순회강연, 공개 토론장, 야학, 공
연 무대 등에는 계급 적대, 자본주의적 착취, 그리고 혁명의 주력이 되
어야 하는 산업 노동자의 역사적 사명이라는 개념이 흔히 등장하게 되
었다(김경일 1992, 382). 다양한 노동단체들이 직업별 혹은 지역별 노조
의 형태로 점차 수렴되었고, 여러 계급이 함께 참여하는 형태의 노조는
사라져 갔다.[22] 1920년대를 거치면서 여러 직업을 포괄하는 지역 노조

20_ 이호룡은 이 관행을 통해 아나키즘의 영향력이 컸음을 알 수 있다고 주장한다.

21_ 이 경향을 보여 주는 예로, 앞서 언급한 1920년 서울에서 설립된 조선노동공제회를 들 수 있
　　다. 이 단체는 새롭게 만들어진 '소작인 노동자'라는 용어(일본에서 도입되었을 것으로 보임)
　　를 쓰면서 소작 문제를 노동운동의 핵심적 문제로 파악했다. 조선노동공제회 지부의 다수가
　　소작부를 조직했고 소작농 운동에 역량을 집중했다(김경일 1992, 103; 168-169). 조직명에
　　'노동'이 들어 있는 많은 단체에 소작농이나 농업 노동자가 회원으로 가입되어 있었고, 1920
　　년대 초반에는 노동운동에 동정적인 상점 주인이나 공장주들이 이런 노동단체의 회원이나
　　고문으로 활약하는 일이 드물지 않았다(김경일 1992, 271-274).

22_ 당시의 신문과 잡지 기사에 잘 나타나듯이, 1920년대 초반 노동조합이 가장 바람직한 노동자
　　조직 형태라는 생각이 조선 사회에 확산되었다(김경일 1992, 375).

보다는 직업별 노조가 지배적인 형태로 정착하게 된다.[23] 또한 노동운
동에서 공산주의 진영이 차지하는 영향력이 높아짐에 따라, 1925년 11
월 전국 차원에서 활동가들이 산업 노동조합과 소작인 조합을 분리하
기로 결정한다.[24] 1920년대 중반 이후에는 민족운동에서 공산주의자
가 이끄는 '사회주의' 진영과 비사회주의 '민족주의' 진영 간의 균열이
깊어 갔다.[25]

　　노동자들의 조직화를 돕는 행위가 '대중'을 계몽하고 그 에너지를
끌어내는 민족주의적 사명의 맥락에서 이해되었다고 해도, 그것이 지
배 엘리트가 육체노동을 천시하는 오래된 태도를 버리고 육체노동자
를 평등한 인격체로 보기 시작했다는 의미는 아니다. 노동자를 계몽하
고 민족운동으로 견인하려던 민족자본가들도 노동자에 대한 기본적
태도는 시혜적인 차원을 벗어나지 못했고, 이 태도는 노동자가 자기 목
소리를 내거나 자본가의 이익에 반하는 요구를 할 경우 쉽게 경멸과 탄
압으로 바뀔 수 있었다. 카터 에커트가 훌륭하게 분석해 낸 대로, 유명
한 '민족자본가' 김연수의 경성방직이 노동자들을 신분이 낮은 '소작인
딸들'로 취급하고 그들의 파업을 억압한 사례가 이 점을 잘 보여 준다
(Eckert 1991, 192-222).

23_1920년대와 1930년대 식민지 조선 노동조합의 조직적 성격에 관해서는 김경일(1992, 3장)
　　참조.

24_분리를 위한 집회는 1926년 4월로 예정되었지만, 집회 허가 요청을 경찰이 거부한 탓에 실현되
　　지 못했다. 조직 분리는 투표를 통해 1927년 10월에 완결된다. 그즈음부터 지방 조직들도 조직
　　재편 과정을 거치거나 조직 정체성을 분명히 하기 위해 명칭을 변경했다(김윤환 1981, 125).

25_식민지 시기 사회주의-민족주의자와 '문화적 민족주의자' 사이의 균열에 관해서는 Robinson
　　(1988) 참조.

그럼에도 불구하고 적어도 노동운동 발전의 초기에는 민족주의 엘리트들이 조선 민족의 실력 배양을 위해 노동자의 조직화가 필요하다고 인정했던 것은 막 걸음마를 시작한 노조에 민족주의적 정당성을 한켜 부여해 주었다.[26] 1920년대와 1930년대의 사회주의 운동은 노동자를 민족 해방과 사회변혁을 위한 운동의 중심부에 놓음으로써 적어도 이론상으로는 노조의 위상을 한층 더 끌어올렸다. 당시 1천 년 이상을 매우 위계적인 사회에서 살아온 조선인들은 사회 신분 집단을 엄격하게 차별해 대우하는 문화에 깊이 젖어 있었다. 육체노동은 비천한 신분 집단을 분명하게 상징하는 것이었다. 이런 뿌리 깊은 사회적 편견을 생각할 때 산업 노동자와 소작 농민을 고상한 민족주의 운동의 정당한 구성원으로 받아들인다는 생각 자체가 조선의 엘리트들에게는 놀랄 만한 발전이었다. 이 같은 변화는 주권을 일본에게 잃은 엄청난 충격 때문에 가능했던 것으로 보인다. 민족주의 엘리트에게 시대적 상황이 준 메시지는 분명했다. 이들은 근대라는 시대에 민족으로 살아남기 위해서는, 비엘리트층(비천한 육체노동자는 물론이고 심지어 여성까지 포함된)에게도 민족주의적 계몽 프로젝트 내의 자리와 역할을 부여하는 것(물론 철저한 지도와 감시 아래에서)이 절대적으로 중요하다는 사실을 깨닫게 되었던 것이다.

식민지 시기의 파업은 조선인 노동자들 사이의 강한 연대감과 공동

26_이는 일부 한국인 학자들이 주장한 것처럼 노조에 가입한 노동자들이 실제로 민족주의적 대의를 받아들이고 민족 해방을 우선시하거나 중요한 목표로 삼으면서 노조 활동을 전개했다는 의미는 아니다. 식민지 시기 노동운동의 민족주의적 성격을 강조하는 문헌에 대한 비판적 논의는 김경일(1992, 370-371) 참조.

체 의식을 보여 주는 경우가 많았다.[27] 수많은 파업 사례에서 노동자들은 대체 노동력으로 고용되기를 거부했다. 연대 의식은 파업 노동자를 위한 헌금, 지지 편지, 지지 집회나 연대 파업을 통해 표현되었다. 언론 매체들은 대체로 파업에 대해 동정적인 보도를 했다. 조선인 노동자들이 낮은 숙련도나 회사에서 받는 대우 면에서 비교적 균질적이었던 점도 노동자들 내부의 분열을 줄이는 요인이 되었다.

당시의 많은 잡지와 조사를 보면 자본가들, 특히 일본 자본가들은, 조선인 노동자가 시간관념이 없고 일에 열중할 줄 모르며 문화적으로 노동과 공장 규율을 비하하는 태도를 보일 뿐만 아니라, 지능이 낮고 책임감이 없고 감사할 줄 모르며 게으르고 참을성도 수치심도 없고 무지하고 반항적이고 도벽이 있고 부화뇌동하는 성질을 가졌다고 보고 있었다.[28] 열악한 노동조건과 낮은 임금 외에도, 노동 통제를 위해 모욕, 구타, 욕설이 당시의 공장들에서 일상적으로 사용되고 있었던 것은 이런 시각의 반영이기도 했을 것이다.[29] 상급자나 관리자의 이런 부당

27_예를 들어, 열한 개 고무 공장의 노동자 1천8백 명이 참여해 23일간 지속된 1930년의 평양고무 노동자 총파업에서 상대적으로 높은 임금을 받던 기술자들도 연대 의식을 발휘해 파업에 참여했다. 파업의 세부 사항에 관해서는 이옥지(2001, 48-51); 김경일(1992, 341-345) 참조.

28_82개의 광산과 공장을 조사 대상으로 하여 조선인 노동자의 성질을 상술한 보고서가 『조선노무』(朝鮮勞務) 1943년 8, 9, 12월호에 실렸다(곽건홍 2001, 127 참조). 김경일은 당시 조선에서 발간된 일본어 산업 잡지와 문서들에 보이는 유사한 주장들을 인용하고 있다(김경일 1992, 69). 강이수는 식민지 시기 동안 조선에서 일본의 노동 통제 논리가 형성되어 가는 배경으로서 조선인 노동력의 문제점을 다룬 식민지 시기 일본어 저술들을 분석했다(강이수 1997, 130-137; 152).

29_김경일이 1921~35년 사이 발생한 1,712건의 파업을 분석한 결과에 따르면, 파업 노동자의 주요 요구는 임금 인상(37.6%)과 임금 삭감 취소(21.3%), 처우 개선(10.8%)이었다. 처우 개선 요구에는 시설 개선, 휴식 시간과 점심시간 연장, 물리적·언어적 학대를 한 관리자의 사과

한 대우는 노동자들의 분노를 불러일으켰고, 노동자들의 분노가 축적되어 파업이 발생하거나 평화적인 파업이 폭력적인 것으로 격화되는 경우도 종종 있었다.[30] 온당하고 인간적인 대우를 바라는 노동자의 기대와 공장의 규율을 철저히 확립하고자 하는 관리자의 우려가 충돌하는 것은 노사 관계에서 일상적인 일이지만, 조선인 산업 노동자 대부분이 농촌에서 올라온 산업 노동자 첫 세대이고 따라서 근대적인 공장 체제에 자신들의 몸과 습관을 적응시켜야 했다는 사정 때문에 갈등이 더 증폭되었을지도 모른다.[31] 민족 차별 또한 관리자에 의해 부당하고 열악한 대우를 당한다는 노동자들의 인식을 더 증폭시켰을 것이다.

경제적 측면이나 조직의 측면에서 파업을 통해 실제로 얻은 것은 그리 많지 않았지만, 이와 관계없이 식민지 시기 노동운동은 다음 세대 노조 활동가들에게 중요한 제도적·문화적 자원을 남겨 주었다. 노동조합은 일반 노조원을 교육하고 동원하기 위해 다양한 활동을 개발했다. 노조 간부의 정기 모임과 노조원의 연례 총회가 열렸고 이런 모임은

또는 처벌 요구가 포함되어 있었다. 이 밖에 노동시간 단축(대개 1일 12~14시간에서 1~2시간 단축), 강제 저축과 과중한 벌금의 폐지, 기숙사 체제에 대한 불만, 휴일 노동, 야간 노동, 산재 기간, 수습 기간의 급여 개선, 승진제도 수립, 임시직 노동자 제도 폐지, 해고 노동자 복직, 체포된 파업 참가자 석방 등의 요구가 자주 등장했다(김경일 1992, 319-320).

30_ 예를 들어, 1930년에 하루 14.5시간에서 16시간으로 노동시간이 연장된 것에 항의, 파업을 한 전주의 여성 공장노동자들은 사측이 파업이 불규칙하게, 즉 때론 빨리, 때론 늦게 가는 회사 시계의 작동을 이해하지 못한 노동자들의 오해에서 비롯된 것이라고 공개적으로 발표하자 분개해 파업을 재개했다. 여성 노동자들은 회사가 노동자들을 "시계를 볼 줄 모르"는 자로, "아무것도 모르는 멍텅구리로" 암시하는 것에 분노했다(『조선일보』 1930/07/04; 05; 07; 김경일 1992, 61).

31_ 이 문제에 관한 문헌은 너무 방대해 열거하기 어렵다. 한국 사례에 관해서는 강이수(1997); Janice Kim(2001) 참조.

1890년대 독립협회 시절부터 전파되기 시작한 것으로 보이는 서구의 민주적 회의 절차를 따라 진행되었다.[32] 1920년대를 거치며 이런 회의 절차들이 근대성의 상징으로서 사회운동의 수많은 공식 모임과 토론회를 통해 흡수되고 활용되었다.[33] 노조 회의도 예외가 아니었다.

공식적인 노조 모임 후에는, 문화생활에 참여할 기회를 거의 박탈당하고 사는 조합원들을 위해 전통 문화와 서구 문화 양식이 뒤섞인 음악회나 연극 공연이 제공되기도 했다.[34] 노조들은 또 회보와 벽신문壁新聞 또는 구두로 전달하는 신문인 '산신문'生新聞(김경일 1992, 430)을 발간했고, 노동자를 대상으로 책을 펴낸 경우도 있었다. 강연회와 토론회, 가두 행진, 원족회(소풍), 스포츠 행사, 종이등 행진, 음악 감상회도 활발하게 열렸고, 노조 도서실, 야학, 스터디 그룹도 조직되었다. 1920년대 후반에는 일부 노조에서 노동자의 생활조건과 노동조건을 조사하는 야심찬 프로젝트를 진행하기까지 했다. 조합원을 위한 지정 병원이나

32_ 독립협회에 관한 영문 문헌은 Chandra(1988)와 Wells(1990) 참조.

33_ 『로버트의 회의 규칙』(Robert's Rule of Order)과 같은 서구의 회의 규칙에 관한 책들 중에 정확히 어떤 판본이 조선에 수용되었는지는 추후 연구가 이루어져야 할 흥미로운 주제다. 1910년경에 이화여고를 다닌 기독교 활동가 박인덕은 자서전에서 당시 학교에서 연설과 토론뿐만 아니라 "의사 진행 절차와 회의 규칙"을 훈련받았다고 회고하고 있다(Pahk 1954, 49). 하나의 가능한 전수 경로는 19세기 후반 조선의 개혁가들에게 심대한 영향을 끼친 일본의 근대화론자이며 교육자인 후쿠자와 유키치(福澤諭吉)다. 서구 문명에 관한 그의 초기 저작들 중에는 『회의변』(会議弁, 1873)이 있다(Tamaki 2001, 89. 이 저자가 영역한 제목은 Presiding over Meetings다). 그러나 그 책이 한국에서 유통되었는지는 확실치 않다.

34_ 노동자들은 공식적인 노조 회의 후에 전통 음악과 서구 음악이 섞인 음악 공연, 노래와 춤, 노동운동 등을 주제로 한 단막 희극과 '사회극', 1인 촌극, 무술 시범 등을 즐겼다(김경일 1992, 443-445). 김경일은 『일제하 노동운동사』의 한 장(제8장)을 식민지 시기 노조의 문화 활동에 할애하고 있다.

소비자 협동조합도 있었다. 노조의 깃발과 배지, 조합원 카드도 이 당시에 도입되었다. 노조를 통해 조직노동자들은 근대가 제공하는 풍부한 문화적 경험을 접하고 즐길 수 있었다.

식민지 시기의 노동운동은 이처럼 해방 후 노동운동을 위해 중요한 자원과 유산을 남겼다. 적어도 초창기에는 근대적 제도로서 노동조합이 필요하다는 인식이 민족주의 엘리트들의 도전을 받지 않고 일반적으로 수용되었다. 노동자들은 현장에서 불공정하고 부당하다고 인식한 사항에 대해 단체행동과 노조 조직화를 통해 대응하는 법을 배웠고, 귀중한 경험을 쌓았으며, 현장을 넘어서는 노동조합운동에 대한 지식을 축적했다. 그 결과, 해방 후 한국의 노동자들은 처음부터 새롭게 조합 운동을 시작하지 않아도 되었고, 그것이 해방 후 노조의 결성이 전국적으로 전광석화와 같이 진행된 이유를 부분적으로 설명해 준다.

전시 노동 통제

1930~35년 사이의 기간은 쟁의 건수와 참가자 수로 볼 때 식민지 시기 노동운동의 최고점이었다. 이 기간 동안 매년 1만2천 명에서 1만9천 명의 노동자가 160건에서 205건에 이르는 쟁의에 참가했다. 이 시기 노동자의 전투성은 1920년대 동안 노동운동이 이루어 낸 성과를 반영한다. 식민지 조선 경제에 대한 세계 대공황의 충격 역시 영향을 미쳤다. 식민 정부가 점차 사회운동에 대한 감시와 탄압의 수위를 높여 가면서 노사 분쟁의 빈도는 1935년 이후 서서히 낮아진다.[35] 하지만 파업은 1930년대 내내 계속 일어났고, '적색 노조'라고 알려진, 급진적인 공산주의자들이 주도하는 지하 노조들이 반제 활동을 지속했다.[36] 많은

저명한 민족주의 지도자들이 힘에 굴복하거나 자발적으로 식민 정부와의 협력을 선택하던 시기에도 꾸준히 용감하게 저항한 노동운동가들이 해방 후 공개 영역에 재등장했을 때 대중들로부터 정통성을 더 많이 인정받은 것은 당연한 일이었다.

전시에 노동조건은 심각하게 악화되었다. 이미 길었던 노동시간이 더욱 길어지고, 실질임금이 하락했으며, 전시 정책에 따라 노동자의 직장 이동이 제한되었다. 더욱이 많은 노동자가 국내외의 광산, 건설 현장, 공장에 강제 동원되었다. 조선에서 식민 정부는 '근로보국대'를 조직해 국내 건설 사업에 필요한 노동자를 조달했다. 식민 지배 말기 수년간 국내에서는 총 460만 명 정도의 노동 가능한 남성(14~40세)과 여성(14~25세)이 근로보국대를 통해 한 달 또는 그 이상의 기간 동안 동원되었다.[37] 해방 후 정치에 미친 영향력 면에서 더 중요했던 것은 약 150만 명의 조선인을 일본, 사할린 또는 남태평양의 섬에 노동자로 실어 보내기로 한 식민 정부의 결정이었다.[38] 강제로 동원된 노동자들 외에

35_언론에 보도된 1930년대의 노동쟁의와 참여자 수는 다음과 같다. 1930년 160건/18,972명, 1931년 205건/17,114명, 1932년 152건/14,824명, 1933년 176건/13,835명, 1934년 199건/13,098명, 1935년 170건/12,058명, 1936년 126건/7,658명, 1937년 95건/9,209명, 1938년 83건/6,438명, 1939년 135건/8,860명(김경일 1992, 309). 곽건홍은 1936~39년 수치를 더 높게 제시하며(1936년 138건/8,100명, 1937년 99건/8,706명, 1938년 90건/6,929명, 1939년 146건/10,128명), 1940년(96건/4,045명)과 1941년(56건/1,799명) 통계도 제공한다(곽건홍 2001, 336). 1940년과 1941년의 주요 파업은 대부분 광산 노동자 파업이다(곽건홍 2001, 338-339).

36_식민 시대 말기 비밀 조직을 통한 혁명적 노동운동이 지속된 상황에 대해서는 김경일(2004, 9~11장; 2007) 참조.

37_'근로보국단'에 관해서는 곽건홍(2001, 99-109) 참조. 전시 조선 여성의 동원에 대해서는 Janice Kim(2001, 5장) 참조.

도, 1930~40년 사이에는 약 70만 명의 식민지 조선인들이 일본으로, 약 60만 명이 새로운 개척지로 등장한 만주로 일자리를 찾아 자발적으로 이동했다.[39]

전후 '귀환자들', 다시 말해 강제로 동원되거나 자발적으로 해외에서 일하다 해방 후 한국으로 귀환한 이들이 해방 직후 급진적 운동이 폭발적으로 고양되는 데 어떤 영향을 미쳤는지에 대해서는 연구자들 간에 논쟁이 있어 왔다.[40] 귀환자들이 지역 정치에 미친 영향은 지역에 따라, 그리고 그들이 귀환한 지역공동체의 정치적 조건에 따라 다양했다. 이 책에서 이 문제를 짚고 넘어가는 이유는, 한반도의 남동부에 있으며 일본의 남서부와 인접한 경남과 부산시가 다른 지방들보다 훨씬 높은 수준의 인구 이동을 경험했기 때문이다.[41] 다음 장에서 자세히 설

38_ 전시 징용의 규모에 대해서는 확실한 통계를 추출하기 어렵다. 일본의 공식 자료에는 징용된 조선인 노동자 수가 72만 명으로 나타나지만, 학자들의 추산은 그 두 배 이상이다(이준식 1998, 9). 군인, 일본군 군속, 일본군의 성노예로 징발된 여성을 포함해 추산하면, 징용되어 일본 본토나 점령 지역으로 보내진 조선인의 수는 적어도 2백만 명, 당시 조선 인구의 10% 정도에 이른다(정진성 1995, 375-382).

39_ 1945년 현재, 210만 명의 한국인이 일본에 있었는데, 이는 1936년의 78만528명보다 크게 증가한 숫자다. 만주의 경우 1938년에 104만 명이던 조선인 수가 1944년에는 156만 명으로 증가했다(Park 1999, 135; 145).

40_ 1945~49년 사이에 180만 명으로 추정되는 사람들이 일본, 만주 및 그 밖의 지역에서 한반도 남쪽 지역으로 귀국했다(Kwon et al. 1975, 33). 커밍스는 바깥세상을 접한 경험이 동원된 한국인 노동자들을 급진화, 정치화시켰다고 주장했다. 고향으로 돌아온 그들은 급진적 운동에 참여할 준비가 되어 있었다(Cumings 1981, 61-62.) 신기욱은 식민지 시기 사회적 동원이 해방 후의 급진적 정치에 큰 영향을 미쳤다는 커밍스의 주장을 비판하면서, 한국 농민들은 식민지 시기에 이미 상당한 수준의 정치적 활동성을 확보했고, 따라서 해방 직후 나타난 농민의 급진주의가 귀환인 때문인 것으로 볼 수는 없다고 주장했다(Shin 1996, 157).

41_ 부산은 조선인 노동자들이 일본으로 이동할 때 거치는 주요 항구였고, 부산과 일본 시모노세

명하겠지만 대한조선공사는 해방 직후 시기에 귀환 노동자들을 상당수 고용했다.[42] 일본에서 돌아온 귀환자들은 일본식 노사 관계에 익숙해진 사람들이고, 다수가 일본의 직장에서 민족 차별로 고통을 겪었다. 조선인들이 1920년대 이래 일본의 조직노동운동에서 중요한 역할을 했던 역사를 감안할 때, 귀환자들 중 많은 수가 노동운동에 일정 정도 노출되었을 것이라고 가정하는 것이 합리적이다.[43]

식민 정부는 조선인 노동자를 '황국의 산업 전사'로 개조하기 위해 다양한 이데올로기 프로그램을 시행했다. 일본 본국의 노동정책 변화에 맞추어, 기존 노조는 노사 대립의 자세를 버리고 노자 협력으로 합심해 일본 제국을 위해 분투하는 정신을 더 잘 표현하도록 명칭에서 '노동조합'이라는 말을 삭제하거나 그렇게 하지 않을 경우 해체하도록 강요받았다.[44] 1941년 노동의 고귀함에 대한 노동자의 의식을 고양하고 노사 협력의 정신을 고무하려는 목적으로 조선총독부에 의해 새로운

키 사이에는 여객선이 매일 운항되었다. 한국과 일본을 오가는 사람들의 대다수는 8시간 정도 소요되는 이 여객선을 이용했다. 1937년의 경우, 재일 한국인의 82%가 경남, 경북, 전남에 본적지를 둔 것으로 보고되고 있고, 일본에서 귀환한 사람들은 대부분 남부 지방으로 돌아왔다(Kwon et al. 1975, 33-34).

42_조공 노조의 자료철에 포함된 조합원의 이력서를 보면 일본에서 일하다 해방 후 한국으로 돌아온 사례가 눈에 많이 띈다(Nam 2003, 부록 C 참조).

43_1945년 이전 일본 노동운동에서 조선인 노동자들이 수행한 역할에 관해서는 Weiner(1989, 4장)와 정혜경(1998) 참조. 조선인 노동자들이 일본에서 어떤 삶을 살고 어떤 노동 경험을 했는지, 그리고 귀환인들이 일본에서 경험한 것이 그들의 정치적 전망과 해방 후 노동운동 참여에 어떤 영향을 주었는지에 대해서는 더 많은 연구가 필요하다. 그런 연구의 모범적 사례로는 Smith(1999) 참조.

44_당시 일본 노조들의 운명에 관해서는 Gordon(1991, 11장) 참조. .

노동 통제 기관인 조선노무협회가 만들어졌다.[45] 이 협회의 지부는 군 단위까지 설치되었다. 1943년 조선총독부는 '전투 조직으로서의 산업 군단'이라는 개념을 가지고 공장과 광산들을 재조직하기 시작했고(곽건홍 2001, 197-198), 공장노동자는 생산성 증대를 위한 전투에 복무하는 '사봉대'仕奉隊로 편제되었다.[46]

이 시기의 이데올로기를 통한 인간 개조 노력은 치열하고 복합적이었다. 노래, 연설, 일본어와 제국 이데올로기 교육, 영화와 연극, 스포츠와 무술 수업, 체조, 생활 방식 개선 운동, 모델 노동자 선발과 시상 등이 노동자들을 생산적이고 순종적인 '산업 전사'로 변화시키는 일에 이용되었다. 일사불란한 이데올로기적 통제는 바람직한 노동자 주체성을 형성하는 데 중요한 언어의 힘을 간과하지 않았다. '부지런하게 일하는 사람'을 의미하는 근로자라는 말이 '노동하는 사람'을 의미하는 기존의 노동자라는 말을 대체해 산업 노동자를 지칭하는 공식 용어로 사용되었다.[47]

이런 방식을 통해 작업장을 군대와 같이 조직하고 통제하는 체제가

45_조선노무협회에 대해서는 곽건홍(2001, 184-190) 참조. 협회는 식민지 노동정책을 유포하는 통로의 역할을 했고, '중견 노무자' 양성을 위한 지도자 훈련 프로그램을 운영했다. 농촌에서도 농촌 진흥 운동의 일환으로 유사한 훈련 프로그램이 실시되었는데, 이 프로그램은 지주계급 대신 교육받은 지방 청년을 '핵심' 또는 '중견 인물'로 키워 마을 지도자로 세우는 것을 목표로 했다(Shin 1999, 70-96).

46_'사봉대'의 조직과 훈련에 관해서는 곽건홍(2001, 200-213) 참조.

47_흥미롭게도, 1950~60년대에 걸쳐 이와 비슷한 변화가 점진적으로 일어났고, 1970년대에 이르면 박정희 권위주의 정부하에서 '근로자'라는 단어가 노동자를 가리키는 공식 용어로 정착한다.

1940년대 초 뿌리를 내렸다.[48] 병영적인 통제와 감시의 체제가 자리 잡으면서 파업은 불가능해졌다. 도시 노동자들은 무단결근, 도망, 공장 시설 파괴 등의 간접적인 저항 방법을 찾아야 했다(한국노총 1979, 236-239).[49] 이 시기에는 많은 사람들이 소작 농민처럼 '일상적인 형태의 저항'에 의존해야만 했다.[50] 태평양전쟁 기간 중에는 일제에 의해 조선인 노동자와 조선인 일반의 삶이 재조직되는데, 이로 인해 노동운동은 약화되고 노동자와 노사 관계에도 오래도록 부정적인 유산이 남게 된다. 예를 들어, 노조는 경찰관이 노조의 공식 회의에 참석하고 개입하는 관행을 비롯해 노조 활동에 대한 경찰의 광범위한 감시 체제에 익숙해지게 되었다.

일반적으로 학자들은 이 부정적인 식민 경험이 '강한 국가'에 의해 통제되는 '약한 노동'이라는 역학 관계를 공고히 한 것으로 본다. 하지만 노동자들의 식민지 노동 체제 경험은 흔히 주장되는 것보다 더 복합적이고 다양했을 것이다. 필자는 그것이 '약한 노동' 담론이 제시하는

48_1970~80년대에 걸쳐 한국에 등장한 권위주의적이고 군사적인 노동 통제 체제는 많은 점에서 식민지 말기의 노동 통제와 유사했다. 곽건홍은 1970년대와 1980년대 중공업 노동 현장에서 식민지 시기 군사적 통제가 재출현하는 징후로 하향식 의사소통 경로, 강제적 국민 체조 실시, 조기 출근 압력, 두발 길이와 복장 통제 등을 지적한다(곽건홍 2001, 215). 체조, 훈시, 복장과 예절의 엄격한 통제를 통해 복종과 근면을 주입하는 일본식 방법은 한국의 학교 제도에도 상속되었다.

49_식민지의 착취에 저항하는 방법 중 하나는 공장 방화였다. 조선중공업에도 1943년 방화 사건이 있었다. 윤여덕은 이 사건을 일본의 전쟁 추진에 대한 노동자 저항의 사례로 다루었지만, 그런 동기를 입증할 충분한 증거는 없다(윤여덕 1991, 228-229).

50_이 개념은 제임스 스콧(James Scott)의 『약자의 무기』(*Weapons of the Weak*, 1985)에서 차용했다. 한국 소작농의 운동에서 보이는 그런 형태의 저항에 관해서는 Shin(1996) 참조.

착취와 억압 일변도의 관계였다기보다는 억압, 타협, 기회, 높은 이상, 후퇴와 승리의 혼합이 아니었을까 생각한다. 특히 전쟁이라는 상황은 산업 평화와 생산성 증대를 위해 노사 협력이라는 이름 아래 경영 측에 일정한 양보를 요구했는데, 조선산업과 같은 중요 산업의 대기업들의 경우 더욱 그러했다. 다음 여러 장에서 살펴보겠지만, 국가를 위한 노사 협력이라는 전시의 수사, 고용주와 피고용인 모두에 대한 애국적 책임 의식의 훈육, 복지 조항 및 노동자의 고충을 완화하기 위해 도입된 노동 현장의 관행들은 조선중공업 조선소의 노동자들에게 노동자의 중요한 역할과 그에 걸맞은 대우를 받을 권리에 대한 기억을 깊게 새겼다. 현대 정치에서 대중 동원은 양날의 칼이다. 조건이 맞아떨어질 때 그것은 동원된 사람들 사이에 욕망을 낳고 그들의 희생과 지지에 대한 반대급부로 동원 과정에서 제시된 이상을 현실화하라는 요구를 불러일으킬 수 있는 것이다.

노동자 자주관리운동

해방 이후 짧은 기간 동안 한국 노동자들 상당수가 전국을 휩쓴 이른바 노동자 자주관리운동에 참여했다. 이 운동의 주장은 법적 소유자나 이전의 관리자가 아니라 노동자들이 공장과 사업체를 인수하고 운영해야 한다는 것이다.[51] 반자본주의적인 것처럼 보이는 이런 노동자 측 입

51_해방 직후 시기 노동운동에 관한 여러 연구 중 조순경과 이숙진의 공동 연구인 『냉전체제와 생산의 정치』(1995), 그리고 안태정의 전평 연구서인 『조선노동조합전국평의회』(2002)가 주목할 만하다.

장은 당시의 특수한 시대 상황에서 연유한 측면이 크다(조순경·이숙진 1995, 257-258). 급진적인 자주관리운동에 참여하면서 노동자들은 미군정 당국, 회사의 소유주 및 관리자들뿐만 아니라 공산주의자들이 주도하는 전평의 전국 지도부와도 어긋나는 입장에 섰다. 다시 말해 이 운동에서 노동자들이 표출한 급진주의와 전투성은 상층 노동운동 지도자들의 선동과 지도의 산물이 아니었다. 자주관리운동에서 노동자들은 자신들의 힘든 노동으로 유지되는 사업체에 대해 자신들이 소유권, 경영권 및 수익을 얻을 권리를 갖는다는 생각에 대해 다양한 태도를 보여 주었다.[52] 노동자들이 보여 준 도덕적, 민족주의적, 그리고 때로는 심지어 기업가적이기도 한 태도는 노동자들이 배워 가져야 할 것으로 공산당이 처방한 이상적 '계급의식'에 잘 부합되지는 않았지만, 투쟁의 수준을 한층 높이는 요소가 되었다. 자주관리운동은 한국에만 고유한 현상은 아니었다. 일본 노동자들도 같은 시기에 매우 유사한 운동을 전개하고 있었고, 제1차 세계대전 직후 몇몇 유럽 국가를 포함한 다른 나라들에서도 이와 유사하게 노동자들이 생산과 경영을 장악한 사례들이 발견된다.[53] 이런 이유로 해서 우리는 한국 자주관리운동 사례의 실

52_그런 복잡성이 조순경과 이숙진을 노동자들이 진정한 '계급의식'을 가지고 있지 않았다는 결론으로 이끌었다(조순경·이숙진 1995, 257-258).

53_1945년 10월 노동자들의 요미우리신문사 장악으로 시작된 일본의 '생산관리' 운동에 관해서는 Moore(1983; 1985) 참조. 유사한 자주관리운동이 두 나라에서 동시에 전개된 상황을 연구한다면 식민주의 유산의 여러 양상들, 특히 사회운동의 지식과 테크놀로지가 제국 내에서 퍼져 나가는 방식에 대해 귀중한 통찰을 얻을 수 있을 것이다. 한국의 활동가들과 노동자들이 일본 내 생산관리 운동의 전개, 특히 널리 보도된 요미우리 노동자들의 성공 사례에 대해 얼마나 알고 있었으며 영향을 받았는지에 대해서는 아직 연구가 없다. 일본과 한국에서 진행된 유사한 성격의 경제적·정치적 격변 상황이 양국 노동자 간의 교류 없이도 각 나라에 자주관

제 전개 과정을 세밀하게 살펴볼 필요가 있다.

1944년 통계에 따르면, 1백만 엔 이상의 자본금을 가진 212개 대기업 가운데 조선중공업을 비롯한 195개(92%) 기업이 일본인 소유였다.[54] 해방 후 조선중공업과 여타 일본인 소유 기업들은 '귀속재산'으로 미군정 당국에 인수되었고, 1948년 대한민국이 수립되면서 한국 정부에 인계되었다. 1945년 하반기에 노동자들은 일본인들이 떠난 데서 오는 경영 공백, 숙련 노동자와 기술자의 부족, 그리고 원료 부족으로 야기된 혼돈 상황에 직면했다. 원재료와 운영 자본 부족으로 마비 상태에 빠지거나 문을 닫는 공장이 속출했다.

전평 기관지 『전국노동자신문』의 기사에 따르면, 일본인 소유주에게 해산수당이나 현금 보상을 요구하는 실직 노동자들의 "자연 발생적인 요구와 투쟁은 한 개의 만성적인 성질을 띠다시피 전국을 풍미하고" 있었고, 일부 노동자들은 생계를 위해서 공장 기계와 자재를 승인 없이 내다 팔기까지 했다.[55] 일본인들이 남겨 놓은 다수의 대규모 공장에서는 노동자와 관리직 사원들이 회사 재산을 보호하고 생산을 재개하기 위해 자생적으로 위원회를 구성했다. 이들은 무엇보다도 공장 폐업을 막아 일자리를 지키고 싶어 했다. 조선인 소유 기업들도 자주관리운동의 소용돌이를 무사히 피해 갈 수는 없었다.[56] 노동자들은 공장의 소유

리운동을 싹트게 했을 가능성도 물론 있다. 이런 비교적 관점의 필요성을 지적해 준 노동사가 앤드류 고든(Andrew Gordon) 선생에게 감사를 드린다.

54_금속과 기계 산업에서는 해당 기업 33개 가운데 30개가 일본인 소유였다(조선경제사 1949, 73; 조순경·이숙진 1995, 187, 표 4-10에서 재인용).

55_최철이 쓴 『전국노동자신문』(1945/11/01)의 기사; 조순경·이숙진(1995, 211)에서 재인용.

주가 '친일파'였다고 판단되는 경우, 그를 해방된 국가의 '조선인' 공장의 정당한 소유주로 인정하지 않았다.

따라서 공장관리위원회의 구성은 회사별로 크게 달랐고, 생산과 경영을 통제하기 위한 투쟁의 성격도 그러했다.[57] 미군정 당국은 처음에는 소유권과 수익이 미군정에 귀속되는 한 관리위원회 결성에 반대하지 않았다. 공장관리위원회 구성원들이 궁극적으로 공장 소유주가 된 경우도 있었다(안태정 2002, 49). 조선중공업 사례처럼 노동자가 아닌 회사 간부들이 관리위원회를 구성했거나 노동자들이 위원회를 반노동적이라고 규정했을 때는 파업이 일어나곤 했다. 조선중공업 이외의 많은 회사에서도 노동자들은 공장 경영 참여를 요구했다.[58] 회사 관리직이 구성한 관리위원회는 대부분 미군정의 승인을 받았고, 위원회 구성원 중에서 관리인이 지명되곤 했다. 그러나 노동자들이 구성한 위원회는

56_김연수의 경성방직이나 박흥식의 화신백화점처럼 친일 협력자로 알려진 인사들이 소유한 회사의 노동자들도 이 문제에 관심이 컸는데, 이들 조선인 기업 중 일부가 혼란스러운 상황이 끝날 때까지 생산을 중지하기로 결정했기 때문이었다(안태정 2002, 34-38). 안태정은 이런 자본가들의 행위를 "사보타주"이자 "자본에 의한 파업"이라 불렀다. 조 무어 또한 미군 점령 후 첫 수년간 정치적 혼란과 불확실성에 직면한 "대기업들의 생산과 투자의 거부"가 일본 노동자들이 유일한 효과적 대응 전략으로서 '생산 통제'에 의존하게 만든 핵심적 조건이었다고 본다(Moore 1985, 5). 안태정의 주장에 따르면, 미군정하에서 한국의 상황이 자본가계급에 유리하게 개선되자, 김연수와 박흥식은 해방 후 노동자들이 획득한 성과를 모두 되돌리기 위한 총공세를 펼치기로 전략을 변경, 노조를 깨기 위해 대량 해고, 공장 폐업의 위협을 활용했고, 미군정 당국을 불러들이는 일도 있었다(안태정 2002, 38-40; 49-50). 박흥식의 사례에 대해서는 김기원(1990, 315-319) 참조.

57_이 시기 자주관리운동의 복합적 성격에 관해서는 김기원(1990); 김무용(1994); 안태정(2002, 52-62; 422-432) 참조.

58_조선기계, 경성주물, 대구중공업, 조선연마, 동양전기, 조선피혁, 경성방직, 종연조선 등을 포함한 많은 사례가 있다(김기원 1990, 307-363).

미군정의 탄압을 받았고, 공산당과의 연계를 의심받은 관리인은 해고되었다.

노동자들은 미군정이 임명한 일부 관리인들을 자신의 직위를 이용해 재고를 팔거나 공장을 놀려서 이익을 취하려는 외부인으로 인식했다. 관리자들의 이 같은 행태에 대해, 노동자들은 그런 관리인들은 장차 국가로부터 시장가격보다 싸게 공장을 사려는 속셈이라고 주장하며, 그와 같은 관리자들을 쫓아내려 시도하곤 했다.[59] 예를 들어, 부산의 상당히 큰 조선소인 공화조선소에서 종업원들이 경영 참여를 요구했을 때 관리인 주 씨는 이를 거부했다. 노조는 "주朱를 친일파 민족 반역자로 규정하야 일체 사무를 인계받고 축출한 후 자주적으로 경영해 왔다. 일단 도주하였던 주朱는 엠피MP를 다리고 와서 노조 대표자를 끌고 가려 하"였다.[60] 같은 기사에 따르면, 주는 "엠피의 힘을 빌고 때로는 폭력단을 시켜" 공장을 접수하려 계속 노력했고, 경남 광공부에서 정식으로 관리권을 받아 내었다. 그러나 노동자들은 적어도 1946년 4월까지는 공장에 대한 통제력을 유지했다.

미군정의 노동정책과 미군정이 노동자의 자주관리운동을 탄압한 이유에 대한 학자들의 평가는 엇갈린다. 노동학자인 나카오 미치코, 김삼수, 성한표는 미군정의 노동관계 법규와 관련 명령들에 근거해, 미군정이 일관되고 체계적으로 반노동 정책을 집행했다고 강조한다.[61] 이

59_예컨대 『전국노동자신문』 기사에 따르면, 경성주물제작소 노동자들이 미군정에서 파견한 관리자를 추방했다. 유사한 사건이 서울의 마포공작소에서도 있었다. 두 사건에 관한 기사는 김기원(1990, 324-325; 338-339)에 수록되어 있다.

60_김기원(1990, 345-346)에 실린 『전국노동자신문』(1946/04/26) 기사.

와는 대조적으로 조순경과 이숙진 같은 학자는 미군정의 노동정책이
체계적으로 반노동적이었다기보다는 그 시점의 정치 및 기타 고려 사
항에 따라, 그리고 책임자가 누구였는가에 따라서 즉흥적으로 결정된
것으로 보인다는 설득력 있는 주장을 폈다. 사실, "산업에서의 민주적
조직의 고무" 및 공산주의적 경향의 억제라는 군정의 광범위한 가이드
라인에 맞는 정책은 다양할 수 있었다(조순경·이숙진 1995, 85). 미군정이
원칙적으로 원한 것은 노조의 정치적 활동을 금지하면서 미국식의 경
제적 노동조합주의를 수립하는 것이었다.[62] 그러나 한국의 노동 현실
은 경제적 노동조합주의가 그렇게 쉽게 이식되도록 허용하지 않았다.
실상 노동자의 경영 참가와 생산 통제 문제를 비롯해 노조의 목표와 적
절한 활동 영역이 무엇인가 하는 문제는 한국뿐만 아니라 미국과 일본
을 포함한 여러 나라에서 치열한 투쟁의 대상이 되고 있었다. 제2차 세

61_나카오 미치코는 자주관리운동을 주도하던 노조들이 공산주의자들과 밀접한 관계를 맺고 있
었기 때문에 자주관리운동이 억압당했다고 주장한다. 성한표도 미군정의 정책이 사회주의
세력의 팽창을 막고 자본주의적 소유관계와 시장체제를 유지할 것을 목적으로 하는 일관성
있는 것이었다고 본다. 그에 따르면, 자주관리운동이 억압된 이유는 미군정이 지키려는 자본
주의적 노사 관계에 반해 노동자에 의한 생산 통제를 주장하는 사회주의적 경향 때문이었다
(나카오 1984a; 1984b; 나카오·나카니시 1985; 金三洙 1993; 성한표 1984 참조). 이와 달리
김기원(1990); 김무용(1994); 안태정(2002)은 자주관리운동이 공산주의자들의 영향하에 진
행된 일관된 운동이 아니라, 다양한 정치적 경향과 계급적 요소를 포괄하며 전개된 복합적인
운동이라고 인식한다. 필자는 후자의 견해에 동의한다.

62_정치 운동 금지 방침은 미군정의 다음 통첩에 잘 나타난다. "노동조합이란 본래 노동자가 노
동조건의 유지 개선, 기타 노동자의 지위 향상을 도모할 목적으로 조직되는 단체 또는 연합을
말함이고, …… 노동조합으로 정치 운동을 행할 시에는 조합의 성격과 이탈하여 조합 본래의
목적과 부합치 않기 때문임"(남조선 과도정부 노동부 엮음, 『노동관계 법령집』, 서울: 조선교
학도서주식회사, 1948, 33; 조순경·이숙진 1995, 95에서 재인용).

계대전 이후 노동, 자본, 국가 사이에 어떤 타협이 이루어졌는지에 따라 해당 국가에서 20세기 후반기 전체를 관통하는 산업 질서의 틀이 지어졌다고 해도 과언이 아니다.[63]

1945년 9월 미군이 진주하기 전에 이미 남한에서는 자생적으로 인민위원회들이 조직되었고, 좌파는 이를 토대로 서울에서 조선인민공화국의 수립을 선포했다. 미군정은 한국에 또 다른 정부가 존재하는 상황을 용인할 수 없었으므로 이를 즉각 금지했다. 미군정은 또한 인민위원회와 노동자 자주관리운동 세력에 경각심을 가졌다. 1945년 11월 자주관리운동이 그 정점에 이르렀을 당시에는 728개 공장관리위원회에 8만 명 이상의 노동자들이 참여하고 있었다(조순경·이숙진 1995, 101). 더욱이 지방의 인민위원회는 일본인 소유였던 귀속 기업들을 접수하기 시작했고, 직접적으로 또는 간접적으로 공장관리위원회들과 관계를 맺어 갔다(조순경·이숙진 1995, 105).[64] 조순경과 이숙진이 주장한 것처럼, 미군정이 가장 우려한 것은 노동자들이 통제하는 기업이 인민공화국의 물질적 기반으로 전환되는 시나리오였다.[65]

노동자 자주관리운동은 자본가계급이 갑자기 증발하고 국가기관은 아직 자리 잡히지 않은 이례적 환경의 산물이었다. 이 운동은 오래

63_ 예를 들어, Brody(1993); Dubofsky(1994); Lichtenstein(1983; 1995); Gordon(1991; 1998); Maier(1981); Bergquist(1986, 5장) 참조.

64_ 전평은 해당 지역 인민위원회가 공장관리위원회를 "감독 지도"하도록 지시했다(안태정 2002, 430).

65_ 조순경과 이숙진은 자주관리운동이 억압당한 것은 미군정이 그 운동에 대한 인민공화국의 영향을 경계했기 때문이지, 모든 자주관리운동 사례를 전평이 조종하는 공산주의 활동으로 간주해서가 아니라고 주장했다(조순경·이숙진 1995, 105-106).

가지 못해 1946년 봄이 되면 거의 진압된다. 그럼에도 이 운동은 식민 지배가 끝났을 당시 노동자들 다수의 인식과 태도가 얼마나 급진적이 었는지를 보여 준다. 노동자들은 단지 이례적 상황에 대응하는 임시방 편으로서가 아니라 노동자들의 정당한 권리로서 공장을 운영할 권리 를 요구했다. 노동자들의 주장은 강한 도덕적 정조를 띠고 있었고, 이 런 급진적 공장 자주관리 요구의 밑바닥에는 자본주의적 이윤 추구 논 리에 반대하는 도덕적 판단이 깔려 있었다.[66] 노동자들의 도덕적 주장 은 공장 담 바깥에서도 수긍할 수 있는 것이었고, 사회에서 노동자의 요구가 정당한 것으로서 폭넓게 받아들여진 이유의 일부도 여기에 있 다. 그런 도덕주의적 기준에서 보자면, 회사가 재정적 위기에 처한 경 우에조차 해고나 조업 중지는 노동자들의 생계 수단을 박탈하는 비도 덕적 행위로 간주된다.[67] 이 도덕주의적인 요소들과 민족주의적인 요 소들은 해방 직후 시기 한국 노동자의 의식에서 떼어 낼 수 없는 한 부 분이었다. 일정 조건하에서는 그런 의식으로 인해 노동자들 사이에서

66_이런 도덕주의적 심성은 한국 역사를 비롯한 농경 사회 문화 일반에 깊이 뿌리박고 있는 것이 다. 기본적 생계유지에 대한 권리 의식과 민중에게 기초적 생활을 보장해 주어야 하는 지배 엘리트의 책임에 대한 인식은 유교적 도덕 경제의 구성 요소였고, 농민반란을 정당화하는 구 실도 했다. 식민지 시기 조선에서 산업 노동자 대부분이 농촌 출신의 이주민 1세대였다는 사 실을 고려하면, 당시 공장노동자들 사이에 도덕 경제에 기반을 둔 감성이 강했던 것은 놀라운 일이 아니다.

67_예를 들어, 1946년 공장 폐쇄와 실업에 직면한 군산의 종연조선 노동자 6백 명은 일자리와 음 식을 요구했다. 『해방일보』(1946/03/03)의 보도에 따르면, 노동자들은 다음과 같이 말했다 고 한다. "아직도 구태의연한 경영자 측의 모리주의적 타산으로 이익이 적다고 초기에 다소 적자를 본다고 외국의 투매품이 들어오고 해서 우리의 생산기관은 문 닫혀 버려야 옳은가" (김기원 1990, 332-333에서 재인용).

자본주의 발전의 논리와 조화되지 않는 급진적 성격의 강력한 운동이 분출해 나올 수 있는 것이다.

하지만 자주관리운동에서 보이는 전례 없이 새로운 요소는, 노동자들이 기초적인 생계를 요구하는 데서 한 걸음 더 나아갔다는 것이다. 노동자들은 자신들이 자신들의 노동으로 건설한 공장의 정당한 소유주(그들 표현에 따르면 공장은 "우리의 것")라고 주장했다. 또한 노동자들은 자신들이 생산과정을 가장 잘 알고 있으며, 미군정이 파견한 관리인보다 공장을 훨씬 더 "잘 돌릴 수 있"다고 주장했다(김기원 1990, 307-370, 부록 II의 노동자 자주관리운동 사례 모음 참조). 이 기업 소유 의식, 그리고 경제 건설에서 노동이 결정적 역할을 한다는 신념은 해방 후 한국 노동사에서 중요한 의미가 있는 발전이었다. 자본 측의 조직력 약세와 식민 당국과의 협력으로 정당성이 약화된 경영계의 현실은 이런 급진적 노동자 의식의 성장에 비옥한 토대를 제공했다. 또한 해방 직후 시기 대규모로 전개된 좌파의 정치적 동원도 노동자들이 스스로의 중요성을 자각하도록 도왔다. 우리가 살펴볼 것처럼, 1960년대 조공 노동자들은 회사 소유자 및 경영진과의 관계에서 자신들이 도덕적으로 우월한 위치에 있다는 신념을 종종 피력했다. 그 당시 조공 노동자들은 정부가 파견한 경영진을 능력도 없고 민족주의 정신도 충분치 않은 자들로 보았다.

공산당의 입장

공산당의 영향 아래 놓인 노동운동 전국 연합체인 전평도 산업과 노동에 대한 민족주의적 인식을 공유했다. 그러나 노동자 자주관리운동에 대한 전평의 태도는 유보적인 것이었다. 이 점은 노동자들의 자주관리 요구가 노동운동을 맡은 공산주의 지도부가 추구하는 선을 넘어서는 것이었음을 암시한다는 점에서 중요하다.[68] 해방 직후의 노동운동은 공산당에 의해 하향식으로 만들어진 것이 아니었으며, 노동자들이 지닌 열망과 욕망의 지형은 전평의 공산당 지도부가 희망하던 것보다 훨씬 더 복잡했다.

1946년 당시 한반도 전체에서 50만 이상의 조합원을 자랑했고 남한 지역에만도 25만 명 정도의 조합원을 보유했던 것으로 보이는 전평은 공산당의 서울 본부에 의해 통제되고 있었다.[69] 남한에서 노동문제에 관한 당의 입장은 사회주의혁명의 추구가 아니라 '반파쇼 민주주의 민족통일전선'이라는 전반적 정치 전략에 의해 규정되었다.[70] 그러므

68_노동자 생산관리 문제를 둘러싼 사회주의 블록 일반의 유감스러운 역사에 관해서는 Braverman (1974); Burawoy(1979) 참조.

69_노동운동에서 전평의 부상은 눈부셨다. 전평 조직가 중에는 식민지 말기 불법인 '적색 노조' 운동을 지속하기 위해 지하활동을 하거나 투옥되었던 직업 노동운동가가 다수 포함되어 있었다. 전평의 창립 대회 회의록에 따르면, 1945년 11월 5일 결성 당시 전평은 이미 17개 산별 노조와 21만7천 명의 조합원을 확보하고 있었다. 전평 관련 통계 및 창립 대회 대의원과 집행 위원의 배경에 대한 분석은 안태정(2002, 84-121) 참조. 안태정은 미군정기에 상용, 비상용 노동자를 합친 취업 노동자 총수는 제조업, 광업, 운수업, 사무소, 상점 등에 하루 8시간 이상 상시 고용된 노동자 22만 명(1948년 1월 현재)과 일용직, 임시직, 시간제 노동자 등 비상용 노동자 약 30~40만 명을 합해 60여만 명 안팎이었다고 추정했다(안태정 2002, 101). 1946년 2월에 이르면, 전평은 235개의 지부와 1,676개의 분회를 가진 조합원 57만4,475명의 조직으로 성장한다. 조선노조에는 부산, 원산, 인천, 목포, 삼척, 여수 지부 등 10개 지부와 38개 분회, 조합원 5,349명이 있었다. 이 숫자들은 다소 과장된 것이 확실하며, 남북 양측의 노조가 모두 포함된 것이다. 그러나 학자들은 1946년경 남한 지역에만도 전평 조합원이 25만 명 정도였다고 추산한다. 25만 명이라는 숫자는 1946년 11월의 미군 정보계통 추산(1,111개 지부, 24만6,777명의 조합원)과 거의 일치한다(나카오·나카니시 1985, 250; 조순경·이숙진 1995, 255; 261-262; 윤여덕 1991, 262; 민족주의민족전선 1988, 192-193 참조).

로 전평은 자산계급의 진보적 요소와 통일전선을 형성하려는 당의 노력을 위태롭게 하지 않기 위해 공장 소유권 문제에 대해 매우 조심스러운 태도를 취했다. 전평은 행동 강령에서 친일 반역자의 회사에 대해서만 공장관리위원회가 "보관 관리권을 획득하라"고 촉구했으며, '양심적' 조선인 자본가들에 대해서는 협력과 공동 경영 정책을 취할 것을 분명히 했다. 이 노선은 당시 남한의 정치·경제적 상황에 대한 남한 공산주의자들의 평가에서 나온 것으로, '양심적' 자본가에게는 통일전선을 호소하고 미군정과는 협력하는 전략이었다(안태정 2002, 152-155). 전평 이데올로그들의 논리에 의하면 노동문제는 통일전선 전략을 통해 공산당이 정치권력을 장악하면 최종적으로 해결될 것이었다.[71] 따라서 전평의 많은 성명서에서 분명히 드러나는 것처럼, 1945~46년 초까지 일본인 또는 잘 알려진 친일파가 소유한 기업 이외의 회사가 문제가 되

70_전평 지도자들이 어떻게 노동운동에 통일전선 전략을 적용하려고 했는지에 관해서는 안태정 (2002, 238-262) 참조. 조선공산당은 '우호적 정당'들과 합당해 1946년 후반 남북한에 각각 별도의 통일전선 정당인 북조선노동당과 남조선노동당을 결성했다.

71_전평의 어느 이데올로그는 다음과 같이 설명했다. "우리 민족은 특히 우리 노동 대중이 지대한 관심으로 열망하는 통일전선 문제, 경제 부흥 문제가 가장 중요한 임무로 우리 앞에 나서고 있다. 민족 통일전선 문제의 난관은 친일파와 민족 반역자의 방해도 중대하거니와 그 외에도 난점이 사회적 근거를 가지고 있다. 기일(其一)은 도시에서 자본가와 노동자의 대립이요, 기이(其二)는 농촌에서 농민과 지주의 대립이다. 이 두 모순을 잘 조정하는 것이 통일전선의 기초를 쌓는 것이다. …… 도시에 있어 우리의 노동자도 민족 통일전선에 최대의 이익을 집중시켜야 한다. 정당한 노력에 정당한 임금을 요구하고 정당한 자본에 정당한 이윤을 보장하여야 한다. …… 정당한 임금을 받는 것은 노동자의 이익이 보장되는 것이요 정당한 이윤은 반동적인 것이 아니고 애국적, 애민족적, 양심적 자본가의 이익이 보장되는 것이다"(한철, "일반 정세와 운동 방침," 『조선노동조합전국평의회 결성대회 회의록』, 1945년 11월 5~6일; 조순경·이숙진 1995, 266에서 재인용).

었을 때 전평과 노동자들의 입장은 어긋났다(안태정 2002, 152-155).[72]

노동조합이 누릴 수 있는 자율성의 한계에 대한, 그리고 당 또는 당-국가와 노조 사이의 이상적 관계에 대한 공산당의 입장 또한 모호했고 따라서 심한 쟁투의 대상이 되었다. 예컨대 1946년 초, 전평 기관지『전국노동자신문』논설은 "조합은 당의 부속물이 아니다. …… 따라서 조직 활동도 각기 독자적으로 전개되는 것이지 조합은 당의 지령으로 활동하는 것은 아니다"라고 선언했다(안태정 2002, 248). 반면, 전평 창립대회에서는 공산당을 노동계급의 전위로 "절대 지지"한다고 선언하는 결의문이 채택되기도 했다(안태정 2002, 167-168).

북한에서는 김일성이 이끄는 북조선노동당이 노동자의 이익을 열렬히 옹호하는 오기섭 같은 인물들을 공격하고 축출하기 시작했다.[73] 식민지 시기부터 존경받는 노동운동 조직가이며 북의 토착 공산주의자들 중 가장 저명한 지도자의 한 명이었던 오기섭은 "필요하다면 공산국가 그 자체에 저항할 권리를 포함하는 노동자의 권리"를 옹호했다(Armstrong 2003, 88). 김일성 그룹은 1948년 2차 당대회에서 오기섭이 당 기관지『노동신문』에 게재한 노동조합의 역할에 관한 기사를 지목해 오기섭 등 토착 공산주의자들을 공격했는데, 그 기사에서 오기섭은

72_1946년 초 일본공산당도 그 당시 "전투적으로 반자본주의적 방향으로 나아가고 있고 도시 빈민과 가난한 농민에 다가가서 동맹을 맺기 시작하던" 노동자 생산관리 운동에 대해 유사한 입장을 취하게 된다. 일본이 부르주아민주주의 혁명을 완수해야 하는 단계에 있다는 판단에 기초해, 일본공산당은 "선거를 통한 점진적이고 평화적인 사회주의혁명" 전략으로 전환했고, 자본주의적 재건의 구도 내에서 "노동자의 경영 참여에 적절한 수단"으로서의 노조의 역할을 재차 강조했다(Moore 1985, 16 참조).

73_이 문제에 관해서는 Suh(1988, 84-89); Armstrong(2003, 88-91) 참조.

"노동자들의 집단적 이해는 주요 산업이 국유화된 때에도 보존되어야 한다"라고 주장했다. 1948년 당대회에서 극렬한 비판에 직면했지만 그는 "노동자의 이해는 사회주의국가에서도 보호되어야 한다"는 주장을 굽히지 않았다(Suh 1988, 85). 이처럼 1940년대 후반 한국의 노동 지도자들이 노동운동에 대한 당의 지배를 무조건 받아들였던 것은 아니었다. 그러나 공산당과의 관계에서 그들의 자율성과 상향식 민주주의 실천에는 명백한 한계가 있었다.

노동자 주도 자주관리에 대한 전평의 미온적인 태도에는 더 심층적인 계급적 차원도 개입하고 있었다. 흔히 엘리트 배경을 지닌 좌파 활동가들은 '무지한' 노동자들이 생산을 통제할 수 있다거나 통제해야만 한다는 생각을 쉽게 밀어내 버리는 경향이 있었다. 그들은 그런 움직임을 기껏해야 일시적이고 우려스러운 현상으로 보았다. 전평이 자주관리운동을 금지하는 미군정의 결정에 반대하지 않았다는 점도 눈여겨볼 필요가 있다.[74] 전평 간부들은 마치 기업가인 양 행동하는 노동자들의 이른바 프티부르주아 경향에 대해 의구심을 표명했다. 한국을 비롯한 여러 나라에서 공산주의자들이 노동자와 농민의 '프티부르주아 경향'이라고 비판했던 모습들은 사실상 더 나은 삶에 대한 민중의 열망이 표출된 결과였다. 여기서 더 나은 삶이란 소득이 높아지는 것만을 의미하는 것이 아니라 더 자유로워지는 것, 그리고 자신의 일, 시간 및 노동

74_ 안태정은 전평이 노동자의 자주관리운동을 원칙적으로 거부했다는 조순경과 이숙진의 주장에 반론을 제기했다. 안태정에 따르면 전평은 노동자가 생산을 통제하고 관리위원회 내에서 중심적 역할을 수행해야 한다고 주장했지만, 당시의 여러 조건 속에서 공장 자주관리의 임무와 정치권력 장악이라는 목표 사이에 균형을 유지해야만 했다(안태정 2002, 426).

의 결과물을 스스로 통제할 수 있는 힘이 커지는 것을 의미했다. 그런 목표를 성취하기 위한 최선의 방법은 스스로 자신의 고용주가 되거나 아니면 '기업가'가 되는 것일 것이다.[75] 그런 열망은 마르크스-레닌주의가 노동에 부여한 임무, 즉 생산의 사회화를 보장할 사회주의혁명을 달성할 목적으로 무산 노동계급이 공산당 주도하에 계급투쟁을 전개하는 것과 양립할 수 없었으며, 따라서 공산주의자들에 의해 뿌리 뽑혀야 할 반혁명적 경향성으로 폄하되었다.

이렇게 볼 때 전평이 공장 소유권이나 경영권을 요구하는 노동자들의 투쟁에 힘을 실어 주지 않고, 대신 1945년 11월 30일 '산업 건설 협력 방침'을 발표한 것은 논리적으로 당연한 행보였다.[76] 노동자는 양심적 민족자본가와 협력해 국가의 경제적 기초를 튼튼히 하기 위한 생산성 증대 캠페인에 동참하도록 요구되었다. 전평은 산업 건설부를 설립하고 생산성 증대 캠페인을 정력적으로 전개했다. 노조 지부는 작업장에 생산 협력을 위한 기구를 조직하고, 노동자들에게 정시 출근, 결근 방지, 공장 청소, 노동 규칙 준수 및 파업 자제를 독려하며, 생산성 배가 캠페인에서 다른 노조들과 경쟁하도록 고무되었다.[77] 이런 일들은 식

---

[75]_노동사에서 '통제'(control) 문제의 중요성과 그 민주주의적 함의에 관해서는 Braverman (1974); Burawoy(1979); Bergquist(1996, 183-185; 190-197) 참조.

[76]_산업 건설 운동에 관해서는 조순경·이숙진(1995, 259-282); 안태정(2002, 310-316) 참조. 산업 건설 운동은 쉽게 규정되지 않는 복잡한 성격을 지니고 있었다. 조순경·이숙진에 따르면, 이 운동은 자본주의적 관계를 인정하고 효율적인 자본주의적 생산을 위해 노동자를 동원하려고 했지만, 한편으로는 국가 사회주의적 측면도 내포하고 있었다. 안태정은 이 운동을 전평이 전개했던 통일전선 노력의 일관된 한 부분으로 파악하면서, 전평의 목적이 자본가를 "노동자의 기본적 권리와 이익을 인정하는" 애국적인 "양심적 민족자본"으로 전환해 내는 데 있었다고 주장한다.

민지 말기에 노력 동원 캠페인을 경험했던 노동자들에게는 익숙한 사항이었다. 새로운 사회주의적 요소도 일부 첨가되었는데, 전평이 조직한 메이데이 기념행사에서 당대의 사회주의국가들에서처럼 '노동 영웅'에게 상을 수여한 것이 그런 예 중 하나다(조순경·이숙진 1995, 274-275). 이런 상황이 이 장의 서두에서 언급한, 생산성을 "7~8배" 올렸다는 조선중공업 노조 주장의 배경이었다.

전평의 조선중공업 지부는 전평의 산업 건설 캠페인을 따랐던 것으로 보이며, 사측이 공산당의 침투에 대해 "부심"을 하기에 충분할 만큼 노조에 대한 일반 노동자들의 지지가 컸던 듯하다. 노조는 관리대책위원회와 싸웠고, 그 후에는 미군정이 파견한 '악덕 관리인'에 대항해 투쟁했다. 노조의 저항 덕분에 외부에서 온 처음 두 관리인은 회사를 떠나야만 했다(金鎔基 1997, 15). 그 뒤 1946년 9월에 운명적인 총파업이 일어났다. 파업은 9월 23일 부산에서 철도 노동자들이 일손을 놓으면서 시작되어 전국으로 확산되었고, 운수·통신·신문·금속 산업 등의 전평 노조원 25만 명이 동원되었다. 전평 대한조선공사 지부는 파업 중에 일어난 부산 영도경찰서 습격을 주도했다(金鎔基 1997, 15). 대한조선공사의 공식 역사서『대한조선공사 30년사』는 파업 당시 상황의 심각성을 다음과 같이 기술하고 있다. "부산 시내의 전 산업기관이 10여 일간 마비 상태에 함입하게 되었다. 조선중공업도 예외 되지 않아 이 파업선풍에 휩쓸리게 되었다." 이에 회사의 사장과 관리직들은 노조에 맞서

77_이는 1970년대 박정희 정권이 추진한 공장 새마을운동에도 나타나는 모습이다. 이 운동에 관한 논의는 이 책의 9장 참조.

"혈투"를 벌였고, 노조 활동가들은 "숙청"되었다(대한조선공사 1968, 61-62).

우익 노동자 조직의 탄생

대한조선공사에서 좌파가 패배한 역사는 1945년 말에서 1946년 사이 남한에서 우익 노동자 조직이 등장한 역사와 관련이 깊다. 최초로 조직된 우익 전국 노동자 연맹은 대한독립촉성노동총연맹(약칭 노총)이라는 긴 이름을 가졌다.[78] 이 단체는 진정한 노동조직으로 출범했다기보다는 우익 청년운동과 반공 정당 간 협력의 산물이었다고 보는 것이 정확할 것이다. 소련 통제하의 이북에서 내려온 피난민들을 주축으로 해방 후 몇 달 동안 우후죽순처럼 생겨난 우익 청년 조직들은 1945년 11월 대한독립촉성전국청년총연맹(약칭 청총)이라는 전국 조직 아래 모였다. 이승만 지지자가 대다수였던 청총의 활동가들은 좌파인 전평의 세력에 대항할 수 있는 노동조직의 필요성을 절감하고 노총의 조직에 나서게 된다(나카오·나카니시 1985, 260-265; 김낙중 1982, 79-80; 임송자 1993).[79] 청총에 모여든 세력들 중에서 전진한 그룹과 국민당,[80] 한국독립당(약칭 한독당)[81] 계열이 노총 설립을 준비하기 위해 우익 노조를 결성하고

---

[78]_1948년에 명칭을 대한노동총연맹으로 변경했다(한국노총 1979, 265; 347).

[79]_한국노총의 공식 역사서에서도 그것이 주로 "정치적 야망을 품은 반공 청년들"에 의해 조직되었다고 인정한다(한국노총 1979, 294).

[80]_국민당은 좌우익 정치 세력 사이에서 중도적 입장을 취한 군소 정당들의 합당으로 창당되었고, 안재홍이 이끌었다. 나카오·나카니시(1985, 264-265); 임송자(1993, 26-27) 참조.

[81]_한독당은 중국 충칭(重庆)에서 귀국한 대한민국임시정부 요인들의 정당으로, 김구와 조소앙이 중심이 되었다. 한독당은 국민당 및 신한민족당과 1946년 4월 합당해 한독당이 된다.

자금을 지원하는 일에 가장 열성적이었다. 전진한 그룹은 한국민주당 (약칭 한민당. 이후 민주국민당이 됨) 및 이승만과 밀접한 관계를 맺고 있었다고 알려져 있다. 한독당 활동가 중에는 조시원과 차고동 같은 아나키스트들이 포함되어 있었다.[82]

1946년 초 우익 청년단체원들이 우익 노동단체의 전국 정상 조직을 결성하기 위해 준비 모임들을 갖고 있는 동안, 청총의 청년부장이며 한독당 당원인 김구는 미군정의 지원을 받아 내는 데 성공한다.[83] 김구의 가족은 용산에 철공소를 소유하고 있었는데, 이 철공소의 노동자들이 공장 경영을 인수하겠다고 나서자 김구는 이 문제를 해결하는 데 도움을 받고자 미군정 노동부Labor Section를 방문한다. 그는 "우익 사상을 가진 사람은 노동조합운동을 하면 안 됩니까?"라고 물었고, 노동부의 차장 박택은 "네가 한번 해보아라"라고 격려하며 노조 결성 방법을 가르쳐 주고 참고용으로 일본어 책자들을 건네주었다(박택의 회고를 기초로 했다).[84]

김구는 그 뒤 박택에게 노총 조직 작업을 하고 있던 국민당 활동가 홍윤옥을 소개했고, 노총 조직 계획에 가속도가 붙었다(임송자 1993, 44-45).[85] 국민당 지도자이며 저명한 민족주의자인 안재홍이 노총에 18

82_조시원은 조소앙의 동생이다. 이 두 사람은 퇴출당할 때까지 짧은 기간 동안 대한노총의 위원장과 부위원장을 역임했다(金三洙 1993, 106).

83_이 김구(金龜)는 한독당의 지도자이자 저명한 민족주의자인 김구(金九)와 동명이인이다.

84_『노동공론』 제1호(1971, 132).

85_김구와 홍윤옥은 서울 용산에서 남한 최초의 우익 노조인 우마차조합을 조직했다. 홍윤옥은 청총 노동부장과 국민당 청년부 차장을 역임한다(대한노총 조직부 초대 부장 배창우의 회고. 『노동공론』 제1호, 1971, 134; 김낙중 1982, 79에서 재인용; 임송자 1993, 30).

만3,700엔을 기부하고 노총의 "선언문"을 작성했으며, 노총 깃발도 국민당이 맡아 디자인했다(임송자 1993, 27). 서울 지역에서 반전평 노조들이 조직된 후 1946년 3월 10일 노총 결성 대회가 열리고 홍윤옥이 초대 위원장직을, 김구가 부위원장직 두 개 중 하나를 차지한다. 안재홍은 해방 당시의 한국에 아직 자본가계급이나 계급 갈등이 발전되지 않았다고 믿었고, 그의 정당은 이런 인식을 기초로 '신민주주의, 신민족주의' 이데올로기를 주창했다. 이는 근로대중, 지주 및 자본가 모두의 이해를 기반으로 하는 것으로, '계급 독재'를 초월하는 초계급적인 것이었다. 국민당의 정책은 노동문제에 관한 진보적 조항들을 담고 있었다(나카오·나카니시 1985, 264-265; 임송자 1993, 26-27). 노총의 강령은 국민당의 이데올로기와 노자 협력 주장에 큰 영향을 받은 것으로 보인다(임송자 1993, 45-46).[86]

　　1946년 9월에 일어난 총파업과 농민들까지 참여한 10월 인민항쟁은 남한의 좌파 세력과 미군정이 정면충돌로 들어서는 분수령이 되었고, 전평의 힘도 이를 기점으로 쇠퇴하기 시작한다. 좌익 세력에 대한 미군정의 적대적인 정책에 직면하여 점차 협력 가능성에 대한 처음의 기대를 버리게 된 공산주의자들이 이런 파업과 봉기를 주도했다. 격렬한 충돌 과정에서 좌파 조직들은 심각한 피해를 입었고 이들의 세력은 점차 약화되었다. 노동자들에게 전평이 주도한 다수의 개별 투쟁과 세 번에 걸친 총파업 투쟁의 대가는 엄청난 것이었다. 영향력 있는 좌익계

86_예를 들어, 강령에는 다음과 같은 내용이 포함되어 있다. "우리는 민주주의와 신민족주의의 원칙으로 건국을 기함", "우리는 혈한불석으로 노자 간 친선을 기함."

자료에 따르면 1945년 8월~1948년 2월 사이 파업 참가자 72만2,913명 중에서 1만8,599명이 해고되고 1만741명이 체포되었다(조선경제사 1949, 174, 표 46; 안태정 2002, 368에서 재인용).[87] 같은 자료에 따르면, 경찰과 미군정의 보호 아래 우익 청년단체들이 노동운동에 테러 분위기를 조장했다.[88] 급진적 노동자들은 해고되고 블랙리스트에 포함되었으며 노동자들은 고용 과정에서 철저한 사상 검열과 신원 조사를 거쳐야 했다(조순경·이숙진 1995, 301-302). 높은 실업률과 인플레이션, 미곡 부족의 상황에서 고통받던 많은 노동자들이 직장을 얻기 위해 우익의 전국 노조인 노총에 가입하는 형편이었다.[89]

1946~47년 사이 "다른 조직이 끼어들 여지가 없을 정도로" 강력한 조직적 기반을 자랑했던 전평은 이후 급속히 와해되어 1948년 중반에 이르면 조직노동자의 대부분을 노총에 빼앗긴다(조순경·이숙진 1995, 254, 303-312). 대한조선공사 사례를 통해 1950년대 한국의 노사 관계를 분석한 김용기에 따르면, 식민지 시기부터 조공 조선소에서 일해 온 고참 노동자(1946년 현재, 약 3백 명) 중 다수가 해방 후 전평 지부에 가입했다(金鎔基 1997, 6-7). 조공 노동자들은 전평이 주도한 생산성 증대 캠페인을 적극적으로 지지했고, 좌파 노동운동과 총파업에 적극 참여했

87_ 해방 이후 30개월 동안 3,371건의 파업이 일어났고 참가자는 약 72만3천 명에 달했다.

88_ 『조선경제통계요람』(174쪽, 표 47)에 의하면, 1945~48년까지 노동운동과 관련된 586건의 '테러'가 일어나 8,232명이 공격당했으며, 그중 46명이 피살되고, 1,629명이 중상을 입었다고 한다.

89_ 이 시기 노동운동을 억압하기 위해 해고나 해고 위협을 사용한 사례는 조순경·이숙진(1995, 289-296) 참조.

다. 총파업 이후 조선소의 노조 지부가 노총 세력의 공격에 무너지고 조합원 활동가들이 '숙청'되자 회사 간부들은 마침내 안도의 한숨을 쉬게 된다. 서북청년단과 같은 우익 청년 테러단체원들이 해고된 노조 활동가들의 빈 자리를 채웠고, 이로써 우익의 승리는 공고해졌다(金鎔基 1997, 15).

공장 자주관리운동, 그리고 전평 운동의 전성기는 1947년으로 끝났고 잔존 좌파 세력 대부분은 1950년 6월에 발발한 한국전쟁을 기점으로 노동운동에서 축출되었다. 그러나 비록 짧은 기간이었지만 해방 직후 남한 노동운동에서 급진성과 투쟁성이 분출했던 사실은, 일제가 전쟁 중 노자 협력을 내걸고 시도했던 이데올로기적 교화 노력이 한국 노동자들의 급진적 열망과 투쟁성을 제거하지 못했다는 점을 우리에게 환기시킨다. 이후의 장들에서 논의하는 것처럼, 식민지 시기의 민족주의와 사회주의 사상, 조직의 경험, 그리고 노동운동의 기억들은 해방 후의 노동운동에 쉽게 사라지지 않는 영향을 남겼다. 긴 노동 탄압의 기간에 뒤이어 해방 직후 수년간 노동자의 투쟁성이 폭발했던 역사는, 자신들이 생각하는 정의로운 체제를 만들기 위해 가용한 자원을 적극적으로 동원하고 전유하는 노동자들의 능력과, 눌려도 다시 차오르는 그들의 힘에 주목하게 한다. 식민지 시기는 한국에 많은 변화를 가져왔다. 그중에서도 사회 속에서 자신들이 차지해야 하는 정당한 위치에 대한 전망을 지닌 산업 노동계급의 부상은 중요한 변화라 할 수 있다. 이 새로운 세력의 힘과 그들의 미래에 대한 전망은 남한에서 좌파 세력의 패배에도 불구하고 완전히 파괴되지 않았다. 그것은 다른 모습으로 이후의 시대에 다시 나타날 것이었다.

2

반공주의, 노동기본권, 조직노동자

_1950년대 초반

해방 후 한반도를 휩쓴 민주주의의 열기는 점령군 진주와 내전으로 치닫는 좌우 대립의 심화라는 잔인한 현실에 부딪혔다. 한반도는 숨 돌릴 여유도 없이 전후 동아시아 정치·경제의 재편에 따른 수많은 사건들의 소용돌이에 빨려 들어가게 되었다. 유엔 감시하의 남한 단독 총선을 통해 1948년 8월 대한민국 정부가 수립될 무렵엔 조선노동조합전국평의회(약칭 전평) 산하 좌파 노조들은 이미 사라지고 없었다. 우익 노조 연맹체인 대한독립촉성노동총연맹(약칭 노총)은 대한노동총연맹(약칭 대한노총)으로 명칭이 변경되었다. 대한노총은 이승만 시대(1948~60년)에 정부의 공식 승인을 받은 유일한 전국 차원의 노조 연맹체로 활동했다.

이 장에서는 이승만의 제1공화국 초기, 여전히 유동적인 정치 환경 속에서 대한노총 지도자들이 반공주의적이면서도 동시에 노동자의 이해를 중심에 놓고 사고하는 노동 이데올로기를 만들어 간 과정을 검토한다. 1948년 헌법을 통해 노동권이 보장되고 1953년 진보적인 노동 법률들이 제정되는 과정에서 전진한과 같은 대한노총 지도자와 조직 노동운동이 어떤 역할을 했는지도 살펴볼 것이다. 이런 커다란 성과들은 이승만의 반공 독재 정권하에서 일어났다는 점에서 의아해 보이기도 하지만, 당시 한국 사회에 남아 있던 급진주의를 비롯한 시대적·정치적 맥락을 고려하면 충분히 이해될 수 있다. 비록 대한노총이 노동의 대의에 헌신적이던 지도자들을 잃고 1950년대 중반이 되면 이승만 통치를 위한 무비판적인 정치 기반으로 전락한다고 해도, 조직이 세워지던 초창기의 성취를 짚어 보는 것은 의미가 있을 것이다. 그 시기 대한노총 지도자들이 개발한 노동 이데올로기는 노총의 강령에, 그리고 대한노총이 그 실현에 힘을 기울인 산업 노동자의 기본권에 대한 헌법적·법률적 보장을 통해 뿌리를 내렸다. 법적으로 인정된 이런 권리는 이후 한국 노동운동에 매우 중요한 자산이 된다.

1940년대 후반부터 1950년대 초반 사이의 정치 환경

1948년 8월 15일 대한민국의 건국 이후에도 한국의 정치와 사회는 흔히 추정되는 것처럼 반공주의와 자유주의적 자본주의 이데올로기로 완전히 포화되어 있지는 않았다. 식민지 시기에 발전하고 해방 직후 분출했던 사회주의, 특히 공산주의의 이념과 운동의 영향은, 날개가 꺾이고 쇠퇴한 형태였을지라도 사라지지 않고 남아 있었다. 대한민국 초기 정치 환경은 '우익'과 '좌익' 간의 경계선이 여전히 모호하고, 정치인과 정치단체들이 극우와 극좌 사이에서 다양한 이데올로기를 모색하며 움직이던 상황이었다. 비극적인 내전으로부터 명백한 승자가 된 초대 대통령 이승만조차도 민주주의의 해석을 독점할 수는 없었다. 이 시기 정치인과 활동가들은 거의 모두 자신이 생각하는 민주주의 이념을 피력하면서 부강한 국가 건설을 주창했다. 이들 중 상당수는 말로만 민주주의를 내세우는 차원을 넘어 실제로 민주주의적 이상을 강하게 품고 있었던 것으로 보인다. 해방 후 정치 현장의 관찰자이며 참여자였던 민관식은 다음과 같이 회고했다.

> 30년 전에, 해방된 흥분의 희열 속에서 우리 모두는 우리나라의 전망에 대해 맹목적으로 낙관적이었다. 우리 각자가 민주주의라는 용어를 무엇이라고 이해하였든지 간에, 우리는 모두 민주주의가 바로 우리가 원하는 것이고 우리가 가지게 될 것이라고 확신했다. 그런 생각이 환상이었을지도 모르지만, 그것이 지속되는 동안만큼은 멋진 환상이었다고 말하지 않을 수 없다(Min 1975, 2; Helgesen 1998, 5에서 재인용).

1940년대 후반에서 1950년대 초반 사이에 논의되던 민주주의의 내용은 좁은 의미의 의회주의적인 자유민주주의가 아니었다. '민주적'인 '균등' 사회에 기초한 나라를 만들기 위해 자본주의 — 이 시기 한국에서 많은 사람들이 '독점자본주의'라고 지칭했던 — 를 초월해야 한다는 생각이 정치 담론에 빈번히 등장했으며, 그런 주장에 대해 반공주의자들이 격렬한 거부 반응을 보이는 일도 많지 않았다. 대한민국임시정부의 정통성을 지지하는 우익 그룹들은 망명 민족주의자 조소앙이 공

식화한 삼균주의의 세 축 가운데 하나인 경제적 평등의 원칙, 즉 균부를 지속적으로 주창했다.[1]

공산주의의 영향력에 대응해 자파의 이데올로기를 전파하기 위해 고안된 이승만의 일민주의는 귀천 계급, 지역적 관념, 남녀 차별과 함께 빈부 격차의 타파를 4대 정강으로 내걸었다(金三洙 1993, 184). 이승만의 극우적인 자유당(1951년 창당)을 비롯한 당시 정당들은, 물론 정강과 정당의 실제 활동이 일치했던 것은 아니었지만, 민주적이고 공평한 '복지'사회 건설이라는 목표를 정강에 포함해야 한다고 느꼈던 것처럼 보인다.[2] 또한 이 시기에는 마르크스주의나 여타 사회주의 담론에 영향을 받아 만들어진 근로대중, 일하는 사람 또는 민중이라는 용어가 새로 건설되는 나라의 핵심 구성원을 의미하는 말로 널리 사용되었다.[3]

요약하자면, 해방 직후에 일어났던 급진적 운동의 여진이 아직 짙게 남아 있고 북쪽에는 공산주의 정권이 자리 잡고 있는 정치 환경 속에서, 당시의 정치 담론은 이승만 그룹과 우익 한국민주당(약칭 한민당)의 반공주의와 보수적 자본주의 이데올로기에 의해 일방적으로 틀 지어지지 않았다.[4] 좌파 출신과 우파 출신이 모두 포함된, 흔히 '혁신파'라

1_ 다른 두 축을 이루는 것은 '균권'과 '균학'이었다(삼균학회 1990).

2_ 자유당의 강령에 관해서는 朴己出(1975, 148) 참조. 흥미롭게도 이승만과 그의 일민주의 지지자들이 선택한 새로운 정당의 잠정적 당명은, 이승만이 거부해 결국 무산되기는 했지만, '통일노농당'이었다. 손호철은 자유당의 경제 강령이 상당히 급진적이었다고 본다(손호철 1995, 101).

3_ 이승만의 자유당조차도 '근로대중'의 정당임을 주장했다.

4_ 1948년 남한의 정치 지형에서, 영구적인 민족 분단을 강력하게 반대한 임시정부의 저명한 지도자 김구와 지명도 높은 '중도파' 민족주의 정치인들은 여전히 영향력이 큰 존재였다.

불린 일군의 정치인들이 이승만과 한민당의 동맹에 맹렬히 도전하고 있던 환경에서, 자유주의적·급진적 그룹이 토지개혁을 추진하고 노동자의 권리를 옹호할 여지는 아직 충분히 남아 있었다.

1948년의 제헌국회는 이렇듯 아직 경계선이 완전히 굳어지지 않은 당시 남한의 이데올로기적 지형을 보여 주는 좋은 사례다. 이승만 정부와 한민당의 빨갱이 사냥 위협에도 불구하고 제헌국회에는 민주적이고 급진적인 입법을 추구하는 젊고 민족주의적인 무소속 정치인, 즉 '소장파 국회의원'들이 등장했다(서중석 1996a, 68-73; 84-104).[5] 해방 후의 남한 정치를 연구한 역사가 서중석은 1948년 선거에서 '소장파 의원들'이 당선된 배경에는 해방 직후로부터 이어진 혁명 분위기가 아직 남아 있었던 점도 포함된다고 지적한다. 눈앞에 닥친 국토 분단에 대한 심각한 우려 속에서 '혁신파'는 북한이 대중들의 전폭적 지지를 받으며 이미 실행에 옮긴 토지, 노동, 기타 사회 부문의 개혁에서 영향을 받았다. 친일 협력자의 철저한 소탕, 토지개혁 및 평화적 자주적 통일에 대한 남한 사회의 요구는 매우 강했고, 헌법을 만들어 새 나라를 수립하는 역할을 맡은 젊은 국회의원들의 사명감 또한 컸다(서중석 1996a, 102-103).

5_198명의 의원으로 구성된 제헌의회는 대략 이승만의 대한독립촉성국민회 그룹(55명), 한민당 (KDP) 그룹(60~70명), 반한민당 지향의 무소속 그룹(50~60명)의 세 집단으로 나뉜다. '소장파 의원'이라는 용어는 무소속 구락부 또는 의회의 다른 무소속 단체에 소속되어 입법 활동을 하던 의원들을 가리켜 사용되었다. 소장파는 50여 명의 활동적인 의원을 포함하고 경우에 따라 86표까지도 동원할 수 있었던 유동적이고 비공식적인 정파였다. 그들 중 4분의 3 정도는 30대와 40대였다. 제2대 국회에서는 70명 이상의 활동적인 의원을 포함할 정도로 세력이 성장한다. 그 지도부에는 노일환, 이문원, 박윤원, 강욱중, 김약수, 김평회, 신성균, 김옥주를 비롯한 다양한 배경의 정치인들이 참여하고 있었다(서중석 1996a, 101-102).

토지개혁에 대한 요구는 특히나 강렬했다. 산업 노동자의 요구는 토지개혁 요구를 담은 개혁안에 덧붙여지는 것이 상례였다. 1948년의 선거를 경험한 한 목격자는 입후보자들이 한결같이 '토지는 농민에게, 공장은 노동자에게'라는 구호를 외쳤다고 증언한다(강진국 농림부 농지국장의 회고).[6] 아직 남아 있던 혁명적 분위기 이외에도, 경찰 및 그들과 결탁한 청년 조직, 준군사 집단들의 자의적이고 가차 없는 권력 남용에 대한 분노가 점점 더 커져 가고 있었다. 이 또한 이후 이승만과 자유당이 선거에서 고전한 배경 중 하나였다.[7]

1948년 7월 출발한 제헌의회는 첫 헌법을 만들고 공화국의 행정부 — 대통령, 부통령, 수상 — 를 선출했으며, 반민 행위에 관한 특별법 (1948년), 토지개혁법(1949년)을 비롯한 중요 법안을 통과시켰다(서중석 1996a, 124-127; 152-154). 제헌국회의 소장파 의원들은 국가보안법(1949년)의 통과를 저지하려 했으나 실패했다. 그중 더 급진적인 일부 의원들은 우익 정부의 탄압을 무릅쓰면서 외국군 철수와 평화 통일을 촉구하는 결의안을 제출하기까지 했다.

이 시기 남한에서 토지개혁은 누구도 거스를 수 없는 대세였다. 지주들조차도 토지개혁의 원칙을 반대하는 주장을 공공연히 펼 수 없었다.[8] 실제로 이승만은 전 공산당원이며 저명한 혁신계 지도자인 조봉암

6_『신동아』(1965년 10월, 189); 서중석(1996a, 144)에서 재인용.

7_정치적 억압에도 불구하고 1950년 5월 30일 총선에서 반이승만·혁신계 정치인이 다수 당선되었다. 제2대 국회에서 친정부 의원 수는 총의석 210석 중 단지 57석에 불과했다(서중석 1996a, 317-323).

8_전상인에 따르면 해방 후 수년간 남한에서 토지개혁 찬성 정서는 '보편적'이었다(전상인 2001, 25).

을 첫 농림부 장관으로, 즉 토지개혁 입안을 맡은 내각 각료로 선택했다.[9] 박명림에 따르면, 토지개혁을 담당할 농림부의 최고위 정책 결정자와 실무진은 "당시 남한 체제가 포용할 수 있었던 이념적 스펙트럼에서는 가장 급진적 인물들로 구성된 셈"이었다.[10] 이것이 우익 정부가 토지개혁 프로젝트를 진심으로 지지했다는 것을 의미하지는 않는다. 실상 이승만 정권은 가능한 한 토지개혁을 지연시키려 했고, 아이러니한 일이지만 남한에서 토지개혁을 가속한 것은 한국전쟁이었다.[11] 공산주의 선전의 대중 파급력을 우려한 미군정은 이승만 정부에 토지개혁을 실행하도록 권고했고, 지주층에 기반을 둔 한민당 지도자들과 이승만 또한 공산주의적 혁명을 예방하기 위해 토지개혁을 실시해야 할 필요성을 이해하고 있었다(서중석 1996a, 145-147). 대한노총에서도 1947년 8월 분리해 나간 대한독립촉성농민총연맹과 더불어 토지개혁을 요구하고 국회에 토지개혁안을 제출한다. 이 토지개혁안에 따르면 농민들

9_조봉암의 농림부 장관 재임 기간(1948년 8월~1949년 2월)은 길지 않았지만, 그동안 조봉암과 그의 진보적 참모진은 농민에게 유리한 내용의 토지개혁안을 입안했다. 내각에 의해 거부되기는 했어도 그 개혁안은 이후 제정된 토지개혁법의 토대를 마련했다(서중석 1996a, 148-150; 박명림 1999, 129-133).

10_예를 들어 강정택 차관은 북한식 토지개혁을 주장한 좌파 이론가였고, 행정 관련 과장 세 명 중 두 명이 한국전쟁 중 자진 월북했다(박명림 1999, 129-120).

11_조봉암은 보수 진영의 공금 유용 사건 공세에 밀려 1949년 농림부 장관직을 내놓아야 했다. 이승만은 1949년 농지개혁법안 서명을 거부한 후, 1950년 1월 평년작 가치의 125~150%로 구매 가격을 높인 개정안을 제출했다(서중석 1996a, 153-154). 새 법안이 마침내 국회에서 통과되고 시행에 들어갔지만, 곧 일어난 한국전쟁 탓에 토지 분배는 전쟁이 끝난 후에야 완결되었다(Cumings 1990, 455 참조). 북한군은 남한의 점령지에서 토지 분배를 적극 장려했고 그렇게 시행된 토지개혁은 지주 권력을 결정적으로 약화해 토지 분배에 대한 저항의 소지를 봉쇄하는 효과를 낳았다.

은 분배받은 토지의 연 수확 가치의 25%를 5년간 매년 국가에 납부하게 되어 있었다(서중석 1996a, 146).

대한노동총연맹과 전진한

앞 장에서 다룬 우익 전국 노동조직 결성의 이야기에서 그 중심인물의 하나로 전진한을 소개한 바 있다. 전진한은 우익 노동조합운동의 형성기인 노총-대한노총 시대, 즉 1940년대 후반부터 1950년대 초반까지 우익 노동운동의 수장이었음에도 불구하고, 이데올로기적 입장이나 노동운동에서 수행한 역할에 대해 별로 주목을 받지 못해 왔다.[12] 이 절에서는 1950년대 남한의 반공 노동 이데올로기의 간단치 않은 성격을 조명하기 위해 전진한의 삶과 활동에 대해 좀 더 구체적으로 살펴본다. 전진한은 그가 대한노총에 미친 이데올로기적 영향과, 노동의 역할 규정을 둘러싼 이승만 정부 내의 투쟁에서 수행한 핵심적 역할 때문에도 중요하다. 전진한을 이데올로기적 정교성을 결여한 정치적 기회주의자로 간주하고, 대한노총을 단순히 반노동·반공 세력의 정치적 도구로 보는 일반적 상상과는 상치되는 측면을 드러내어 집중 분석해 볼 것이다.

혼란스럽고 유동적인 당시의 이데올로기 지형을 반영해 대한노총 초창기 지도부에는 급진적이고 개혁적인 인사들이 포함되어 있었다.

12_전진한의 생애와 사상에 관한 연구가 부족한 데는 아마도 그와 이승만의 밀착 관계, 그리고 1950년대 대한노총의 친독재 이미지가 영향을 미쳤을 것이다.

이 급진적 활동가들은 전평이 이끈 좌파 노동조합운동을 말살하는 데 참여했고 따라서 많은 전평 노조원이 겪은 고통에 대해 책임이 있다. 하지만 그럼에도 불구하고, 그들이 노동문제를 민족국가 건설 프로젝트의 중요한 요소로서 진지하게 고민했음을 부정할 수 없다.[13] 대한노총 위원장 전진한의 경우 분명히 그러했다. 1948년 이승만은 전진한을 사회부 노동국을 관할하는 보건사회부 장관으로 임명한다.[14] 전진한은 1946년의 10월 인민항쟁이 일어났을 당시 청총의 위원장으로 있었는데, 이승만은 그를 직접 뽑아 노총을 맡겨서 노동자의 급진적 운동이 고양되는 상황에 대처하도록 했던 것이다(전진한의 회고).[15]

자서전에 따르면 전진한은 1901년 경상북도 문경의 가난한 집에서 태어나 상주에서 어린 시절을 보냈다. 열다섯 살에 보통학교에 입학한 그는 열일곱 살에 서울로 고학의 길을 떠난다.[16] 돈이 없었던 전진한은

13_앞에서 지적한 것처럼, 조시원과 차고동 등 한국독립당의 아나키스트들이 대한노총의 결성에 깊이 관여했다(金三洙 1993, 104, 106).

14_대한노총 부위원장 중 한 명인 임기봉이 또 하나의 사례를 제공한다. 그는 1950년대 후반 조봉암의 진보당에 입당한다(서중석 1999b, 92-93). 전진한의 장관 재임 기간은 짧았다. 1948년 12월 전진한은 청년운동에서 가깝게 일했던 거물 우익 정치인 유진산의 체포에 항의하며 사임했다. 유진산의 체포를 둘러싼 상황 및 전진환과 유진산의 관계에 관해서는 金三洙 (1993, 160-161; 169-170) 참조. 전진한은 회고에서 자신의 행동이 원칙에 기초한 것이라 주장한다. 그에 따르면, 전국철도연맹의 단체교섭 문제에 대한 자신의 입장을 이승만이 받아들이지 않았기 때문에 유진산의 체포 이전에 이승만에게 이미 사의를 표명해 놓은 상태였다고 한다. 사임 며칠 후 전진한은 국회에서 경찰의 권력 남용과 이승만 정부의 독재적 경향을 비판했다(전진한 1996, 298).

15_『노동공론』 2-1호(1972, 177).

16_전진한의 생애(1901~72년)에 관한 전기적 정보는 다른 표시가 없으면 전진한(1996)에 수록된 『이렇게 싸웠다』(1967)가 출전이다. 우촌 전진한 선생 저서 간행위원회가 편찬한 이 책은

사환으로 일하며 잠자리와 식사를 해결해야 했다.[17] 1919년 3·1운동
이 일어나자 거리에서 『독립신문』을 뿌리는 등 "노동자로서 한몫"을
담당했다. 몇 년에 걸쳐 조금씩 중학 교육과정을 밟아 가던 그에게 기
미己未육영회의 동경 유학생으로 뽑히는 행운이 찾아왔고, 전진한은
1920년 5월 도쿄 유학길에 올랐다. 전진한을 위해 강력한 추천서를 써
준 사람 중에는 머지않아 비非사회주의 '문화적 민족주의' 진영의 지도
자로 떠오르는 김성수와 송진우가 있다.

전진한은 와세다대학교에서 경제학을 공부하면서 일본 내 조선인
민족주의자 그룹의 핵심 멤버로 부상했으며, 1926년에 함상훈을 포함,
1백여 명의 동료 학생과 함께 '협동조합운동사'를 창립한다. 협동조합
운동사는 조선의 농촌 지역을 협동조합운동을 일으킬 근거지로 보았
고 1927년 이후 조선에서 협동조합을 퍼트려 가는 데 중요한 역할을
했다.[18] 전진한은 1927년 조선에서 창립된 '사회주의자'와 '문화적 민족

『민족 위기와 혁신 세력』, 『자유협동주의』, 『나는 이렇게 싸웠다』를 비롯해 그의 저작 대부
분을 수록하고 있고, 그의 활동에 관한 식민지 경찰의 기록도 싣고 있다.

17_ 전진한은 처음 얼마간 김성수, 송진우, 현상윤 등 민족주의 거두들이 기숙하던 하숙집에서 일
하다가 일본인 시계 도매상 집에 사환으로 취직한다. 그는 그곳에서 심한 차별과 착취를 겪으
면서 "사회의식과 계급의식이 눈트기 시작"했고, 그 경험이 "일생을 통해 극렬한 민족주의자
가 되고 노농 운동에 일생을 바치게 된" 시초였다고 회고했다. 그 뒤 전진한은 김성수의 소개
덕분에 김연수(김성수의 동생)가 경영하는 경성직뉴회사(후에 경성방직)의 급사로 들어갈
수 있었고, 거기서 몇 달을 일한 뒤 유명한 불교 승려이자 민족주의자인 한용운의 집으로 장
래 그의 상좌가 된다는 조건하에 옮겨 간다. 한용운의 집에 있으면서 전진한은 마침내 두 달
동안 중앙학교에서 공부할 수 있었지만, 건강이 나빠져 그 집을 나왔고, 그 후 중동학교 급사,
쌀가게 점원 등으로 일하며 고학 생활을 계속했다.

18_ 전진한에 의하면, "우리나라 협동조합의 창시"는 1927년 1월 그의 형 전준한이 조직한 함창
협동조합이다. 1928년 후반에 이르면 협동조합 22개, 회원 4천7백 명으로 늘어난다(경북경

주의자'의 통일전선체인 신간회의 도쿄 지회 창립 멤버이기도 했다. 신간회의 도쿄 지회 운동에 참여하는 동안 협동조합운동사 그룹과 조선공산당(ML당) 계열의 공산주의 그룹 간에 치열한 투쟁이 전개되었고,[19] 전진한의 철저한 반공주의는 이 시기에 형성되었을 것으로 보인다.

1928년 와세다대학교를 졸업한 전진한은 귀국하면서 협동조합운동사 본부를 서울로 옮겨 온다. 후에 그는 일제가 신의주에서 공산주의자들을 일제 검거하는 과정에 연루되어 2년간 신의주 감옥에 투옥된다. 출옥 후 사립학교 교원으로 일하던 전진한은 '불온분자', 즉 반反식민지적 감정을 지닌 자라는 이유로 쫓겨나기도 했고, 해방되기 몇 년 전에는 불교에 귀의해 해방이 될 때까지 금강산의 신계사와 유점사에서 고승 효봉 스님에게 참선을 배운 일도 있었다(전진한 1996, 발간사).[20]

전진한은 해방 후 이승만의 신임을 얻어, 앞서 얘기했듯이 1945년 12월 21일 대한독립촉성전국청년총연맹이 20개 이상 청년 조직의 합병으로 창설될 때 첫 위원장으로 선택된다(류상영 1989, 71).[21] 그리고

찰부, 『고등경찰요사』, 1934; 전진한 1965, 327-330에서 재인용). 소비자·생산자 협동조합이라는 아이디어는 1920년대 후반과 1930년대 초반에 걸쳐 전진한 그룹만이 아니라 노동운동과 여타 사회운동에서 널리 받아들여졌다(김경일 1992, 420-424). 김경일은 당시 노동운동에서 보이는 생산자조합 결성에 대해 아나코-생디칼리즘의 영향이 배경이었다고 본다.

19_ 전진한 그룹은 신간회 내부에서 아나키스트들과 연대해 공산주의자들과 싸웠다. 당시 조선 아나키스트들은 '볼셰비키주의자들'과 '아나-볼 투쟁'이라 불리는 전면 투쟁을 벌이고 있었다.

20_ 해방 후 전진한은 동국대 선학원과 대각사에서 금강경을 강의하기도 했고, "참선이 주 직업이고 정치는 부업"이라며 참선 수행을 계속했다고 한다.

21_ 노동학자 나카오·나카니시에 따르면, 이승만이 전진한을 믿고 기용한 이유는 전진한의 조직력과 정치 감각을 높이 샀기 때문만이 아니고, 반공주의에 대한 그의 깊은 신념과 헌신을 신뢰하게 되었기 때문이었다. 이 두 학자는 자신이 청총의 창설을 주도했고, 처음에는 청총의

1946년 10월, 이승만에 의해 노총 위원장으로 임명된다. '권위주의' 노동정책의 형성을 중심으로 1950년대 남한 정치를 연구한 김삼수는 노총의 설립에 관여한 두 그룹을 구별하는데,[22] 하나는 전진한 그룹으로 이승만 및 한민당과 긴밀히 연결된 '주류파'이고, 다른 하나는 홍윤옥과 김구 등 한국독립당(약칭 한독당) 출신 활동가 그룹으로 김삼수는 그들을 '혁신파'라 부른다(金三洙 1993, 104-105 등).[23] 김삼수는 소위 혁신파 노동운동가들이 안재홍의 국민당 같은 '진보적' 정당의 정책과 이데올로기를 노총에 도입했다고 본다. 그러나 필자가 곧 설명할 것처럼 이 소위 혁신파 그룹과 전진한 그룹 사이에 노동운동의 목표에 대한 분명한 이데올로기적 차이가 있었는지는 의문이다.

물론 이 두 그룹 사이에 정치적 알력이 있었던 것은 분명하다. 이승만이 1946년 10월 전진한을 노총 위원장으로 임명한 뒤 한독당 그룹은 노총을 탈퇴해 별도의 조직인 전국근로자동맹(후에 전국노농총동맹이 됨)

노동부를 통해, 나중에는 별개의 조직인 노총을 통해 청총이 노동운동 영역에 진입하도록 지도했다는 전진한의 주장을 조심스럽게 수용하고 있다(나카오·나카니시 1985, 262).

22_김삼수의 저서(金三洙 1993)는 1950년대 한국의 노동정책 전개 과정에 대한 가장 철저한 연구물이다. 본 장의 서술은 그의 연구 성과에 도움 받은 바가 크다. 지배 엘리트와 국가정책 형성 과정에 초점을 맞춘 김삼수의 연구는 결과적으로 지배 엘리트에 의한 하향식의 선제 조치를 지나치게 강조하고, 지배 엘리트가 그런 선제 행동을 하도록 압박한 대중적 저항의 영향을 과소평가하는 경향이 있다. 예컨대 1953년 노동법 제정에 대한 그의 설명이 그러하다.

23_한독당은 1946년 4월 18일에 한독당, 국민당, 신한민족당의 합당으로 창당되었다. 홍윤옥과 김구는 기존 연구에서 흔히 전평 노조 탄압을 유일한 목적으로 하여 노총을 만든, 외부로부터 노동운동에 들어온 세력으로 서술된다. 김삼수는 정반대의 해석을 취해서 홍윤옥, 김구, 그리고 노총 내 여타 국민당 참여자를, 전진한이 이끈 기회주의적이고 친이승만, 친자본가당(한민당)인 노총 주류 세력과 대결한 '혁신파' 노조 지도자로 보고 높이 평가했다. 필자의 견해로는 두 입장 모두에 문제가 있다. 자세한 내용은 본 장의 차후 서술 참조.

을 만들고 한독당과 여타 중도파 정치집단의 좌우합작을 지지한다.[24] 하지만 그들은 곧 별도 조직을 접고 1947년 4월 노총 안으로 다시 들어왔다. 그 후 두 그룹 사이의 해묵은 경쟁관계는 노총 내 치열한 분파 투쟁의 형식으로 계속되었고, 양 그룹의 지도자들이 이승만의 명령에 의해 동시에 노총에서 제거된 1952년에야 끝이 났다.

김삼수는 노총 내 '혁신파'의 이데올로기가 국민당의 '신민주주의, 신민족주의'였고, 그것은 반진보적인 전진한의 입장과 매우 달랐다고 본다(金三洙 1993, 108-109). 앞서 살폈듯이, 신민주주의, 신민족주의는 계급 이해를 초월하는 '민족 공동체' 개념에 기초해 있다. '만민 공생'의 이념하에 독립국가를 건설하기 위해서는 사적 소유권 보장, 중요 산업의 국유화와 국가관리, 지나친 독점권의 행사나 이윤 추구의 제한, 노동자를 보호하기 위한 국가 개입의 필요성 등 몇 가지 원칙에 대한 일반적 동의가 필요하다.

그러나 좀 더 자세히 분석해 보면 전진한 그룹의 입장이 반전진한 그룹의 입장보다 국민당 이데올로기에 더 가깝다는 것이 드러난다. 이를 이해하기 위해서는 어떤 노동조합운동이 필요하냐는 문제에 대한 두 그룹의 입장차를 검토할 필요가 있다. 1948년 노총의 내부 분규를 보면 두 그룹이 노조의 조직 구조와 활동 방식에 대해 서로 다른 견해를 가졌음을 알 수 있다(한국노총 1979, 368-375). 이런 차이는 현실 경제 상황에 대한 평가와 그에 따른 바람직한 노조 전략에 대한 인식 차이에

24_ 전국근로자동맹과 전국노농총동맹으로의 개편, 그리고 노총과의 재통합에 관해서는 金三洙 (1993, 106-109) 참조.

서 기인한다. 전진한파는 양심적 자본가와의 협력을 통해 '균등' 사회와 번영하는 경제를 건설할 것을 주창했는데, 그 이유는 당시의 경제 발전 수준이 매우 낮으므로 노동자 권리의 법적·헌법적 보장을 위해 그런 협력이 시급히 필요하다고 보았기 때문이었다. 그와 반대로 반전진한파는 적대적 단체교섭을 전개할 수 있도록 대한노총을 산업과 직업에 기초한 서구식 노동조합 구조로 변혁하기를 원했는데, 그것은 당시 한국에 자본가계급이나 계급 갈등이 존재하지 않는다고 본 국민당의 노선과 달리, 남한 경제가 이미 자본주의경제로 진입했다고 파악한 데서 나온 전략이었다(金三洙 1993, 168-175 등). 이렇게 보면, 민족국가 건설과 노동문제에 관한 전진한의 이데올로기적 입장이 소위 국민당 '혁신파'보다도 신민족주의나 당시의 여타 사회 개혁적 이데올로기에 오히려 더 가깝다고 말할 수 있다.[25]

자본주의경제 발전에 불가피하게 따르는 사회 분열적 결과를 극복하고 공산주의 세력의 정권 장악 가능성을 예방하는 과제는 오랫동안 일본 식민 본국의 지식인과 정책 서클의 중심 주제가 되어 왔다.[26] 조소앙이나 안재홍 같은 중국의 조선인 망명자들과 전진한 같은 비공산계 지식인을 포함하는 미래의 민족국가 건설자들도 자신들의 이데올로기를 정식화하는 과정에서 똑같은 문제와 씨름했다. 그 점에서 식민지 시기부터 활동해 온 원로 비공산주의 민족주의자인 전진한과 안재홍은

25_전진한이 열렬히 주창하고 노총이 통과를 위해 힘을 쏟은 노동자 이익균점권과 경영 참가 조항이 신민족주의의 '공동체적 국가관'과 연결되는 입장임은 김삼수도 인정하고 있다(金三洙 1993, 265).

26_일본의 초창기 사회 개혁 사상의 계보에 관해서는 Hanes(2002); Pyle(1974) 참조.

새로운 나라의 건설이라는 문제를 놓고 생각을 공유하는 점이 많았다고 보인다.

전진한이 공산주의 세력의 정권 장악 위험성과 '적색 제국주의'의 위해를 매우 심각하게 보았던 신념에 찬 반공주의 정치인이었던 것은 틀림없다.[27] 그 결과 그는 전평계 노조의 목표와 영향력을 분쇄하기 위해 물리적 폭력과 테러를 사용하는 것을 주저하지 않았다. 전진한이 이끄는 대한노총은 김두한의 악명 높은 별동대를 비롯한 우익 청년 조직들과 손잡고 좌파 단체와 전평 노조를 공격하는 합동 테러 공작을 폈다(서중석 1991, 563).[28] 전진한이 이끄는 대한노총은 새로운 민주주의의 화신이라는 수사와는 달리, 노동자들의 민주적인 열망을 대표하는 기구와는 거리가 멀었다.

그러나 그가 만든 정당들의 선언이나 강령, 그리고 그의 정치적 저술들을 꼼꼼히 읽어 보면 단순한 반공주의를 넘어서는 복합적인 이데올로기 조합이 드러난다. 당시 대부분의 진보적 지식인들처럼 전진한도 제국주의로 변질되어 근로대중을 착취하게 마련인 '독점자본주의'가 한국인을 위해서도 어느 민족을 위해서도 해답이 되지 못한다고 믿

27_그의 반공주의 철학은 전진한(1996, 196-209)에 재수록된 "자유협동주의"라는 글에 요약되어 있다.

28_이 책에 인용된 미군정 G-2 보고서에 따르면, 1947년 9월 서울의 청년단체들이 합동으로 기차를 타고 "좌익세가 강한" 부산으로 내려가서 좌익계 신문사와 전평 건물 등을 공격했다. 여러 도시에서 이와 유사한 청년단체 연합작전이 수행되었다. 김두한은 서울의 조직폭력배로, 청년 테러 단체로 악명 높았던 대한민주청년동맹의 간부였다. 이 단체는 이후 미군정 당국에 의해 해체되었다가 이름만 슬쩍 바꾸어 활동을 재개한다. 대한민주청년동맹 소속 김두한의 별동대는 '백색테러'를 통해 많은 이를 두려움에 떨게 한 조직이었다(류상영 1989, 70; 72).

었다. 전진한은 인류가 두 가지 제국주의, 즉 '적색' 제국주의와 자본주의적 제국주의의 위협에 직면해 있다고 주장했다. 민족의 자주성과 부의 공평한 분배를 확보하기 위해서는 자주적이고 균형 잡힌, 인간 중심적 경제를 만들어야 하며, 그러기 위해서는 무엇보다도 주요 기업과 자원을 공공 소유와 국가 통제하에 두고 토지개혁을 실시하며 노동자의 이익균점권을 보장하고 사회보장 정책을 제공해야 한다는 것이다. 노자협조를 통해 민주 사회가 건설되어야 빠른 경제 발전이 성취될 수 있다는 것이 전진한의 주장이었다(전진한 1996).[29]

이런 목표를 성취하기 위해서 전진한은 자유협동주의를 주창했다.[30] 그의 철학이 그리 심오한 것이었다고 보이지는 않는다. 그리고 협동조합이라는 해결책은 그가 타개하려 하던 근대 인간 사회가 당면한 문제들의 심각성에 비추어 좀 걸맞지 않아 보인다.[31] 하지만 이상주의

29_전진한이 창당한 정당의 강령과 선언문은 권희경(1989, 41-46; 62-63); 이정식(1976, 340-343) 참조.

30_전진한에 따르면, 자유협동주의는 '개인주의'(자본주의)와 '전체주의'(공산주의)가 "지양 통일된 것"이다. 자유협동주의는 자본주의로부터 독점성과 배타성을 폐기하고 "개성 존엄성, 평등성, 창의성"을 포용하며, 공산주의로부터는 강권주의와 사상의 기계적 적용 경향을 폐기하고 "사회 협동 즉 사회연대성, 공존성"을 보존한다(전진한 1996, 201). 전진한에 따르면 이 자유협동주의가 꽃핀 이상적 국가는 덴마크였다. 전진한(1996, 254-268의 "정막의 교훈"); 권희경(1989, 37-42) 참조.

31_전진한의 사상적 발전에는 당시 일본과 식민지 조선에서 활발히 전파되던 아나키즘과 국가사회주의를 비롯한 다양한 사회주의 이데올로기들이 영향을 끼쳤을 것이다. '협동'이라는 단어에 대한 그의 집착은 아나키즘, 특히 당시 가장 영향력 있는 아나키즘 사상가 중 한 명이었던 크로포트킨의 상호부조론을 상기시킨다. 또한 대부분의 협동조합이 위치하고 있던 조선 농촌에서는 기독교 운동과 천도교 운동이 활발했고, 그런 운동의 이데올로기들도 전진한의 사상에 영향이 미쳤을 가능성이 있다.

적인 해결책 제시와는 별도로 그의 진단 자체는 중요하다고 생각된다. 후술하듯이, 개혁적이고 더 인간적인, 그리고 민족주의적이고 친노동적인 자본주의의 가능성에 대한 그의 신념이 1960년대 대한조선공사 노조원들 사이에서 더 분명하고 강력하게 다시 등장한다는 점에서 더욱 그러하다.

전진한은 노동에 대한 신념을 자주 피력했는데, 특별히 높이 평가하고 싶은 점은 그가 비엘리트 대중의 힘을 당시의 정치인, 사상가들보다 훨씬 더 신뢰하고 있었던 것으로 보인다는 점이다. 1952년 11월 대한노총의 위원장직을 상실한 후 전진한은 여생을 '근로대중'의 정당을 결성하는 꿈을 좇으며 보냈다. 그는 노동자와 농민의 '자유협동조합' 운동을 바탕으로 노농당 같은 정당이 만들어지기를 희망했다. 1953년에 이르면 그는 노동자 중심의 민주사회주의로 정리된 자신의 비전을 노동자 당을 통해 실현하려고 노력한다. 전진한은 1955년 실제로 노동당을 창립했고, 1959년 자신의 이데올로기를 지탱하는 두 축인 민족주의와 민주사회주의를 반영, 당명을 민족주의민주사회당으로 바꾼다.[32] 계속되는 정치적 실패에도 불구하고, 그는 지치지 않고 근로대중에 기초한 정당 건설의 길을 갔다. 전진한의 사회당은 1960년 당시 진보 정당 운동에서 활발한 역할을 했다(권희경 1989, 41-48). 추종자들의 증언에 따르면, 그가 임종 시 남긴 말은 "노동자로 이 세상에 왔다가 다시 노

32_ 전진한의 저서 『민족 위기와 혁신 세력』(1955)의 부록에는 그가 쓴 노농당 선언문과 강령의 1953년 초안이 포함되어 있다. 노동법이 공포된 지 얼마 지나지 않은 1955년에 그가 창당한 노동당은 '근로대중'의 정당한 권리와 이익 신장을 목표로 내걸었다(권희경 1989, 41). 노동당은 1958년 국회의원 선거에서 참패했다.

동자로 돌아간다"였다고 한다(전진한 1996, 발간사).

이런 노력에도 불구하고 전진한은 1946~52년까지 대한노총 위원장으로 재직할 당시 행사했던 노동조합운동에 대한 영향력을 다시는 되찾지 못했다. 그가 이끌던 당시 대한노총은 다양한 정치적 요소와 서로 모순되는 이데올로기적 경향이 권력과 영향력을 놓고 경쟁하던 싸움터였다. 전투 뒤 혼란이 잦아들었을 때 조직의 성격을 규정하는 가장 큰 발언권을 갖게 된 것은 이승만으로 드러났지만, 전진한과 국민당 '혁신파'들은 몇 년 동안 자신들의 비전을 대한노총의 공식적 이데올로기로 만들어 내고 전파할 기회를 가졌다. 따라서 비록 거의 인정을 받고 있지는 못하지만 이들 초창기 대한노총 이데올로그들은 한국 노동조합운동의 진로를 결정하는 데 중요한 역할을 했고, 특히 전진한의 비전은 노동조합운동의 공식 이데올로기에 뚜렷한 흔적을 남겼다.

노동문제를 둘러싼 헌법 제정 논의

지금까지 기술한 이데올로기적·정치적 족적으로 미루어, 1948년 선거에 승리해 국회에 등원한 전진한[33]이 노총을 대변해 아홉 명의 다른 의원과 함께 대한민국 헌법에 포함하고자 하는 내용을 담은 '노농 8개조' 또는 '노동헌장'이라 불리는 문건을 제출한 것은 놀라운 일이 아니다.[34]

33_그는 어떤 정파나 모임에도 소속되지 않은 '순 무소속' 가운데 한 명이었다(서중석 1996a, 308).

34_5월 10일의 총선거에서 대한노총 출신이거나 대한노총의 지지를 받는 후보 여섯 명 중 전진한이 유일하게 당선되었다. 헌법 제정에 대한 대한노총의 제안에 관해서는 한국노총(1979,

1948년 6월 14일 제출된 이 문건은 한국의 장래 경제 질서에 대한 급진적 전망을 담고 있었다(이 책의 〈부록 2〉 참조). 이 노동헌장은 해방 직후 시기 노동자와 농민들이 강력하게 표출했던 열망과 당시의 진보적인 이데올로기적 환경을 반영했다.[35] 노동헌장은 헌법이 노동자의 기본적 권리인 단결권, 단체교섭권, 단체행동권을 보장하도록 요구했고(1조), 실업자와 노동능력을 상실한 자에 대한 국가의 보호(2조), 노동자가 기업체의 이윤 일부를 배당받을 권리(이익균점권, 4조), 경영에 참여할 권리(5조)를 요구했다. 6조는 토지개혁의 요구, 7조는 자본과 무역에 대한 국가의 통제, 8조는 노동자의 대표가 국가의 경제·사회 문제에 관한 정책 결정에 참여하는 국민경제회의의 구성을 요구하는 내용이었다.[36]

295-300) 참조. 김삼수는 노농 8개 조항이 소위 혁신파에 의해 작성되었을 가능성이 크다고 보지만, 동시에 그것을 증명할 직접적인 증거가 없다는 사실도 인정한다(金三洙 1993, 137-139). 필자는 당시 노동헌장에 표현된 요구들에 대해 노동계와 혁신계에 상당히 폭넓은 합의가 형성되어 있었고, 따라서 노동헌장을 배타적으로 반전진한파의 작품으로 단정할 근거는 없다고 본다.

35_그런 열망과 환경을 염두에 두면서, 법학자 이영희는 헌법에 노동자의 '이익균점권'이 채택된 배경으로 다음 세 가지를 언급한다. 첫째로 "당시 세계의 지배적인 사상 조류인 사회민주주의 요구", 둘째로 "적산 기업에 대한 관리, 처분의 참여를 강력히 주장한 근로자의 요구", 그리고 "남북의 정치적 분단의 상황을 고려하여 근로자의 권리 보장에 더 큰 배려를 행하려고 하는 정치적 동기의 작용"이 그것이다. 세 번째로 거론된 요인에 덧붙여 필자는 '노동자의 국가'라고 선전하는 북한의 존재와, 북한이 일찍이 단행한 토지개혁과 노동 개혁 정책이 남한 사회에서 누렸을 인기가 정치권에 미쳤을 영향을 강조하고 싶다. 이영희는 또한 노동권의 헌법적 보장이 가능했던 근본 이유는 당시 '선진 제국'의 예를 따라 '단순한 자유민주국가'가 아닌 '사회복지국가'를 건설하자는 합의가 형성되어 있었던 데 있다고 보았다(이영희 1990, 202-203).

36_노동, 자본 및 공익 대표들로 구성된 국민경제회의는 경제계획에서 노동자의 발언권을 확보하기 위한 방편으로 추진되었지만, 헌법에 채택되지는 못했다. 그 아이디어는 전후 일본의 경제부흥회의(Economic Recovery Council)안과 유사해 보인다. 경제부흥회의는 1946년 일본노동총동맹(日本勞動總同盟)과 '개혁적 자본가' 그룹인 경제동우회(經濟同友會)가 주창한

여덟 개조 중 여섯 개는 국회 토론을 위해 법률 전문가들이 마련한 헌법 초안에 이미 들어가 있는 내용의 재확인 또는 확장이었다. 그러나 노동자의 이익균점권과 경영 참여 요구를 담은 4조와 5조는 새로운 주장이었다.

당시 재계를 대표하는 유일한 전국 기구였던 조선상공회의소(1948년 7월 23일 대한상공회의소로 명칭 변경, 이하 상공회의소) 또한 헌법 내용을 둘러싸고 국회에 일련의 건의문을 제시하고 공식 입장을 표명한다.[37] 상공회의소 주장의 핵심은 경영권과 이윤에 대한 권리가 자본의 배타적 권리이며 이 권리를 확보하는 것이 기업체들에는 생사가 걸린 중대 문제라는 것이었다. 상공회의소는 결연히 노조 측의 이익균점권, 경영 참가권, 국민경제회의 요구에 맞섰고, 공적 소유나 정부 소유로 들어가는 산업의 범위를 줄이고 일본인 소유였던 귀속재산(적산)의 국유화를 막고자 했다. 이승만 역시 4조와 5조에 대한 반대 입장을 분명히 했으며, 미군정 당국도 특히 노동자의 경영 참가에 대해 우려를 표명했다.[38]

대한노총 산하 노조들은 노동헌장에 대해 강력한 지지를 표명하면서 헌법에 채택될 때까지 투쟁하겠다고 선언한다. 산하 14개 노조가 발표한 1948년 6월 16일자 성명서에 따르면, 헌법에 노동헌장이 포함되

것으로, 기업과 국가의 경제계획 과정에 노조 참여 및 협력적인 노사 관계의 함양을 통해 파업을 방지하고 '고생산성, 고임금'의 경제를 성취해 '개혁 자본주의'를 이루는 것을 목표로 했다(Gordon 1998, 36).

37_상공회의소가 창설되기 전, 여러 산업 부문에서 1945년 9월 이후 기업가 단체들이 설립되었다(안태정 2002, 40).

38_노동헌장에 대한 상공회의소, 이승만 및 미군정 각각의 입장은 金三洙(1993, 135-143)에 상세히 설명되어 있다.

는 것은 "노동자를 임금 노예의 처지에서 해방시키며 농민을 농노의 환경에서 해방시키는 최저의 물질적 조건을 보장하는 것"이었다.[39] 국회에서 가장 큰 논란의 대상이 된 조항이 4조와 5조였던 것은 놀라운 일이 아니다. 노동과 기술이 자본 못지않게 이윤 창조에 기여한다는 당시 폭넓게 퍼져 있던 개념에 근거해, 이윤의 30~50% 정도가 노동자에 돌아가야 할 적절한 몫이라고 주장되었다.[40] 1장에서 논의된 노동자 자주관리운동의 기억이 이 급진적 요구에 토양을 제공했음은 의심의 여지가 없다.

전진한의 지도하에 대한노총은 이런 법률 투쟁을 지도할 전국 차원의 위원회를 구성했다. 1948년 6월 18일 발표한 "격!"이라는 제목의 선언문에서 위원회는 귀속재산이 그 사업체를 위해 "모든 것을 희생한 주체적인 요소인 근로대중"의 이해를 고려하지 않은 채 자본가에게 매각된다면 노동자들은 "다시금 자본가 밑에서 새로운 한 개의 임금 노예로 전락"할 것이고, 그것은 "일제 자본주의경제 체제의 재판"으로 "새 국가, 새 사회를 건설하려는 우리로서는 절대로 용인할 수 없는 모순이며 죄악"이라 주장했다.[41] 이 선언문의 논리에 의하면 더 중요한 것은 "귀

39_ 한국노총(1979, 296)에 수록된 "노동헌장을 채택하라" 성명서.

40_ 이런 인식의 사상적 계보는 향후 연구 과제다. 정치적 스펙트럼상 좌파 내지 중도인 자본, 경영, 기술직 및 노동자 대표('전평'만 참가)로 구성된 산업건설협의회(1946년 창립)의 입장에도 이런 인식이 보인다. 김삼수는 이런 종류의 담론이 "국회 내의 많은 무소속 및 민족청년단이나 대동청년단 같은 '반공' 우익 대중 단체 소속의 국회의원에 의해서도 지지되었다"라고 결론 내렸다(金三洙 1993, 144).

41_ '공무원법(초안) 수정 이익균점권 확보 대한노총 전국투쟁위원회'와 그 선언문에 관해서는 한국노총(1979, 297-299) 참조.

속재산 처리에 있어서 근로대중의 이익균점 원칙의 실천은 자본주의와 공산주의를 초극하고 진정한 민주 경제 발전을 기할 수 있을 뿐만 아니라, 남북통일의 관건도 여기에 있다"는 데 있었다. 이 입장은 앞서 논의된 전진한의 입장과 일치한다. 전진한이 이 선언을 추진했는지 여부와 상관없이 노총이 주장한 경제 청사진이 노조나 당시의 여러 정치 집단 사이에 공감을 받고 있었다는 것, 그리고 그것이 이승만, 자본가층 및 미군정이 밀던 자유자본주의 이데올로기와 상치되는 것이었음은 분명하다.[42]

이익균점권 조항은 치열한 토론과 여러 번의 수정 시도를 거쳐 날이 무뎌지기는 했지만 마침내 헌법에 수용되었다. 반면, 노동자의 경영 참가 조항은 살아남지 못했다.[43] 많은 타협 끝에 1948년 7월 헌법의 최종본이 반포되었는데 그중 노동관계 핵심 조항인 제18조는 다음과 같다. "제18조 ① 근로자의 단결, 단체교섭권과 단체행동의 자유는 법률의 범위 내에서 보장된다. ② 영리를 목적으로 하는 사기업에 있어서는 근로자는 법률이 정하는 바에 의하여 이익의 분배에 균점할 권리가 있다."[44] 이에 따라, 비록 "법률이 정하는 바"라는 단서가 붙었을지라도 노

42_1955~88년까지 한국의 주요 '혁신' 정당과 민주사회주의 정당의 선언문, 강령과 정책을 재수록하고 있는 권희경(1989, 15-206) 참조. 1940년대 후반 이래 수많은 '혁신' 정당이 주요 산업과 자원을 국가 통제하에 두고 근로대중의 창조적 에너지를 동원해 민주적 복지국가와 자립 경제를 건설할 것을 공약으로 내걸었으며, 그런 발전이 나라의 평화적 통일의 기초가 되고 공산주의에 대한 가장 강력한 방어가 될 것이라는 주장을 폈다.

43_반대는 주로 한민당 인사들과 이승만에게서 나왔는데, 이승만은 노동자를 "특별히 보호하는" 이들 조항을 헌법에 규정하는 나라가 없고, 혹 "이들 조항을 헌법에 두면 우리가 공산 색채를 가졌다, 또는 국회에 다수의 공산당(원)이 존재하고 있다고 오해될 우려가 있다"고 협박하기까지 했다(金三洙 1993, 134).

동자의 세 가지 기본권과 이익균점권이 대한민국의 헌법에 자리 잡게
된다.

조직노동자의 주장이 재계와 보수적 정치 세력의 극심한 반대에도
불구하고 헌법에 반영되었다는 사실은, 1948년 당시의 정치 환경, 그
리고 노동문제에 대한 진보적 담론의 힘을 말해 준다. 또한 헌법을 둘
러싼 논쟁의 결과는 당시 자본가계급과 자본주의 이데올로기가 상대
적으로 취약했으며 자본주의적 경로를 통한 국가 건설을 지지한 이승
만-한민당 연합 세력이 조직적·정치적으로 강하지 못했음을 짐작케
한다.

이승만과 보수 세력은 1949년부터 총반격에 나선다. '소장파' 그룹
의 선두에 섰던 국회의원들이 친북 공산주의자로 몰려 체포되고, 색깔
논쟁과 우익 테러의 소용돌이 속에서 국가보안법이 국회를 통과한다.
1950년 6월 한국전쟁의 발발은 이미 협소해진 '혁신계'의 정치적 공간
을 가차 없이 제거했고, 경찰, 군대 및 각종 준군사적 청년 조직의 강제
력에 기초한 이승만의 극우 반공 독재 체제가 굳게 자리 잡는다. 헌법
을 둘러싼 투쟁에서 그 진보성을 자랑했던 대한노총도 곧 독재 체제의
부속물이 되어 이승만을 위해 노동자를 동원하는 역할을 충실히 수행
하는 존재로 전락하게 된다.

44_그러나 이익균점에 관한 추가 입법은 전혀 이루어지지 않았고, 따라서 헌법의 이익균점 조항
은 1962년 12월 개헌에서 삭제될 때까지 실제 효과를 전혀 내지 못했다.

1953년 노동법

1953년 한국전쟁이 끝나기 전 국회를 통과한 일련의 노동관계 법률들에 의해 20세기 후반 한국의 노사 관계를 규정하는 기본 틀이 마련되었다. 특히 이승만 정권하에서는 많은 법조문이 일상적으로 무시되었고 기업주가 처벌받는 일도 드물었지만, 기본 틀 자체는 유지되었다. 한국 노동운동의 근본적 어려움은 노사 관계 틀을 규정한 법에 노동자 보호 조항이 없어서가 아니라 국가가 그런 조항을 실제로 적용할 의지를 가지고 있지 않았다는 데 있었다. 그러나 잘 지켜지지 않았다고 해도 1953년 노동법의 제정은 이 법에 표현된 이상을 실현하라는 노조의 요구에 정당성을 제공해 주었다는 점에서 중요한 의미가 있었다. 1953년 이후 노동자의 권리에 대한 국가의 통제를 강화하는 수많은 개악이 이루어졌음에도 불구하고, 헌법에 보장된 노동삼권(단결권, 단체교섭권, 단체행동권)이 원칙상 파기된 적이 없다는 점을 기억하는 것이 중요하다. 나중에 살펴보듯이 노동권을 보장하는 법적·헌법적 틀은 반공 정권하에서 노조를 조직하거나 파업에 돌입하는 노동자들을 탄압과 빨갱이 사냥으로부터 보호하는 귀중한 방패로 작용할 수 있었다.

　한국전쟁이 가져온 이데올로기적인 효과와 이승만 정권하에서 우익 반공 정치가 공고해진 상황을 고려할 때 1953년에 통과된 노동법은 상당히 진보적이라 할 수 있다. 그러나 이 노동법은 당시 한국 노사 관계의 실상과는 아무 관계가 없고, 미국에서 가져온 또 하나의 수입품에 불과하며, 실행할 의도 없이 채택된 법률인 것으로 인식되는 것이 일반적이었다. 지난 수십 년간 노동운동가와 학자들은, 노동법은 의미가 없으며 1950년대에 조직노동 세력은 이승만 정권의 정치적 도구에 불과했다고 보아 왔다.[45] 하지만 신인령 등 일부 학자들은 노동법이 "선진국의 것을 베껴 쓴 장식적인 것에 불과하다"는 일반적 관점을 거부하고 노동자의 주체성과 그들이 활동하던 시대적 맥락을 강조했다(신인령 1985, 64; 1987, 80-81; 한국노총 1979, 391). 1950년대 초반은 한국전쟁으로 인한 물질적 곤란으로 노동자들의 투쟁성이 높아 가던 때였고, 전진한을 비롯한 노동운동가들의 열성적 노력과 함께 이런 노동운동의 동향이 1953년 노동법 제정의 주된 요인으로 작용했다고 본 것이다.

헌법이 보장한 노동권을 실현시키는 법을 제정하는 투쟁은 쉽지 않았다. 좌파 노동운동의 위협이 가라앉고 정권이 강화되자 이승만 정권은 더 이상 노동자와 노조의 보호에 관심을 보이지 않았다. 일민주의 이데올로기 운동에도 불구하고 이승만 정권은 기업가들의 반노조 행위를 억제하려 하지 않아 이승만을 자신들의 보호자로 여기던 반공 노동운동 지도자들을 실망시켰다. 대기업의 대부분은 귀속 사업체였는데, 이런 사업체들은 공기업으로 전환되거나 일반 기업가에게 불하되었다. 사업체의 매각은 회사의 소유권과 이윤에 대한 정당한 몫을 주장하는 노동자들의 항의 속에서 진행되었다. 이승만 자신을 비롯한 부패 관료의 일방적 개입이 다반사로 일어났고, 뇌물이나 여타 혜택을 받고 귀속 사업체의 관리인이나 매수자를 선정하는 등의 부정도 만연했다.

한편 대한노총은 앞서 언급한 전진한파–반전진한파 간의 분파 투쟁에 휘말려 있었다. 노동법을 입법화하려는 노력은 1949년 이후 뚜렷

45_조지 오글도 다음과 같이 이승만 정권하 조직노동운동의 실태를 단호히 비판했다. "노조는 거의 목소리를 내지 않았으며 …… 이승만의 전달자로서밖에는 눈에 띄는 기여를 하지 못했다. 1960년대로 진입할 당시의 [한국] 노동조합운동은 무거운 사슬에 묶여 있었다"(Ogle 1990, 12-13).

해지는 우경화 추세와 조직노동 지도부의 심각한 내분 속에 표류했다.[46] 전쟁 중이라는 상황도 노동법에 대한 논의를 미루는 데 일조했다. 대한노총 출신인 임기봉, 조광섭 등 95명의 국회의원이 1951년 4월 노동 법률 초안을 제출했지만 아무런 진전을 보지 못했다.[47] 노사문제를 다룰 노동 입법의 긴급성에 대한 충분한 정치적 합의를 낳은 것은 전쟁이 교착상태에 빠진 1951년 후반 일어난 섬유·광산·부두 노동자들의 예기치 않은 대규모 파업이었다(신인령 1987, 78).[48] 특히 1951년 12월 ~1952년 3월에 걸쳐 진행되어 널리 보도된 조선방직 부산 공장의 분규가 대한노총이 노동법 입법을 강력히 추진하는 계기가 되었다.[49]

당시 한국에서 조업 중인 방직·방적 회사 중 가장 규모가 크고 드물게 이익을 내던 회사였던 조선방직에는 7천3백 여 명의 직원이 있었는데 그 가운데 여성이 6천3백 명에 달했다.[50] 조선방직의 부산 공장에 조

46_ 1949년 10월 사회부는 이미 노동조합법, 노동쟁의조정법, 근로기준법, 이익균점법, 사회보험(실업보험)법, 재해보장보험법, 직업관리법 등 중요한 노동 관련 법의 초안 작성을 완료했다. 이들 중 처음 세 가지만이 1953년에 법률로 제정되는데 해당 법률의 내용은 원래 초안과 상당히 달랐다(金三洙 1993, 186-187).

47_ '국회의원안'(노동조합법안)의 내용에 관해서는 金三洙(1993, 189-194) 참조. 金三洙(330-336)의 부표 1, 2는 국회의원안, 정부안, (국회)사회보건위원회 대안, 1953년 제정된 노동법, 그리고 일본의 노동법을 일목요연하게 비교해 보여 준다.

48_ 이들 노동쟁의에 관해서는 김낙중(1982, 144-161) 참조.

49_ 식민지 조선의 주요 섬유 회사 중 하나인 조선방직은 일본 자본으로 1917년 부산에 설립되었다.

50_ 조선방직은 한국전쟁 개전 후에도 생산을 계속한 몇 개 안 되는 섬유 회사 중 하나였다. 1951~52년 조선방직 파업 및 전진한과 이승만 사이 관계의 파탄에 대해서는 한국노총(1979, 353-355; 360-366); 金三洙(1993, 221-229); 이옥지(2001, 69-75) 참조. 조선방직 노동자들은 식민지 시기 섬유 노동자 운동에서도 중요한 역할을 했다. 1922년과 1930년의 조선방직 파업에 관해서는 이옥지(2001, 44-46) 참조.

직된 노조 분회는 사장인 정호종과 협조적인 관계를 유지해 오고 있었다. 정호종은 섬유 기술자, 공장 관리인을 거쳐 사장이 된 인물이었다. 부산 분회와 관리 직원들은 회사를 스스로 매입할 계획을 세워 부산의 유력한 기업가인 김지태의 지지를 확보하고 종업원들로부터 회사 구입 자금 마련을 위한 모금을 하고 있었다.[51] 다시 말해 조선방직은 해방 직후 자주관리운동의 기운이 아직 살아 있고 노동자와 '양심적' 자본이 협조할 가능성이 높던 그런 공장이었다.

그러나 노동자와 관리자 간의 협력 관계는 이승만 정부가 갑자기 조선방직을 국가관리 사업체로 지정하고 예정된 공장 매각 계획을 백지화하면서 급작스레 끝이 난다. 정부는 사장 정호종을 체포하고 이승만의 충실한 추종자인 강일매를 사장으로 임명했다.[52] 조선방직이 야당의 정치자금원이 될 가능성을 막고자 한 이승만이 강일매에게 조선방직을 자신의 자금원으로 만드는 임무를 맡긴 것이다(배석만 2001,

---

51_ 일본인 귀속 사업체의 매각은 한국전쟁으로 잠시 중단되었다가 1950년 11월에 재개되었고, 조선방직의 매각 일정은 1951년 3월로 잡혀 있었다. 김지태는 부산의 거물 기업인으로 조선방직 이사회의 구성원이었다. 조선방직의 사측과 종업원들은 구매 후 회사 주식을 균등하게 나눈다는 합의 아래 정부로부터 회사를 구매하기 위한 자금을 모으고 있었다(배석만 2001).

52_ 김지태의 회고에 따르면, 이승만 정부는 임박한 조선방직 불하를 갑자기 중지시켰는데, 그 이유는 구매자인 그가 이승만 측의 정치자금 요구를 거부했기 때문이었다(김지태 2003, 263; 295-300). 강일매는 한 백화점의 관리자로 일한 경력을 제외하고는 이렇다 할 회사 경영 경험도 없고 조선방직과도 아무런 유대 관계가 없었던 인물로 오로지 이승만의 지원 때문에 조선방직의 사장으로 임명되었다. 그가 사적으로 이승만과 어떻게 연결되어 있었는지는 확실치 않다. 감옥의 간수였던 그의 아버지가 형 살이를 하던 이승만을 잘 대해 주어 연을 맺었다고 하는 이야기도 있고, 강일매가 이승만의 양자였을지도 모른다고 추측하는 사람도 있다. 『우남 이승만 문서』(중앙일보사, 1998)에는 강일매가 1947년과 1948년에 이승만으로부터 상당한 자금을 받았다는 기록이 있다(배석만 2001, 91-92).

91-92). 하지만 더 중요한 이유는 귀속 사업체의 소유권을 둘러싼 싸움에서 조선방직이 강력한 선례를 남길 것에 대한 우려였다. 사장으로 부임한 강일매는 근속 연수가 높은 종업원과 노조 지도자를 다수 해고하고 자신을 따르는 사람으로 수백 명을 고용했다. 그에 대응해 노동자들과 노조는 단체행동을 시작했고 해고된 종업원의 복직과 강일매의 파면을 요구했다. 그러나 강일매를 지지하는 대한노총 반전진한파가 분회와 그 투쟁을 지원하기로 결정한 전진한파의 행동을 공개적으로 비난하고 나서면서 사태는 어려워졌다.[53]

그 큰 규모 덕분에 조선방직 부산 공장이 이승만을 위해 조직되고 있던 새 정당에 당원을 끌어들이는 장으로 활용되었다는 점도 상황을 더욱 복잡하게 만들었다. 국회에서 정치적으로 취약하다는 단점을 극복하기 위해 이승만은 자신이 소인배들의 정당정치를 초월해 있다는 태도를 버리고 정당을 만들기로 결정하는데, 그 핵심으로 예정된 다섯 개의 사회단체 중에는 대한노총도 들어 있었다.[54] 그 시점에서 새 정당(자유당) 결성을 추진하던 이승만 추종자들은 원내자유당과 원외자유당의 두 파벌로 나뉜다. 원내자유당은 이승만이 원하던 대통령 직선제 개헌에 대해 반대 입장에 섰던 반면 원외자유당은 개헌을 지지했다.

이승만의 새 정당을 적극 지지했던 대한노총 내 반전진한파와 달리, 전진한은 자유당 창당에 그리 적극적이지 않았고 대한노총이 자유

53_이 행동은 전진한파가 친이승만이고 반전진한파가 '혁신적'이었다는 김삼수의 주장을 약화시킨다.

54_다른 네 개의 단체는 국민회, 대한청년단, 대한농총, 대한부인회였다.

당에 엮여 들어가는 것을 달가워하지 않았다.[55] 아이러니하게도 반대파인 '혁신계'로부터 이승만과 가까우며 정치적 자주성이 없다는 비판을 받아 온 전진한이, 대한노총을 새 여당의 일부로 만들려는 이승만 추종자들에 대항해 대한노총을 지키기 위해 싸우는 형국이 되었다. 1951년이 되면 반전진한파 인물들에게서 서구식 노동조합운동과 산업민주주의를 추구하는 진보적 전망의 증거를 찾아보기 어려워진다.

이리하여 회사와 노동자 간, 그리고 극심한 경쟁을 벌이고 있던 노총의 두 파벌 간에 큰 충돌이 일어나게 되었다. 그 싸움의 결과는 조선방직 부산 공장을 넘어서는 파급력을 지닐 수밖에 없었다. 국회는 찬성 93표, 반대 0표로 강일매 사장의 파면과 파업 중단을 요구하는 결의안을 채택했다. 그러나 강일매에 대한 이승만의 절대적 신임과 강일매 사장 파면 요구에 대한 행정부의 거부는 국회의 지지에도 불구하고 결국 파업 노동자의 패배로 이어졌다. 전진한도 이승만의 결심이 얼마나 굳은지를 늦게나마 알아차린 듯하다. 앞서 언급한 대로 이 파업에는 귀속 사업체의 경영권이라는 중차대한 문제가 걸려 있었다.[56]

55_전진한은『동아일보』(1952/10/22)에 실린 공개 성명에서 반대파를 "한국의 노동자를 모 정당에 예속시켜 금력과 권력의 노예를 만들려는 한 개 반역 집단"이라고 공격했다(김낙중 1982, 166에서 재인용).

56_상공부는 당시 귀속 사업체 경영권에 관한 유사한 분쟁들로 골머리를 앓고 있었다. 상공부 장관 김훈은 국회에서 다음과 같이 우려를 표명했다. "귀속재산 공장은 조방[조선방직] 하나만이 아니고, 적어도 수천 개에 달하는데, 그 귀속재산 공장에서는 하루도 무사평온한 날이 없다. …… 언제나 진정서 등의 요청서가 내 책상에 산적해 있는데 그중에는 '관리인을 바꿔 달라' …… 는 등의 요구가 빈번하다." 초대 상공부 장관이었던 임영신 의원은 다음과 같이 질문했다. "만일 우리가 노동자만에 중점을 두어 정부가 임명한 사장을 파면한다면, 다른 공장에서도 노동자가 그 같은 요구를 하지 않을 것이라고 누가 보증할 수 있는가?" 파업 노동자 측의

이승만의 신임을 잃지 않으려 전진한은 파업 노동자를 배신하고 파업을 중지시키지만, 그것은 이미 한발 늦은 결정이었다.[57] 전진한과 이승만의 관계는 돌이킬 수 없게 파탄이 났고 10월 이승만은 전진한을 대한노총에서 축출하라는 명령을 내린다. 전진한은 이승만의 명령을 거부하면서 "백마고지의 국군 용사와 같은 각오로 대한민국에 민주주의 최후 보루인 자유 대한노총을 생명을 바쳐 최후까지 사수할 작정이다"라는 장문의 공식 성명을 발표한다.[58] 그러나 결국 그는 이승만이 원한 대로 1952년 11월 대한노총에서 쫓겨났고, 이후 계속된 노력에도 불구하고 지도부에 복귀하지 못했다.[59]

1952년에 일어난 조선방직 파업 등 대규모 파업을 경험하면서 정

완패로 회사 노조는 유지되었고, 관리직 26명과 종업원 6백 명이 해고당했다. 조방은 1955년에 강일매의 동생에게 정부 사정 가격을 크게 밑도는 가격으로 불하된다(金三洙 1993, 228; 232-233). 한때 높은 수익을 올리던 조방은 재정난에 빠져 결국 1968년에 문을 닫았다(김지태 2003, 300).

57_전진한은 조선방직 파업 이전에 이미 자신과 이승만 사이에 틈이 생기기 시작했다고 주장한다. 전진한이 이탈리아 밀라노에서 열린 제2차 국제자유노동조합연맹 대회(전진한은 1949년과 1951년에 국제자유노동조합연맹 이사로 선출되었음)에서 한국의 대통령이 되려는 소망을 표명했다는 허위 보고가 이승만에게 전달되었기 때문이라는 것이다. 전진한은 그 보고와는 정반대로 해당 대회에서 자신이 이승만의 독재에 대한 심한 비판을 반박하기 위해 다음과 같이 역설했다고 주장했다. "한국의 현 실정으로는 '와신톤' '링컨'이 온다 하더라도 이를 수습하기 어려울 것이고 이 박사가 아니면 담당할 사람이 없다"(전진한 1996, 307; 350).

58_전진한의 1952년 10월 22일 공개 성명(김낙중 1982, 166에서 인용).

59_전진한은 한 인쇄노조를 대표해 1960년 11월 한국노동조합총연맹(약칭 한국노련) 창립 대회에 참석했다. 대회에서 직접·비밀 투표로 간부를 선출할 것을 주장한 전진한 지지자들과, 간접선거 방법을 원했던 김말룡 지지자들 간에 충돌이 일어났다(김낙중 1982, 273; 전국해원노동조합 1973, 88). 전진한의 이름은 한국노총이 노동법 개악 반대 캠페인을 전개하던 1964년 당시 국회 노동소위원회 위원으로 한국노총 문서에 다시 등장한다(조공 문서철 #5에 실린 "위헌노동법 반대 투쟁 경과보고서." 조공 문서철 목록은 이 책의 〈부록 1〉 참조).

계와 관계에는 노사문제를 다루는 제도가 필요하다는 인식이 생겨나기 시작한다. 2~3월에 일어난 전국광산노동조합연맹의 파업과 7월의 부산 부두 노동자 총파업의 영향이 특히 컸다.[60] 그때까지 노사 분쟁은 미군정하에서 임시로 만들어진 노동관계 명령과 법률에 의해 분명한 체계 없이 처리되고 있었는데, 1952년의 대규모 노사 분쟁 상황은 그런 방식의 한계를 여실히 드러내 주었다. 노동자가 기댈 수 있는 노동법률의 보호를 결여한 노동자와 노조가 얼마나 취약한 상황에 놓이는지 깨달은 전진한은 1952~53년까지 제2대 국회에서 노동법 제정을 강력히 추진한다.[61]

앞서 말했듯이 1953년에 통과된 노동법(노동조합법, 노동쟁의조정법, 노동위원회법, 근로기준법)은 모두 상당히 진보적이고 친노동적인 성격을 띠고 있다.[62] 이들 노동법은 적어도 법조문상으로는 자유로이 노조를

60_ 이 쟁의와 파업에 관해서는 한국노총(1979, 366-368) 참조.

61_ 제2대 국회에 대한노총 출신 국회의원은 6명이었다. 전진한은 1950년 총선에서 낙선했지만, 1952년 2월 조선방직 파업이 절정이었을 때 부산의 보궐선거에서 당선되었다(한국노총 1979, 352). 전진한 등 33명의 국회의원은 1952년 11월 본회의에서 노동법안을 우선 토론하자는 긴급 동의안을 제출했다. 노동법안 토론은 12월 22일에 시작되었고, 최종 법안들은 1953년 1~4월 사이에 통과되었다. 전진한은 그 과정에서 노동자의 이해를 반영하는 수정안을 다수 제출한다. 법안들과 토론 내용, 입법 과정에 관해서는 金三洙(1993, 7장) 참조.

62_ 1953년에 통과된 노동법들이 무엇을 모델로 했는지에 관해서는 견해가 다양하다. 노동법 전문가 신인령은 이 노동법이 1935년의 와그너법과 1947년의 태프트-하틀리법 등 미국 노동법과 유럽 노동법에 기초해 마련된 당대의 일본 노동법을 거의 그대로 베낀 것이라고 지적했다(신인령 1987, 81; 1996, 106-107). 이영희와 김삼수도 한국과 일본 노동법 간의 유사성을 지적한다(이영희 1990, 205; 金三洙 1993, 271-272; 330-336). 한편 최장집과 오글은 1953년 노동법이 와그너법과 유사하다는 점을 강조한다(최장집 1988, 92; Choi 1989, 85; Ogle 1990, 13). 한국과 일본이 전후 미군 점령 기간을 거쳤다는 사실이 한국·미국·일본 세 나라 노동법의 유사성을 일정 부분 설명해 준다. 기원이 무엇이었든지 간에, 대부분의 학자들은

조직하고 단체협상·단체행동을 할 수 있는 노동자의 권리를 인정·보호한다고 명시했고, 노동조합의 내부 민주주의와 자율성을 강조했다. 기업에는 사업장의 노동조합과 협상할 의무가 지워졌다. 조합원임을 이유로 차별하거나 노조의 조직 또는 활동에 개입해 영향력을 행사하는 행위는 부당노동행위로 규정되었고, 노동자와 경영진을 대표하는 위원 각 한 명과 공익위원 한 명으로 구성된 노동위원회가 부당노동행위에 대한 제재 조치를 결정하도록 되었다. 1953년 5월에 제정된 근로기준법의 경우 시대를 앞서가는 내용을 담고 있어서, 1973년의 한 보고에 따르면 조사 대상 기업체의 96%가 아직도 그 법에 담긴 노동자 보호 조항들을 다 지키는 데 어려움을 겪고 있었다.[63]

노동자의 단체행동권을 보호하기 위한 특별 조항들도 마련되었는데, 가장 중요한 것은 노사 쟁의 중 회사가 대체 인력을 고용하는 행위를 금하는 것, 그리고 범죄행위를 하다 발각된 경우를 제외하고는 쟁의 중 노동자의 체포를 금하는 조항이었다. 한편 노동권을 심각하게 제한하는 조항들도 포함되었다. 예컨대 파업 전 냉각기를 두는 조항을 비롯해 단체행동의 절차에 관한 상세한 규정들이 들어갔는데, 여기에는 단체행동권의 제약을 목표로 만들어졌던 미국의 1947년 태프트-하틀리법이 강하게 영향을 준 것으로 보인다. 가장 심각한 것은 노조해산권을 포함해 국가가 노조의 행동에 간섭할 권한이 확립된 점, 그리고 공무원

1953년 노동법이 적어도 문서상으로는 당시 선진 자본주의 국가들과 유사한, 노사 관계에 대한 수준 있는 법적 틀을 제공했다는 점에 동의한다.

63_『현대경제일보』(1973/04/08); 박기호(1984, 335)에서 재인용.

의 노동기본권 제약 조항들이었다. 노동법 입법 과정에서 관련 당사자 누구도 국가가 노조 활동에 개입하거나 엄격한 근로 기준을 정할 권리를 갖는 것에 대해 원칙상의 문제 제기를 하지 않았다는 것이 주목된다. 그럼에도 노조의 정치 활동 금지를 규정한 조항은 최종 법안에서 삭제되었다(신인령 1987, 79-80; 이영희 1990, 206; 최장집 1988, 92; Choi 1989, 85; 金三洙 1993, 250-257; 289; 330-336).

노동자의 불만을 달래고 대통령 임기를 헌법이 정한 기한 이상으로 연장하려는 이승만 정권의 정치적 동기 또한 노동법 통과에 기여를 했다(이영희 1990, 205).[64] 한국전쟁도 노동법 입법을 간접적으로 도왔다. 남한과 동맹국들이 북측의 '전체주의적 공산주의'에 대항해 '자유민주주의'의 이름으로 싸운 전쟁이라는 점에서 그러했다(金三洙 1993, 279). 북한이 남북한 주민 모두를 대상으로 스스로를 '노동자의 천국'으로 선전하는 상황에서, 남한 정부는 '민주주의'라는 기치에 걸맞는 자세를 취하고 일정 정도 '복지국가'의 혜택을 제공해야 할 필요가 있었던 것이다. 제2대 국회가 아직도 상당히 진보성을 띠고 있었다는 사실도 노동 법안에 제한적 규정을 삽입하려는 행정부의 노력을 막았다. 이런 요인들은 당시 자본주의 이데올로기와 결합된 반공주의가 아직 지배권을

64_1953년 노동법 입법 과정에 대한 김삼수의 분석도, 취약한 정치 기반을 강화하기 위해 대한 노총의 동원력에 의지해야 하는 이승만의 정치적 필요, 그리고 "언제 어떤 형태로 폭발할지 모르는" 기층 노동자들을 대한노총의 통제 아래에서 정치적으로 통합할 필요성에 대한 정권의 인식에 주목한다(金三洙 1993, 240; 277-278; 290-291). 김삼수에 따르면, 지배 엘리트의 목표는 노동자의 투쟁성을 제한하고 그것을 '경제적 조합주의'의 방향으로 유도하는 것이었다. 노동법이 지배 엘리트의 주도 아래 제정되었다는 것, 그리고 그 법들은 '권위주의 국가' 체제 아래 대한노총이 '노동 통제적 노동조합'으로 발전하도록 설정되었다는 것이 그의 결론이다.

완전히 확보하지 못한, 역동적인 정치적 장이 존재했음을 가리킨다. 보수파와 우익 세력은 아직도 위협적인 힘으로 남아 있는 대중의 에너지, 그에 뒷받침된 친노동·친농민적 감정과 절충하는 행보를 취해야 했다.

노동법을 마침내 쟁취했다는 사실이 노동자들에게 가지는 의미는 무엇이었을까? 노사 관계의 정치에서 이들 노동법들이 긍정적 역할을 수행했을까? 아니면 "단지 장식적"인 역할에 그치거나, 심지어 "끝없는 법적 절차들을 통해 노동자의 불만이 분출하지 못하게 틀어막는" 장치로 작용한 것일까?[65] 안타깝게도 이승만 정권에 대한 정치적 의존성이라는 심각한 결함을 지닌 대한노총은, 노동자의 요구와 투쟁성을 노동법으로 수렴해 내는 데 중요한 역할을 했음에도 불구하고, 그 노동법의 잠재력을 제대로 활용할 위치에 서있지 못했다. 전진한이 제거된 뒤 대한노총은 급속도로 자유당 구조 내부로 흡수되어 당의 부속 기구로 전락한다.[66] 정치적 야심을 지닌 지도부 간부 간의 파벌 투쟁에 소모되고 이승만 정부에 의해 조종된 대한노총은 정권이 무너질 때까지 친정부

65_노동법이 어떤 효과를 낳았는지, 그 법들이 어떻게 해석되고 어떻게 의미의 경합을 겪고 어느 정도로 시행되었는지에 대해 학자들은 서로 견해를 달리한다. 최장집은 1950년대에 노동법은 실제로 "단순히 장식적"인 역할에 그쳤다고 본다(최장집 1988, 92; Choi 1989, 85). 오글은 "노동자의 불만이 분출하지 못하게 틀어막는" 장치라는 그의 표현이 보여 주듯이 한국 노동법의 효과가 미국 노동법의 효과와 유사했다고 본다(Ogle 1990, 13). 하지만 신인령(1987), 이영희(1990), 그리고 한국노총의 공식 역사서인 『한국노동조합운동사』(1979)는 1953년 입법을 통한 노사 관계 제도화가 1950년대와 그 이후 한국 노동운동의 점진적 성장에 미친 긍정적 효과를 인정하는 쪽이다.

66_대한노총 최고위원은 자동적으로 자유당의 중앙위원회에 포함되었다(김낙중 1982, 225). 자유당과 대한노총의 긴밀한 통합 관계는 조선방직 부산 공장 분회가 자유당의 회사 지부와 일치했던 사례에서 잘 드러난다(金三洙 1993, 289).

성명과 집회를 통해 정권에 대한 노동자의 지지를 선전하는 역할을 담당했다.

그러나 반공적 노동조합 이데올로기가 1940년대 후반에서 1950년대 초반까지, 일반적으로 알려진 것보다 훨씬 더 복잡하고 역동적인 형성 과정을 겪었다는 것도 분명한 사실이다. 또 하나 분명한 것은 해방후 일반 조합원 사이에서 분출된 투쟁성이 단결권, 단체교섭권, 단체행동권 등 노동기본권을 헌법적으로 보장하는 정치 환경을 조성했고, 노동자의 대규모 파업이 이후 이들 권리가 노동법을 통해 법률로 자리 잡도록 추동했다는 점이다. 이승만 정부하의 억압적인 노사 관계와 노동자 전국 조직의 지리멸렬한 상태에도 불구하고, 이런 헌법적·법률적 노동권 보장은 미래의 한국 노동자들을 위해 필수 불가결한 중요한 자원을 제공하게 된다. 1950년대 말이 되면 그런 가능성이 현실로 드러나는데, 이어질 제2부에서 얘기하는 대한조선공사 노동운동의 역사가 이것을 극적으로 보여 준다.

제2부

민주노조의 등장

3

대한조선공사 노동자와 1950년대

1950년대는 한국 역사에서 트라우마가 각별히 심했던 시대다. 국토 전체를 황폐화하고 수많은 참상과 비극을 빚어 낸 한국전쟁은 1953년 끝이 나지만 종전은 이승만 독재정치의 공고화로 이어진다. 이승만 정권의 생존을 돕기 위해 미국이 엄청난 양의 원조 달러를 해마다 쏟아부었지만, 전쟁으로 피폐해질 대로 피폐해진 한국 경제는 좀처럼 발전 가능성을 드러내지 않았다.[1] 대한조선공사(약칭 조공)와 같이 전쟁의 참화를 비켜 간 대규모 산업체들도 1950년대 내내 심각한 어려움을 겪어야 했다. 이 시기에는 한국의 정치적 민주화나 경제 발전에 대해 낙관

1_1950년대 이승만 정부 경제 전략의 평가에 관해서는 Woo(1991, 3장) 참조.

적인 전망을 가지기 어려웠다. 전쟁 중의 끔직한 숙청, 테러, 학살에 대한 경험과 기억이 전후 사회운동을 침묵시켰다. 그럼에도 1950년대 후반부에는 정치·사회 운동의 소생이 목격되는데, 조공에서 전투적인 노동조합이 재탄생하는 것도 그런 흐름의 일환이다. 1957년이 되면 미국의 대한 원조 정책의 변화가 뚜렷해져서, 무상 원조가 급격히 줄고 경제 안정화 방책을 조건부로 한 '생산 연계 융자'가 도입된다. 미국의 새 원조 정책은 경제와 정치에 대한 이승만 정권의 장악력을 크게 흔들었다(Woo 1991, 69-72). 전쟁의 충격으로부터 서서히 회복되어 가던 노동자들에게 1950년대 후반의 상황과 그에 뒤이어 1960년에 분출된 4월 혁명은 노동조합운동을 활성화할 수 있는 결정적인 공간을 제공한다.

이 장은 대한조선공사 노동자들이 격동의 1950년대를 살아 낸 이야기를 따라가면서, 그들이 1947년 조선노동조합전국평의회(약칭 전평) 산하 노조가 몰락한 후 10여 년간의 동면을 거쳐 어떻게 전투적인 노조를 다시 일으켜 세울 수 있었는지 그 맥락을 검토한다. 조공을 포함해 한국의 조선산업이 당면하고 있던 문제들, 그리고 형편이 어려운 조선소를 되살리려는 조공 경영진의 노력들이 성공했는지 여부가 조선소에서 성장해 간 노동운동의 성격에 직접적인 영향을 미쳤다. 그러면 해방 후 한국 조선산업 전반의 상황과 조공의 경영 사정부터 살펴보기로 하자.

한국의 조선산업과 대한조선공사: 1945~60년

대한조선공사의 공식 역사서에서는 해방과 함께 일본인들이 떠나면서 남겨 놓은 조선 시설과 선박들이 "노후되어 폐품에 가까운 것뿐이었다"

고 설명한다(대한조선공사 1968, 50). 식민지 시기 조선산업은 전시 일본 제국의 필요에 따라 육성된 것으로, 1장에서 이야기했듯이 조선중공업 또한 1937년 전쟁 수요에 부응해 일본 자본에 의해 설립되었다.[2] 한반도에 강선 조립 시설을 세우면서 총독부는 일본 기술, 일본 자재, 일본 기술자 및 숙련공에 크게 의존했다.[3] 따라서 1945년 갑자기 일본과의 연결망을 잃게 되자 조선산업은 마비 상태에 빠진다.

일본이 항복할 당시 한반도 남쪽에는 56개의 조선소가 있었는데 그중 25개가 경상남도에 있었다. 56개의 조선소 가운데 2백 톤 이상의 선박 건조 능력 또는 1천5백 톤 이상의 선박 수리 능력을 갖춘 진정한 의미의 조선소는 13개뿐이었고, 그중 6개가 부산에 있었다. 나머지는 "제재製材공장의 일부 또는 소규모 철공소에 불과하였던 것이다"(대한조선공사 1968, 55-56). 부산 소재 조선소 여섯 곳 중 가장 규모가 컸던 조선중공업의 사례를 보면 일본 기술자와 관리자의 소개, 조선소 운영에 대한 지식 부족, 주문 부재, 전시의 지나친 사용에 따른 기계와 설비의 노후화 등 여러 요인으로 인해 해방 후 정상적 조업이 매우 어려운 상태였다.[4] 분단으로 인해 북쪽으로부터 전력 공급과 자재 조달이 어려워진 점도 상황을 악화했다.

2_조공의 초창기 역사에 관해서는 Nam(2003, 2장) 참조.

3_조선소의 관리직과 기술직은 일본인들이 차지하고 있었는데, 식민지 말기 일본인 종업원의 군대 징발에 따라 일부 조선인 노동자가 숙련직으로 승진할 수 있는 기회가 열렸다(Nam 2003, 60-62 참조).

4_1945년 현재, 식민지 조선에서는 선박 신건조 능력의 25%, 선박 수리 능력의 78%를 조선중공업이 차지하고 있었다(배석만 1993, 9).

미군정은 1945년 말 조선중공업의 소유권을 정부 소유의 신한공사(동양척식회사의 후신)로 넘겼고 신한공사는 조선소에 관리인을 파견하고 미군 감독관도 위촉해 보낸다(대한조선공사 1968, 61).[5] 당시 조공 조선소의 사정은 혼란스러웠고 종업원 다수가 조선소를 떠나던 상황이었다. 특히 우려스러운 것은 숙련공의 이직이었는데, 그들은 더 좋은 직장을 찾아, 아니면 스스로 회사를 차리기 위해 떠나고 있었다. 조선은행이 발간한 『경제연감』(1949년)은 "우수한 중견 이상의 기술자 목공이 가구상으로 전화하였고, 주물공은 부정공釜鼎工으로 전업하였고, 기계공은 군소 철공소로 이탈하여 기술진의 분산을 본 것이다"라고 기술하고 있다.[6] 일부 숙련공들은 스스로 작은 조선업체를 차려 나갔다(신원철 2001, 96). 노동자 출신 사업주가 큰 비중을 차지한 것은 아니지만, 조선소 수가 1945년도의 56개에서 수년 사이에 120개로, 1960년이 되면 172개에 이를 만큼 부쩍 늘어나면서 숙련공 부족 현상이 악화된다(대한조선공사 1968, 62; 신원철 2001, 96).

1948년 대한민국 정부 수립과 함께 조선중공업은 새 정부로 이관되어 1950년 1월, 법령에 따라 대한조선공사로 재조직된다.[7] 사적 자본이 절대 부족한 상황을 고려해 이 시기 정부는 대규모 자본이 소요되

5_ 미군정은 일본인으로부터 넘겨받은 귀속 업체에 관리인을 임명, 파견하는 정책을 취했다. 당시 다섯 개의 소규모 조선인 소유 업체를 제외한 모든 조선소에 관리인이 파견되었다(대한조선공사 1968, 56). 1946년 미군정이 관리인을 임명한 귀속 업체는 375개에 달했다(조순경·이숙진 1995, 189).

6_ 조선은행 조사부, 『경제연감』, I-100; 신원철(2001, 94)에서 재인용.

7_ 대한조선공사법(법률 제57호, 1949년 12월 26일 제정)에 따라 1950년 1월 1일 수립.

는 조선중공업 등 섬유·기계·화학·금속 산업 분야의 귀속 사업체를 직접 관리하는 정책을 택했다.[8] 조공도 그에 따라 정부와 민간이 주주로 참여하는 '국책회사'로 출발한다. 정부는 조공의 주식 80%를 보유하면서 이 회사가 민간 주주에게 매력 있는 투자 기회가 될 수 있도록 엄청난 특혜를 제공했다(배석만 1993, 11).[9] 예를 들어, 정부는 손실분을 보전하는 것은 물론 매 회계연도마다 민간 주주에게 10%의 배당을 보장했으며 미국 기술 자문팀을 파견해 주었다.[10] 따라서 누적된 문제들에도 불구하고 1950년대에 들어서면서 조공은 강선 건조를 재개할 준비를 갖추어 가고 있었다.

1950년에 시작된 한국전쟁은 남한의 조선산업에 긍정적 영향과 부정적 영향을 함께 미쳤다. 전쟁 기간 동안 남한의 조선 시설 가운데 60%가 손상되었으나,[11] 군수물자 운송의 필요로 인해 조선업계가 목말라 하던 선박 건조와 수리 주문은 급격하게 늘어났다. 전쟁 기간 중 상선의 피해액만도 1천만 달러에 이를 것으로 예상되었고, 조공은 이 선박 수리 주문을 상당 부분 소화할 수 있는 유리한 여건에 있었다(배석만 1993, 15). 그럼에도 불구하고 1950~55년에 조공이 올린 실적은, 적자까지는 아니었지만 보잘것없는 수준이었다(배석만 1993, 12-13). 이 기

8_조공은 그 당시 공사로 지정된 56개 회사 중 하나였다(배석만 1993, 11).

9_정부는 회사채의 원금과 이자 지급을 보증했다. 그에 더하여, 회사 설립 후 5년 안에 건조된 선박에 대한 세금 감면 혜택이 제공되었다.

10_1950년 3월~1951년 1월까지 기술 지원이 제공되었다(배석만 1993, 11-12). 감세는 조선용 기계와 공구 수입에도 적용되었고, 처음 약속된 5년 기간을 넘겨 지속되었다.

11_전 산업의 평균 손실률은 42%였다(김대환 1981, 169의 상공부 통계).

간 조공이 새로 건조한 선박은 한 척에 불과했고 사업의 대부분은 수리 부문에 머물렀다. 1950년대 말이 되어도 조공은 해방 이전의 선박 건조량을 회복하지 못했다. 조선소의 시설 용량과 식민지 시기의 생산량을 감안할 때 이는 기운 빠지는 성과였다. 민간투자자들이 회사를 떠났고, 민간 자본의 관심을 잃은 조공의 정부 지분은 94%까지 치솟았다. 조공의 문제는 당시 조선산업 전반이 당면한 문제를 반영하는 것으로, 1952년 당시 남한에 있던 조선소 109개 중 3분의 2가 가동을 멈추고 있는 실정이었다(배석만 1993, 14).

문제는 신규 선박 건조 수요의 대부분이 수입을 통해 채워지고 있는 점이었다. 1945~61년 사이 상선 92척(합계 18만 톤 이상)과 어선 270척(합계 1만3천 톤)이 수입된 반면, 국내 건조는 2만6,819톤에 그쳤다(Jonsson 1995, 69). 이런 외국 선박 선호의 배경에는 국내 기술력 부족 및 선박 부품과 자재의 재고 부족이 있었다. 또한 중고 선박을 수입하는 것이 선주에게 재정면에서 유리한 점도 작용했다(신원철 2001, 88). 이런 상황을 시정하기 위해 정부는 식민지 시기에 이미 일정 정도 시도된 적이 있던 계획조선 전략에 눈을 돌린다. 이 프로그램의 핵심은 선주에 대한 정부 융자나 보조금 지급 등 정책 수단을 통해 국산 선박에 대한 수요를 인위적으로 높이는 것이었고, 그 밖에 조선소의 설비 현대화, 조선 기술의 향상, 기술자 훈련 등의 계획이 포함되어 있었다. 첫 계획조선 사업은 1949년에 시행되었고 1950년대에 다섯 번의 사업이 뒤따랐다(배석만 1993, 16-17).

1955년 조공은 국제협조처International Cooperation Administration, ICA 자금 2백만 달러와 상당한 액수의 산업은행 융자를 받아 선박 건조 능력을 두 배로 늘리는 사업에 착수한다. 기계, 엔진, 철강 제품 및 여타 선박

부품을 생산하는 조선소 내 공장들의 설비를 개선하는 일도 이 사업에 포함되어 있었다. 시중 이자율에 비해 조공 융자금의 이자율은 매우 낮게 책정되었고, 정부가 지불 보장한 조공의 은행 융자 총액은 1961년 현재, 제조업체의 유사한 융자 중 일곱 번째로 큰 규모였다(배석만 1993, 21-23).[12] 이런 정부의 도움과 융자 및 상당히 포괄적인 정책 지원을 고려할 때 1960년까지는 조공의 실적이 훨씬 나아졌을 것으로 기대할 수 있겠지만, 결과는 정반대였다.

조공 조선소는 1950년대 후반에 이르러 훨씬 현대화되고 확장된 시설을 자랑하게 되지만 동시에 선박 건조 자재의 구입이 곤란할 정도로 만성적인 운영자금 부족에 시달리게 된다. 조선소 시설 현대화를 위해 얻은 대규모 융자의 이자 지불 부담이 회사를 압박하기 전, 조공은 지속적으로 들어오는 선박과 엔진 수리 주문, 철 구조물 제작과 설치 작업, 조선소가 생산하는 기계와 산소 판매 등으로 적으나마 이윤을 내고 있었다. 하지만 1957년부터 회사는 이자 지불 부담 때문에 적자를 기록하게 된다.[13] 1950년대 후반 조공은 11%에서 −22.5%에 이르는 매우 낮은 순자산비율을 보였다(배석만 1993, 42-43). 융자 상환 부담과, 계획조선 기간 중 크게 확장되었지만 놀고 있는 고정자산 유지 비용의 증가가 1960년 무렵 조공을 거의 파산 상태로 몰아갔다.

배석만은 1950년대 한국의 조선산업이 당면하고 있던 문제를 다음

12_그러나 융자금 지급은 대부분 지체되었고, 1958년의 조선장려법에 따른 장려금 교부 계획은 예산 부족 때문에 실행되지 않았다(신원철 2001, 91).

13_1956~58년까지 3%로 대출받은 국제협조처(ICA) 차관 2백만 달러를 제외하면, 조공이 받은 대출의 이자율은 10~13%선이었다(대한조선공사 1968, 122; 126-127; 140).

과 같이 요약한다. 첫째, 기술적 후진성과 외국, 특히 일본 부품에 대한 의존이 톤당 건조 가격을 크게 높였다(배석만 1993, 30-31). 당시에는 금속·기계 공업이 발달하지 않아 건조 자재와 부품의 80%를 수입에 의존해야 했다. 따라서 국내 조선소의 신규 건조 가격은 같은 규모 선박의 수입가보다 30%가 비쌌다. 둘째, 인위적으로 수요를 늘리려는 정부의 계획은 국내 해운업과 어업의 불황 때문에 성과를 내기 어려웠다. 당시에 선박 수출은 꿈도 꿀 수 없는 상황이었고, 따라서 조선산업은 전적으로 국내 수요에 의존하고 있었다. 선박 가격의 20%에 달하는 정부 보조금이 지급되고 70%까지는 낮은 이자로 융자해 주었지만, 그럼에도 국내 해운 회사들은 열악한 재정 형편 때문에 새 선박을 주문할 수 없는 경우가 대부분이었다(배석만 1993, 36-39). 일본은 1947~59년까지 계획조선 사업을 성공적으로 진행했는데, 그 이유는 일본 해운산업이 신규 선박 건조 수요를 만들어 냈기 때문이었다(배석만 1993, 40-41). 셋째, 당시 민간 자본이 전체적으로 부족한 상태였다는 점이 중요한데, 특히 조선산업처럼 자본회전율이 낮은 부문은 민간투자를 유치하기 어려웠다. 당시 한국의 민간 자본은 정부의 인센티브가 없어도 자본회전율이 높은 무역·서비스·경공업 분야로 몰리고 있었다(배석만 1993, 41-42).

조공이 1950년대에 자립 능력 있는 회사로 성장하는 데 실패했다는 사실은 식민지 시기 산업화 유산에 대한 논쟁에 하나의 시사점을 제공한다.[14] 식민지 산업화의 일환으로 식민 지배자들에 의해 설립된 대

14_다수의 학자들이 특히 1930년대부터 식민지 한국이 급속한 산업화 과정을 경험했다는 데 동

규모 강선 조선소의 존재가 해방 후 남한의 경제 발전에 도움이 되는 식민 통치의 유익한 유산으로 단순히 등치될 수는 없다. 이대근은 귀속 사업체에 대한 연구를 통해 식민지 산업화가 남긴 대규모 산업 설비들이 미군정기에 가동을 제대로 못해 노후화하고 전쟁으로 손상을 입어 장래의 경제 발전을 위한 물질적 기초로 전환되지 못했다고 결론지었다(이대근 1989; 1993 참조).[15]

한국 조선산업 노동자들과 정부는 식민지 산업화가 남긴 자산을 활용하려는 노력을 아끼지 않았지만 1950년대에는 물론 1960년대에 들어서까지도 별반 성공을 거두지 못했다. 정부 정책 담당자들은 일본이 남긴 가장 크고 선진적인 조선소인 조공을 국가 경제의 자산이라기보다는 부담으로 인식했다. 기간 시설, 관리 능력과 기술 숙련도의 향상, 정경유착 구조의 형성 등의 면에서 이야기되는 식민지 유산은 적어도 조선산업의 경우 해방 후 수십 년간 경제적 성공을 낳는 데 큰 도움이 되지 못했다. 한국의 조선산업은 1970년대와 1980년대에 가서야 국내외 정치·사회경제적 조건과 시장 상황의 변화에 힘입어 비약적 성장을

의한다. 한국의 역사와 정치에 대한 많은 저작을 발표한 브루스 커밍스는 1935~45년 사이에 식민지 조선에서 "그 일반적 특징들의 대부분을 지닌 산업혁명이 시작"되었으며, 1945년 해방 당시의 한국은 "제3세계에서 가장 발전된 축에 속하는" 산업 기반 시설을 갖추고 있었다고 본다(Cumings 1987, 56-57). 한국 학계에서 식민지 시기에 상당한 산업 발전이 있었음을 강조하는 학자는 '식민지 근대화론자'라고 불린다. '식민지적·종속적 발전' 문제에 관한 한일 학계의 연구 성과를 소개하는 영문 논문으로는 Park(1999, 130-132) 참조. 식민지 시기 조선의 경제성장을 다룬 영문 연구로는 Suh(1978)가 대표적이다.

15_ 정태헌은 1950년대와 1960년대에 한국이 경험한 빈곤이야말로 "조선 경제의 생산력을 고갈시킨 식민지의 산물"이라고 주장했다. "절대적 빈곤에 허덕이던 1950~60년대에는 식민지 지배의 유산 등을 운위한 적이 없었다"(정태헌 1996, 267).

이룬다.

성공적인 일본의 개발 모델이 한국에 끼친 심대한 영향, 그리고 식민지 산업화로부터 물려받은 인적·제도적 연속성과 연결이 경제 발전에 중요한 역할을 한 점은 부정할 수 없다. 그럼에도 조공 조선소 같은 대표적인 식민지 산업화의 유산이 정부의 열성적인 보조와 지원에도 불구하고 그렇게 오랫동안 어려움을 겪었다는 사실 또한 간과할 수 없다. 식민지 시기로부터 곧바로 1980년대로 건너뛰면서 한국의 경제 발전 성공에 식민지 유산이 기여한 긍정적 역할을 강조하는 학자들은 조공의 사례를 음미해 볼 일이다. 1958년 말 조공은 적자가 너무 커서 전기료와 임금을 지불하지 못할 지경에 이른다. 이런 재정 위기가 한국전쟁 후 조공 조선소에서 일어난 첫 번째 파업이자 강력한 노조의 시대를 여는 첫 사건이 된 1958년 파업의 배경이다.

한국전쟁의 영향

조공 조선소의 노동자들은 관리 부실로 회사와 종업원의 생계가 위협을 받는 상황에서도 1950년대의 대부분을 노조 활동 없이 보냈다. 이 오랜 묵종은 무엇보다도 조선소 전평 지부에 대한 빨갱이 숙청 과정의 충격, 그리고 두려움을 자아내는 한국전쟁 중의 경험에서 연유한 것으로 보인다. 1950년대 후반 노조 활동이 되살아나는 상황을 검토하기 전에 전쟁 경험이 노동자의 행동력과 남한 정치 일반에 미친 충격이 어떠했는지 살펴보는 것이 필요하다. 전쟁의 의미를 파악하는 것은 1958년 조공 조합원들이 전투적인 노조를 세울 당시 어떤 어려움을 극복해야 했는지를 이해하는 데 도움이 된다.

2장에서 논의했듯이 전평 지부의 힘이 강하던 1945~47년까지 조공 조선소에는 식민지 시기부터 일해 온 노동자들이 3백 명가량 있었다고 한다(金鎔基 1997, 7).[16] 이들은 상대적으로 긴 산업 노동자 경력을 가진 사람들이었다. 한편, 임시로 동원되어 조선소에서 일하던 종업원들은 해방이 되자 조선소를 떠났다. 조선소에 남은 이들은 전후의 숙련공 부족 현상 덕분에 낮은 숙련도에도 불구하고 빠르게 하급 기술직, 직장職長 또는 조장으로 승진했다.[17] 이들은 생산을 책임지는 위치에 섰을 뿐만 아니라 전평 지부의 핵심을 형성했다.

전평 지부의 몰락 이후 노조 활동에 열성적이던 조합원 다수는 강제로 국민보도연맹(약칭 보도연맹)에 편제되었다.[18] 1949년 6월 창립된 보도연맹은 좌익을 반공주의로 전향시키는 것을 목적으로 한 조직이었다.[19] 보도연맹은 법률적 규정에 의해 만들어진 기구가 아니었고 연맹원의 운명은 검찰과 경찰이 구성하는 위원회의 손에 달려 있었다. 곧 인민위원회나 전평 노조, 농민·청년·여성·예술 부문의 좌파 조직에 가담한 적이 있는 사람들에게 가입이 강제되었고, 가입시켜야 할 맹원

16_ 별도의 표기가 없는 한 1950년대 조공 조선소의 실정에 대한 정보는 金鎔基(1997)가 출전이다.

17_ 1955년도 "사칙"(社則)과 1954년도 "급여 규정"에 따르면, 생산직 노동자들이 승진할 수 있는 최상위 직책은 직장(1~3급)이며, 그 아래에 조장(2~4급)과 반장(2~5급)이 있었다(金鎔基 1997, 12).

18_ '국민'은 일본으로부터 20세기 첫 10년 사이에 수입된 용어다(Moon 2005, 21). 필자는 문승숙의 정의인 "국민국가를 위해 자신들의 시민권을 유보할 것으로 기대되고 또 그렇게 할 용의가 있는 '의무감 강한 국민국가의 구성원'(dutiful nationals)"으로서의 국민 개념을 차용한다(Moon 2005, 43). '국민'이라는 용어는 민주화 운동이 '시민'(권리를 담지한 시민, right-bearing citizen)이라는 용어를 확산시키는 1980년대까지 한국에서 폭넓게 사용되었다.

19_ 보도연맹의 조직과 활동에 관해서는 서중석(1999a, 267-273); 한지희(1996) 참조.

수가 지역별로 할당되거나 좌파가 아닌 사람까지 강제로 가입시키는 사태가 벌어졌다. 맹원이 되면 자술서를 쓰고 좌파 단체에서 같이 활동한 사람들의 명단을 제출해야 했으며, 연맹비와 기금을 내고 좌익을 전향시키는 일에 나서야 했다. 맹원 수가 30만에 달했던 것으로 추정되는 보도연맹은 실제의 '좌파'와 좌익으로 추정되는 사람들을 낙인찍고 감시하고 처벌하는 야심찬 프로그램이었다.[20]

조공의 보도연맹원들은 조공 조선소의 창고 건물이나 기타 숙박 시설에 수용되었는데, 연맹 명부에는 전평 지부에서 핵심적 역할을 했던 반장과 직장급 노동자들이 많이 올라 있었다.[21] 1950년 6월 북한이 전쟁을 일으켰을 때 남쪽에서는 수많은 보도연맹원들이 학살되었다.[22] 그 전모는 최근에야 밝혀지기 시작했는데, 경상남도와 부산 지역도 이 믿기 어려울 만큼 잔인한 비극에 휘말렸다. 조공 조선소의 노동자들은 그들이 지닌 기술이 전쟁 중 선박 수리에 긴요하다고 인정되어 간신히 죽음을 모면할 수 있었다.[23]

김용기가 인터뷰한 전 조공 종업원들에 따르면, 1950년 당시 조공

20_할당에 의한 강제 가입 문제는 국회에서 폭로되었다(서중석 1999a, 268). 강제 가입의 사례들은 부산매일신문사(1991) 참조.

21_이는 당시 명단을 우연히 보게 되었던 한 구술자가 후에 김용기에게 증언한 내용에서 나온다(金錼基 1997, 7).

22_서중석의 추정은 부산매일신문사의 특별 조사를 기초로 하는데, 그 조사 결과는 1991년에 『울부짖는 원혼들』이라는 책으로 출판되었다. 대부분의 학살은 전쟁 발발 후 수개월 이내에 발생했지만, 1950년 12월~1951년 2월 사이에도 육군에 의한 학살이 있었다(서중석 1996b, 146에 인용된 조성구, "경남·전라 지역의 보도연맹원 양민학살").

23_당시의 사장(김연재)과 나중에 해군 참모총장이 된 전 사장(박옥규)이 조공 종업원들을 위해 해군에 탄원을 했다고 한다(金錼基 1997, 7).

조선소에는 식민지 시기부터 일해 온 노동자가 120~130명가량 남아 있었다(金鎔基 1997, 7). 그 수는 1946년의 3백 명에 비하면 반에도 못 미치지만, 그래도 그들의 상대적으로 높은 직위와 근속 경력을 고려할 때 잠재적으로 큰 영향력을 가질 수 있는 숫자였다. 이 숙련공들은 1950년대 내내, 그리고 다음 장들에서 보듯이 1960년대로 들어와서까지도 조선소의 생산 작업에 큰 영향력을 행사했다. 조공에 근무했던 기술자들은 1950년대를 '직장의 시대'였다고 기억한다(金鎔基 1997, 11). 대학을 졸업한 기술자와 관리자들이 조공 조선소에 부임해 생산과정을 재조직하고 직장의 통제권을 빼앗으려 시도했지만 1950년대 동안은 물론 1960년대 초까지도 성공을 거두지 못했다.

직장들이 생산을 지배할 수 있었던 이유는 조선소의 기술과 경영 수준이 저급한 상태에 있었고 사측이 합리화 계획을 추진할 의지도 역량도 갖추지 못했기 때문이었다. 김용기에 따르면 조공 사장의 대부분은 이승만 정권이 정치적인 목적으로 임명한 인물들이었고, 경영자의 대부분이 정치계, 관계, 아니면 해군 출신이었다. 그들이 자주 교체되면서 회사는 고액의 퇴직금 부담에 허덕여야 했다. 무능하고 부패하고 낭비적이라는 조공 경영진에 대한 평가는 곧 소개될 1958년의 한미합동조사팀 보고에서도 확인된다(대한조선공사 1968, 144-146; 金鎔基 1997, 3-4). 이런 사정 탓에 1950년대 조선소의 생산 작업은 직장 주도하에 숙련공의 경험과 직관에 의지해 진행되는 측면이 컸다(신원철 2001, 114; 118-119).

전평 노조의 소멸 후 새 노조가 조공 조선소에 등장한 것은 1953년인데, 회사의 공식 역사서에 따르면 1953년 노동법 통과 후 석 달이 지난 6월에 노조가 조직된다. 하지만 그 후 수년 동안 조공 노조는 아무런 활동의 흔적을 남기지 않았고 전국 차원의 산업노조연맹에 가입한 것도 1956년이 되어서였다. 조공이 1956년 7월 가입한 전국해상노동조합연맹(약칭 해상노조)[24] 부위원장은 그 시점 이전에 조공 조선소에 노조가 있었는지 기억하지 못했다.[25] 그는 1956년 조공 노조 위원장을 맡고 있던 김정근이 활발한 성격이 아니었다고 기억한다. 우익 대한독립촉성노동총연맹(약칭 노총) 활동가들은 전평과 연계된 조공 지부를 장악하려 세를 불리는 과정에서 조공에 서북청년단 회원들을 종업원으로 고용하도록 주선했다.[26] 김정근은 그렇게 고용된 사람 중 하나였다. 1950년대 후반까지 노조는 서류상으로만 존재했던 듯하다. 사측과 협상한 기록도 단체협약을 맺은 기록도 없다.

좌익 숙청과 보도연맹의 경험, 그리고 전쟁 초기 죽음을 겨우 모면했던 경험을 비롯한 한국전쟁의 공포스러운 기억의 무게는 1950년대

24_ 해상노조는 1953년에 노동법 반포에 따라 전국해상노동조합연맹으로 출범했고, 1961년 8월에 새로 결성된 한국노동조합총연맹 산하 전국해상노동조합으로 재조직되었다. 1969년에는 전국해원노동조합으로 개칭했고, 1989년에 전국선원노동조합연맹이 되었다(박덕제·박기성 1989, 272-273; 전국해원노동조합 1973, 311).

25_ 김용기의 면접 조사에 의거한 내용이다(金鎔基 1997, 16).

26_ 이북에서 월남한 청년들로 구성된 서북청년회 같은 우익 청년 단체들은 전평 지부 문제로 고심하는 고용주들에게 회원을 연결해 주었다. 이렇게 새로 고용된 청년 단체 회원들이 노총 지부 노조의 핵심 간부가 되는 일도 잦았다. 노총도 1946년 7월까지 '서북사무국'을 두어 유사한 기능을 수행했다(임송자 1993, 48, 85-86). 1940년대 후반부터 1950년대 초반까지 노조에 대한 청년단체들의 영향력은 상당히 컸다. 한편 노조가 청년 단체의 통제를 극복한 사례들도 발견된다. 남한의 전기 공급을 독점했던 조선전업주식회사의 사례가 그러한데, 조선전업 노동자들은 1949년, 당시 청년 단체들이 대한청년단으로 강제 합병되는 과정에서 생긴 갈등과 혼란을 적절히 이용함으로써 노조를 조직하고 수개월 지속된 쟁의를 통해 회사가 노조를 인정하도록 만들 수 있었다(金三洙 1993, 176-182).

내내 조공 노동자들을 짓눌러 무기력한 상태로 만들었던 것으로 보인다.[27] 전쟁 기간 동안 정치적·이데올로기적 이유 등으로 남과 북 사이에 엄청난 인구 이동이 있었다. 64만6천 명이 북에서 남으로 내려왔고 2만8,600명이 남에서 북으로 올라갔다(Kwon et al. 1975, 35, 표 II-11).[28] 경상남도, 특히 부산시는 전쟁 중 월남민이 선호한 정착지로 20.5%의 월남민을 받아들였다(Kwon et al. 1975, 36, 표 II-12).[29] 월남민의 90% 가까이가 도시 지역을 선택했는데, 이는 전쟁 중 13만 명에 이르는 북한 피난민이 부산과 그 인근 도시 지역에 정착했다는 이야기로, 1949년 47만4천 명이던 부산의 인구가 1955년 1백만 명 이상으로 불어나는 데 기여했다(Kwon et al. 1975, 표 IV-4).[30] 전쟁 이전과 전쟁 기간 중에 내려온 북한 출신들은 부산의 우익 청년 조직으로 대거 흡수되는데, 이들 일부가 조공 조선소를 포함한 주요 사업장의 반공 조합원으로 배치되었다.

27_장기간의 피비린내 나는 전쟁으로 수백만 명의 목숨이 희생되었다. 전쟁으로 인한 사망자는 군과 민간인을 합쳐 북한 측 약 250만 명, 남한 측 약 1백만 명으로 추정되며, 중국군 약 1백만 명, 미군 5만4,246명, 여타 유엔 동맹국 군인 3,194명도 목숨을 잃었다(Cumings & Holiday 1989, 202-203). 남한의 기록에 의하면 민간인 37만4천 명과 군인 2만9천 명이 사망했고, 55만9천 명이 납치, 실종 또는 포로가 되었다. 한국전쟁으로 남한의 인구 약 2천만 명 중 과부 약 20만 명, 고아 약 10만 명, 난민 약 240만 명이 발생했다(정성호 1999, 14-15).

28_해방 후 이북에서 남으로 내려와 정착한 인구는 전쟁 발발 이전인 1949년까지 약 74만 명에 달한 것으로 추정된다.

29_여타 선호 목적지는 서울(12.9%), 그리고 북에서 가까운 경기도(22.3%)와 강원도(26.9%)였다.

30_전쟁 이전 이북 피난민들은 남부 지방으로 내려가기보다는 대개 서울과 그 주변 지역에 정착했고, 남쪽 지방에는 일본으로부터 귀환자들이 밀려들었다. 전쟁 전과 후 부산의 인구학적 변화에 주목하도록 조언해 준 클락 소렌슨(Clark Sorensen)에게 감사를 표한다.

그럼에도 불구하고 이 시기 동안 진보적인 정당이나 사고가 완전히 제거되지는 않았는데, 그 증거 가운데 하나로 1956년 대통령 선거에서 진보당 후보 조봉암이 거둔 놀라운 성과를 들 수 있다.[31] 2장에서 보았듯이 조봉암은 남한의 초대 농림부 장관으로 토지개혁법안의 작성을 주도했다. 경상남도는 진보당의 세가 강했던 곳으로 진보당의 첫 도당이 결성된 곳도 경남이었다(서중석 1999b, 93). 조봉암은 이후 친북 공산주의자라는 혐의를 쓰고 체포되어 사형을 선고받았고, 진보당도 해체되었는데, 정부는 항고가 기각된 다음 날인 1959년 7월 31일 조봉암에 대한 사형을 전격 집행했다. 진보당에 대한 이 같은 무자비한 탄압은 이승만 정권의 초조함을 반영하는 행동이라 할 수 있었는데, 이런 이승만의 선택은 역설적으로 반공주의 이데올로기의 지배력이 아니라 좌파적·혁신적 사고가 남한에서 가지는 지속적인 호소력을 드러내 준다. 조봉암이 처형된 지 1년도 채 지나지 않아 경상남도의 도시들에서 시작된 시위의 물결이 전국을 휩쓸었고, 이승만은 1960년 4월 대통령직을 내놓고 국외로 떠나야 했다. 1950년대 말이 되면 한국의 대중은 끔찍한 동족상잔의 전쟁이 자아낸 공포와 기억을 상당 부분 떨쳐 낼 수 있었던 것으로 보인다.

31_ 그 선거에서 조봉암은 전체 유효표의 30%(216만3,803표)를 획득했다. 그가 이끈 진보당의 당원 수는 60만 명에 이른 것으로 추산된다(손호철 1995, 91). 1956년 총선과 그 결과에 관해서는 손호철(1995, 제2부 잊혀진 50년대); 정태영·오유석·권대복(1999); 서중석(1996a; 1999a); 이영석(1983) 참조.

전투적 노조의 재탄생

1950년대 후반이 되면 전국 차원과 지역 차원 모두에서 조직노동운동이 좌익 숙청과 전쟁의 충격으로부터 서서히 회복되고 있음을 증명하는 정황들이 보이기 시작한다. 이 시기를 들여다보면 우리가 전국 연맹 조직인 대한노동총연맹(약칭 대한노총)의 현실만을 가지고 노동운동 전체를 판단할 수 없음이 분명해진다. 일부이기는 하지만 1950년대 후반이 되면 지부 노조에서 전투적인 운동의 전통을 다시 점화시키는 헌신적인 조합원들을 볼 수 있고, 해상노조를 비롯한 전국 차원의 산별노조 일부도 기층 노동자의 이해를 대변해 강한 자세로 협상에 나서고 있었다. 조직노동운동의 일각에서는 김말룡 등 헌신적 노조 지도자들이 대한노총에 직접 도전하기 시작한다.

조공 노조는 1956년 해상노조에 가입한 이후, 특히 1957년 8월 임한식이 지부장이 된 후 재활의 징조를 보이기 시작한다. 임한식은 숙련 기계공으로 전평 지부와 노총 세력 간의 투쟁에서 일찌감치 노총 편에 섰던 인물이다. 그는 전진한을 따랐다고 전해지는데, 조공의 고참 종업원인 그는 경력이 긴 핵심 생산직 숙련 노동자 그룹을 대표하고 지도할 수 있는 위치에 있었다. 이 그룹은 임금 지불이 자주 지연되는 데 불만을 품고 있었고, 조선소가 강행한 두 차례의 대량 해고(1956년 3월과 1958년 5월)로 인해 불안을 느끼고 있었다. 이전 지부장과 달리 임한식은 조합원을 대표해 회사 사장 및 관리자들과 맞서는 것을 두려워하지 않았다.[32] 임한식이 이끄는 조공 지부는 14개월에 걸친 긴 대결 끝에

32_ 임한식에 대한 정보는 다른 표기가 없으면, 金鎔基(1997, 16-17)가 출전이다.

1958년 10월 상당히 만족스러운 조건의 단체협약을 얻어 낼 수 있었다.

그 후 1958년 11월 1일, 조공 지부는 상급 산별연맹인 해상노조의 전폭적인 지원 아래 경상남도 당국에 '쟁의'라 불리는 정식 단체행동 절차에 들어갈 의사를 밝히는 요청서를 보낸다.[33] 7개월간이나 밀린 노임을 받는 것이 목적이었다. 1953년 제정된 노동법은 쟁의의 절차에 대한 자세한 규정을 담고 있다(Ogle 1973, 401-402). 쟁의를 하려면 노조는 먼저 그 의사를 해당 노동위원회에 통지해야 한다. 노동위원회가 쟁의 신청의 적법성을 판정한 후 냉각기간이 시작되고, 냉각기간 중 노동위원회는 타협과 중재를 통해 문제 해결을 시도한다.[34] 냉각기간이 지나면 노조는 파업을 시작할 수 있고 회사는 직장 폐쇄를 할 수 있다. 양측이 조정에 동의하거나, 단체협약에 노사 어느 한편이 조정을 신청할 수 있다고 명시되어 있는 경우 쟁의 해결을 위해 노·사·공익 대표로 구성된 노동위원회가 조정을 시도할 수 있다.[35]

노조의 쟁의 신청에 답해 사측은 경상남도 당국의 중재를 요청했

33_'쟁의'라는 말은 지주와 소작농 간의 소작쟁의, 사측과 노동자 간의 노동쟁의 같이 분규를 의미하며, 노동쟁의조정법이 Labor Disputes Adjustment Act로 번역되듯이 흔히 'labor dispute'로 번역된다. 이 책의 원문에서 필자는 그 관행을 따랐지만, 명백한 시작과 결말이 있고 노동쟁의조정법이 적용되는 공식적 과정으로서의 법적 의미를 전달할 필요가 있을 때는 영어 번역어 labor dispute 대신 한국어 단어 '쟁의'의 로마자 표기를 사용했다.

34_조지 오글은 노동위원회의 중재가 "거의 이용되지 않았고 성과는 더 미미했다"고 주장하지만, 다른 통로들을 통한 중재는 광범위하게 활용된 것으로 보인다. 적어도 1960년대 동안은 그러했다고 보이는데, 그 시기 노동청 통계에 따르면 약 70%의 쟁의 사례가 "정부 당국에 의한 비공식적 중재"를 통해 해결되었다(Ogle 1973, 401; 박동철 1999, 225).

35_1963년 개정 노동법에서는 노동자의 단체행동권에 대한 규제가 늘어났지만, 1953년 노동법에 담긴 노사 관계 기본 틀은 개정 법률에서도 유지되었다.

고, 조공 지부는 의식적으로 '의법依法 쟁의' 전략을 채택했다(전국해원노동조합 1973, 67-68).[36] 회사가 중재를 받아들여 12월 5일까지 밀린 노임을 지불하겠다고 약속했지만, 그 약속은 지켜지지 않았다. 이 시점에서 2백 명이 넘는 노동자 가족 구성원들이 조선소에 몰려와 노임 지불을 요구하는데, 쟁의행위에 가족이 참여하는 전통은 이때 시작되어 1960년대까지 이어졌다. '합법 투쟁' 전략에 따라 지부는 부산 지방법원에 사측을 상대로 민사소송을 냈고 회사의 재산압류 결정을 얻어 낸다(전국해원노동조합 1973, 68).[37]

12월 13일, 지부는 회사에 파업 시작을 통보했다. 이는 1940년대 이후 조공 노조가 파업에 돌입한 첫 번째 사례였다. 도 경찰 당국과 인근 수상경찰서에서 파견된 형사들은 노조 사무실을 점거하고 임한식을 체포했으나 해상노조가 경찰에 강력히 항의한 덕분에 임한식은 곧 석방된다. 경찰이 조공의 파업에 그렇게 신경을 곤두세운 까닭은 이승만 대통령이 산업 시찰 차 부산을 곧 방문할 예정이기 때문이었다. 경찰이 삼엄한 분위기를 조성하자 지부의 일부 간부와 조합원들이 파업 돌입을 망설였지만, 12월 13일 아침 해상노조 간부들의 격려에 힘입어 노조는 파업을 강행하기로 결정했고 노조원 대다수가 파업에 참여한다.[38]

36_ 1958년 파업 경과는 전국해원노동조합(1973, 67-71)과 조공 문서철 #1(조공 문서철 목록은 이 책의 〈부록 1〉 참조)에 상술되어 있다.

37_ 전국해원노동조합(1973)은 이 파업을 "쟁의 수행 과정에서의 전략과 의법 투쟁이 이같이 계획적으로 진행된 사례는 쟁의사상 보기 드문 일"이라고 높이 평가했다.

38_ 관리직을 포함한 종업원 총수는 1958년 현재, 502명이었고, 그중 313명이 파업에 참여했다.

노조가 그 이전 10년 가까이 동면 상태였음을 고려할 때 이 파업은 놀라울 만큼 잘 조직된 것이었다. 노조가 파업을 효율적으로 이끄는 모습은 노동운동을 통해 축적된 제도적 지식이 좌익 숙청, 전쟁, 다수의 헌신적 지도자의 상실이라는 타격을 통해서도 쉽게 증발해 버리지는 않았다는 것을 말해 준다. 노조는 각각 1백 명씩 팀을 짜 교대로 농성에 임했고 규찰대를 만들어 회사 설비를 지켰다. 노조는 회사 재산에 대한 압류명령을 즉각 실행하도록 요청했다. 발전기와 스위치보드 등 회사 자산이 붉은 통고문으로 봉인되자 전기가 끊어지고 조선소의 모든 기계가 일시에 멎었다. 이는 노동자에게나 사측에게나 잊을 수 없는 의미심장한 경험이었을 것이다.

정부는 대한조선공사 경영진을 즉시 사임시켰는데, 그런 결정에는 체불임금 지급이라는 노동자의 요구가 의문의 여지 없이 정당한 것이었다는 점도 영향을 미쳤다. 조공이 지역 경제에서 차지하는 위상을 반영해 이 파업은 지역 노조들과 언론의 주목을 받고 널리 보도되었다. 부산 지역 노조연합이 메가폰을 들고 부산 시가를 돌며 파업에 대해 알렸고 언론의 보도도 파업 노동자에 대해 동정적인 편이었다. 영도 주민들이 조선소로 돈과 물품을 가지고 찾아오고 지지 편지가 쇄도했다. 정부 고위 관리들과 해상노조 간부들의 회합에서 정부가 임금 지불에 대해 구두 약속을 했으나 해상노조 대표들은 그에 만족하지 않았다. 그들은 실제로 지불이 이루어져야 믿겠다고 정부 측을 다그쳤다(전국해원노동조합 1973, 70). 노조가 밀린 노임을 마련하기 위해 회사 자산을 경매에 붙이겠다고 선언하자 그 시점에서 마침내 상황의 심각성을 깨달은 정부가 지불을 약속했다. 기쁨에 넘친 환호성이 조선소를 뒤흔들었다. 조공 노동자들이 7일간의 파업을 통해 결정적인 승리를 쟁취한 것이었다.[39] 그들은 7개월간의 밀린 임금뿐만 아니라 쟁의를 한 그달의 임금 분도 받아 냈다.

조공 지부의 승리는 다른 공공사업체 노동자와 노조에도 뜻깊은 사건이었다. 1950년대에는 사업체의 재정난과 정부의 가격·임금 통제 정책 때문에 국영기업체 노사문제의 최대 쟁점은 임금 문제, 특히 체불임금 문제였다(김삼수 1999, 190-191).[40] 당시 많은 국영기업체에서 3~4개월의 임금 체불은 흔한 일이었다. 따라서 조공 파업이 방어적인 성격의 것이었다 해도 그 결과는 조공 조선소를 넘어 큰 파장을 낳을 수 있었다.

그렇지 않아도 만성적인 재정난에 시달리던 터에 파업을 통해 좋지 않은 여론까지 겹쳐지자 정부와 주한미국경제협조처United States Operations Mission(이하 USOM)는 조공 문제를 심각히 논의하게 된다.[41] 조선소 근대화 프로젝트에 들어간 자금의 상당 부분이 미국 자금이었으므로 1950년대 말 즈음에는 USOM이 조선소의 경영과 관련된 결정에 상당한 영향력을 행사하고 있었다.[42] 따라서 1958년 12월 31일 발표된 대

39_정부는 체불 임금을 지불하기 위해 대충자금(정부가 외국 원조로 받은 원재료의 판매를 통해 축적한 현금 기금)을 사용하기로 결정했다(전국해원노동조합 1973, 71 참조).

40_이와는 대조적으로 그 당시 사기업들, 특히 섬유 공장의 경우 노조 결성권을 비롯해 법에 보장된 노동권을 인정하지 않는 경향이 강했다.

41_USOM은 1953년 한국전쟁 정전협정 후에 설립된 유엔군 경제조정관실에서 시작되었다. 후에 USOM은 미국 단독의 경제원조 현지 사절 기구가 되어, 미 국무성 산하 국제개발처(AID)의 극동 지역국 아래에서 한국에 대한 경제원조를 조정하고 통제하는 역할을 수행했다. 1953년 후반부터 1964년 말까지 USOM이 관리한 미국의 경제원조 액수는 28억 달러 이상에 달했다(임철규 1965, 151-170).

42_이런 상황 전개는 앞서 언급된 1957년 무렵의 미국의 대한 원조 정책 변화와 관련이 있다. 무

한조선공사에 대한 USOM 보고서는 조선소의 미래에 대한 중요한 판결의 성격을 띠었다. 이 보고서는 정부, 은행, 원조 기관 요원 열 명으로 구성된 한미합동조사반이 회사의 상태를 철저히 검토한 끝에 작성한 것이었다.[43] 보고서는 회사의 운영 실태 조사에서 드러난 24건의 문제점과 부실 경영 사례에 대해 조목조목 밝히고, 회사를 살리는 다양한 방안으로부터 회사 전체를 한꺼번에 팔거나 아니면 쪼개서 파는 방안까지 여러 대처 방안들을 제시했다.[44]

남한의 금속·기계 산업에서 가장 선도적 업체의 하나인 조공 조선소를 포기할 수 없었던 정부는 곧 이 문제 많은 조선소를 살리기로 결정한다. 조선소가 진 빚의 이자율이 대폭 삭감되고 부채의 상당 부분이 탕감되었으며 운영자금이 새로 투입되었다. USOM 측 네 명의 고문이 조선소에 상주하면서 경영 개혁을 감독하기로 결정되었다. 종업원도 1959년 동안 6백 명 정도에서 3백 명 이하로 대폭 감축되었고, 이에 따라 노동자들의 불만과 초조감은 높아져 갔다.

파업과 그 결과는 조공 조선소 노사 관계에 엄청난 변화를 가져왔

상 원조에서 차관 형식으로 원조의 주된 형식을 바꾸면서 미국은 차관의 조건으로 합리화 조치를 요구한다(김삼수 1999, 189-190). 이런 상황에서 USOM은 조공 조선소의 투자 범위와 세부 사항까지 실질적으로 좌지우지할 힘이 있었다. 사보 『조공』(1976년 6월호)에 실린 한 회사 간부의 회고에 따르면 '미국인'에 넘어갔던 경영권은 1961년 쿠데타 후에 회복된다.

43_ 1958년 USOM 보고서에 관해서는 대한조선공사(1968, 145-148) 참조.

44_ 만성적 부실 경영은 단지 조공만의 문제가 아니었고 1950년대 국영기업체들에 만연한 현상이었는데, 그 이유는 최고 경영진의 정치적 임명 관행과 그에 따른 경영상 책임 소재 불명, 건전한 회계 부재 때문이었다. USOM 보고서에 따르면 조공은 회사가 손실을 입을 때도 주주들에게 적지 않은 배당금을 분배하고 있었다.

다. 정리해고에도 불구하고 노조는 노사 관계에서 이전보다 훨씬 더 평등한 지위를 확보했다(金鎔基 1997, 17). 새로 부임한 회사 사장은 노조를 함부로 다루었다가 또다시 단체행동을 초래해 생산에 차질을 빚고 언론에 오르내리는 것을 우려해 노조 지부장을 더 존중하고 조심스럽게 대하는 태도를 취했다. 노조와 사측 간의 협상 채널인 노사협의회가 조공 조선소에서 제도화된 것도 1959년이었다.

파업에서 조공 지부를 후원한 해상노조의 태도를 보면 1950년대 전국 차원 산업연맹의 성격과 활동에 대한 단서를 얻을 수 있다. 이 문제는 중요한 주제임에도 불구하고 연구가 부족한 편이다. 해상노조는 1946년 9월 전평과 연계된 막강한 산별노조였던 조선해원동맹을 깨기 위해 조직된다. 1950년대 동안 해상노조는 전국철도노동조합(약칭 철도노조)과 더불어 대한노총의 반공 동원 활동을 주도했다(전국해원노동조합 1973, 47).[45] 그와 동시에 해상노조는 원양어선 노동자, 해운업 및 어업 종사자, 어물시장 종업원, 여객선 선원, 해양통신 기술자, 항만건설 노동자, 조선산업 노동자를 포함해 해양 산업과 관련된 여러 분야에서 노동조합을 조직하기 위해 활발한 활동을 벌였다.[46]

조직화 작업이 일단락되자 해상노조는 트롤어업 회사, 해운 회사, 전국해원노동조합 노조원들의 고용주인 부산 해무청, 그리고 대한조선공사 같은 산하 조합원들의 소속 기업들과 단체협약 협상을 벌여 단

45_1950년대 해상노조의 활동에 관해서는 전국해원노동조합(1973, 47-98) 참조.

46_1947~72년까지 지부와 노조가 조직되어 있던 회사들의 명단, 직종 목록은 전국해원노동조합(1973, 286-301) 참조.

협을 체결한다(전국해원노동조합 1973, 60-74). 그 과정에서 해상노조는 사회의 관심을 끄는 행사나 가두시위 등을 통해 지지 여론을 불러일으키고 최대한 유리하게 노동법령의 조항을 활용하는 데 탁월한 능력을 발휘했다. 노동자의 입장에 대한 대중의 지지를 얻어 내기 위해 가장 효과적으로 활용된 무기 중의 하나는 이승만 정부가 정치적으로 표방해 효과를 보았던 반일 애국주의였다. 예를 들어 해상노조는 이승만이 1952년 일본과 한국 수역 사이의 경계선으로 일방적으로 선언한 '평화선'을 지지하는 노동자와 시민의 대중 시위를 조직하는 데 솜씨를 발휘했고, 한국의 해양 운수 분야에서 일하는 산하 조합원들을 일본 자본 침투의 악영향으로부터 보호하기 위한 노력의 일환으로 반일 민족주의에 기초한 선전전을 폈다. 1958년의 조공 파업에서 보여 준 바와 같이 해상노조는 지부 차원에서 노조의 활동성이 되살아나는 데 중요한 조력자의 역할을 수행했다.

1950년대 후반에 해상노조와 보조를 맞추어 조공 노조가 다시 활성화되는 과정은 그 당시 한국의 노동자와 노동조합에서 투쟁성과 활동성이 되살아나기 시작하던 전반적인 시대 상황과 잘 부합한다. 한편 전국적 차원에서는 대한노총 상층부의 끝없는 파벌 투쟁과 부패에 환멸을 느낀 일군의 노동운동 지도자를 중심으로 노총 내부로부터 개혁의 움직임이 자라고 있었다. 1958년, 석탄광노동조합 위원장 노응벽, 전국광산노동조합연맹(약칭 광산노련) 위원장 김관호, 대구지구 노동조합연맹 위원장 김말룡, 부산지구 노동조합연맹 위원장 최종자 등 산별·지역별 노조연맹의 주요 지도자들이 대한노총의 1958년 전국대의원대회의 합법성에 이의를 제기하고 나섰다(김낙중 1982, 247). 개혁파 지도자들은 부두·섬유 노동자들의 지속적인 투쟁에서 크게 영향을 받았는데, 전국부두노동조합과 전국섬유노동조합은 상층부의 부패가 가장 심했고, 그런 비민주적인 지도부에 대한 일반 조합원들의 저항이 1950년대 내내 쉬지 않고 일어났던 노조연맹이었다.[47] 광산노련과 함께 김말룡의 대구지구 노련이 1959년 10월 개혁적인 새 노동운동 전국 조직인 전국노동조합협의회(약칭 전국노협)를 창립하는 데 주도적인 역할을 담당했다. 전국노협이 주창한 목표는 "진정 자유로우며 민주적인 노동조합운동의 발전"이었다(김낙중 1982, 246-250).

이승만 정부는 전국노협을 합법적인 단체로 인정하지 않았으나 전국노협의 활동은 많은 부문에서 민주적 노동운동을 고무하는 역할을 했다.[48] 쟁의행위도 그 이전 3년간 평균 39건에 머물던 것에서 1959년 에는 95건(참가자 4만9,813명)으로 증가했다. 1960년에는 6만4,335명의 노동자가 227건의 쟁의에 참가하는데, 그중 201건이 4월 혁명 이후에 발생했다.[49] 4월 혁명이 일어나자 노조의 개혁 운동이 약진하고 노동조합 활동의 투쟁성이 고조된다. 다음 장에서는 이렇게 변화된 시대 상황

47_이 시기 부두와 섬유 노동자들의 투쟁에 관해서는 김낙중(1982, 240-246) 참조. 당시 섬유 노동자의 긴 노동시간(하루 12시간이 넘는 것이 보통)과 저임금이 큰 사회문제로 대두되었다. 대한노총 위원장 김기옥은 부산 부두노동조합과 부두 노동자들의 전국 조직인 전국자유노동조합연맹의 위원장이기도 했다. 운송 회사들과 결탁해 임금을 착복하는 등 김기옥 일파가 저지른 부정부패 행위에 대한 분노가 부두 노동자들의 개혁 운동을 추동했다. 김말룡의 대구지구 노련은 대구에서 중요한 파업들이 터져 나온 후인 1957년에 결성되었다.

48_전국노협은 1960년 3월 10일 노동절 기념행사를 대한노총과 별도로 개최했다. 김낙중은 노동자들의 민주적 개혁 운동을 자극해 "노동자들로 하여금 4·19 민주혁명의 대열에 나서게" 한 전국노협의 역할을 강조했다(김낙중 1982, 254).

49_1960년도의 파업 건수는 44건에 달했다(김낙중 1982, 189; 295). 이 통계의 출처는 보건사회부, 『보건사회통계연보』인데, 김낙중은 그 통계가 행정 당국에 신고된 합법적 쟁의만 포함해 실제보다 참여자 수를 매우 낮게 기록하고 있다고 주장했다.

속에서 조공 조선소의 전투적인 노조가 성장해 가는 이야기를 따라가
보기로 한다.

4

1960년대 초 격변기의
대한조선공사 노동조합

'4월(학생) 혁명' 혹은 '4·19 학생 의거'로 불리는, 이승만 정부를 전복한 대규모 시위의 물결은 1960년 3월의 대통령 선거에서 이승만 정권이 저지른 엄청난 부정에 대한 항의에서 시작되었다. 그리고 학생과 시민의 평화로운 시위에 대한 정부의 폭력적 진압은 선거 이슈를 전국 차원의 정치 문제로 확대했다.[1] 시민들을 가장 자극한 것은 선거 날인 3월 15일 항구도시 마산에서 경찰이 비무장 시민들에게 발포해 8명이 죽고 80명 이상이 부상당한 사건이었다. 4월 11일, 열일곱 살 난 학생

1_4월 혁명의 경과는 Eckert et al.(1990, 352-357); 서중석(2005, 173-179) 참조.

의 사체가 최루탄이 눈에 박힌 채 마산만에 떠올랐을 때, 시민들은 그가 3월 15일 시위에 대한 피의 진압 과정에서 경찰에 의해 살해되어 바다에 던져진 것으로 판단했다. 이 뉴스는 다양한 계층과 집단이 참가한 전국적인 대중 시위를 촉발했다.

이승만은 마산 시위가 공산주의 간첩들의 선동으로 발생했다고 발표했고, 이후 경찰은 서울, 부산, 광주 등 대도시에서 수만 명의 학생과 시민 시위자에게 무차별 발포해 184명의 사망자와 6천 명 이상의 부상자를 냈다. 결국 4월 26일 이승만 대통령이 하야하면서 제1공화국은 종말을 고한다. 6월 15일에 반포된 새 헌법은 양원제를 기반으로 하고 국무총리가 이끄는 정부 체제를 수립했다. 그다음 달의 양원(민의원과 참의원) 선거에서 민주당은 다수당이 되었고 장면이 국무총리로 취임하게 된다(Eckert et al. 1990, 355-356). 그런데 장면 정부(1960년 7월~1961년 5월)는 아래로부터의 민주화에 크게 고무된 여러 사회집단의 분출하는 정치적 에너지에 처음부터 압도당했다. 이들은 노동자와 노조의 개혁적 활동을 누를 수단도 의지도 갖고 있지 못했다. 이렇게 변화된 정치 환경 속에서, 이승만 정권의 뜻에 따라 움직였던 대한노동총연맹(약칭 대한노총) 본부와 산별연맹 간부들은 조합원들에게 그간의 행동에 대해 사죄하고 노동운동가로서 자신들의 자세를 바로잡겠다고 서약하는 수밖에 없었다. 일부 산별연맹과 지부에서는 개혁파가 실권을 장악했다(김낙중 1982, 263-268).

간부들의 사죄는 대한노총 본부를 혼돈에 빠뜨렸고, 개혁파 노조 연합인 전국노동조합협의회(약칭 전국노협)가 노동운동 전반에 미치는 영향력은 급속히 증가했다. 전국노협은 1960년 5월 한 달 동안에만 170개 지부, 16만 조합원을 흡수했다. 10월에 있었던 대한노총과 전국노협의 합병 시도가 실패로 끝난 뒤 1960년 11월, 대한노총, 전국노협, 그리고 이 두 단체에 소속되지 않은 독립 노조들을 하나로 묶은 새 노조 연맹체가 창립되었다.[2] 한국노동조합총연맹(약칭 한국노련)이라 이름 지어진 이 조직의 위원장은 김말룡이 맡았고, 새 정부의 보건사회부는 이 단체를 대한노총의 적법한 계승자로 인정했다.

4월 혁명 후 노동조합과 조합원의 숫자가 급속히 늘었으며 노동쟁의의 수도 치솟았다. 1960년 4~12월 사이만 해도 356개의 신규 노조가 5만9,186명의 노동자를 조직화했다(김낙중 1982, 276). 이 시기에 특히 주목되는 것은 교사, 은행원, 신문기자 등 사무직과 전문직 노동자의 조직화였다. 부두 노동자들은 11월과 12월에 총파업을 두 차례 행하고 이듬해 3월에 세 번째 총파업을 하겠다고 위협하고 있었다.[3] 탄광 노동자들의 파업이 두 차례 일어났고, 주요 해운 회사를 상대로 한 해원 노동자들의 극적인 선상 파업과 11개월이나 지속된 쟁의, 그리고 철도·전매·체신 노조 등 국영기업체 노조들의 단체행동도 이 시기에 있었다.[4] 홍한방직, 경성방직, 대전방직, 제일모직 등의 섬유 노동자들도 1960년에 농성을 벌였다.

전국이 4월 혁명의 열기로 들끓던 1960년 5월 28일, 임한식이 대한조선공사(약칭 조공) 노조 지부장으로 다시 선출되었다. 이 장에서 다루

2_독립 노조는 1960년 4월 이후에 대한노총과의 관계를 단절한 노조 또는 신설 노조였다. 김말룡의 증언에 따르면, 창립대회의 대표 구성은 다음과 같다. 대한노총 소속 439명, 전국노협 소속 86명, 독립 노조 198명(김낙중 1982, 272).

3_1960년 4월 이후의 쟁의와 파업 사례는 김낙중(1982, 297-313) 참조.

4_담배와 인삼 같은 정부 독점의 '전매' 산업 노조들은 별도의 산별노조를 구성했다.

는 임한식의 두 번째 지부장 재임 기간(1960년 5월~1961년 5월)은 한국 현대사의 중요한 한 시기, 민주적인 국가 건설의 꿈이 마침내 실현 가능해 보이던 귀중한 순간과 겹친다. 1961년 5월의 군사 쿠데타로 급작스레 멈추어질 때까지 나라 전체에서 민주적 정치의 실험이 활발하게 진행된 이 시기에 조공 조선소에서도 임한식의 지도 아래 노동운동의 불꽃이 되살아난다.

연대, 공평성, 그리고 신분 의식

1950년대 후반 정부는 적자에 시달리는 대한조선공사의 매각을 고려하게 되었고, 노동자들은 미래의 소유주에 의한 대량 해고 가능성에 대해 크게 우려할 수밖에 없었다. 임한식에 이어 1959년 중반 지부장이 된 강성욱의 임기 중 체결된 새 단체협약에는 1958년 파업을 통해 얻어 낸 노동자에 유리한 조항들이 많이 제거되어 있었다.[5] 1960년 5월 임한식이 다시 지부장에 취임한 뒤, 노조는 잃어버린 성과들을 되찾으려 싸울 채비를 했다. 회사 측에서도 1960년 6월 새 사장으로 부임한 권태춘이 이끄는 새 경영진이 노조에 맞설 태세를 갖추었다.

1960년대 초반에는 노조의 경계, 즉 경영 측 직원과 노조 가입 자격이 있는 직원 사이의 구분이 아직도 유동적이었고, 따라서 이 문제가 노사 관계의 주요 쟁점 중 하나가 되었다. 이 시기 쟁의에서 가장 큰 이슈는 임금과 수당이었지만, 노사 관계의 틀이 아직 충분히 성숙되고 정

5_조공 문서철 #1(조공 문서철 목록은 이 책의 〈부록 1〉 참조).

착되지 못한 데서 파생한 문제들이 임금과 같은 물질적 급부의 문제를 압도하는 일이 종종 있었다. 노조와 회사가 노동법 조항의 해석을 둘러싼 끝없는 협상과 치열한 쟁의행위를 통해 자신의 해석을 밀어붙이려 거친 힘겨루기를 하고 있었다고 볼 수 있다. 이와 동시에 회사는 생산과 인사 문제에 대한 통제권을 직장들로부터 되찾아야 하는 힘겨운 과제에 직면하고 있었는데, 이는 그때까지도 직장들이 노동자의 고용과 승진 결정부터 작업 내용에 이르기까지 현장에서 상당한 수준의 통제력을 보유하고 있었기 때문이었다.

노조는 직장들을 자기편으로 끌어안으면서 노동자들의 시각에서 볼 때 인간적인 위엄을 유지하기 위해 필요하다고 판단되는 작업 방식과 작업 속도를 지키기 위해 치열하게 싸웠고, 자의적으로 보이는 관리자의 개입으로부터 노동자를 보호함으로써 모든 조합원이 공평하고 평등한 대우를 받도록 힘썼다. 임한식 지도부 아래 다시 활성화된 조공 노조는 이 시기에 매우 중대한 결정을 내리는데, 바로 조선소 종업원 중 약자에 속하는 층, 즉 임시직·계약직 종업원과 견습공같이 정규직보다 훨씬 낮은 대우를 받는 노동자를 노조에 포용한다는 결정이었다. 처음부터 조공 노조는 사무직과 생산직 노동자를 모두 포함해 조직되었는데, 노조 내 이 두 그룹 사이의 갈등은 그리 크지 않았던 것으로 보인다. 그럼에도 불구하고 사무직에 대비되는 생산직 노동자의 제도화된 차별 대우는 노사 간 큰 쟁점이 되었다.

1960년 6월 노조는 지난 3년간의 높은 인플레이션을 따라잡기 위해 적어도 70%(인상 요구는 100%로 시작했다)의 임금 인상을 확보하려는 계획을 준비한다. 이전 3년간 조공 노동자들의 기본임금은 전혀 인상되지 않고 있었다. 노조는 새로 취임하는 사장에게 노조의 힘을 보여 주기를 원했다.[6] 해무청장과 각계 인사가 참석할 회사 주주총회에 맞춘 '연좌데모'가 기획되었고 시위는 조선소 전기 공장의 신호와 함께 시작되었다.

8월 초가 되면 노조는 6월의 100% 인상 요구를 50%로 낮추지만, 그 선에서 버티면서 잔업을 전부 거부하겠다고 위협했다. 당시 수리 중인 배 몇 척의 정해진 작업 완료 기한이 다 되어 가고 있었고, 회사는 기한 초과 사태가 벌어질까 우려했다.[7] 사측은 41% 임금 인상안을 내놓았는데, 15%는 5월 말에 이미 합의된 인상분이고, 거기에 새로 26%를 더 주겠다는 것이었다. 그러나 노조 간부들은 이미 확보된 15%에 추가해 적어도 50%는 더 받아 낼 결심이었고, 필요하다면 노조의 힘을 과시해서라도 그만큼은 받아야 한다는 입장이었다.[8] 파업 가능성을 염두에 두고 노조는 파업 기금으로 쓰기 위해 조합원당 1천 원씩을 갹출하기로 결정했는데, 이는 당시 조합비 2백 원의 다섯 배에 이르는 금액이었다. 파업 위협에 직면한 회사는 8월 9일, 기존 15% 인상분에 새로 30%를 더하여 8월분 급여부터 지급하기로 노조와 최종 합의를 보았고, 다음 날 노조는 투표를 통해 쟁의를 끝낸다.

1960년의 쟁의는 조공 노조원의 태도와 인식을 들여다볼 수 있는 훌륭한 창을 제공한다. 합의가 이루어지자마자 노조는 추가 조건을 제시했는데, 합의된 인상분 총액이 '하후상박', 즉 임금이 낮은 노동자에

6_조공 문서철 #1, 1960년 6월 10일; 15일; 27일 회의록.

7_1960년 7, 8월의 노동쟁의에 관한 협상은 조공 문서철 #1, 노사위원회 회의록 중 1960년 7월 16일~8월 24일분 참조.

8_조공 문서철 #1, 1960년 8월 6일 회의록.

하후상박 원칙이 논의된 조공 문서철 #1, 1960년 8월 9일 노사위원회 회의록 일부(한진중공업 노조 소장 자료).

게 인상분이 더 많이 돌아가는 원칙에 의해 분배되어야 한다는 요구였다. "직장과 일반 공원과의 차이가 많으므로 조정하자는" 의미에서 노조는 합의된 임금 인상 총액을 부장, 과장을 제외한 전체 종업원에게 "하후상박의 희생정신에 입각"해 "균일히 분배"하기를 원했다(위의 사진은 이 토론이 담긴 회의록을 보여 준다).[9] 1964년에 조공 노동자들이 유철수 지도부를 전복했을 때(5장에서 상술) 유철수의 첫 번째 범죄로 든 것이 바로 이 하후상박 원칙의 위반이었다. "임금 인상의 지연과 상후하박으로서 조합원의 생활에 위협을 초래하는 등 조합 임원으로서 임무를 망각하였다."[10]

9_조공 문서철 #1, 1960년 8월 9일 노사위원회 회의록.

10_조공 문서철 #4b, 1964년 6월 19일 제1회 정기 대의원대회 회의록.

하후상박은 문서화되지는 않았지만 1960년대 조공 노조원들 사이에서 중요하게 여겨지던 원칙이었고, 1960년대 한국의 다른 노조에서도 같은 관행이 있었을 것으로 생각된다. 이는 물론 20세기 세계 여러 지역의 조직노동자들 사이에서 널리 받아들여졌던 원칙이다. 예를 들어 '자유노동조합운동'(Solidarność, Solidarity, 연대)에 참여한 폴란드 노동자들도 하후상박과 매우 유사한 원칙을 가지고 있었는데, 지도자인 레흐 바웬사Lech Walesa는 하후상박 정신을 다음과 같이 간결하게 표현한 바 있다. "누구나 위장은 하나씩만 갖고 있다"(Laba 1991, 165).[11] 1960년대 한국 노조원들이 이 원칙을 주장하는 데 보인 치열성과, 1987년 노동자 대투쟁 이후 맺어진 협약들에 이 원칙이 널리 적용되었던 점은 한국 노동자들의 특별히 강한 평등주의적 태도를 잘 드러내 준다.[12]

하후상박은 노동자들 간의 연대 의식과 평등주의적 심성의 표현으로, 기회의 평등만이 아니라 누구나 비슷한 몫을 받는 결과의 평등을 요구하는 것이다. 이 원칙은 조공 노동자들의 도덕 세계와 주체성에 대한 중요한 단서를 제공한다. 하지만 조공 노동자들의 평등주의적 자세가 반드시 그들이 한국 노동자계급 전체의 복지에 관심을 가졌다는 것

11_ 폴란드 자유노동조합운동의 기원을 연구한 로만 라바는 미국과 폴란드 노동자의 태도를 다음과 같이 비교한다. "미국 노동자들이 분배적 정의를 기회의 평등과 성과(merit)에 따른 평등으로 정의하는 경향이 있는 반면, 폴란드 노동자들은 정의를 모든 사람이 얻는 것이 대동소이한 평등주의(egalitarianism)로 규정한다"(Laba 1991, 165). 라바에 따르면, 1980년도 폴란드 노조의 임금 인상 요구에는 한국 노동자들의 하후상박 원칙과 매우 흡사해 보이는 분배 방식에 대한 요구가 첨부되어 있는 경우가 많았다. 일본 철강 노동자들의 유사한 관행에 관해서는 Gordon(1998, 102) 참조.

12_ 김준, "어떤 종류의 평등주의?"(What kinds of Egalitarianism?), 2006년 2월 유타대학교에서 열린 "한국 평등주의의 뿌리"(Roots of Egalitarianism in Korea) 컨퍼런스 발표문.

을 의미하는 것은 아니다. 다른 사회에서도 그렇듯이, 충성과 연대는 민족처럼 추상적이고 넓은 범위의 집단이 아니라 우선적으로 '자기 그룹'in-group으로 향하는 것인데, 게이르 헬게센이 주장하듯, 다른 나라의 경우보다 한국의 정치 문화에서 그런 자기 그룹 중심적인 경향성이 더욱 뚜렷하다고 볼 수도 있다(Helgesen 1998, 255-257). 여하튼 조공 노동자들의 도덕 세계와 노조원으로서의 성공은 '누가 노조에 속하는가'라는 질문과 큰 관련이 있었다.

조공 노조 활동의 초창기부터 노조원 자격의 바깥 테두리를 정하는 문제가 급박하고 어려운 문제로 대두되었다. 회사의 정규직 노동자만으로 연대의 범위를 제한할 것인가, 아니면 임시공, 견습공, 파견공, 하청공 등의 비정규직까지 연대를 확장해야 하는가? 노조가 열악한 형편의 이들 노동자를 노조에 받아들여 완전한 노조원 자격을 주어야 하나? 직장, 계장처럼 관리직 기능을 일부 가진 자들을 노조에 들어오게 할 것인가? 1960년대를 거치며 조공 노조가 전국에서 가장 강력하고 성공적인 노조의 하나로 부상하면서, 그들의 선도적 위치를 자각하고 있던 조공 노조원들은 한국 노동자들 중 형편이 훨씬 나은 편인 자기 조합원들의 복지와, 여성 노동자를 비롯한 지역 및 그 너머 여타 노동자들의 이해 사이에서 더욱 어려운 균형 잡기를 고민해야 했다.

조합원 자격 문제, 혹은 그룹 테두리 문제는 1960년에 처음 가시화되었는데, 그 계기는 임시직 노동자의 정규직 전환 등 임시직에 고유한 문제를 임금 인상 요구와 동일한 수준에서 요구 조건에 포함할 것인지 결정해야 했기 때문이었다. 심각한 논쟁이 있은 후 두 이슈를 동시에 제기하자는 잠정적인 합의가 이루어졌다.[13] 이 입장은 1960년 7월 조합원 총회의 투표에서 임시공 문제, 임금 문제 두 가지 이슈를 같이 놓고 쟁의를 시작하기로 결정이 나면서 확고해진다.[14] 임금 인상 요구를 하자는 발의는 찬성 208표, 반대 46표로 통과되었고, 임시공 문제를 제기하자는 발의는 찬성 221표, 반대 46표로 통과되었다.[15] 민주적으로 결정된, 임시직 노동자를 포용하자는 이 결정은 1960년대를 걸쳐 조공 노동조합운동의 성격에 큰 영향을 미쳤다. 약한 집단의 이해와 어려움을 운동의 중심에 포함하는 포용적이고 민주적인 조합 문화가 그 영향의 핵심이다.

조공 노조가 어떻게 조합원도 아닌 하위직 노동자를 위해, 더욱이 그렇게 하는 것이 정규직 조합원의 특권적 지위에 해가 될 수 있음에도 불구하고, 어려울 것이 뻔한 장기간의 싸움을 결심할 수 있었을까? 이장 및 이어지는 5장과 6장은 철저히 평등주의적인 이런 행위를 설명하는 해석상의 어려움에 도전한다. 현장에서 함께 일하는 정규직·임시직

13_조공 문서철 #1, 1960년 6월 10일 회의록. 노조가 임시직 노동자 문제를 제기한 것은 이때가 처음이 아니었다. 1960년 7월 20일 제5차 임시총회에서 한 노조 간부는 "임시공에 대하여는 수년간 운영 측과 절충해 온 바 유하나"라고 말하고 있다(조공 문서철 #1, 1960년 7월 20일 제5회 임시총회 회의록).

14_1960년과 1961년의 경우, 가장 자주 열린 노조 회의는 위원장과 두 명의 부위원장을 포함해 13~15명으로 구성된 상무위원회 회의였다. 집행위원회는 '직장 집행위원'이라고도 불린 집행위원으로 구성되는데, 그들은 각 현장에서 선출되었고, 해당 현장 노동자들의 의견과 이익을 대표하는 역할을 했다. 따라서 중요한 결정을 내려야 할 때나 현장의 의견을 들을 필요가 있을 때마다 집행위원회가 소집되었다. 이 두 그룹은 종종 연석회의를 개최했다. 대의원대회는 매년 개최되었고, 임시대의원대회와 전체 조합원이 참석하는 총회는 중요한 단체행동이 있을 때 소집되었다. 조공 문서철 #1에서는 두 번의 임시대의원대회(1960년 6월 28일과 1961년 1월 27일)와 두 번의 임시총회(1960년 7월 20일과 1961년 5월 8일)를 제외하면 1960년 6월~1961년 5월 사이에 매달 평균 4.25번의 회의가 열렸다는 것을 보여 준다.

15_조공 문서철 #1, 1960년 7월 20일 제5회 임시총회 회의록. 각 투표에 세 표씩의 무효표가 있었다.

노동자의 압력에 민감할 수밖에 없는 노조 집행위원들에 비해, 적어도 1960년 말까지 지부장 임한식은 일반 조합원에게 더 초연한 태도를 취했다. 임한식 지부장은 노조 간부 회의에서, 국영기업체로서 조공의 종업원 쿼터는 사장이 정할 수 있는 것이 아니고 임시공 문제는 회사가 충분한 수주를 받아 "업무량이 풍부하면 해결될 문제"이며 "근본 문제를 해결하기 전에는 어찌할 도리가 없다"며 임시공을 본공으로 전환하는 문제에 대해 입장을 밝혔다. 여기서 그는 노조의 활동가라기보다는 회사의 재정 형편을 염려하는 관리자처럼 이야기하고 있다. 하지만 곧 소집된 임시공 대표회의에서 임한식 지부장은 약간은 방어적으로, 노조가 그간 "무수히 노력"했고 그 문제를 "등한시하고 있지 않다"고 임시공들을 달래는 것을 잊지 않았다.[16]

임시직 차별에 대한 노조 간부들의 인식의 복합성은 월동수당의 분배를 둘러싼 다음 사건에서 잘 드러난다. 월동수당은 주로 겨울 동안 먹을 김장을 담그는 비용을 지원하기 위해 고안된 것인데, 회사는 1960년 11월, 노조의 요청을 받아들여 정규직 노동자에게는 5천 원, 임시직에게는 3천 원의 월동수당을 지급했다. 너무나도 분명한 차별에 대해 임시직 노동자들은 분노했고 임한식 지부장도 "각 직장에서 원성이 자자"함을 인정했다.[17] 일부 노조 간부들은 정규직과 임시직을 차별하는 것이 문제가 될 것이 없다는 주장을 폈으나, 대다수는 동등한 대

16_조공 문서철 #1, 1960년 11월 23일 상무위원회 회의록; 12월 5일 집행위원회 회의록; 12월 6일 임시공 대표회의록 참조. 정규 노동력의 규모는 조선소에 파견된 USOM 고문관과의 협상을 거쳐 한미경제위원회의 승인을 받아야만 했다.

17_조공 문서철 #1, 1960년 12월 5일 상무위원회 회의록.

우를 해줌으로써 임시직 노동자들의 분노를 달래야 한다고 보았다. 이 태도는 조공 노조 내의 점증하는 평등주의가 처음부터 모든 조합원이 공유한 어떤 고정된 문화적 가치이기보다는 운동 자체의 산물임을 암시한다.

1960년 12월 5일 상무위원회에서 임한식 지부장은 임시공들의 감정을 달래기 위한 시도로 임시공 대표 세 명을 선출해 노사위원회 회의에 보내 노조와 사측 간의 협상을 직접 참관해 보게 하자는 제의를 한다.[18] 월동수당 차별 문제를 다룬 그날 오후의 집행위원회에서는 감정이 격해진 가운데 험한 말들이 오갔다. 한 간부가 "노조가 유명무실하니 필요가 없다"고 비난하자 임한식 지부장은 "노조가 필요가 없으면 전 종업원을 소집하여 해산하겠다"고 되받았다. 노조는 12월 6일 임시공 대표회의를 열었고, 임한식 지부장은 회의에 참석한 임시공 대표 열 명에게 노조가 월동수당 차이 및 본공 전환 문제를 놓고 그들 편에서 많은 노력을 기울여 왔음을 설명하고 그 문제를 논의할 노사위원회에 "임시공 대표도 참석하여 회의 진행을 참관과 동시에 발언도" 해줄 것을 당부했다. 그러나 임시공 대표들은 임시공의 대표가 노사위원회에 참석하는 것은 "노조에서 임시공에 대해서는 개입치 않는다는 의미니 그 대표자에게 전 책임을 부하시킬 의도"가 아니냐며 노조의 진정성에 의구심을 나타냈다. 이 사건 또한 노조가 평등의 이상을 추구하도록 만드는 데 임시직 노동자들의 행동이 원동력이 되었음을 보여 준다.[19]

18_조공 문서철 #1, 1960년 12월 5일 상무위원회 회의록; 12월 5일 집행위원회 회의록.

19_조공 문서철 #1, 1960년 12월 6일 임시공 대표회의록.

1961년 1월, 임시직 120명 중 6명만이 본공으로 승진되었다.[20] 이런 분위기에서 노조는 구정을 앞두고 회사에 대해 구정 제삿술 비용을 요구하며, 월동수당 차별 분배의 경우를 되풀이하지 않으려 조심했다. 그 시점부터 임시직 노동자의 문제를 노조가 끌어안는 원칙은 노조 회의에서 더 이상 논란의 대상이 되지 않았고, 임시직 노동자의 정당한 대우는 늘 노조의 요구 사항에 포함되었다. 임한식 지부장 시절, 임시공과 관련된 노조의 주요 요구 사항은 임시직 노동자가 3개월 이상 일했을 경우 퇴직금을 받을 권리, 임시직으로 고용된 날로부터 고용 기간을 계산받을 권리, 그리고 때가 되면 정규직으로 승진할 권리였다.

자신들의 이해를 노조에서 대변해 줄 것을 적극적으로 요구한 또 하나의 그룹은 졸업 후 견습공으로 조선소에 채용된 조공 기술학교 출신(양성공)을 비롯한 견습공들이었다. 조선소에서 가장 연배가 낮고 임금도 적은 이 견습공들은 채용 후 두 달간 무보수로 일해야 하는 회사의 관행에 불만을 표했고, 노조는 이 기간에 그들이 임금을 받도록 규칙을 바꾸는 데 성공했다. 또한 양성공들은 견습공으로 일을 시작해야 하는 데 대한 불만을 1960년 9월 노조를 경유하지 않은 집단행동을 통해 사측에 표출했다. 회사가 양성공들을 해고하겠다고 위협하자 노조가 그들을 위해 협상에 나섰고, 결국 반숙련 임시직 노동자로 입사하는 것으로 규정이 바뀌게 된다.[21]

20_선별 기준은 연공과 근무 기록이었다. 임시직 노동자들을 진정시키기 위해 더 큰 규모로 승진이 단행될 가능성도 언급되었다. 조공 문서철 #1, 1961년 1월 12일 회의록.

21_조공 문서철 #1, 1960년 9월 12일; 1961년 5월 8일 회의록.

조공은 오랫동안 자체 기술 양성소에서 조선과 기계 노동 인력을 훈련해 왔는데, 1960년대에는 그 졸업생 수가 빠르게 증가했다. 이 졸업생들은 외부에서 직접 채용된 노동자에 비해 임금과 승진 면에서 눈에 띄는 차별을 받았다. 이런 차별 관행이 양성공 그룹 내에 큰 분노와 저항을 불러일으킨 이유 중 하나는 외부에서 개인적 연줄을 통해 조선소에 들어온 노동자들 다수가 더 나은 대우를 받을 만큼 뛰어난 기술을 갖추고 있지 않았다는 점이었다.[22] 이 문제의 핵심은 공평성에 있었다. 즉 회사의 고용정책이 노동자들 눈에는 기술과 임금수준을 자의적으로 결정하는 것으로 비쳤고, 그럼으로써 공평성과 정의에 대한 노동자들의 감각에 어긋났던 것이다.

양성공 노동자들이 차별로부터 느낀 마음의 상처는 더 깊은 곳에 미쳤다. 한 양성공은 노조 회의에서 "이미 성년으로서 가족을 거느리고 있으며, 성년으로서 작업에 종사하고 있음에도 불구하고 조공 부설 기술원 양성소 '양성공'이라는 이름에서 미성년자로서 취업하는 대우밖에 받지 못하는 것"에 불만을 토로하고 있다.[23] 임금과 직급 면에서 불공평한 대우를 받는 것뿐만 아니라, 성인 남자로 인정받지 못하는 불만

22_권오덕과 김상관은 자신들이 인맥을 통해 숙련 노동자로 채용되었고, 볼트와 너트의 차이조차 몰랐음에도 양성공 출신 노동자들보다 임금을 더 많이 받았다고 증언했다(신원철 2001, 202). 1960년대 초에 조공은 공개 시험(공채)을 통해 노동자를 고용했다. 한 노동자는 1963년에 공채 고용 경쟁률이 13 대 1이나 되었다고 회고했다. 1960년대 중반부터 조공의 모든 신입 노동자는 입사 시험, 2개월간의 무급 노동, 그리고 1년간의 임시직 신분을 거쳐야 했다. 임시직 노동 계약은 1년 단위로 갱신되었다. 그러나 한 노동자는 공채를 전혀 기억하지 못하는 대신 1960년대에는 인맥과 자리가 있는지의 여부가 조선소 입사에 결정적이었다고 회고했다(신원철 2001, 185).

23_조공 문서철 #4, 1964년 12월 10일 회의록에 기록된 양구주의 발언.

이 그들의 분노를 더욱 증폭했던 것 같다.[24] 1964년, 그들의 곤경에 관심을 보이지 않는 노조 지도부에 불만을 가진 양성공 그룹의 일부는 노조 지도부를 쫓아내는 아래로부터의 반란에 촉매 역할을 하게 된다. 반란의 성공 후에 노조 지도부는 양성공의 불공평한 직급과 호봉 할당을 조정해 달라는 요구를 노사 협상의 안건에 포함하는 것을 잊지 않았다.

비정규직과 정규직 사이의 괴리는 생산직 노동자 내부의 일이고 임시공과 견습공이 열심히 일하고, 참을성 있게 기다리고, 또 약간의 운이 따르면 극복될 수 있는 문제였다. 반면, 사실이든 또는 그냥 그렇게 느끼는 것이든 간에, 회사의 차별 대우라는 면에서 생산직 노동자들이 가장 기분 나쁘게 생각한 것은 생산직 노동자(공원)와 회사 직원(사원)이라 불린 사무직·기술직 직원 사이의 차별 대우였다. 조공은 직원을 공원과 사원의 두 가지 승진 사다리로 분류했는데, 이런 직급 체계는 당시 한국 대기업에 일반적이었다(신원철 2001, 127). 예를 들어 1954년도 "급여 규정"을 보면, 공원은 맨 위의 '1급 1호봉'부터 제일 아래의 '6급 10호봉'까지 60개의 조합 중 하나에 배당되었고, 사원은 5개의 직급과 12개의 호봉으로 분류되었다.[25] 회사 위계에서 사원과 대비되는, 자신들의 낮은 지위를 예리하게 인식하고 있었던 생산직 노동자들은 차

24_그들은 냉대를 당했으며 미성년자로 대우받았다고 불평했다. 1961년 5월 한 노조 간부는 견습공이 내는 조합비가 "성인"이 내는 것보다 적어야 한다고 주장하는데, 그 발언은 견습공이 성인이 아니라는 함의를 지녔다(조공 문서철 #1, 1960년 8월 18일; 9월 12일; 1961년 5월 8일 회의록).

25_1960년도 "급여 규정"에 따르면 생산직 노동자들에게는 제일 높은 '1급 1호(봉)'에서 제일 낮은 '7급 15호'까지 105가지의 직급·호봉 조합이 있었다(조공 문서철 #1, "급여 규정"; 신원철 2001, 127).

별에 대해 깊은 반감을 가졌다.

1960년을 기준으로 공원보다 평균 40% 높은 봉급을 받던 사원도 처음부터 사무직·생산직 노동자의 통합 조직으로 출범했던 조공 노조의 조합원이었다.[26] 사원보다 수가 많았고 따라서 대표성이 더 높은 생산직 노동자들이 조합에서 더 큰 목소리를 내고 주도권을 가지는 것이 일상적이었지만, 노조 자료에서 사원과 공원 그룹 사이에 반목이 자라고 있음을 가리키는 증거는 거의 보이지 않는다.[27] 노조 내에서 공감대를 이루었던 생각은 공원에 대한 차별 대우는 불공평하며, 따라서 교정되어야 한다는 것이었다. 노조의 사원 조합원들도 그런 입장에 이의를 제기하지 않고 순응했던 것으로 보인다.[28] 이런 차별적 관행은 대부분의 한국 작업장에 깊숙이 뿌리박고 있었고, 조공 노조는 그것을 뿌리

26_ 평균 월급은 정규직 생산직 노동자가 3만7천 원이었고, 사무직/기술직은 5만2천 원이었다 (조공 문서철 #1, 1960년 7월 16일~ 8월 24일까지 노사위원회 회의록).

27_ 1966년 3월에 노조 간부 연석회의에서 김형곤은 "지금까지의 활동 경과 사항을 볼 때 노무직 및 각 현장 분야에만 치중된 경향이 보입니다"라고 불평했다. 그는 앞으로는 사무·관리직 노동자들이 "서자 취급 같은 인식을 갖지 않도록" 노조가 노력해 달라고 부탁했다(조공 문서철 #11, 1966년 3월 8일 간부 연석회의 회의록). 이것은 필자가 1960년대 조공 문서철에서 발견한 사례 중 생산직에 치중하는 노조에 사무직 조합원이 불만을 표현한 유일한 사례다. 일본과 비교해 보면, 일본철강(日本鋼管, NKK)의 경우 종전 직후 철강 노동자를 조직화하는 과정에서 사무직 사원과 생산직을 공장 단위의 통합 노조로 묶으려다 생산직 노동자의 큰 저항을 받았다. 치열한 논쟁 후에 일본철강의 생산직 노동자들은 "'공원과 사원 신분의 통합'과 신분 차별 철폐를 최우선 과제로 한다"는 것을 조건으로 생산직·사무직 연합노조를 수용하기로 결정한다(Gordon 1996, 28-30).

28_ 로저 자넬리는 이와 유사하게, 1980년대 한국의 한 대기업에서 사원들이 생산직 노동자에 대해 공감하는(sympathetic) 태도를 보이는 것을 관찰했다. 사원은 "생산직 노동자들에게 양보하는 것이 최종적으로 자신들의 물질적 복지에 해롭기보다는 도움이 될 것처럼 보이는 한 [생산직 노동자들의] 불만의 타당성을 인정했다"(Janelli 1993).

뽑으려는 매우 힘든 과제에 선도적으로 나선 것이었다. 그것이 오랜 시간에 걸쳐 굳어진 차별 관행임을 고려할 때, 사원들이 자신의 특권적 위치가 급작스레 사라질까 크게 우려하지 않았다는 것은 당연해 보인다.

공원에 대한 차별 중에는 사원에게 다달이 월급을 주면서 공원에게는 '순급', 즉 한 달에 두 번 임금을 지불하는 관행이 있었는데 이 관행은 1960년대 초 노사 갈등의 중요한 원인이 되었다. 1960년대 내내 노동자들은 한 달에 한 번 같은 날 두 그룹에 급여를 지불하라고 요구했으나 별 성과를 거두지 못했다. 가끔씩 회사는 사원에게는 월급을 주면서도 공원에 대해서는 임금 지불을 늦추었다. 생산직 노동자들이 불평했을 때, 경영 측이 "급료일에 급료를 미불한다면 대외 체면이 있으니 사무원 급료는 지불하겠다"라고 했다는 기록도 보인다.[29] 그 답변은 사무직 종업원의 대우는 회사의 평판에 영향을 끼치나 그보다 낮은 생산직 노동자의 대우는 회사의 평판과 상관이 없다고 관리자들이 생각했음을 암시한다. 미불되었던 급여가 마침내 지불될 때도 사원은 한 달분 전액을 받았고 공원은 반달 치를 받았다. 일한 시간만큼 노임을 받는 생산직 노동자의 생계에 큰 타격을 준, 잦았던 회사의 '명휴'(일거리가 없어 휴무) 선언도 월급 생활자인 사원에게는 영향이 없었다.[30] 따라서 이 정책도 생산직 노동자에 대한 '무시'의 표현으로 받아들여졌다. 앞서 언급했던 월동수당의 경우 임시직 노동자의 분노와는 별도로 정규직 공원도 기분이 좋지는 않았는데, 사원들이 받은 수당에 비해 자신들이 받

29_조공 문서철 #1, 1960년 9월 30일 회의록.

30_조공 문서철 #1, 1961년 3월 31일 회의록.

은 수당이 훨씬 적었기 때문이다.[31]

1960년 쟁의가 평화적으로 끝난 뒤 8월 24일, 노조와 회사는 광범위한 내용의 노조 요구 사항을 논의하기 위해 회의를 가졌다. 노조 측이 소집한 회의로는 처음인 이 노사 간담회에서, 노조 대표들은 앞에서 이야기한 임시공 처우에 대한 요구 조건 외에 공원의 급여 지급일을 사원과 같은 날로 해달라고 재차 요구했고, 급여와 함께 상세한 급여 내역을 달라는 요구를 덧붙였다. 급여일 조정 요구에 비해 상대적으로 비중이 적은 급여 명세서에 대한 요구에서 노조는 일정 정도 성공을 거두었다. 노조 측은 회사에서 명세서를 주지 않기 때문에 노동자들이 총급여액의 산정 기준을 알지 못해 그에 대해 설왕설래하느라 "급료 후 이삼일까지 작업에 지장"이 있게 된다고 주장했다. "현장에 지장이 있"다는 말에 자극받은 사측은 다음 달부터 명세서를 주겠다고 즉각 약속했다.[32]

신분 차별에 대한 생산직 노동자가 가진 매우 예민한 감수성은 식민지 시기 산업 노동자가 등장한 이래 한국 노동자 운동의 매우 뚜렷한

31_사무직과 생산직의 차별 문제는 조공 문서철 #1, 1960년 8월 18일; 9월 28일; 9월 30일; 11월 18일; 12월 5일; 1961년 1월 12일; 1월 27일; 3월 31일; 4월 1일; 4월 28일 회의록 참조. 사원의 월동수당은 기본급과 다른 수당을 합한 월급의 절반이었지만, 생산직 노동자는 기본급 13일분만을 월동수당으로 받았다.

32_조공 문서철 #1, 1960년 8월 24일 노사 간담회 회의록. 1968년의 타 회사 노동조건에 대한 조사 보고서에서 조공 지부 조사팀은, 울산의 한국비료 노동자들은 회사가 임금을 어떻게 계산하는지 모르고 있다는 사실을 강조했다(조공 문서철 #19, 1968년 1월 24일 회의록). 1960년대에는 노동자들에게 임금 명세서를 제공하지 않는 것이 일반적 관행이었던 것으로 보인다. 이 회의에서 노조는 항상 되풀이되는 이런 요구들뿐만 아니라 기타 다양한 복지 문제를 제기했고, 식당, 의무실, 구내매점을 위한 각종 보조금과 지원 약속을 얻어 냈다.

특징이었다.[33] 또한 생산직 노동자에 대한 차별 철폐는 '87년 노동자 대투쟁'으로 알려진 1987년의 대규모 파업 물결 속에서도 널리 공유된, 핵심 요구 사항이었다. 여러 형태로 나타나는 생산직 노동자 신분 차별에 대한 깊숙하고 지속적인 분노는 한국 사회에서 조선시대 이래, 어쩌면 그 이전부터 계속되어 온 완강한 신분 중심적 문화와 사회적 관습 및 관행의 반영이기도 하다.[34] 신분을 기초로 하는 차별에 대한 공통된 인식과 경험, 그리고 무엇이 공평하고 공정한 일인지에 대해 작업 현장에서 함께 일하며 쌓아 온 공감대가 생산직 노동자 사이에 경영 측을 상대로 한 내부 집단의 연대감을 높였던 것으로 보인다.

사원들과 동등한 지위를 얻고자 한 조공 생산직 노동자들의 노력은 전체 사회의 위계질서 내에서 자신이 가지고 있는 노동자로서의 지위를 높이려는 노력의 일환이었다. 노사 관계 측면에서는 이런 열망이 협상 테이블에서 노조가 관리자 측과 동등한 지위를 요구하는 것으로 드

33_구해근은 노동자들의 "투쟁의 형태와 그들이 노동자 정체성과 계급의식을 발전시키는 방식을" 형성하는 데 있어서 노동자들의 체험 중 "계급 관계의 상징적·문화적 차원", 특히 신분의 중요성을 강조한다. 구해근에 따르면, 신분에 대한 의식은 "한국 노동자들의 최우선적 관심이었고, 그들의 계급 경험은 그들의 신분과 뗄 수 없이 얽혀 있다"(Koo 2001, 127; 132). 제1차 세계대전 이전의 초창기 일본 산업 노동자들도 신분 향상에 대해 이와 유사한 열망을 보여 주었다(Smith 1988; Koo 2001, 127; 132에서 재인용)

34_조선시대의 위계적 사회 신분 체계의 강고함에 대해서는 송준호(1987) 참조. 구해근은 육체노동을 통해 얻는 수입이 적다는 점만이 아니라 "전통적 유교에 기초한 신분 위계질서의 유산"이 육체노동자에 대한 한국 사회의 경멸과 천시하는 태도를 형성하는 데 중요했지만, "그것은 한국의 전통적 신분 체계가 강력하고 온전하게 잔존했기 때문이 아니"라는 점을 경고했다. 오히려 1960~80년대까지의 이행기에, 이미 붕괴된 낡은 신분 체계를 "대체할 새로운 신분 체계가 형성되지 못했기" 때문에 "신분 질서가 전통적 위계질서에 의해 지속적으로 영향을 받은 것이다"(Koo 2001, 130).

러난다. 신분 차별 문제에 대한 노동자들의 예민한 감수성은 조공 노조 지부장이 최근 맺은 합의를 이행치 않는 회사 사장에게 던진 다음과 같은 비판에서 잘 나타난다. "아직도 전근대적인 노사관을 가진 몇몇 인사들은 노사 간을 마치 주인과 머슴 사이처럼 취급하여 노사 협정 불이행을 누워 떡 먹는 격으로 취급하고 있습니다."[35] 노동자의 근대적·민주적 심성에 극단적으로 대비되는 경영진의 "전근대적"이고 후진적인 마음 자세에 대한 이 비판은 1960년대를 통해 조공 노조의 성명에서 자주 되풀이되는 주제였다.

소속된 모든 노동자의 공평하고 평등한 대우를 위해 싸우는 노조라는 방향으로의 발전은 노조 자체의 민주적 운영에 대한 관심의 증가와 궤를 같이했다. 조공 문서철의 자료는 노조 간부들이 노조 활동에서 일반 조합원의 의견을 무척 중요시했음을 보여 준다. 그들은 회의에서 항상 "현장 분위기"를 걱정했고, 각 현장에서 선출되어 온 집행위원들에게 현장에 가서 노동자들의 의견을 듣고 와서 보고하라는 요청을 자주 했다. 중요한 문제에 대해 결정을 내리기 전에 현장마다 의견 조사를 하는 경우도 있었다.[36] 내부 민주주의에 대한 강조는 1960년대 조공 노조를 특징짓는 중요한 요소인데, 이에 대해서는 다음 장에서 자세히 논의한다.

35_조공 문서철 #8, 1965년 12월 30일, 조공 사장에게 보내는 "노사 협정 이행 촉구".

36_예를 들어, 노조 지도부와 일반 조합원 사이의 이런 소통 양식, 즉 모든 수준에서 부산스럽게 회의를 하고 노동자들의 의견을 수합하는 행동 양식은 1960년 6월에 사측에 건의문을 제출해 노동자들을 분개하게 했던 28명의 기술자가 관련된 사례에서 분명히 드러난다. 이 사건에 관해서는, Nam(2003, 181-183); 조공 문서철 #1, 1960년 6월 8일; 15일; 17일; 22일; 27일 회의록 참조.

노조는 공식·비공식 회의를 진행하는 방식을 통해 절차적 민주주의에 대한 신념을 표현했다. 1960년 쟁의의 성공적 타결 후 10월 28일 열린 제6차 임시대의원대회가 그 좋은 예다. "철통같은 단결"과 "조직에 죽고 조직에 살 수 있는 체계 밑에" 조직을 강화하는 것이 목적인 그 회의는 대의원 40명 중 33명이 참석해 회사 식당에서 열렸다. 회의는 참석자 호명, 정족수 확인, 국민의례, "순국선열 및 노동 전선에서 순직한 동지들에 대한 묵념", 순조롭고 효율적인 토론 진행, 동의, 재의, 개의, 그리고 투표 절차까지, 놀라울 정도로 서구식 민주적 회의 절차를 잘 따라서 진행되었다.[37] 그것은 벌써 상당히 오랜 기간 동안 해당 방식을 사용해 온 조공 노조 사람들에게는 별로 새로울 것이 없는 일이었지만, 대한노총의 경남도 연합회에서 온 한 내빈은 조공 노조원들의 "회의 진행에 대한 상식"에 놀라움을 금치 못했다.[38] 조공 노조원들은 자신들이 이렇듯 회의 진행 방법에 통달해 있는 것을 무척 자랑스러워했다.

그러나 노동자들의 '민주적 절차'에 대한 강조를 액면 그대로 받아들일 수는 없는데, 그것은 민주적 원칙과 유교적 한국 문화에 깊이 각인된 연장자에 대한 존중심 사이의 불안하고 변화하는 관계를 주목할 때 분명해진다. 부지부장 두 명을 뽑는 투표에서 두 번째와 세 번째로 많은 득표를 한 두 사람에 대한 재투표가 동점으로 나오자, 대의원대회의 의장은 "민주주의 선거 방식에 의준하여 의장의 의결로써 최고 연령

37_ 서구식 회의 진행 절차에 대한 지식이 어떻게 한국에 전파되고 산업 노동자들에게 확산되었는지는 앞으로 연구되어야 할 아주 흥미로운 주제다.

38_ 조공 문서철 #1, 1960년 10월 28일 대의원대회 회의록.

자인 김인득 동지 당선을 선언"했다.[39] 두 후보자 모두 조선부에서 나왔고, 가장 많이 득표해 이미 부지부장직 하나를 확보한 사람은 조선기계부 출신이었으므로 이 결정은 상대적으로 쉬웠다. 하지만 노조가 조선부와 조선기계부 사이에서 하나를 골라야 할 경우 선택이 어려워진다. 예를 들어 1960년 11월 노조는 회사에 '모범 근로자'로 추천할 후보를 정해야 했다. 세 명이 후보자로 지명되었는데, 그중 어떻게 한 사람을 정할까에 대해 의견이 갈렸다. 일부는 연장자를 뽑기를 원했고 다른 이들은 투표를 선호했다. 후자의 주장이 받아들여졌고 투표 끝에 기계부의 이근배가 가장 많은 득표를 했다. 그러자 조선부 소속의 한 간부가 그 결과가 공정하지 않다고 문제를 제기했다. 여덟 명의 투표자 중 다섯이 기계부 소속이기 때문이었다. 결국 조선과 기계에서 한 명씩 두 사람을 회사에 추천해 올리자는 제안에 모두가 동의한다.[40]

부서 간 경쟁, 연장자에 대한 존중, 높은 직급에 대한 존중, 그리고 현실적인 고려들이 한꺼번에 관련이 되면 선택은 더 복잡해질 수 있었다. 1961년 1월 27일, 노조는 서울로 가서 로비 임무를 수행할 간부의 선택을 투표에 붙였다. 두 부지부장이 동점으로 최다 득표를 하자 지부장은 그럴 경우 연장자를 택하는 것이 관행이라고 말하면서도 수석 부지부장을 뽑고 싶어 했다. 다른 간부는 두 지부장이 타협할 것을 제의했다. 그러나 닷새 후 서울의 정계 인사들과 가족관계에 있거나 인맥이 있는 사람을 택하는 것으로 최종 결정이 내려진다.[41]

39_조공 문서철 #1, 1960년 10월 28일 대의원대회 회의록.

40_조공 문서철 #1, 1960년 11월 23일 상무위원회 회의록.

주도권을 잡는 노조

1961년 3월 후반에는 임금이 다시 두 달 체불되어 현장 분위기가 긴장으로 가득 찼다. 노조가 너무 약하다는 이야기가 오갔고, 간부들이 회사에 매수되었다는 소문까지 돌았다. 조합원의 뜻에 밀려 노조는 3월 31일 회사 정문 앞에 모든 조합원을 모아 놓고 사장을 호출해 설명을 요구했다.[42] 그 회합 후 간부들은 사장이 "추호도 반성이 없"다는 것을 지적하며 사측의 보복 가능성에 신경을 곤두세웠다. 사장이 노조 지부장을 "차기 노조 위원장직을 재선하기 위한 인기 전술"을 펴고 있다며 비난했다는 얘기가 들려왔다.[43] 노조는 곧이어 "사장 배격 운동" 전개를 결정하는데, 이유는 사장이 "근로자를 무시"할 뿐만 아니라 "무능"하며 한 번에 1만 원이나 경비가 드는 "출장"을 너무 자주 하면서도 작업 물량을 확보하는 데 실패했다는 것이었다. "투쟁 방법"으로 연좌시위를 할 것, 그리고 당국에 쟁의 시작을 통고할 것이 결정되었다. 조합원의 단결이 거듭 강조되었고 지부장 임한식은 간부들에게 "회사 측에 약점을 잡히지 않도록 각별 유의하여 주기 바란다"고 당부했다.[44]

회사 사장의 보복에 대한 노조 간부들의 우려에 근거가 있다는 것이 곧 확인되었다. 3월 31일의 행사로 인해 관리과장이 서울 출장소로 전보 발령을 받았고, 인사 담임과 서무 담임이 "감독 불충분"을 이유로

41_조공 문서철 #1, 1961년 1월 27일 상무위원회; 2월 2일 상무위원회 회의록.

42_조공 문서철 #1, 1961년 3월 31일 상집 연석회의; 4월 1일 긴급 상무위원회 회의록.

43_조공 문서철 #1, 1961년 4월 1일 긴급 상무위원회 회의록.

44_조공 문서철 #1, 1961년 4월 1일 긴급 상무위원회 회의록.

2개월 감봉 처분을 받았다. 문책을 받은 세 관리자와 회사 식당에서 "음주하며 회사 측의 중역진을 모욕"했다는 이유로 사장이 노조 간부들을 처벌할 생각이라는 소문도 보고되었다.[45] 사장은 다른 회사에서는 임금이 3개월이나 체불되어도 항의를 하지 않는다는 발언으로 노조원들의 화를 돋우기도 했다. 조합원 일부는 특히 관리자 문책을 문제 삼아 회사와의 대결로 뛰어드는 것은 조심해야 한다고 말했으나, 노조 내 다수의 의견은 노동자에 동정적이었다는 이유로 회사로부터 처벌받은 관리자를 위해 노조가 싸워 주어야 한다는 것이었다.

사장 권태춘은 서울서 전화로 상무들에게 임한식 지부장을 파면하고 두 부지부장을 감봉 처분하라고 독촉했으나, 상무들은 그런 보복 뒤의 사후 수습을 걱정하면서 처벌을 망설였다. 정부 임명으로 바깥에서 들어오는 사장과는 달리, 회사의 일선 관리자와 노조 사이에는 일종의 우호적이고 상호 의존적인 관계가 있었음이 느껴지는 대목이다. 노조는 권 사장의 명령이 집행될 경우 연좌시위를 단행하겠다는 경고를 사측에 보내기로 결정한다. 잔업 전면 거부와 자유 시간을 이용한 연속적 연좌데모도 고려되었다. 한 간부는 "벌을 감수한다면 노조는 멸망이고 회사와 투쟁할 조직체가 없어진다"고 목소리를 높였다.[46]

이 충돌은 경영진, 특히 권 사장이 업무량을 확보할 능력이 없다고 보는 노동자들의 인식과 밀접히 관련되어 있었다. 그들은 경영진을 불

45_3월 31일 이후의 사건과 논의는 조공 문서철 #1, 1961년 4월 4일 상무위원회 회의록; 4월 6일 회의록에 실려 있다. 임한식 지부장에 따르면, 노조 회의 후의 그런 음주는 '관행'이었다.

46_조공 문서철 #1, 1961년 4월 4일 상무위원회 회의록; 4월 6일 회의록.

신했고, 업무량 확보 등 자기 책임을 다하지 못하는 사장의 사퇴를 요청하는 것에 아무 문제가 없다고 주장했다. 임한식은 조공 조선소가 절박하게 수주를 원하던 20만 달러 상당의 천지호 수리 발주에 차질에 있을까 하여 노조가 "최대한의 절제"를 하고 있는 마당에 사장이 상무들에게 지부장 해고를 재촉하고 있다는 사실을 한탄했다.

천지호의 수리 작업이 일본으로 넘어간 후 노조는 "업무량을 회사 간부에만 의존하지 말고 오등의 힘으로써" 하자고 진정서 제출 등의 방법을 논의한다.[47] 노조 간부들은 이구동성으로 정부의 행동을 비난했다. "한국에서 능히 수리할 수 있음에도 불구하고 일본에서 수리를 하고 있으니 정부에 재인식시키는 동시에 요로 당국에 항의문을 제출하여 각성하도록 여론화시켜야 된다"는 지부장의 말을 시작으로 "정부 자체가 국내에서 수리하도록 적극 협조하여야 하는데 외국에서 수리하도록 승인하였으니 한심지사"라는 등의 비판이 이어졌다."[48] 조공 사장에 대해서는 그가 수리 주문을 일본에 뺏기지 않도록, 필요하면 노동자들을 동원해서라도 전력투구했어야 하는데 "속수 방관"했으니 노조로서는 그의 진정성을 "의문시 아니할 수 없다"고 비판했다.

신문광고를 통한 여론 캠페인, 가두시위, 그리고 부산 해무청으로의 행진이 '조선산업 부흥'을 위해 계획되었고, 조공 노조 명의의 진정

47_조공 문서철 #1, 1961년 4월 28일 회의록.

48_이 말은 조공 문서철 #1, 1961년 4월 21일 상무위원회 회의록에 실려 있다. 임한식은 천지호의 수리 작업에서 철판을 공급하는 데 문제가 있었음을 인정했다. 필요한 철판을 수입하는 데 두 달이 추가로 소요될 것이고, 그것이 정부가 일본에서 수리 작업을 하도록 허용한 이유 중의 하나였다. 그러나 다른 간부는 그 변명을 수용하지 않았다. "정부에서 약 2개월 기간을 연기시켜 국내에서 수리하여야 한다"는 것이 그의 주장이었다.

서가 준비되어 관계 당국에 전달되었다. 각 현장의 여론조사를 거쳐 노조는 '사장 축출'을 위한 조합원 임시총회를 열기로 결정했다. 사상의 무능력으로 말미암아 조선소가 중요한 수주를 잃고 임금 인상도 어렵게 되었다는 것이 그 이유였다.[49] 임한식은 서울로 파견될 노조 대표에게 사장이 실제로 서울서 로비 작업을 했는지의 여부도 조사해 줄 것을 제안했다.[50]

정부 관리들과 자신들의 신분 차이를 잘 인식하고 있었던 노조 간부들은 서울 로비에 대해 불안한 심정이었다. 그러나 로비는 "상상 외로 순조로이 진행되어" 노조 대표들은 서울에서 기대를 훨씬 능가하는 성공을 거두었다. 그들은 부산·경남 지역 국회의원들의 도움으로 국무총리를 비롯해 부흥부, 상공부, 재무부 등의 장관·차관이나 국장들을 만났다. 국회의 상공·보사·재경 분과위원장, 산업은행 총재, USOM 관리, 해무청장도 만나 천지호 수리 문제에 대한 노조의 입장을 전달했다.[51]

1961년 5월 8일에 열린 조공 노조의 제7차 임시총회에서는 로비 결과 및 여타 문제들이 보고되었고, 가두시위를 단행하자는 동의가 만장일치로 통과되었다.[52] 설계과 소속 한 조합원의 다음 발언은 노동자들의 민족주의적 어젠다를 집약적으로 보여 준다. "선박 수리 또는 신조의 공기가 지연되더라도 민족적 정신으로써 흑자 적자를 논의치 말

49_조공 문서철 #1, 1961년 4월 28일 회의록. 총회를 소집한 또 다른 이유는 노조의 서울 로비 작업에 대한 보고를 듣는 것이었다.

50_조공 노조의 로비스트는 결국 권 사장이 서울에서 실제로 장관들과 만났다는 것을 확인했다.

51_조공 문서철 #1, 1961년 2월 11일 상집 연석회의 회의록; 1961년 5월 6일 회의록.

52_조공 문서철 #1, 1961년 5월 8일 임시총회 회의록.

고 국내에서 수리하여야" 한다. 시위대는 조공 조선소에서 다리를 건너 육로로 부산 중심가의 해무청까지 행진해 갔다가 선편으로 영도로 돌아오는 일정을 잡았다. 시위대는 가는 길에 있는 대선조선과 근방의 다른 조선소 노동자들도 참여시킬 계획이었다. 시위는 예정대로 순조로이 진행되었고 노조의 주장을 대변해 서울서 로비를 하겠다는 해무청장의 약속을 받아 낼 수 있었는데, 이는 아마도 노조의 능숙한 민족주의적 언설과 그에 대한 광범한 사회적 지지 덕분이었을 것이다.[53]

전국해원노동조합 파업과 남궁련

조공 노조가 노동자의 권리를 수호하는 주체적이고 전투적인 조직으로 성장해 가던 이 몇 달 동안, 노조는 조공 조선소 너머 조직노동운동의 활성화 흐름과 긴밀히 연결되어 움직이고 있었다. 조공 지부의 상급 노조이며 1958년 파업 시 큰 도움을 주었던 전국해상노동조합연맹(약칭 해상노조)은 1960년이 되면 혼란 상태에 빠진다. 그해 말 분파 싸움으로 해상노조는 두 개의 본부로 분열되었고, 이에 조공 노조는 두 진영 중 어느 쪽 편도 들지 않고 새로운 금속노조 연맹을 조직하기 위해 노력할 것이라고 선언한다(전국해원노동조합 1973, 86-87). 그러므로 조직노동운동에서 심각한 재배치와 재조직화가 진행되던 4월 혁명기에 해상노조는 전국 차원의 노동 정치에서 주요한 행위자가 되지 못했다.[54] 해

53_조공 문서철 #1, 1961년 5월 17일 상무위원회 회의록.

54_산별노조연맹들의 힘, 성격 및 운명은 이승만과 박정희 정권하에서 큰 차이를 보인다. 앞서

상노조가 내분에 빠져 있는 동안 그 핵심 지부 가운데 하나인 전국해원노동조합(약칭 해원노조. 한국선원노조가 1959년 9월 개칭)이 해운산업계의 강자 '극동해운'을 상대로 완강하고 극적인 투쟁을 시작했다. 여기서 이 사건에 지면을 어느 정도 할애할 필요가 있는데 그 이유는 이 충돌이 후에 이 책의 주인공으로 등장하는 극동해운 사장 남궁련(1916~2006년)이라는 인물을 파악하는 데 도움이 될 수 있어서다. 그는 민영화된 조공의 소유주로 조선소에 와서 노사 투쟁에 결정적 역할을 한다.

이승만 정권과 밀접한 관계를 유지했던 남궁련은 한국 기업계에서 막강한 실력자였다(김낙중 1982, 300).[55] 그는 조공과도 이사회의 일원으로서(1955년 3월~1957년 12월), 감사로서(1957년 12월~1958년 12월) 오랫동안 관계를 맺어 왔다.[56] 4월 혁명의 정치적 격동도 군사 쿠데타도 기업가 남궁련의 힘과 권위에 부정적인 영향을 끼치지는 못한 것 같다.[57]

서술한 것처럼, 역사적으로 섬유와 부두 노동자의 산별노조가 가장 부패가 심하고 비민주적이었지만, 일반 조합원들은 높은 투쟁성과 노조 민주화에 대한 강한 열망을 끈질기게 보여 주었다. 조선노동조합전국평의회(약칭 전평) 시절 이래로 철도와 전기 노조는 조합원들의 강한 행동력을 바탕으로 전국 노동조합운동의 중심적 위치에 서있었다.

55_1960~61년의 해상노조의 쟁의에 관해서는 김낙중(1982, 297-300); 전국해원노동조합(1973, 89-92) 참조.

56_이 사실을 필자에게 지적해 준 노동사 연구자 김준 박사에게 감사를 표한다.

57_군사정부와 남궁련 사이의 긴밀한 관계를 알려주는 에피소드가 있다. 『한국일보』(1962/11/28)는 "신당, 사회노동당(가칭)으로, 영국 노동당 것 대체로 본떠 정강·정책 초안도 완료"되었다는 내용을 1면 주요 기사로 내보냄으로써 박정희가 노동당을 창당할 것이라는 오보를 냈다. 군사정부는 이 보도에 상당히 불쾌해 했고, 사장 겸 편집국장 장기영 등 네 명을 구속하고 신문을 사흘간 '자진' 휴간하도록 강제했다. 장기영은 이때 잠시 동안 신문을 남궁련에게 넘겨 주게 되고, 남궁의 이름이 12월 7일자 제호 밑에 발행인으로 등장한다. 당시 한국일보의 사회부장이었던 이원홍은 그 보도가 완전히 오보였는지, 아니면 군사정부가 실제로 그런 명칭의

해원노조는 1960년 5월 고려호 선원들을 위해 극동해운을 상대로 임금 문제를 놓고 공식 노동쟁의를 시작했다. 하지만 남궁 사장은 협상을 원치 않았고, 부산에 정박 중이던 고려호의 선원들은 파업에 들어가기로 결정한다. 파업 시작 사흘 후 회사는 경상남도 당국의 중재를 받아들여 임금 84% 인상에 동의했다. 그러나 회사는 합의를 지킬 의사가 없었고, 대신 선원 여섯 명을 해고했다.

고려호는 이미 태평양에 나가 있는 상태였지만 분개한 선원들은 즉각 다시 선상 파업을 시작했고 파업 중 고려호는 대만으로 표류했다. 10월, 배가 일본 요코하마에 정박 중일 때 선원들은 다시 파업에 돌입했지만, 한 외국 선박이 고려호를 들이받는 사고가 발생해 고려호가 큰 손상을 입게 되면서 선원들은 파업을 중지해야 했다. 이런 상황에서도 회사는 비타협 자세를 고수했고, 이에 노조는 11월 다시 쟁의 신고를 하고 해를 넘겨 1월 17일 고려호가 인천항에 입항하자 다시 파업에 들어갔다. 그 시점에서 남궁 사장은 경찰 및 검찰청과 연결된 인맥을 이용해서 외부와의 연락을 일체 차단, 고려호를 물리적으로 고립시켰다. 해원노조나 한국노련 간부들은 배에 접근할 수도 없었고 회사가 자동 흡인 장치를 사용해 적재 화물인 원맥을 내리는 것을 막을 수도 없었다.[58] 이 길고 치열했던 쟁의는, 정부에서 보낸 조공 조선소의 관리자들

정당을 고려했는지에 대해 의문을 제기한다. 이원홍의 회고는 『월간 조선』(2002년 5월호, 310-311)에 게재되었다. 권오덕은 남궁련이 박정희 대통령과 경제기획원 장관을 지낸 장기영, 두 사람 모두와 친밀했다고 회고했다(2001년 9월 20일 권오덕 인터뷰. 면담자: 김준). 인터뷰 녹음테이프를 공유해 준 김준 박사에게 감사드린다.

58_남궁련의 확고한 반노조 입장과 정치적 연줄, 영향력을 잘 활용하는 모습은 그가 1969년에 조공 조선소의 새 소유주로서 등장해 조공 노조와 대립했을 때(이 책의 8장 참조) 잘 드러난다.

과는 달리 남궁 사장과 같은 개인 기업주들은 큰 비용을 감수하고라도 노조와 싸울 태세가 되어 있었음을 보여 준다.

1961년 4월, 중앙노동위원회가 노조와 회사 대표들이 출석한 가운데 고려호 쟁의 건을 심의했다. 이 회의에서 한국노련을 대표해 근로자 위원으로 출석한 김말룡이 남궁련의 "불손한 태도"에 분개해 심각한 언쟁이 벌어졌고, 결국 남궁련이 김말룡에게 "사과"하고 위원회의 중재안을 받아들이기로 약속한 후에야 상황이 진정되었다(전국해원노동조합 1973, 92). 김말룡은 남궁련을 믿을 수 없다고 비난했고 남궁련의 약속을 공식 중재안에 포함해 문서화도록 중앙노동위원회에 요청했다. 11개월의 쟁의 끝에 노동자들에게 유리한 합의가 이루어졌다. 극동해운에 대한 해원노조의 승리는 다른 기업체 선원들의 후속 쟁의에도 긍정적인 영향을 미쳤다. 4월이라는 승리의 타이밍도 중요했는데, 같은 시기에 진행되었던 부두 노동자와 광산 노동자 파업의 경우 5월의 쿠데타와 함께 아무런 성과도 없이 갑자기 중지되어야 했다.

군사 쿠데타와 그 결과

이승만의 몰락 후 빠르게 활성화되던 노동운동의 기세는 박정희 장군이 이끄는 군 일부가 서울을 장악한 1961년 5월 16일 갑작스레 꺾였다. 쿠데타 세력은 분출하는 사회운동으로 인해 야기된 정치적 혼란과 특히 일부 운동에서 좌파적 입장이 부활하는 조짐이 보이는 것을 핑계로 거사했다. 쿠데타가 진행되는 동안 조공 노조는 앞으로 닥칠 일에 대해 아무 것도 짐작할 수 없었다. 쿠데타의 성공이 확실해진 뒤 군사정권은 노동조합을 포함한 모든 정치·사회 단체의 해산을 명령했다. 노동조합들은 해산의 조건 등을 협상할 아무런 지반도 힘도 없었다. 5월 23일자로 모든 노조가 해산되었고, 노조 지도자 수백 명이 연행되었다.[59]

5월 17일에 열린 해산 전의 마지막 회의에서 지부장은 조선산업과 관련된 문제에 "군각[군 정부]이 어느 정도 일을 할는지 부지수"라고 궁금함을 표현했다.[60] 이 회의록에는 노조 간부들이 불안해하는 모습이 전혀 나타나지 않는다. 그들은 평상시와 마찬가지로 노조 사무를 논의했고, "군정 조각이 될 모양이니" 추후 "새 정부와 교섭하겠다"는 언급을 하고 있을 뿐이다.[61] 그러나 그 회의가 조공 노조 문서철에서 임한식과 그가 이끈 조공 노조 지도부의 목소리를 듣는 마지막 기회였다. 그로부터 수년이 지난 후인 1967년, 임한식 시대의 투쟁적 정신을 이어받은 새 조공 노조의 부지부장 박정부가 동료 조합원들에게 "제2대부터 수대를 이어 지부장직을 역임한 임한식 씨"가 "병상에서 투병하고 있는 실정"이니 그를 위해 "캄파운동"(캄파니야는 기금 모금 등의 캠페인을 말하는 러시아어이자 좌파의 용어)을 시작하자고 요청하면서 그 이름이 다

59_ 쿠데타 이후의 사건들과 새 한국노총의 결성에 관해서는 한국노총(1979, 569-577) 참조.

60_ 조공 문서철 #1, 1961년 5월 17일 상무위원회 회의록.

61_ 여기서 제시된 군사 쿠데타에 대한 조공 노동자들의 태도는 일반 대중의 그것과 유사했다. 미국 방첩대(CIC)가 쿠데타 직후에 실시한 여론조사에서 조사 대상의 60%가 쿠데타를 호의적으로 보았다. 그 당시 지식인들은 쿠데타에 대한 논평을 피하거나, 장교들이 이집트, 버마, 파키스탄에서 한 것처럼 한국에서도 긍정적 역할을 할 수 있을 것이라는 기대를 표명했다. 많은 지식인들이 군사정부가 사용한 민족주의적 언어를 긍정적으로 보았다(홍석률 1999, 197-198; 241). 국가의 근대화 사업에서 군부가 수행하는 역할에 대한 한국 지식인들의 긍정적 평가는 대개 제3세계의 근대화 노력에 군 장교와 민간인 지식인의 동맹이 필요하다고 주장했던 미국의 근대화 이론(modernization theory) 주창자들에게서 크게 영향을 받은 것이었다(홍석률 1999, 204-205).

시 등장한다.[62] 그러나 임한식은 오래 지나지 않아 사망했고, 노조 간부들은 그가 그해 장기간의 파업을 하기도 했던 지역의 한 금속 노동자 노조를 오랜 동안 뒤에서 꾸준히 도와 왔음을 알게 되었다.[63]

군사정권이 생각하는 바람직한 노사 관계 체제에 맞게 노동운동을 재편하는 임무는 새로 조직된 중앙정보부에 맡겨졌다. 중앙정보부는 노동운동 지도자 아홉 명을 직접 선발해 위원회를 만들고, 그 위원회로 하여금 조직노동운동의 전국 단체를 재건하는 일을 담당하도록 했다. 1961년 8월 3일, '근로자의 단체활동에 관한 임시조치법'이 반포되어 수개월 동안 묶여 있던 노동단체들이 다시 합법적으로 기능하기 시작했다.[64] 다음 날 9인 위원회가 행동을 개시했고, 1961년 8월 30일, 11개의 산별연맹을 거느린 한국노총이 출범한다. 9인 위원회의 수장이었던 철도노조의 이규철이 한국노총의 첫 위원장이 되었다.

한국노총은 순전히 하향식으로, 기존 노조 조직과 지도자들의 이합집산을 통해 조직되었다. 일부 부패하고 문제 많기로 소문난 지도자들은 새 지도부에서 배제되었지만, 한편으로는 김말룡이 이끄는 한국노련의 전국노협 그룹같이 가장 개혁적인 지도자들도 제외되었다. 이후 전국노협 그룹은 한국노총이 그 조직 과정에서 자율성과 민주주의를

62_조공 문서철 #19, 1967년 10월 2일 간부 연석회의 속개회의 회의록. 박정부는 한때 대한조선 공사 전평 노조의 활동적인 노조원이었고 그가 사용하는 용어들에서는 좌파 노동운동 경험의 흔적이 보인다. 박정부의 전평 경험에 관한 정보는 2006년 5월 18일 권오덕 인터뷰(면담자: 남화숙) 참조.

63_2006년 5월 18일 권오덕 인터뷰(면담자: 김준, 남화숙).

64_단체행동권은 1963년 4월의 노동법 개정까지 복구되지 않았다(김삼수 1999, 196).

완전히 결여했다며 한국노총의 합법성 문제를 법정으로 끌고 가는 용감성을 보였다(한국노총 1979, 578). 1963년 2월, 정부의 경고에도 불구하고 전국노협 그룹은 한국노련의 재창립을 준비하는 대회를 열었고 서울과 인천 지역에서 기존 노조를 무시하고 새 지부들을 적극적으로 조직해 나갔다(한국노총 1979, 580). 1963년 3월 10일에는 노동운동의 두 전국 조직이 별도의 노동절 기념행사를 치른다. 그러나 1963년 4월, 그리고 다시 12월에 군사정권은 노동법을 개정해 '복수노조'를 전면 금지했다. 개정 노동법하에서 노조는 해당 정부 당국에 보고서를 제출해 합법성을 인정받아야 했고, 기존 노조의 일상적 활동을 방해하는 것을 목적으로 하는 노조는 법적인 인정을 받을 수 없었다.[65] 이로써 한국노련 노조들의 활동은 1963년 말이 되면 거의 멈춘다.[66] 그리고 당시만 해도, 한국에서 행동적이고 민주적인 노조들이 곧 재등장하리라는 것을 예측하는 사람은 거의 없었다.

---

[65]_1963년 노동법 개정의 세부 사항에 관해서는 이 책의 5장 참조.

[66]_1963년 3월에 전국금속노동조합(약칭 금속노조) 위원장 지연일과 인천 지부 지도자들은 금속노조가 한국노총에서 탈퇴하고 해산할 것이라고 발표했다. 이는 산별노조가 한국노총에서 탈퇴한 첫 사례였다. 이들 활동가들은 한국노련을 지지했고, 인천에서 금속노조와 몇몇 지부를 조직했다. 기존 한국노총 노조들을 밀어내기 위해 결성된 '제2노조들' 중의 하나인 인천제철 노조의 위원장은 1963년 노동법 개정의 최초의 피해자가 되었다. 그는 노동법이 선포된 다음 날 체포되었고, 불법 노조 결성 혐의를 받았다. 1963년 9월, 지연일 등은 자신들의 행동을 사과해야 했고, 정부의 압력하에 모든 제2노조가 한국노총에 복귀했다. 한국노련의 활동과는 별도로 일부 산별노조의 위원장들이 1963년 1월에 '민주노동당' 창당을 시도했으나 그들의 행동도 즉시 억압당했다(한국노총 1979, 581-586).

5

민주노조의 정립

한국의 1960년대는 민족국가 건설을 위한 여러 전망이 공존하고 충돌하던 과도기였다. 1960년 4월 혁명 이후, 민주적으로 사회를 변혁하려는 열망이 고조되었으며 대한조선공사(약칭 조공) 조선소의 노동자들도 노조 운영에서 민주적 원칙을 지키려 노력했고 노사 관계에서 공평성, 평등 및 노동자의 발언권을 추구했다. 1961년 권력을 장악한 군사정권은 이승만 정권 시기인 1950년대에 마련된 노사 관계의 틀을 대체로 유지했다. 적어도 조공 노조와의 관계에서 노동청, 지방노동위원회, 시 정부와 경찰 등의 국가기구는 법적으로 보장된 합법적 단체협상이나 단체행동 절차를 포함, 민주적 제도를 존중하는 태도를 보였다. 다시 말해 1961년 이후의 시기에도 일부 부문의 한국 노동자들에게는, 1953년의 노동법과 한국노동조합총연맹(약칭 한국노총)의 민족주의적 반공주의 이데올로기에 의해 틀 지어진 노사 관계 제도의 잠재적 가능성을 최대한 현실화하기 위해 싸울 수 있는 중요한 공간이 아직 열려 있었다. 조공 노동자들이 박정희 시기 노사 관계가 형성되어 가는 이 역동적인 1960년대 초반기 수년간을 어떻게 보냈는지가 이 장에서 이야기할 내용의 초점이다.

서장에서 지적했듯이, 1960년대는 국가의 노동 탄압이 심했던 1970년대와 마찬가지로 노동운동의 암흑기였다고 간주하는 것이 통상적인 견해다. 1960년대 노동운동을 다루는 한국 내 노동사 관련 서적과 논문 대다수에서, 이 시기 노동자의 행동과 노조 활동은 대부분 조합원을 위한 물질적 혜택만 추구하고 자본주의경제 체제 자체는 물론 기존 노사 관계 제도나 경영의 특권에 도전하지 않는 '생계 지향의' 조합주의 혹은 '경제적' 조합주의에 해당하는 사례들이었다고 평가된다.[1]

1960년대 한국 노동운동을 다루는 최근 저작들에 보이는 시각은 더욱 부정적이어서, 새로운 성격의 전투적 노동운동의 등장에 대해 논의할 때 그 이전 시기는 배제하고 1970년대부터 추적한다. 예를 들어, 구해근은 한국 노동자들이 1970년대 중반까지 "전반적으로 온순하고 미조직화되어 있고 정치적으로 조용"했으며, "1960년대와 1970년대 동안 일어난 노동자의 항의는 숫자가 아주 적었고 대부분 비조직적, 자발적, 방어적"이며 "강한 집단적 정체성과 연대감에 뒷받침된 사례가 드물"다고 결론지었다(Koo 2001, 3; 16). 마산 수출자유지역의 여성 노

1_ 이 관점의 예로는 한국노총(1979); 김낙중(1982); 이옥지(2001); 박기호(1984); 이은진(1984) 참조.

동자들을 연구한 김승경도 1960년대의 산업 노동자를 "수동적이고 정부 정책에 순응적"이었다고 보았다(Kim Seung-Kyung 1997, 100; 129).[2] 1970년대 강도 높은 국가의 탄압과 그에 동조한 한국노총에 맞서 민주노조를 만들려는 여성 노동자들의 투쟁이 너무나 영웅적이었기에, 마치 완전히 새로운 종류의 민주적이고 전투적인 노동운동이 탄생한 것처럼 보였는지도 모른다.

하지만 이 장에서 필자가 살펴볼 것처럼, 1960년대 조공 노조원들의 행동과 요구는 절대 수동적이거나 순응적이었다고 할 수 없다. 그들의 요구와 태도 또한 경제적 조합주의라는 개념 틀에 쉽게 들어맞지 않는다. 이 역사를 들여다봄으로써 우리는 1960년대의 국가–자본–노동 관계가 오늘날의 연구자들 대부분이 더 친숙하게 알고 있는 시기인 1970년대와 1980년대 초반과는 무척 달랐다는 것을 발견하게 된다. 김삼수가 정확하게 지적했듯이, 1960년대 국가의 노동정책은 1970년대의 탄압적 노동정책보다는 1950년대의 정책과 더 강한 연속성을 보인다. 1970년대의 노동 탄압 정책은 따라서 그 시점까지의 한국 노동정책의 역사에서 볼 때 이질적인 현상이었다고 할 수 있다(김삼수 1999, 231-232). 이 책의 서장에서 논의했듯이 1960년대 조직노동운동을 구체적으로 연구했던 조지 오글과 최장집은 대부분의 학자들보다 1960년대를 더 긍정적으로 그려낸다. 오글의 해석에 따르면 군부가 "민주주의와 잘 해보려 하던" 시기인 1960년대는 "기대되는 막간"이었고, 최장

2_김승경은 노동자의 수동성을 초래한 이유의 하나로 "한국전쟁이 남긴, 어렴풋이 마르크스주의적인 생각에조차도 적대적인 분위기"를 지적했고, 그것이 "1950년대와 1960년대 동안 계급 담론을 억압한 한 요인"이었다고 보았다.

집의 분석에 의하면 1960년대에는 "노동조합들이 높은 수준의 조직적 자율성을 누렸다."[3]

허재업 지부장 시절(1964년 6월~1969년 10월)의 조공 노조는 민주주의와 평등에 관한 일관된 담론을 생산·제시했고, 노조 조합원 자격을 정규직보다 열악한 형편에 있는 노동자들에게 개방했으며, 노조 운영에 민주적 원칙을 지키려 애썼고, 생산과정과 노동자의 현장 생활을 통제하려는 회사의 노력에 저항했다. 노조는 사측에 맞서 단체행동마다 승리에 승리를 거듭했고, 노조가 가진 힘에 대한 노동자들의 자신감은 자라만 갔다. 이 장에서는 1960년대 중반기에 조공 조선소에서 자율적이고 민주적인 노조가 그 위치를 공고히 하고 발전해 가는 과정을 추적하며, 노조의 성명서, 토론, 행동에서 보이는 조합원들의 의식과 담론을 분석한다.

일반 조합원들의 반란

대한조선공사 노동조합은 군사정권이 만든 한국노총 체제하에서 경남 산청 출신 사무직 직원인 유철수를 지부장으로 하여 1963년 재조직되었다.[4] 유철수와 관련해, 그가 1961년 조공에 입사하기 전 지리산 인근

3_최장집은 "노동법은 실제로 노동자의 권리와 이익을 보호하고 확대하는 기능을 수행하기 시작했다"라고 결론 내린다(최장집 1988, 95-96; Choi 1989, 89; Ogle 1990, 14; 23 참조). 브루스 커밍스도 1960년대 한국 도시 중산층 정치에서 "한정적 다원주의"(limited pluralism)의 양태를 발견한다. "한국은 아직 소수인 도시 중산층을 대표하는 한정적 다원주의의 상당히 안정적인 — 종종 시끌벅적하지만 — 양태에 진입한 것으로 보인다"(Cumings 1997, 356).

4_조공 문서철 #3(조공 문서철 목록은 이 책의 〈부록 1〉 참조). 1938년에 초등학교를 졸업한 후

진주경찰서에서 13년간 근무했다는 사실이 주목된다. 진주는 한국전 쟁 기간 중 주변 산악 지역에서 게릴라 전투가 치열했던 곳이고 진주경 찰서는 게릴라 섬멸 작전의 주요 기지 중 하나였다. 유철수의 이데올로 기적 입장에 대한 자료는 없지만 보수적 입장을 지녔을 가능성이 크다.

노사위원회 협상을 기록한 회의록을 읽어 보면, 유철수가 지부장이 던 시절(1963년 5월~1964년 6월)에 관리자들에 대한 노조 대표들의 태도 가 임한식 지부장 시절보다 훨씬 정중하고 협조적이었음을 감지할 수 있다. 이 시기에 노조 간부들은 평상시와 같은 요구를 제기하지만 곧 물러서는 모습이고, 관리자들이 노조와의 협상에서 우위에 섰던 것으 로 보인다. 노조가 임금 인상 등 노동자의 이익을 위해 싸우는 것을 포 기했다는 의미는 아니다. 노조는 계속 노동자 입장을 대변했지만, 협상 에 임하는 노조의 자세에서 눈에 띄게 변화한 것은 무엇이 공평한 임금 이며 공평한 작업 환경인지, 임금이 어떻게 분배되어야 하는지 등에 대 한 노동자들 자신의 인식을 관철시키려는 지도부의 의지가 줄어들었 다는 점이다. 반면, 사측은 노동자들이 현장에서 시간을 어떻게 보내 고, 어떤 방식으로 일의 보상을 받아야 하는지와 같은 경영관리 문제에 대한 통제권을 되찾기 위해 노력했는데, 이는 다음과 같은 사례에서 명 확히 드러난다.

유철수는 만주로 가서 펑톈(奉天, 선양의 옛 지명)의 중학교를 다녔고, 해방될 때까지 만주 단 열이화학공업주식회사에서 근무했다. 경상남도로 귀향한 그는 1945~48년까지 조선방직에서 일한 후 1948~61년까지 진주경찰서에서 근무했다. 그가 조공에 고용되었을 때 전 부산시 부시 장이 신원보증을 서주었다. 그는 1963년 5월의 노조 대의원대회에 근무과 대의원으로 참석, 위원장에 선출되었다.

1964년 1월 20일 노사위원회 회의에서 노조가 기존 노동자 평균임금 5천5백 원에 더해 4천5백 원의 임금 인상을 제기했을 때,[5] 회의실로 사장과 중역들이 들어왔다. 그리고 그 자리에서 사장은 노사협조의 미덕과 효율성 제고 및 근면한 작업 윤리를 수용하는 것의 중요성에 대해 노조 간부들에게 설교를 시작했다. 국가의 제1차 경제개발5개년계획을 지지하기 위해 1966년까지 노사협조의 정신 아래 모든 종업원이 "허리띠를 졸라매고 …… 굳은 신념으로 책임을 다하여야" 한다고 마무리 지은 그의 설교 다음으로는, 감사직의 또 다른 중역의 다음과 같은 말이 이어졌다. "우리는 노조다, 경영 간부다, 등등 별개로 생각하지 말고 한집안 식구로서 다 같이 걱정하고 다 같이 해결책을 모색하도록 노력하여야 될 것으로 생각합니다." 노조 지도부 가운데 한 명이었던 서대완이 1963년에 회사의 "순이익은 2,300여만 원이었으며 이것으로도 요구액 100% 인상이 가능하며 …… 더우기 10원짜리 빵으로 끼니를 이어 가는 중노동자에게 좀 더 체력을 유지할 수 있도록 조치되어야 한다는 것은 필연적인 문제"라고 항의했다. '한 식구'라는 수사에도 불구하고, 경영측은 '근로정신'의 중요성을 재삼 강조하며 서대완의 청원을 묵살했다.[6]

사장이 장차 다른 국영기업체의 임금 인상분에 맞추어 임금을 올려

5_사측은 1만 원이라는 액수가 어디서 나왔는지 물었고, 노조는 한국은행 통계의 5인 가구 월 생계비 금액 1만2천 원을 들어 답했다. 노조는 또한 『부산일보』(1964/01) 보도를 인용하고 있는데, 이 보도에 따르면 미곡은 50%, 고무신 100%, 비누 300%, 소금은 358%나 가격이 상승했다. 3년 전에 정해진 현 평균임금과 1만2천 원이라는 수치의 차액은 6천5백 원이었지만, 노조는 회사 상황을 고려해 요구안을 4천5백 원으로 삭감했다고 설명했다.

6_조공 문서철 #4c, 1964년 1월 20일 노사협의회 회의록. 강조는 필자.

주겠다고 약속하자 노조 간부들은 임금 인상 요구를 접게 된다. 그리고 3개월 후인 1964년 3월, 회사는 마침내 인플레이션수당(기본급의 30%)과 세 급으로 나뉜 효율수당을 주겠다는 데 동의한다.[7] 이번에도 서대완이, 부지부장 한 사람의 지원을 받아 평가 절차의 공정성을 문제 삼으면서 사측의 결정에 반대하고 나섰다. 그들은 공평한 해결책으로 모두에게 동일 액수를 줄 것을 제안했다. 그러나 관리자들은 무엇이 공평한가에 대해 정반대되는 생각을 갖고 있었고, 일 잘하는 종업원에게 더 많은 돈을 주는 것이 모두에게 똑같이 나누어 주는 것보다 더 공평하다는 주장을 굽히지 않았다.

1970년대 대한조선공사와 한국 산업계 전반에서 전형적으로 나타나는 이런 종류의 불평등한 권력관계는 1960년대 조공의 노동조합운동에서는 예외적인 현상이었고, 임한식 시대와, 유철수를 이은 허재업 시대에 노사위원회 회의에서 노조 간부들이 과시한 호전성 및 자부심과 극명한 대조를 이루는 것이었다. 임한식, 허재업 시기와 비교했을 때 유철수 지도부 시기를 차별화하는 또 다른 특징은 지도부와 일반 조합원 사이의 괴리다. 유철수 지부장 시절 노조 간부들은 현장의 의견에 큰 관심을 보이지 않았고, 일반 조합원들은 자신들의 의견을 제기할 때 정상적인 노조 통로를 거치기보다는 '승인을 받지 않은' 행동에 의존하는 경향을 보였다. 이것은 그 전 2년간 조선소에 노조가 없었던 사정에도 일부 기인하는 것일 수 있지만, 유철수를 포함한 핵심 노조 간부들

7_조공 문서철 #4c, 1964년 4월 23일 노사협의회 회의록. 최고 근무 평가를 받은 노동자(노동자들 중 10%)에게는 능률수당으로 기본급의 30%를 주고, 중급 평가를 받은 노동자(60%)에게는 10%를, 그리고 나머지 노동자(30%)에게는 수당을 전혀 주지 않을 예정이었다.

의 소원한 태도 역시 일정한 역할을 했다.

내부 민주주의에 대한 노조 지도부의 급격한 태도 변화를, 그 이전 수년간의 경험을 통해 조합원에 귀 기울이는 지도부를 당연시하게 된 일반 조합원들이 잘 수긍할 리 없었다. 유철수가 몰락하게 되는 결정적 이유는 이런 고압적 노조 운영 스타일이었다. 지도부로부터 일반 조합원의 소외가 증가하는 신호는 양성공 사이에 제일 먼저 나타났다. 이들은 노조에서 가장 젊고 임금이 낮고 불만이 많은 조합원들이었다. 양성공 가운데 1963년 졸업생들이 1963년 8월의 불공평한 직급 승진 결정에 대한 항의의 표시로 노조의 승인을 거치지 않고 작업 거부에 들어갔다. 이 반항적 노동자들과 이 사건이 지역사회에 알려져 야기된 물의에 대한 지도부의 즉각적인 반응은, 조합의 질서를 어지럽힌 조합원들의 행동에 대한 분개와 사측을 달래 주모자들에 대한 처벌을 경감시켜 보려는 미온적 노력 사이의 어느 지점이었다.[8] 그러나 노조는 곧 여덟 명의 주모자를 "단 추후 억울한 사정이 밝혀질 시는 구제토록 하는 조건부로" 노조에서 제명한다는 결정을 내린다.[9]

하지만 양성공 노동자들과 노조 사이의 분란은 거기서 끝나지 않았

8_ 이 사건에 대해서는 조공 문서철 #4a, 1963년 8월 24일; 9월 19일 회의록; #4c, 1964년 4월 23일 노사협의회 회의록 등 참조. 1963년에 졸업한 제2기 양성공은 모두 119명이었다. 이 사건이 조선소 밖으로 누설되어 사회적 문제로 비화했고, 여러 당국자들이 조사차 조선소를 방문하게 된다.

9_ 조공 문서철 #4a, 1963년 9월 19일 회의록에 첨부된 "경과보고 초안"과 #4c, 1964년 4월 23일 노사협의회 회의록. 노조가 제명된 여덟 명을 복귀시킨 기록은 없지만, 1963년 졸업기에 속하는 양성공 모두가 노조의 승인 없이 감행한 작업 중단 3개월 후 시점에서 그들이 요구했던 직급 승진을 받고 있는 것으로 보아, 노조가 그들을 다시 받아들인 것으로 보인다(조공 문서철 #4a, "경과보고" 1963년 11월 13일 조항).

다. 다음 해 3월, 동료 양성공의 휴직 발령에 불만을 품은 위의 양성공 2기생 그룹의 두 사람, 양구주와 정지영이 "음주 반취"해 노조 사무실에 쳐들어왔다.[10] 이들은 노조가 "무능"하고 지부장이 임시공을 본공으로 올려준다는 조건으로 뇌물을 받은 일이 있다면서 고성을 내고 폭언을 하며 현 지도부에 대한 불신임 결의를 하겠다고 위협했다. 그 와중에 노조 간부인 김옥생은 멱살을 잡히기도 했다. 일부 간부들은 "술을 먹고 실수한 듯"하다며 관용하기를 원했으나, 다른 간부들, 특히 김옥생은 조직의 "약체화"나 "파괴"를 노리는 자들이라며 이들의 제명을 강경히 주장했다. 두 사람을 제명 처분하자는 동의는 5 대 2로 통과되었다.

당시 양성공 노동자들(247명)은 '4급 10호'로 월 3,642원을 받고 있었는데, 이는 생산직 평균임금보다 34% 낮은 금액이었다.[11] 4월의 노사협의에서 사측은 그들의 호봉을 10호에서 5호로 올릴 것을 제시했고, 노조는 4호로 올려 월 약 6백 원을 더 받게 하자고 요청했다. 사측은 능률급이 문제를 해결할 수 있다는 주장을 굽히지 않았다. 노조는 기술이 우수한 양성공만 4호로 1호봉 올려주고 무능한 자는 해직하자는 경영 측의 주장을 받아들인다. 관리자가 판단하는 개별 노동자의 '능력'에 기초해 선별적으로 노동자의 대우를 개선한다는 사측의 입장에 동의함으로써, 노조는 공평함의 의미에 대한 노동자들의 이해를 방기하고

10_이 사건은 조공 문서철 #4a, 1963년 3월 20일 회의록과 그 회의록에 첨부된 네 쪽의 "경위서"에 보고되어 있다. 조공 자료실 문서들에 따르면, 1936년생인 양구주는 조선공무과, 조립과에서 일했고, 1932년생인 정지영은 철구과, 선각과에서 일한 금속 노동자였다. 학력은 두 사람 다 고졸이다.

11_조공 문서철 #4c, 1964년 4월 23일 노사협의회 회의록.

조공 노동자들이 오랫동안 지지해 온 평등의 원칙을 저버렸다.

유철수 지도부에 대한 일반 조합원들의 반감은 서서히 끓어올랐고, 마침내 1964년 6월 19일 제1차 정기 대의원대회에서 조직적인 반란으로 터져 나왔다.[12] 일부 대의원들이 지도부에 대한 불신임 투표를 요청하자, 뜻밖의 도전을 받고 당황한 유철수는 회의를 무단으로 정회시키고 화를 내며 회의실을 떠났다. 단지 네 명의 대의원만이 그를 따라 나갔을 때 유철수의 미래는 분명해졌다. 남은 33명의 대의원은 사무직 계장이었던 허재업[13]을 임시 의장으로 선출했고,[14] 허재업은 다름 아닌 양구주를 대회의 서기로 지명했다. 그런 다음 유철수에 대한 불신임 투표를 요청하는 일곱 가지 이유가 제시되었고 이 투표는 25 대 1로 통과되었다.[15] 양구주가 이 대회에서 그리고 이후 계속 간부직에 임명된 점이나 유철수 탄핵의 이유로 제시된 일곱 조항의 내용을 보면, 불만에 찬 양성공들이 유철수 지도부에 대한 기습을 조직하는 데 큰 추동력을

12_ 양구주와 정지영이 각각 조선부 조립과와 철구과를 대표해 대의원대회에 참석하는 것으로 보아 그들의 과오가 어느 시점에서 용서된 것으로 보인다(조공 문서철 #4b, 정기 대의원대회 회의록).

13_ 허재업의 본적은 부산에서 멀지 않은 경남 창원이다. 1929년생인 그는 부산 소재 동아대학교 법학과를 3학년 때 중퇴했다. 허재업은 8년간의 군 복무 후 제대, 군 시절 상급자인 이영진 사장을 따라 1961년에 조공에 인사과 계장으로 입사한다. 허재업의 이력서는 조공 문서철 #10에 있다.

14_ 유철수가 퇴장하자 허재업이 일어나 유철수의 비행에 대해 연설을 했다. 그런 후에 대의원들이 그와 박정부를 임시 의장 후보로 추천, 투표에서 둘 다 15표씩 얻었지만, 박정부가 사퇴하고 허재업이 30표를 득표해 임시 의장이 되었다. 권오덕의 증언에 따르면, 박정부와 허재업은 얼마 동안 서로 알고 지내던 사이였고, 이 시점에서 허재업을 노동조합운동으로 끌어들인 것이 박정부였다(2006년 5월 30일 권오덕 인터뷰. 면담자: 남화숙).

15_ 나머지 4표는 무효표였다.

제공했음을 알 수 있다. 앞서 말했듯이 첫 번째이자 가장 심각한 이유로 제시된 것은 하후상박이라는 신성한 평등 원칙의 위반이었다. 두 번째 사유는 그 이전 해에 양성공들을 노조에서 제명한 사건이었다. 기록에 따르면 유철수는 "조합원의 직책 및 임금 확보를 강구치 않고 이를 방관하고 오히려 일방적으로 조합에서 부당하게 제명 처분함으로써 8명의 무고한 조합원을 희생시켰다." 그 밖에 직위를 이용한 이권 추구와 조합원의 복지를 방관하는 태도가 지적되었다.[16]

이어 허재업이 21표로 지부장에,[17] 1940년대 후반 조공 조선소의 조선노동조합전국평의회(약칭 전평) 노조 숙청에서 살아남은 고참 기계공 박정부와 사무직인 기획실 계장 문영술이 부지부장으로 선출되었다.[18] 양성공 사건의 두 주모자 양구주와 정지영은 13인으로 구성되는 운영위원회 위원이 되었다. 전국해상노동조합(약칭 해상노조)은 즉각 조공 노조의 새 지도부를 승인했고, 노동청도 유철수가 퇴장한 뒤 속개된 노조 대의원대회의 합법성을 인정했다. 그러나 회사 측은 그렇게 하기를 꺼렸고, 유철수와 그 지지자들도 대회 결과를 뒤집으려는 캠페인을 지속적으로 전개했다.[19]

16_조공 문서철 #5, 1964년 6월 19~20일 정기 대의원대회 회의록.

17_2표는 기권표, 4표는 무효표였다.

18_박정부(1927년생)와 문영술(1929년생)은 모두 고졸이었다. 문영술은 1947~61년까지 오랜 기간 동안 군에서 복무한 후 조공에 입사, 기획과에서 일한 사무직 사원이었다. 영도 토박이인 박정부는 식민지 시기부터 시작해 대한조선공사에서 9년간 일한 후 군 입대를 위해 1951년 3월에 퇴사했다. 1956년 초 군 복무를 마친 그는 조일철공소에서 근무한 후 1962년에 조공에 복귀, 기계공장에서 일했다(조공 문서철 #10).

19_6월 19일의 대회에는 해상노조 위원장도 참석했다. 노동청은 7월 초 대회의 합법성을 인정했

유철수 지도부가 사측과 너무 가깝다고 인식했던 조합원들은 이 사건을 무엇보다도 노조의 독립성을 되찾은 승리로 자축했다. 그때부터 1969년까지 조공 노조에서는 조합원의 목소리가 커다란 비중을 차지했으며, 지도부가 조합원의 반란 가능성을 항상 염두에 두면서 조합원을 위해 최대한의 성과를 따내려 사측과 정면 대결하는 것을 주저하지 않는 문화가 발전해 간다. 그러나 조합원의 힘은 양날의 칼이 되기도 했다. 조합 내부의 민주주의와 투쟁성을 유지하는 데는 큰 역할을 했지만, 어떤 경우에는, 8장에서 논의하는 1969년 파업의 경우에서처럼, 사측과 정부 당국에 대응해 노조의 전략을 조절해 가는 지도부의 능력을 저해했기 때문이다.

대한조선공사 노동자들

조공 조선소의 노조원들이 보여주었던 비상하게 높은 수준의 자기주장은 조합원들의 구성과 성격에 대한 상세한 검토를 요구한다. 검토 가능한 자료를 통해 볼 때 조공 노조원들은 대부분 30~40대의 남성 노동자로 오랜 작업 경험을 가졌으며 한국 산업 노동자 평균보다 높은 교육

다(조공 문서철 #4b, 1964년 7월 10일 회의록). 유철수는 노조 사무실과 노조 직인을 인계하기를 거부했다. 그는 해상노조 부위원장직을 유지하려고 했고, 조공 지부장 명의를 사용한 서신을 발송했다. 유철수는 허재업에게 흥정을 제안하기도 했는데, 그 내용은 유철수가 노조 전임직을 유지하고, 개인적으로 사용한 8만7,256원을 포함, 지부장 재임 시절에 진 빚 16만4,337원을 노조가 갚아 주는 것이었다. 노조는 단호하게 그 제안을 거절했다(조공 문서철 #4b, 1964년 6~7월 회의록; #5, 1964년 7월 2일자 지부가 해상노조에 보낸 "전 지부장 소맥분 부정 처리 보고").

수준을 지녔다. 그들의 모습은 1980년대 이전의 한국 노동자상에 대한 일반적 이해, 즉 그들이 낯선 근대적 공장 체제에 적응하려 애쓰던 농촌에서 갓 이동한 산업 노동자 첫 세대라는 이해와는 들어맞지 않는다. 1960년대 조공 노동자 중에는 식민지 시기나 해방 후 시기에 한국이나 해외에서 제조업 부문의 여러 일자리를 거친 숙련 노동자들이 많았다. 연배가 높은 이들 노동자들은 해방 직후의 전투적이고 급진적인 노동 운동을 목격한 세대이기도 했다.

조공 노동자는 당시 많은 이들로부터 운 좋은 사람으로 여겨졌으며 부러움의 대상이었다. 그들은 유수한 국영기업체 중에서도 노조가 있는 직장에 다니는, 소수 엘리트 노동자층에 속했다. 조공은 한국 조선산업에서 가장 크고 안정된 고용주였고, 의심할 여지 없이 노동자들은 그 조선소에 고용되고 계속 남아 있기를 원했다. 한 조공 노동자의 어머니는 "옛날래는 대한조선공사 댕긴다 카몬 선도 안보고 딸로 준다겠지예"라고 회고한다(한재수 어머니의 회고).[20] 엘리트 숙련 노동자라는 조건이 1960년대 조공 노조원들의 조합운동에서 보이는 낙관적이고 전향적인 성격을 부분적으로 설명해 준다. 또한 거의 남성 노동자로만 구성되다시피 한 현장의 동종성은 이들이 내보인 강한 연대감을 이해하는 데 중요한 단서를 제공한다.

〈표 1〉에서 보듯이, 한국 조선산업 노동자 수는 1950년대 동안 삼천 명 남짓으로 유지되다가 1960년대 후반이 되면 8천에서 1만 명으로까지 증가한다. 그중 조공 노동자 수는 1950년 1천 명에서 1959년 3백

20_대한조선공사, 『조공』(1978년 4월호).

표 1 | 한국 조선산업 노동 인력(1938~69년)

연도	조선산업	대한조선공사			
		대한조선공사 종업원 총수	생산직 노동자	조합원 총수	여성 조합원
1938	1,301	647	597		
1939	2,799	838	732		
1940	3,339	1,073	973		
1945		1,000 *			
1948	2,137				
1949	3,287				
1950		1,070	836		
1951		896			
1952		679	498		
1953	3,196	734	531	570	
1954		742	507		
1955	3,292	836			
1956		564	405		
1957		630	471		
1958	3,058	428	340		
1959		316	252		
1960	3,239	378	311		
1961		636	392	364	6
1962	4,615	1,319	1,087		
1963	4,750	1,542	1,224	1,365	
1964		1,489(8월)	1,321(12월)	1,365(8월)	9(8월)
1965		2,140(12월)	1,775(12월)	1,429(10월)	16(10월)
1966	8,092	2,357	1,995	1,500(6월)	72(6월)
1967	10,720	2,710(11월)	2,372(11월)	2,425	
1968	9,572	3,145		2,364	
1969	8,471	1,018	1,428(11월)	1,582(11월)	
1970	7,762	990		773	

주: *은 대략의 수치다. 대한조선공사 수치는 임원과 고문을 제외한 수치다. 통계의 해당 월을 알 수 있는 경우는 괄호에 넣었다.

자료: 조선산업 총수는 김재근(1993, 242), 대한조선공사의 1938~41년 통계는 대한조선공사(1969, 35-38), 1945년 이후 통계는 앞의 책과 조공 노조 자료실 문서와 신원철(2001, 96; 122; 145; 177).

명 조금 넘는 수로 꾸준히 줄어들다가 1968년이 되면 3천 명 이상으로 증가한다. 이 조공 노동자들은 어떤 사람들이었을까? 조공 노조 자료실의 문서에는 1960년대 노조의 일상 활동에 대한 풍부한 기록이 담겨 있다. 1970년대 자료의 질은 그보다 떨어진다. 이 기록을 검토하면 이 시기 조공 노조원의 세계를 들여다보는 것이 가능하다. 노조 간부들의 이력서와 사보『조공』의 기사를 비롯한 조공 자료실의 문서들을 분석해 필자는 조선산업 노동자 141명의 개인사 자료를 모을 수 있었다.[21]

자료의 성격상 이 표본에 포함된 노동자는 대개 현장의 대표로 선출되거나 노조 간부를 역임한, 숙련도가 높고 현장에서 지위가 높은 층을 대표한다.[22] 앞서 이야기했듯이 조공 노조는 생산직과 사무직을 모두 대표했고, 심지어 관리직도 계장급까지 노조에 가입할 수 있었다.[23] 1960년대에는 많은 사무직 직원이 노조 활동을 활발히 했다. 이 표본에서는 70% 정도가 생산직 노동자인데, 〈표 1〉의 통계를 이용해 계산해 보면 1960년대에는 평균적으로 83%의 조공 종업원이 생산직이었다. 141명 중 두 명(1.4%)만이 여성인데,[24] 이 성비는 1960년대 조공 조

21_이 표본의 상세한 분석은 Nam(2003, 부록 C) 참조. 조공 문서 자료실 자료에는 한때 분회였던 대선조선 노조의 기록도 포함되어 있다. 표본은 조공 문서철 #3; #10; #19; #20; #25; #30의 자료와 사보『조공』의 기사들을 사용해 작성되었다. 141명 중에서 129명은 조공 종업원, 12명은 대선조선 노동자였는데, 이 12명의 대선조선 노동자 중 7명은 조공에서 일한 경력이 있다. 조공 노동자 129명 중에서도 7명은 한때 대선조선에서 일했다. 이는 1960년대에 영도 지역에 금속 계통 노동자들을 위한 개방적인 일자리 시장이 있었던 상황을 반영한다.

22_노조 간부들과 대의원들은 노조와 정부 당국에 간략한 이력서를 제출해야 했다. 그것이 노조 문서철에 이력서들이 포함되어 있는 이유이다. 노조 대의원은 노동자 30명당 1명씩 각 작업장에서 선출되었다. 표본에 들어간 노동자 141명 중 노조 간부와 대의원은 130명이다. 나머지는 직장이거나 1970년대에 사보『조공』에 이야기가 실린 조공 장기근속자들이다.

23_1965년 단협은 노조원 자격에서 다음과 같은 다섯 범주를 배제했다. (1) 과장급 이상의 관리 감독의 직에 있는 자, (2) 인사, 노무, 총무, 경리, 공보, 및 감사의 기밀 사항 담당의 직에 있는 자, (3) 경비 계장, 조장, 및 승용 자동차 운전의 업무에 종사하는 자, (4) 고문, 촉탁, 임시 고용자 및 사용 기간 중에 있는 자, (5) 기타 조공(회사)과 해상노조가 협의해 정한 자(조공 문서철 #7, "1966년도 단체협약 경신안"). 1965~69년까지 노조 가입 자격이 확대되는 중에도 과장에게 노조 가입이 허용되었던 적은 없다.

선소의 여성 노동자(대개 사무직이지만 생산직도 일부 포함됨) 비율인 1~ 5% 사이와 흡사하다.[25]

이 표본에 담긴 노동자들의 이력을 분석해 보면 몇 가지 특징이 도출된다. 첫째, 비교적 균질적인 남성 생산직 노동자 그룹의 모습이 떠오른다. 본적이 밝혀진 119명 중 80%를 훌쩍 넘는 수가 부산과 경상남도 출신이다.[26] 전체 표본의 3분의 2 정도가 조선소 근방 영도구에, 나머지는 부산의 다른 구에 거주했다. 조공 조선소에는 기숙사가 있었고,[27] 식민지 시기부터 영도의 여러 곳에 회사 사택이 있었다.[28] 이 표본에 포함된 조공 노동자들의 주소는 이런 지역에 집중되어 있다. 나이 면에서는 1966년을 기준점으로 할 때 80% 이상이 30대와 40대였다. 이 정보에 기초해서 우리는 1960년대 노조 활동에 적극적이었던 이 노

24_ 이봉호는 1962년에 39세로 조공에 입사했고, 1967년에 노조 부녀부장이 되었다. 장성순은 1966년부터 근무하기 시작했고, 42세였던 1967년 부녀부 차장이 되었다. 두 사람 모두 선거과 소속이다. 여중 3학년을 중퇴한 이봉호와 달리, 부녀부 간부직을 맡았다는 것과 여성에게 주로 사용되는 이름을 가졌다는 점을 제외하면 장성순이 여성이었는지 증명할 충분한 증거는 없다.

25_ 여성 노동자 수는 364명에서 2,425명에 이르는 노조원 중 6명에서 72명에 불과했다(〈표 1〉 참조). 1969년 3월의 경우 2,317명의 조합원 중 69명이 과부였다는 통계가 있으나 전체 여성 조합원 수는 미상이다. 같은 해에 여성들은 1일 평균 9시간 일했고 남성들은 10시간을 일했다. 남성 일당은 230~910원, 여성 일당은 144~640원이었다(조공 문서철 #28).

26_ 35명(29%)은 본적이 부산이었고, 64명(54%)은 본적지 주소가 경남의 여러 군, 특히 인근의 창원, 김해, 밀양군에 있었다. 나머지는 경북(5명), 전라도(4명), 충청도(2명), 경기도(1명), 황해도(1명), 평안도(2명), 함경도(1명)와 서울(4명) 출신이었다.

27_ 많은 남성 노동자들이 미혼이었다. 예를 들어, 1969년 3월 통계에 따르면 노조원 2,317명 중 944명(40.7%)이 미혼이었다(조공 문서철 #28).

28_ 1957년에 사택 거주 공간은 총 2천 평에 달했다. 사택은 대부분 영도구의 영선동, 신선동, 봉래동, 청학동 등지에 있었고 목재로 된 1층 또는 2층 건물이었다(대한조선공사 1969, 131).

동자들이 같은 지역 출신이고, 같은 노동자계급 거주 지역에 모여 사는 비교적 젊은 나이의 남성 노동자들이었음을 알 수 있다.

둘째, 이 노동자들은 비슷한 직업 경력과 훈련 경험을 지녔다. 40% 정도가 보통학교 졸업 직후에 조공 조선소나 근처의 대선조선에서 경력을 시작한 반면, 과반수(81명) 이상이 다른 회사에서 경험을 쌓은 뒤 조공이나 대선조선으로 옮겨 왔다. 상당수(141명 중 33명)는 식민지 시기에 조선소나 금속산업의 작업장에서 일한 경력이 있다. 표본에는 또한 일본에서 태어났거나, 교육, 직업훈련을 받았거나, 일한 경험이 있는 노동자가 해방 후 한국에 돌아온 경우도 다수 포함되어 있다. 이는 부산이 일본과 가까운 거리에 있다는 것 외에 식민지 후반기 일본으로의 강제 동원과 자발적 이주가 얼마나 활발했는지를 반영한다.[29] 식민지 시기 일과 더 나은 삶을 찾아 떠났던 이주자들의 인기 있는 이주지 가운데 하나였던 만주의 중공업 부문 회사에서 일한 경력이 있는 사람도 두 명이다.

해방 전 조선중공업 이외의 조선 내 중공업회사에서 일했던 노동자는 15명이다.[30] 해방 후에 중공업 분야에서 종사하고 조공에 온 사람은 더 많아서 46명에 이른다. 앞서 본 식민지 시기 통계와 합치면 표본의

29_노동자 141명 중에서 23명은 일본에 거주한 적이 있고, 13명은 일본에서 1945년이나 그 이전에 오사카, 후쿠오카 현, 나고야, 교토, 고베 등지의 초등학교, 중학교 또는 공업학교에서 교육을 받았다. 한 명은 만주 펑톈의 중학교를 졸업했다. 나이 많은 몇몇 생산직 노동자는 해방 이전에 일본의 여러 공업학교에서 기술을 배웠고, 일본의 조선소, 조선기계회사, 철공소, 제철소 또는 화학회사에서 일한 경험이 있는 사람도 10여 명이었다.

30_그 목록은 교통부 부산 공작창, 해군 조선소, 선박장비 회사, 전기 회사, 질소비료 회사, 석유 회사와 수많은 작은 기계 공장 및 철공소를 포함한다.

141명 중 79명(56%)이 조공이나 대선조선에 고용되기 전에 다른 중공업회사에서 일한 경험을 가진 셈이다. 비슷한 노동 이력에 더하여, 표본 노동자의 다수가 직업훈련 경험을 공유했다. 40%에 가까운 이들이 국내나 일본의 여러 회사 직업훈련소 또는 중등 과정 직업학교에서 어느 정도의 기술 교육을 받았다. 그중 조선소에서 일자리를 얻기 위해 조공의 훈련소를 거친 사람의 수가 가장 많다. 이 수치들은 많은 학자가 주장하듯이 식민지 시기 조선산업 노동자들의 산업 노동 경험이 단명한 것만은 아니었음을 보여 준다.[31] 1960년대 조공 조선소에서 일한 노동자의 다수는 기술을, 적어도 부분적으로는, 식민지 시기 조선과 일본에서 '직장 내 교육'과 기술 교육을 통해 획득했다. 바로 이들이 조공 조선소의 고참 숙련공이나 직장으로서, 해방 후 수십 년간 후배 노동자들을 훈련하고 생산과정을 통제하며 노동조합운동을 이끈 사람들일 가능성이 크다.

셋째, 표본에 나타난 노동자들의 직업 이력은 조선산업 노동자들이 조선소와 금속 사업장을 자주 전전해 다니는 경향이 있었음을 보여 준다. 물론 해방 후 많은 노동자들이 전직을 강요받은 상황을 감안해야 한다. 일본에서 한국으로 이동한 사람도 많았고, 해방 직후 회사들이 문을 닫음에 따라 직장을 옮겨야만 했던 사람도 많았을 것이다. 1940년대 후반과 1950년대에 노동자들이 직장을 전전했던 배경에는 많은 회사들과 조선산업의 부침이 가장 큰 원인으로 작용했다. 노동사가 앤

31_식민지 지배하에서 숙련 노동력이 형성된 정도에 관한 논쟁은 Park(1999, 129-132); Nam (2003, 43-48) 참조.

드류 고든이 20세기 시작 전후의 일본 금속 노동자들 사이에서 발견한 것과 비슷하게, 일부는 더 나은 임금을 찾아서라기보다 새로운 기술을 습득하기 위해 이동했을 수도 있다(Gordon 1985 참조).

제일 잦은 이동은 조공 조선소와 인근의 작은 조선소 사이에서의 쌍방향 이동이었는데, 이는 해당 지역에 조선산업 노동자와 금속산업 노동자를 위한 유동적인 직업 시장이 존재했음을 암시한다. 노동자들의 조선소 간 잦은 이동으로 인해 개인적 연결망이 형성되고 조선산업 노동자 사이의 연대감과 지역의 여러 조선산업 노조 간의 조직적 연결이 강화되었을 가능성도 크다. 이 점은 또한 1960년대에 조공 노조가 임시직 노동자를 노조원으로 받아들인 동기가 무엇이었는지에 대한 질문에도 시사하는 바가 크다. 당시 노동자들은 직장을 빈번히 바꾸었기 때문에, 정규직과 임시직 노동자 사이에 인종이나 민족 면에서 차이가 없는 것은 물론이고, 나이, 성별, 교육 배경, 출신지, 직업 이력 면에서도 구별할 만한 차이가 거의 없었던 것이다.

마지막으로, 그리고 매우 중요한 요인으로, 표본에 포함된 노동자들의 학력 수준이 상대적으로 높다는 점을 지적할 수 있다. 표본 노동자의 82.1%가 중학교 이상의 학력을 가졌고, 평균 교육 연수는 10.6년이었으며, 생산직의 경우는 9.4년이었다. 이 수치들은 1966년 전국 평균 남성 교육 연수가 6.19년, 1970년 6.86년인 것과 비교할 때 상당히 높다.[32] 이렇게 상대적으로 높은 교육 수준이 의미하는 바는 무엇일까?

---

[32]_여성의 경우 1966년에는 3.97년, 1970년에는 4.72년으로 나타난다. 연령 집단 중에서는 20~29세가 1960년대 남성과 여성 모두에서 최고 교육 수준을 보여 준다. 예를 들어, 20~29세의 남성과 여성은 1966년에 각각 평균 8.48년과 6.4년의 교육을 받았다(한국여성개발원

1960년대 후반 노조에서 핵심적 역할을 했던 권오덕은 그것이 노조의 힘을 강화한 중요한 요인으로 작용했다고 주장했다. 그에 의하면, 다수의 조합원이 고등학교 교육을 받은 사람들이라 노조 지도자들이 단체행동의 필요성을 제시하고 설득하는 것이 쉬웠다고 한다.[33] 평균을 훨씬 뛰어넘는 교육 배경이 조합원들의 자신감과 권리의식을 높임으로써 그들이 단순한 물질적 보상을 넘어 노사 관계에서의 공평하고 평등한 대우까지 요구할 수 있게 되었으리라 상상해 볼 수도 있다.

평등, 존엄, 그리고 생활임금

교육 수준이 높고 작업 경험이 많으며 자부심을 가진 젊은 남성 노동자가 인력의 대다수를 차지하는 상황에서, 회사는 경영자의 권위를 세우는 데 힘든 시간을 보내야 했다. 1960년대 동안 회사 경영진은 작업 현장의 규율을 엄격히 세우고 빠른 임금 상승을 막으려 애썼지만, 이들 엘리트 남성 노동자들은 노동자가 평등하고 존엄한 인간이며 합당한 임금을 받을 권리가 있음을 인정하라고 요구했다. 앞서 이야기했듯이 노조는 사측이 "노사 간을 마치 주인과 머슴 사이처럼 취급"하거나 "완전히 노예시"하는 "봉건적" 또는 "전근대적" 태도를 갖고 있다고 비판하곤 했다.[34] 그에 반해 자신들은 근대성의 체현으로, 권리, 존엄성 및

1986, 173).

33_2001년 9월 20일 권오덕 인터뷰(면담자: 김준).

34_조공 문서철 #8, 1965년 12월 21일 "조합원 동지들에게 고함(공고문 제21호)"; 1965년 12월 30일, 조공 사장에게 보내는 "노사 협정 이행 촉구".

강한 민족적 사명감을 보유한 개명한 사람들이라 여겼다. 그렇다면 노조원들의 인식 체계에서 '근대'적 주체 위치란 어떤 것이었을까? 조공 노조가 문서 자료실에 자체 활동에 대한 상세한 기록을 남긴 것은 매우 다행한 일이다. 그 덕분에 그들 자신의 말을 통해 노동자들의 세계에 가까이 다가가는 것이 가능해졌기 때문이다. 노조는 상급 노조와 회사, 그리고 가끔은 일반인을 대상으로 쟁의에 임하는 노조의 입장을 설명하는 많은 성명서와 통지문을 발송했다. 내부로 제한된 노조 회의의 기록도 정성스럽게 모아 놓았다. 노조는 노조 회의록보다는 주로 외부 청중을 상정하는 공적 문서에서 '민주주의', '평등' '인간적 존엄성', '새로운 민주 사회 건설에서 노동자의 사명' 같은 고매한 단어와 구절들을 써 가며 거창한 주장으로 노조의 입장을 설명하는 경향을 보였다.

노사 관계에서 조공 노조는 사측과 평등한 파트너로 인정받기를 요구했고, 또 그런 역할에 맞게 행동하곤 했다. 예를 들어 회사가 임시공, 외주, 도급제 등을 이용해 비용을 절감하려 할 때면 노조는 한국 조선 산업과 국가 경제 발전을 위한 민족적 노력에 동참하는 책임 있는 파트너의 입장에서 반대 없이 그런 정책들을 수용했다. 하지만 회사가 막상 그런 계획을 실행에 옮기면 노조는 조합원의 이해를 대변함으로써 회사 정책의 실제 효과를 무디게 만들었다.[35] 노조는 많은 문서에서 노조가 두 가지 사명을 수행한다고 거듭 주장했다. 회사와 산업이 번창하도록 돕는 것과 조합원을 위해 좀 더 복지를 확보하는 것이 그것이었다(이

---

[35]_외주화와 도급제가 조선소에서 어떻게 시행되었는지에 관해서는 조공 문서철 #4b, 1965년 2월 16일 회의록; #7, 1965년 6월 4일 회의록; #12, 1966년 8월 20일 대의원대회 보고 참조.

책의 7장 참조). 이런 목표는 '전근대적' 사고방식을 가진 관리자들이 경제 발전이라는 역사적 사명을 공유한 평등한 파트너로서 노동자를 존경하는 법을 배우기만 하면 달성될 수 있는 것이었다.

그러나 1960년대 노조와 회사 간의 수많은 충돌에 대한 노조의 기록에 나타나듯이, 사측은 이를 마땅치 않게 생각하며 마지못해 그런 척하는 노사 관계의 '파트너' 수준에 머물러 있었다. 누가 주도해야 하고, 어떻게 노동자의 복지를 향상시키는 것이 바람직하며, 노조와 회사의 목표가 충돌할 때 누구의 목표가 우선되어야 하는지에 대한 양자의 인식 사이에는 큰 간극이 존재했다. 이 시기 노조와 사측 간에 교환된 통지문들은 매우 강경하고 적대적인 언급으로 가득 차 있다. 예를 들어, 1964년 12월 노조는 사장 이영진에게 회사가 노조에 대한 존경심을 보이지 않으면 어떤 일이 일어날지를 경고하는, 다음과 같은 구절이 들어 있는 신랄한 편지를 보낸다.

> 노사 관계를 종속 관계로 결속시키려던 시대의 노사 간의 불화, 분규 내지 쟁의 등으로 말미암아 상호 손실이 큰 것이었음으로 …… 종업원 및 조합원의 정당한 불평 내지 불만의 집약 표시로 나타나는 노동자의 상설 대표 기관인 노동조합 …… 에 대한 경영자 측의 …… 질시와 비협조적인 태도[가] 노사 불화의 씨를 태동케 하여 노사 불화의 조성과 나아가선 대한조선공사 기업 육성에 위협을 초래할 우려가 있음.[36]

36_조공 문서철 #5, 1964년 12월 28일, 조공 사장에 보내는 "협조 요망".

이런 비우호적인 분위기 속에서 노조는 1964년 12월 30일 사측이 개정된 단체협약에 서명하도록 만들었는데, 그 협약은 이전 것들보다 노동자에게 훨씬 더 유리한 내용을 담고 있었다.[37]

관리자나 사무직과 동등한 지위를 가진 존엄한 인간으로서 인정받으려는 노동자들의 욕구는, 협상 테이블에서의 동등성 문제를 넘어 작업 현장의 통제 문제를 둘러싼 산발적 충돌을 통해 표현되곤 했다. 빠르게 잡으면 1961년부터 사측은 근대적 공장 체제 확립에 장애가 된다고 여겨지는 종업원의 행동과 근로 윤리에 대한 통제력을 확보하려 애썼다. 노동자들 또한 사측의 규제가 밀고 들어오는 것에 맞서 자신들이 일하는 방식에 대해 일정 수준의 통제력을 보존하려고 했다. 스스로가 통제력을 갖고 있다는 느낌이 그들의 남성성과 인간적 존엄성에 대한 감각의 핵심 부분에 자리 잡고 있었다고 생각된다.

1960년대 내내 회사는 노동자의 게으른 행동에 대한 규제를 강화하려 시도했다. 1961년 4월의 노조 회의에서는 회사가 아침 8시 3분 이후 조선소에 들어가지 못하게 한다는 불평이 제기되었다. 한 간부는 3분 지각에 입사 거부는 "언어도단"이라고 목청을 높였다.[38] 노동자들 사이에 자주 되풀이된 또 다른 불만 사항은 회사가 휴식 시간 중에 음식을 사거나 집에 가서 밥을 먹으려 조선소 밖으로 나가는 것을 금지하는 정책에 대해서였다. 한 회의에서 지부장은 회사가 노동자들의 무보

37_무엇보다도 노조는 경비 노동자(계장과 조장 제외)와 통신 타자원의 노조 가입 자격을 얻어 냈으며, 토요일 근무를 8시간에서 4시간으로 줄이고 유급휴가일을 늘리는 성과를 얻었다(조공 문서철 #7의 1965년 5월 19일 정기 대의원대회 회의록에 첨부된 "활동 경과보고서").

38_조공 문서철 #1, 1961년 4월 4일 상무위원회 회의록.

수(따라서 자유로워야 할) 휴게 시간과 바둑, 장기 같은 오락 활동도 간섭하고 있다고 경고했다.[39] 1964년에 사측이 정오의 휴게 시간 동안 노동자들이 작업장을 청소해야 한다는 새 규칙을 강요하자 노조는 항의의 표시로 부당노동행위 구제 신청을 하기로 결정한다.[40] 1965년 회사 사장에게 보내는 통지문에 보이는 다음과 같은 노조의 주장은 휴게 시간 자유 이용 권리를 보편적 자유의 문제로 해석하는 노동자들의 시각을 보여 준다. "아무리 근로자일망정 휴게 시간 30분의 자유도 없어서야 말이 안 되기에 이 자유를 쟁취하기 위하여 …… 이에 상응한 조치를 취할 것을 통고하나이다."[41]

회사 입장에서 더 심각한 문제는 조공 노동자들이 작업 시간 중에 '빈들거리는' 습관이었다. 1964년의 노사협의회 회의에서 조공 사장은 노조 간부들을 앞에 놓고 다음과 같이 직접적으로 노동자들의 근로 윤리를 비판한다.

나는 근로정신을 고취시키고 사원들이 만족할 수 있는 노임[을 제공할] 복안을 가지고 있습니다. 근로기준법 자체를 근거로 하기에 앞서 우리는 우리 회사에 알맞은 현실적인 방안으로 해결하도록 하여야 하겠습니다. …… 우리 자신의 문제로서 여하히 능률을 증진하고 근로자 개인의 수입을 증진할 것인가 하는 방안을 모색하여야 하겠습니다. 일 많이 하는 사람에게는 많은 노임이 지불되도록 하여야

39_조공 문서철 #1, 1960년 9월 12일 상집 연석회의 회의록.

40_조공 문서철 #4b, 1964년 7월 22일 운영위원회 회의록.

41_조공 문서철 #8, 1965년 10월 19일, 사장에게 보내는 "휴게시간 자유 이용 보장 촉구".

하며 그러기 위하여는 일정한 수준의 기본급을 정해 두고 능률급으로써 수입을 증진하도록 하여야 할 것입니다. 현 종업원 근무 동태를 보면 40% 일하고 60% 놀고 있는 실정이 아닙니까?[42]

회사는 또 "사무 집행도 없음에도 불구하고 노조실에서 한가히 있다는 이유로서 문책"을 하면서 노조 간부들의 행동을 규율하려 시도했다.[43] 그럼에도 노동자들의 행동을 규율하려는 1960년대 동안의 사측의 시도가(심지어 1970년대에조차도) 소기의 성과를 거둔 것 같지는 않다. 조공 노동자 이정식은, 1970년대에 걸쳐 회사의 합리화 방책들이 시행된 이후에조차 "조선공사만큼은 일하기 최고 편했는데 워낙 노는 사람이 많고"라고 회상한다.[44] 노동과정과 속도에 대한 통제권은 다른 산업사회에서도 노사 간 갈등의 초점이 되어 왔지만, 조공 노동자들은 적어도 1960년대 말까지는 그들의 비공식적 통제 영역을 지키는 데 비상하게 성공적이었다고 할 수 있다.

사측이 없애려 애썼지만 성공하지 못했던 조선소 현장 노동자들의 관행 중 하나인 오후 음주 관행을 둘러싼 노사 간의 갈등 또한 사측이 전혀 우위에 서지 못했던, 이 통제권을 둘러싼 싸움의 지형을 보여 준다. 1961년 1월의 노조 회의에서는 지부장이 간부들에게 다음과 같은 경고를 한다. "회사 측 요망인데 작업 중 음주를 삼가 주기 바라며 옥내

42_조공 문서철 #4c, 1964년 1월 20일 노사협의회 제4차 회의록.

43_이 사건 관련 논의는 조공 문서철 #1, 1961년 1월 9일 상무위원회 회의록에 있다.

44_신원철(2001, 322).

작업은 별도이지마는 현장에서 작업 중 만부득이한 경우에는 음주를 하되 주위를 살펴 음주토록 바란다."[45] 20년 경력의 고참 선반공이자 성질이 급한 간부인 이경희(당시 노조의 선전부장)는 한 회의에서 "일제 시에도 하오 3시경이면 사기를 앙양하기 위하여서 일배주가 있었"다고 하면서 노조가 이 문제를 거론해 만약 협상이 잘되지 않으면 "상무진은 총사퇴하자"고 강경한 제안을 했다.[46] 오후 음주 같은 오랜 관행이나 '빈들거리는' 문화는, 1960년대를 거치면서 사측이 효율성과 생산성 제고를 추구하고 노동자들이 그들의 작업 문화 및 그들 식의 작업 속도와 방식을 보존하려 싸우는 가운데 충돌이 일어나는 접점이 되었다.

생산직 노동자 문화에서 음주 행위가 갖는 중요성은 노동절 행사 같은 주요 노조 행사에서 제공될 품목을 둘러싼 1961년의 진지하고 길고 진정 어린 토론에서 잘 드러난다. 노동자들이 가장 기대하고 원했던 것은 소주 한 병과 안주감인 마른 오징어 약간이었다. 노조는 이를 조달하기 위해 가능한 현금원을 모두 동원했으나 실패하는 경우가 많았다. 한 노조 간부는 월 조합비가 2백 원에서 3백 원으로 올라 노조가 걷은 전체 조합비가 월 6만 원에서 10만 원으로 늘었음에도 노동절에 소주 한 병(당시 210원)도 제공받지 못한 것에 대해 조합원들이 "의아스럽다"고 한다는 얘기를 보고했다.[47] 원래 계획은 행사를 위해 극장을 빌리

45_조공 문서철 #1, 1961년 1월 12일 집행위원회 회의록.

46_조공 문서철 #1, 1961년 4월 4일 상무위원회 회의록. 아무도 재정을 하지 않아 그의 의견은 묵살되었다.

47_노동절 준비에 관한 논의는 조공 문서철 #1, 1961년 3월 6일 상무위원회; 3월 9일 상무위원회 및 차장회의 회의록 참조.

고 소주 한 병, 오징어, 타월 하나, 캐러멜 두 곽씩을 조합원과 그가 동반한 손님 한 명에게 나누어 주는 것이었다.[48] 지부장 임한식의 설명에 따르면, "과거에는 자유당 시대[에]는 당에서 찬조금을 받았으나 4·19 혁명 이후 당에서는 찬조금은 두절되었으니 부득이 단위 노조에서 찬조를 의뢰할 수밖에 없으니" 회사에서 찬조를 받아달라고 상급 노조에서 요청을 해왔으나, 이미 지부가 회사의 찬조를 받은지라 더 요구는 못하고 지부 조합비에서 일부를 올려 보내야 했던 상황이었다. 회사 측에서 노조에 17만2천 원을 주기로 동의했지만, 그것으로는 조합원과 손님들에게 줄 음료 등의 비용을 감당하기에 부족했다.

예산을 맞추기 위해 노조는 더 싼 극장을 예약하고, 소주, 오징어, 타월, 캐러멜을 포기하는 대신 참석자들에게 회사 매점에서 신용으로 구매한 빵 한 개씩만 선물로 나누어 주기로 결정했다. 상급 노조에서 지역 노동절 행사비로 지부에 요청한 부담금인 5만 원도 협상 끝에 2만 원으로 깎았다. 그러나 조합원들은 노조의 조치에 불만이 높았고 사측도 회사가 지원금을 주었음에도 불구하고 노조가 "하류 극장"을 대관했다고 불평했다. 노조 회의에서 임한식은 그가 관리자들에게 "일단 찬조하였으면 노조에 대하여 일체 간섭하지 말라고 반박하였다"고 보고하고 있다. 양측으로부터 불평에 시달린 임한식 지부장은 불평이 계속되면 다음 해부터는 "기념행사를 단념하겠다"고 선언했고, 그에 동조하여 이경희는 노조 조직을 가지는 것이 왜 중요한지를 다음과 같이 강조

48_경남의 노조들은 부산에서 노동절을 기념할 예정이었지만, 조공 노조는 모든 조합원이 참석할 수 있도록 영도에서 별도로 노동절 기념식을 개최하기로 결정했다.

했다. "조합이 구성 안 되는 공장은 휴일도 없다." 결국 조합원의 반발을 우려한 노조는 양보를 하여, 단기 고리의 사채시장에서 돈을 빌려서라도 각 직장이 자기 밑의 노동자들에게 일인당 소주 한 병씩을 사주는 데 드는 돈의 약 절반을 마련해 주기로 했다. 노동자들은 결국 소주를 받게 되었다. 많은 조공 노조원들에게 한 병의 소주는 조합의 성공 및 발언권과 존엄성을 지닌 인간으로 인정받음을 상징했다고 보인다.

그러므로 작업장의 삶에 대한 통제력은, 노사 관계에서 노사가 동등한 지위를 가지는 문제와 노동자의 평등한 지위 및 존엄성의 인정과 더불어 조공 노조 어젠다에서 중요한 부분을 차지했다. 그러나 전반적으로 노동쟁의의 초점은 '생활임금' 문제였다. 노조원들의 주장은 노동하는 사람들이 정치적·사회적 평등만이 아니라 산업화의 결실까지 공평하게 향유하는 것이 민주 사회라는 것이었다. 이는 경제 정의가 민주주의의 중요한 한 부분이어서만이 아니고 노동자 복지가 부강한 나라의 건설에 필수적이기 때문이다. 노조의 언설에 따르면, 경제 발전은 노동자의 노동 투여와 헌신 없이는 이루어질 수 없고, 따라서 가족 생활급을 통해 건실한 생활수준을 보장해 주는 것이 성공적 경제 발전의 필요조건이었다. 이런 거창한 정당성의 논리를 수사적 무기로 사용하면서 조공 노조원들은 고인플레, 고실업률, 미미한 국가 차원의 사회보장제도로 특징지어지는 시대에 그들의 임금과 기타 혜택을 높이기 위해 힘껏 싸웠다. 1965년 1월 현재, 조선소의 생산직 노동자 평균 월 임금 7,856원은 당시 경제기획원이 6인 가구의 월 생활비로 계산한 총액에 세금을 더한 금액인 1만2,450원의 63%밖에 되지 않았다.[49] 노조는 조합원 다수가 김장을 할 형편이 못된다고 주장했다.[50]

좋은 조건의 단협을 확보한 다음 노조는 1965년 초 생활급 쟁취를 위한 새로운 공세를 시작했다. 이전 유철수 지도부는 기본급을 올리는 대신 물가수당과 능률수당을 받는 것에 동의했다. 이제 노조는 이 두 수당을 기본급에 포함하고, 직위나 직급을 불문하고 상하 없이 전 종업원에 5천 원씩 균일 인상을 하라고 요구했다. 노조는 그것을 '생활급 확보 투쟁'으로 명명하고, 이 투쟁을 위해 직접행동에 돌입할 필요성을 예상하면서 수시로 상황 보고를 하는 등 "현장 조합원에 대한 P.R.을 강화"하자고 결의했다.[51] 사장에게 보내는 1965년 4월 27일자 공식 통지문 "최저 생활급 확보"에서 노조는 "생존 원가를 하회하는 봉급 이것이 오늘날 우리나라 경제를 좀먹고 모든 악과 부패 부정의 병소일지 모른다"라는 철학적 관찰로 운을 떼고는, 자세한 '산출 근거'를 제시하면서 대한조선공사의 1965년도 예산서에 나타나는 인건비 잉여금이 노조의 5천 원 임금 인상 요구를 감당하고도 여유가 있어 예산상 문제가 없다고 회사 자체의 통계 수치를 이용한 주장을 폈다.[52] 회사는 마지못해

49_조공 문서철 #4c, 1965년 4월 27일, 조공 사장에 보낸 "최저 생활급 확보". 1960년대 조공 노조가 실시한 조사에서 일관되게 나타나는 평균 가구 규모 6명은 1966년 한국 도시 가족 규모인 5.11명보다 크다(Kwon et al. 1975, 53). 조공 노조에서 설문 조사를 자주 맡아 했던 권오덕은 1960년대 후반에 평균 가구 규모가 대략 6명이었다고 확인해 주었다(2001년 9월 20일 권오덕 인터뷰. 면담자: 김준).

50_그들은 노동력 유지를 위해 노동자들이 적어도 "아침에 쌀밥을 먹고 저녁엔 죽을" 먹을 필요가 있고, "빈 배로는 일할 수 없다"라고 말하면서 상황을 때때로 다소 과장하는 경향이 있었다(조공 문서철 #4c, 1964년 1월 20일 노사협의회 회의록; #5, 1965년 4월, 노조 유인물 "임금 인상 투쟁에 조합 동지 여러분의 협조를 바라면서"; "제1년차 대의원대회 활동 경과보고서, 1964년 6월").

51_조공 문서철 #4c, 1965년 4월 24일 운영위원회 회의록.

52_조공 문서철 #4c, 1965년 4월 27일, 회사 사장에게 보내는 "최저 생활급 확보". 1965년 1월 현재, 생산직 노동자 887명의 월평균임금은 능률수당과 물가수당을 포함해 7,856원이었고, 노

통상 임금 기준 15% 인상과 평등주의적인 하후상박 원칙에 의거한 분배에 합의하게 된다.[53]

조공 노동자들이 평등, 존엄, 민주 사회의 성원으로서의 자격 등을 말할 때 그것은 남성이 집 밖에서 일하면서 가정주부 또는 어머니로 집에 머무는 여성과 가족을 위해 생계를 책임지는, 일과 사회의 성별 조직화에 닻을 내린 전망이었음은 명백하다. 노조원들은 노사 관계에서 경영 측과 동등한 파트너 관계가 되도록 노조의 위상을 지키는 문제에 대해 강경한 태도를 취했고, 조금이라도 사측으로부터 계급이나 신분 차이에 기초한 차별이나 불손한 태도가 감지되는 경우 주인과 머슴의 수사를 펴부을 준비가 되어 있었다. 평등의 요구는 협상 테이블에서 동등한 자격을 추구하는 것을 넘어 궁극적으로는 위엄 있는 가장으로서 그들이 가지는 남성성에 대한 주장이었다. 가족의 생계를 부담할 수 있는 능력은 남성으로서 그들이 가지는 정체성의 핵심적 부분이었다. 따라서 조공 노동자들의 임금 요구는 가족 생활급 확보라는 이상적인 목표를 둘러싸고 전개되는데, 가족 생활급이란 아내가 집 밖에서 일할 필요가 없이 부부와 3~4인의 피부양자가 건실한 생활을 향유할 수 있게 하는 수준의 임금을 말한다.

여성은 노동자 공동체에서 어머니와 아내로서 존경받았고, 1960년 대에는 조공 노조원의 여성 가족들이 파업 현장으로 몰려가 신명나게,

---

조원은 그중 매달 78원의 조합비를 냈다.

53_기본급과 특정 수당들이 '통상 임금'에 포함되었다(조공 문서철 #7, 1965년 8월 4일 노사협의 회 합의 사항).

가끔은 폭력도 써가며 관리자들에게 항의하는 일이 잦았다. 이런 사회적 분위기에서 조선소의 여성 노동자는 조합원들에게 기본적으로 노동자가 아니라 가족 구성원으로 인식되었다. 중공업의 험한 생산직 노동을 남성에만 해당하는 일로 보는 것이 성차에 대한 지배적인 인식이었음에도 불구하고 소수의 여성 노동자들이 조선소의 페인트 일이나 여러 종류의 청소 작업에 고용되는 관행이 있었던 이유를, 바로 이 점이 설명해 준다.[54] 1960년대에 노조는 가족 구성원에 대한 일종의 복지 정책으로, 부상당하거나 죽은 남편이나 아버지를 대신해서 여성이 생산직으로 고용될 수 있도록 회사와 협상을 벌였다.[55]

내부 민주주의와 조합원의 힘

높은 임금 인상을 성공적으로 쟁취해 낸 후 노조는 1965년 5월 19일 37명의 대의원과 1명의 참관인이 참석한 가운데 대의원대회를 열었다.[56] 놀랍게도, 허재업과 박정부를 지부장과 상임 부지부장으로 승인하는 투표는 지난 1년 동안 허재업이 이끄는 지도부가 이룬 상당한 성취에도 불구하고 찬성 21명, 반대 16명으로 위험하리만큼 아슬아슬하

54_1960년대 조공 노동조합운동에서 여성 노동자와 여성 가족 구성원이 가졌던 위치와 역할에 관해서는 Nam(2009) 참조.

55_이 정보의 출처는 조공 문서철 #19, 1967년 9월 6일 회의록이다.

56_대의원대회의 경과에 관해서는 조공 문서철 #7, 1965년 5월 19일 대의원대회 회의록과 첨부 문서들 참조. 참관인은 조합원 수가 부족해 대의원을 선출할 수 없었던 조공 서울 사무소 직원들을 대표해 참석했다.

게 통과되었다. 나중에 밝혀진 바로는 노조 지도부에 결정적 타격을 가하기 위해 수개월 동안 몇몇 관리자들이 허재업 반대파를 암암리에 키우고 있었다고 한다.

노조가 나중에 작성한 보고서에 따르면, 대의원대회 전에 일부 관리자들이 일부 조합원들과 공모해 "어용 노동조합을 만들 것을 기도하고" 선출된 대의원과 지부 임원들을 잘 봐주겠다는 약속 혹은 보복하겠다는 위협을 쓰면서 "매수 또는 압력을 가"했다고 한다. 관리자들의 목표는 말을 잘 듣지 않는 허재업과 박정부를 친회사적인 인물로 교체하고, 가능하면 상급 노조도 전투적인 해상노조에서 좀 더 유화적인 전국금속노동조합(약칭 금속노조)으로 바꾸는 것이었다. 그 계획을 알아차린 노조는 당국에 부당노동행위 신고를 했다. 다음 발언들은 조공 사측이 저지른 "노동조합사상 유례가 없는" "노조 파괴" 공작을 날짜별로 기술한 노조의 사건 보고서에서 발췌한 것이다. 보고서에 따르면, 회사의 인사과장이 "육군 대위로 제대한 현 지부장 허재업이는 …… 계급의식을 이끈 사람이다. 허재업이가 지부장으로 재선되는 경우에는 여하한 노사협조도 할 수 없다. 임금 인상을 비롯한 제반 문제는 나의 목에 칼이 들어와도 해결할 수 없으며 현 지부장을 갈아 치우겠다"고 선언했다.[57]

회사의 서무과장이 그에 이어 다음과 같이 발언했다고 한다. "허재업 지부장은 꿈에 보일까 바 무섭다. 내가 살아 있는 한 그놈에게 복수

57_조공 문서철 #8, 해상노조가 각 지부, 산별노조연맹, 한국노총, 부산시협의회 및 재부산 각 산별 지부에 보낸 "대한조선공사 부당노동행위에 대하여"에 첨부된 "부당노동행위 경위".

를 하여야 되겠다. …… 만약 허재업이를 다시 지부장으로 미는 경우 서무과장의 직권으로 경비원을 동원시켜 전 종업원에게까지 타격을 주겠다." 인사과장과 공보과장은 한발 더 나아가 지부 간부에게 "지부를 해체할 수 없는가", "해상노조를 탈퇴하여 금속노조에 가입이 안 되는가", "어떻게 하면 허재업, 박정부의 제거가 용이하겠나"고 물었고, 회사의 영선營繕계장은 "허재업과 박정부 간을 이간하여 조직을 교란"하는 방법을 허재업 제거책으로 제시했다. 당시 관리자들은 허재업에 대한 박정부의 영향력을 두려워하고 있었던 것으로 보인다.[58] 인사과장의 다음과 같은 발언은 의미심장하다. "박정부(현 부지부장)는 공화당 계열이다. 지부장 허재업이보다 더 죽일 놈이다. 허재업이가 하는 모든 행동은 박정부의 코-치다."[59]

---

[58]_노조 토론에서 그가 사용한 언어를 통해 알 수 있는 것처럼, 식민지 시기 조선중공업 시절이던 1942년부터 조선소에서 일하기 시작한 박정부는 좌파 사상의 영향을 받은 인물이었다. 권오덕의 증언에 따르면, 박정부는 해방 후 조공 조선소에 조직된 전평 노동조합운동에 참여했고, 좌파 색출로 고생했으며, 국민보도연맹을 경험하고 살아남았다. 권오덕의 견해로는, 박정부는 좌익 탄압 때 경험한 공포를 끝내 극복하지 못해 행동에 매우 조심스러웠지만, 그래도 그는 전평 운동에서 훈련받은 "진보적 인물"로서 권오덕 같은 젊은 세대 노조 활동가들을 이해했고 도울 자세가 되어 있었다(2006년 5월 18일 권오덕 인터뷰. 면담자: 김준, 남화숙; 2006년 5월 30일 권오덕 인터뷰. 면담자: 남화숙).

[59]_이것은 박정희 대통령의 공화당과 박정부의 전투적 노동조합주의를 동일 선상에 놓는 흥미로운 발언이다. 그 발언은 1960년대 박정희 정권에 대한 사람들의 인식이 그의 권위주의 정치에 대한 오늘날의 일반적 이해와는 상당히 달랐을 수 있음을 암시한다. 또한 당시 조공 노조원들의 박정희 정치에 대한 지지도가 높았다는 의미이기도 하다. 이 발언 이면의 더 직접적인 이유는 박정부가 영도 출신의 저명한 공화당 지도자인 예춘호와 초등학교 친구였다는 사실이다. 박정부가 1969년 파업의 여파로 조공에서 해고당한 후에 예춘호는 그를 위해 자신의 영도사회관에 자리를 마련해 주었다. 권오덕도 조공 입사 전에 예춘호의 영도도서관에서 일했다. 권오덕은 상황이 어려울 때마다 조공 노조가 예춘호의 도움을 요청했고 많은 도움을 받았다고 회고한다(2006년 5월 18일 권오덕 인터뷰. 면담자: 김준, 남화숙). 혈연·학연·이웃 관

이런 대화는 4월 하순부터 대의원대회 당일까지 있었다고 하며, 관리자들이 일찍부터 허재업에 대항해 출마하라고 설득하던 정지영을 비롯한 노조원들에 의해 보고되었다. 같은 문서에 의하면 관리자들은 몇몇 노동자와 접촉해 직장 대의원에 출마하라고 권고했다. 노조 고문인 노의석은 "현 집행부를 제거하는 데 …… 가담하면" 그가 두려워하던 "울산 파견 명령을 즉시 취소하겠다"는 제의를 받았다. 서무과장은 심지어 자기 과 소속인 허재업이 대의원 자격을 얻지 못하도록 선거 과정에 간섭하기까지 했다.[60] 회사의 계획은 반反허재업 진영의 지도자격인 노두홍을 내세워 허재업을 밀어내는 것이었다. 노두홍은 선각船殼 공장노동자로 한때 쫓겨난 유철수 지도부를 지지하는 '제3세력'의 핵심이라는 소문이 있던 인물이었다.[61]

그런 대대적인 사측의 공작에도 불구하고 허재업과 그 측근들이 대회에서 투표를 통해 승인을 받았다는 것은 허재업 지도부의 힘과 허재업 지도부가 대표하는 방향에 대한 노동자들의 신뢰를 입증하는 것이었다.[62] 노동조합의 민주주의에 대해 "일반 기업체에 시범이 되어야 할

계의 두꺼운 연결망이 영도 사람들 사이에 강한 유대 관계를 성립시켰고, 조공 노조가 그런 관계망에서 큰 힘을 얻고 있었던 것으로 보인다.

60_그는 자신의 과 소속 조합원들을 투표장까지 진두 인솔해 가서 누구를 찍었는지 "기표 확인" 했고, 허재업이 대의원에 낙선되자 "조합원들에게 박수를 치라고 선동"했다.

61_노조 보고서에 따르면 대회 전날 밤 노조 대의원 37명 중 22명이 참석한 가운데 부산 송도의 유명한 요정에서 밤새 회사 비용으로 호화로운 술자리가 벌어졌는데, 새벽 3시까지 이어진 논란 끝에 결국 노두홍이 반대파의 지부장 후보로 나가기로 결정되었다. 새벽에는 관리자들이 술자리에 참석하지 않은 대의원의 집을 호별 방문, 그들을 연회장이나 다방으로 데려가서 노두홍을 당선시켜야 한다고 압력을 가했다.

62_허재업이 당선되자 노두홍과 그의 추종자들은 퇴장을 했고 금속노조에 소속될 새로운 노조

정부관리 기업체"가 그 같은 전면적인 공격을 시도한 것에 분노한 조공 지부와 해상노조는 회사의 공식 사과와 관련 관리자의 파면을 요구했다. 그들은 이 사건을 한국의 노동조합운동 전체에 대한 정면 공격이라 규정하면서 회사와 정부에 대해 여론을 동원한 압력 행사를 시작했고, 조공 부당노동행위 규탄 성토대회가 전국의 "20만 조합원의 권리와 이익을 수호"한다는 이름으로 열렸다. 결국 박정희 정권은 회사 사장 이영진을 사퇴시키고 네 명의 관리자를 파면하게 된다. 정부가 사측의 부당노동행위에 관한 노조 측 주장을 인정했다는 사실은 이 사건에 대한 노조 측의 서사에 신빙성을 보태 준다. 이는 또한 적어도 1960년대 중반까지는, 적어도 주요 국영기업체에서 대규모 쟁의와 그에 따르는 나쁜 여론이 예상될 때에는, 박정희 정권이 부당노동행위를 금지하는 노동법의 조항들을 따를 의사가 있었음을 보여 준다.

이 싸움에서 승리한 후 일반 조합원들에게 보낸 유인물에서 허재업은 노동조합에 대한 그의 철학을 다음과 같이 피력했다. "노동조합이란 것은 우리가 알기로는 노동자 한 사람 한 사람의 약한 힘을 큰 덩어리로 뭉쳐 강력한 단체로 만들어 노동자들의 이익을 옹호하고 나아가서는 사회적 지위를 높일려고 하는 운동단체라고 생각이 됩니다."[63] 그리고 나서 허재업은 유철수 시대와 대비해 현 조합이 획득한 성과를 요약 설명했다.[64] 그의 정의에 따르면 유철수 시대는 노조 간부들이 "회사 측

를 결정할 방법을 토론하기 위해 별도의 회의를 열었다.

63_ 조공 문서철 #8, 1965년 6월, 허재업 외 역원 일동이 조합원에게 보낸 "인사 말씀".

64_ 제시된 열 가지 성과는 다음과 같다. "1. 조합의 독립성 쟁취, 2. 부패한 조합의 재정비, 3. 퇴직금 대폭 인상, 4. 휴직자 복직 조치, 5. 유질환자 요양 기간 연장, 6. 신원보증금 환수 조치, 7.

의 앞잡이 노릇을" 하고 "노동 브로커였던" 시대였고, 이에 반해 현 노조는 노조의 독립성을 얻어 냈다는 것이 강조되었다. 노두홍 그룹은 사측의 도움을 받아들였을 때 명분을 잃었으며, 이 사건 이후로는 또 다른 기회를 기다리면서 조심스럽게 행동해야 했다.[65]

금속노조 또한 조공 노조를 자기 관할로 빼앗아 오기 위해 사측과 뒤에서 협상한 것이 조공 지부와 해상노조에 의해 폭로됨에 따라 체면을 잃었다. 조공 지부를 해상노조에서 금속노조로 이관하는 데 사측의 협조를 청하는 편지에서 금속노조는 조공 지부가 "원래 노총의 조직 관할 판례[에] 의하여 당연히" 금속노조 산하 지부가 되어야 하고, 더욱이 이관이 "대다수 조합원에 의하여 요망되고 있"다고 주장했다. 금속노조는 그렇게 되면 조공 노조가 "노동조합 본연의 자세"로 돌아가 "노사 협조 정신을 배양하고 생산성 앙양과 산업 평화를 유지"하는 데 힘쓰도록 하겠다고 회사에 약속했다.[66]

금속노조는 한국노총의 여러 조직에도 이런 관할권 이관을 승인하도록 압력을 넣었지만 별 성과를 거두지 못했다. 한국노총은 이 문제에서 조공 지부와 해상노조의 관계는 "이미 기정된 사실"이라며 해상노조의 손을 들어 주었다.[67] 쿠데타 후에 해산되었다가 재건된 한국노총 산

상여금 통상 임금 지금, 8. 적치 연월차 처리, 9. 단체협약의 유리한 체결로 기천만 원의 이익을 쟁취, 10. 부당노동행위자를 규탄함으로써 우리나라 전체 기업주들에게 경종을 울렸음."

65_ 그 기회는 1969년 파업에서 노조가 패배했을 때 찾아왔다.

66_ 조공 문서철 #8, 1965년 6월 5일, 금속노조가 조공 사장에게 보낸 "노동조합 지부 조직 관할권 이관 협조 의뢰".

67_ 조공 문서철 #8, 1965년 6월 5일, 금속노조가 부산시협의회에 보낸 "조선공사 지부 결성 협조 의뢰"와 1965년 6월 10일, 해상노조가 조공 지부에 보낸 "귀 지부 조직 관할에 관하여".

표 2 | 해상노조 조합원 구성: 대한조선공사 지부와 조선 지부(1963~68년)

연도	해상노조(a)	조공(b)*	조선(c)	비율(b + c)/(a)
1963	16,028	1,365	355	10.7
1964	15,881	1,365	352	10.8
1965	16,539	1,387	326	10.4
1967	25,127	2,425	879	13.1
1968	28,618	2,704	1,453	14.5

주: *은 대선조선 분회를 포함한 것이다.
자료: 전국해원노동조합(1973, 314).

하의 산별연맹으로 1961년 8월 재출범한 해상노조는 1960년 중반이
되면 금속노조보다 훨씬 더 역동적이고 투쟁적인 산별노조로 자리 잡
는다. 해상노조는 1960년대를 통해 박력 있는 조직 확장 운동을 전개
했고, 조합원 수도 1만4,802명(1963년)에서 3만2,465명(1970년)으로 늘
어났다. 회원 노조들이 단체협약을 쟁취하고 더 나은 임금과 작업 조건
을 얻을 수 있도록 해상노조는 1950년대에 그랬듯이 1960년대에도 운
송·어업 분야의 대규모 사기업과 한국해운조합, 원양어업협동조합 같
은 기업 연대 조직에 맞서는 것을 주저하지 않았다. 해상노조는 또한
해무청, 건설부, 교통부를 포함한 정부 기구 고용주들과도 계속 부딪쳤
다. 새로 조직된 금속노조연합회에 가입하기 위해 1961년 1월에 해상
노조에서 탈퇴했던 조공 노조는 1963년 해상노조 소속으로 복귀했다.
그 이유는 아마도 군사정권에 의해 1961년 8월 새로 조직된 금속노조
보다 해상노조가 투쟁성이 더 뛰어났기 때문이었을 것이다.[68]

68_예를 들어, 한 조공 노조 간부는 1965년에 대선조선 노조가 금속노조에서 해상노조로 소속을
변경하는 것에 관해 다음과 같이 말했다. "종래 대선조선이 금속노조에 속하였던바 재건 조직

표 3 | 조합원 구성: 한국노총, 해상노조, 금속노조(1963~70년)

연도	한국노총*	산별	노조 수	조직률**	해상노조	금속노조
1963	224,420	16	1,820	20.3	14,802	7,775
1964	271,579	16	2,105	23.3	15,660	8,188
1965	294,105	16	2,255	22.4	16,551	9,304
1966	336,974	16	2,359	22.7	20,569	11,337
1967	366,973	16	2,619	22.2	24,175	13,685
1968	399,909	16	2,732	21.1	28,087	17,675
1969	444,372	16	2,939	21.3	27,635	25,030
1970	469,003	17	3,063	20.0	32,465	26,550

주: *의 한국노총의 조합원 통계는 박덕제·박기성이 이용한 노동부 통계보다 수치가 낮은 것이 보통인데 그 이유는 한국노총
　　통계가 실제 머릿수가 아니라 각 산별연맹이 낸 조합비에 근거하기 때문이다(박덕제·박기성 1989, 30).
　　**의 수치는 비농업, 정규직 노동자 총수 중 노조 조합원의 비율이다(박덕제·박기성 1989, 31).
자료: 한국노총(1979, 605); 전국해원노동조합(1973); 박덕제·박기성(1989, 31).

〈표 2〉는 1963년부터 조공을 비롯한 조선산업 노동자들이 해상노조 소속으로 남아 있었던 마지막 해인 1968년까지 해상노조 내 조선산업 노동자/조합원의 상대적 비중을 보여 준다. 부산에 있는 조선造船 지부와 기업별노조인 조공 지부 외에 해상노조의 지역 지부들이 관할하는 조직에도 조선산업 노동자들이 포함되어 있었기 때문에 해상노조 소속 조선산업 노동자의 실제 비중은 표에 나타난 10~14%보다 많았을 것이다.[69]

이후 몇 차의 의무금만 징수하였지 조합으로서의 체제나 활동이 전연 없었다. 이로 해서 기업 주로부터 받은 노동자의 피해 심하였다"(조공 문서철 #4b, 1965년 3월 13일 운영위원회 회의록).

69_조선 지부의 조직 기반은 소규모 조선소였고, 따라서 노조원의 다수는 목공 노동자였다. 조선 지부 아래 두 가지 종류의 분회가 조직되었는데, 직종에 기반을 둔 분회와 작업장에 기반을 둔 분회였다. 후자는 상대적으로 큰 규모의 조선소에서 조직되었다. 조선 지부는 각각 20개 회사를 상대로 했던 1966년과 1968년의 쟁의 때처럼 한 지역의 여러 조선소를 상대로 쟁의에 들어가는 일이 잦았다(신원철 2001, 233-236).

조직력 면에서 조선산업 노동자가 차지하는 중요성을 고려할 때 해상노조가 금속노조의 관할권 주장을 물리치면서 조선산업 노동자를 조직하는 데 큰 관심을 보인 것은 놀라운 일이 아니다. 〈표 3〉에서 보이듯이 이 시기에 해상노조가 금속노조보다 규모가 더 크고 강력한 조직체였다는 사실이 두 산별연맹 간의 관할권 다툼에 관한 한국노총 본부의 결정을 좌우했을지도 모른다.[70]

조공 지부는 '타 조직 간섭 배격'이라는 제목의 통지를 금속노조에 보낸다. 이 통지에서 조공 지부는 조롱하는 투로 "노동조합의 자주성과 순수성을 확립하여 이 나라 경제 건설과 근로자의 권익 수호에 불철주야 수고"하는 금속노조의 노력을 칭찬한 뒤, 지부의 등 뒤에서 사측과 협상을 하는 금속노조의 전략에 충격과 분노를 표현했다. 그런 처사는 "기업주로 하여금 노동조합운동에 지배 개입을 자초하는 행위"라는 것이었다. 지부는 금속노조가 만약 진실로 조공 노조를 흡수하고 싶다면 사측의 도움을 요청하는 대신 "직접 하부下쑖하여" 노동자를 조직하라고 비판 공세를 폈다.[71]

한편, 노조가 1965년 다사다난한 협상과 대결 과정을 잘 타개해 나

<hr>

70_동일한 기간 동안, 해상노조는 한국노총의 16개 산별노조 중에서 일곱 번째 또는 여덟 번째로 큰 노조였다. 당시 한국노총 산별노조 중 노조원 규모에서 금속노조는 아홉 번째와 열네 번째 사이를 차지했고, 전국섬유노동조합은 첫 번째나 두 번째로 컸다. 해상노조의 노조원 성비는 남성지배적 부문에 조직 기반이 있는 것을 반영해 극단적으로 남성에 편향되었다. 예를 들어 1966년에는 노조원 2만569명 중 2만536명(99.8%)이 남성이었는데, 한국노총의 평균 남성 비율은 77.4%였다(한국노총 1979, 606). 금속노조의 남성 조합원 비율은 80.9%였고, 전국섬 유노동조합의 여성 비율은 84.5%였다. 한국노총의 남성 조합원 비율은 1962년 78.5%에서 1971년 74.4%로 하락했다.

71_조공 문서철 #8, 1965년 6월 11일, 금속노조 위원장에게 보낸 "타 조직 간섭 배격".

가 마침내 좋은 성과를 얻어 냈음에도, 조합원들은 지도부의 목줄을 쥔 손아귀의 힘을 풀지 않았다. 조공 노조원들은 지도부가 용감하게 싸워 주기만 하면 이전 쟁의에서처럼 종국에는 승리하는 결과를 볼 것이라고 생각했던 듯하다. 노조원들의 자신감은 '직접행동'을 통해 빛나는 성공을 쟁취해 온 경험에 의해 부풀려진 면이 크다. 즉 성공 그 자체가 지부의 투쟁성을 지속적으로 높이는 핵심 요인이었다. 1968년까지 해마다 노조는 요구 사항의 대부분을 쟁취했고, 계속되는 성공이 조합원의 사기와 기대를 증폭하면서 조합원들은 노조의 역량에 대해 부풀려진 인식을 품기 시작했다.

1960년대 조공 조선소의 노조 지도자들은 노조를 자기 식으로 끌고 가기에 충분한 권위를 갖고 있지 못했다. 그들은 종종 비현실적으로 높은 조합원들의 기대치를 충족시키도록 요청받았고, 항상 조합원들의 감시의 눈을 의식해야 했다. 그런데 사측과 항상 접촉하는 노조 지도자들은 회사의 어려운 사업 현황에 대해 현장 대표들보다는 이해심이 훨씬 높은 편이었다. 그에 따라 지도부가 양보를 통한 타결을 제안할 때면 조합원에 의한 불신임 투표의 가능성을 상기하게 되는 일이 잦았다. 내부 민주주의를 강조하는 노조의 입장 또한 지도부의 권위와 힘을 높이는 데 도움이 되지 않았다. 노조의 회의록에는 현장의 "심상치 않은" 상황이나 불만이 있는 조합원들의 불평에 대한 우려가 편재해 있다. 1960년대를 지나면서 발전된, 민주적 절차를 중시하는 문화 속에서는 허재업같이 존경을 한 몸에 받는 지부장에게도 조합원의 민주적 토론과 투표 절차를 거쳐 나온 결정을 뒤집을 힘이 없었다.[72]

이런 상황을 잘 보여 주는 것이 1965년 12월 23일의 운영위원회 회의였다. 이 자리에서 허재업이 이틀 전에 타결된 노사 간 최종 합의 내용을 보고하자, 일부 위원들이 지도부를 심하게 비판하기 시작했다.[73] 여기서 문제의 초점은 노조 민주주의였다. 비판자들은 노조가 운영위원들과 현장 대의원들을 협상 과정에 충분히 참여시키지 않았다고 주장했다. 사측과의 최종 합의가 운영위원회의 검토 없이 이루어졌고, 부산지방노동위원회가 쟁의의 합법성을 승인하지 않아 노조의 협상력이 손상되었음에도 조합원들에게 그런 문제를 알리지 않았다는 것이었다.[74] 한 간부는 노조 지도부가 "너무 비밀이 많다"고 불평했고, 또 다른 간부는 지도부가 "조합원들을 좀 더 존경할 줄 알아야 되지 않을까요"라고 충고했다. 허재업은 지부장직 사퇴 의사를 표명했고, 핵심 간부들은 그간 노조가 이룬 성과를 선전하면서 비판에 대응하려 노력했다. "여러 가지 역경 속에서 쟁의를 했다는 것은 여러분도 이해해 주셔야 할 것입니다. 이번 쟁의로 인해 단체협약상 90%의 목적을 관철 ……

72_권오덕은 1960년대 후반 조공 노조의 독특한 특징으로 조공 노조원들의 민주적 절차에 대한 신념을 강조했다(2001년 9월 20일 권오덕 인터뷰. 면담자: 김준).

73_조공 문서철 #7, 1965년 12월 23일 운영위원회 회의록.

74_쟁의에 돌입하기로 한 결정은 12월 15일의 간부회의 및 직·반장 연석회의에서 내려졌다. 운영위원회는 12월 20일 회의에서 이 행동 방침에 반대하지 않았고, 허재업은 부산 노동위원회가 쟁의의 적법성에 관해 어떻게 결정할지 예측하기 어렵지만, "우리가 실력 행사를 함으로써 새 판례가 내려질 것 같습니다"라고 낙관적인 전망을 했다. 이 쟁의는 법적인 근거가 미약했는데, 그 이유는 사측과 합의를 본 후 노조가 원래의 쟁의를 종결했기 때문이다. 사측이 합의를 이행하지 않는다고 해도, 합의 시행의 지연을 근거로 해서 이미 종결된 파업을 재개하는 것은 문제가 있었다(조공 문서철 #7, 1965년 12월 15일 간부 회의 및 직·반장 연석회의 회의록과 12월 20일 운영위원회 회의록). 박정부는 다음 해의 회의석상에서 1965년 12월 쟁의 때 "불법 여부는 불문에 붙이고 투쟁할 수 있었던 것은 모든 조건이 갖추어져 있었"기 때문이었다고 회고했다. 즉 회사가 "작업 사정이라든지 연말 목표량을 완수하여야 된다는 절박한 입장"에 있었고, "그렇기 때문에 법을 무시할 수 있었"다는 것이다(조공 문서철 #11, 1966년 7월 15일 운영위원회 회의록).

100% 요구에 100% 관철은 매우 힘들지 않을까요. 운영위원 제위는 이해하시와 현장에 납득이 가게끔 노력해 주시기 바랍니다."[75]

그러나 지도부에 비판적이었던 위원들은 쟁의가 실패였다는 견해를 굽히지 않았다. 김천갑이 다음과 같이 쟁점을 요약했다. "노조와 현장의 거리가 너무 먼 것 같습니다." 오랜 격론 끝에 부지부장 박정부가 조합원의 광범한 참여를 확보하지 못한 노조의 잘못을 인정하고 사과해야 했다. 그러나 그는 "희생자가 많아 날까봐 가급적이면 책임을 우리 지부 몇몇 사람이 지려고 한 것이니 이 점은 오히려 찬사를 보내 주시리라고 믿었던 것입니다"라고 불만스러운 목소리를 내었다. 그는 또 "토요일 문제도 국영기업체 중 [반나절 노동에 하루 급여를] 지급받고 있는 곳이 몇 군데 있습니까. 아마 한 곳도 없습니다"라고 덧붙였다.[76]

1966년 노조는 96.8%의 찬성으로 쟁의를 시작한 후 짧은 시간 내에 10% 임금 인상을 얻어 냈다.[77] 7장에서 살펴볼 것처럼 노조는 이 시기에 점점 강해지는 정부의 압력에 직면하고 있었지만 조합원들은 너그러운 태도를 보이지 않았다. 일부는 불신임 투표의 망령을 다시 떠올렸다.[78] 직장 위원 한 사람은 다음과 같이 말하면서 불신임 결의를 거론

75_조공 문서철 #7, 1965년 12월 23일 운영위원회 회의록.

76_박정부는 확실히 전투태세에 있었다. 12월 20일의 운영위원회 회의에서, 그는 현재 지도부에 무슨 일이 일어날 경우에 대비한 "제2선", 즉 예비 집행부를 구성할 것을 제안했다(조공 문서철 #7, 1965년 12월 20일 운영위원회 회의록).

77_1,805명의 조합원 중 1,633명이 투표했고, 찬성 1,580표, 반대 6표, 기권 20표, 무효 27표였다(조공 문서철 #11, 1966년 2월 18일, 회사 사장에게 보낸 "최저 생활급 확보" 공문; 1966년 7월 15일 운영위원회 회의록).

78_1966년 8월의 대의원대회에서 한 대의원이 실제로 지부장을 제외한 모든 노조 간부의 소환

했다. "과거의 투쟁력은 매우 좋았으나 지금은 완전히 실망했다.……
회사 및 정부가 두려워서 그렇다는 것은 말이 안 된다."[79] 허재업이 언젠가 해상노조 위원장에게 고백했듯이 노조 지도부는 투쟁적이고 기가 센 조합원들과 노조를 무력화할 기회를 노리며 지연작전을 펴는 사측 사이에서 "진퇴양난"의 상황에 놓여 있었다.[80] 민주주의와는 거리가 멀었다고 인식되는 1960년대 한국 사회에서 내부 민주주의 원칙을 실천하는 데 힘쓴 노조 지도부의 이미지는 다음 질문을 하게 만든다. 조공 노조원들은 왜 민주주의라는 가치에 그렇게 사로잡혀 있었던 것일까? 왜 '민주주의'가 조공 노동자들에게 핵심 단어가 되었을까?

조공 노조원들의 민주주의 담론을 이해하는 한 가지 방식은, 그것이 노조 간부들이 자신들이 말하는 민주적 가치에 대한 명확한 이해나 신념을 가지지 않은 채 단지 사측과의 협상을 수행하기 위해 사용했던 편리한 정치적 수사였다고 보는 것이다. 이런 해석의 문제점은 1960년대 내내 조공 노조원들이 그들의 입장과 요구를 일관성 있게 '민주주의'의 언어를 써서 틀지었을 뿐만 아니라, 스스로의 행동을 통해 민주적 원칙에 대한 진정성을 드러내 보였던 사실을 설명할 수 없다는 데 있다.

1960년대 조공 노조원들이 좋아하고 존경하던 지도자 허재업은 통지문과 성명서, 연설을 통해 거듭 조공 노조의 민주적 성격과 목표를 강조했다. 예를 들어 허재업은 1967년 8월 3일의 대의원대회에서 민주

을 발의했다(조공 문서철 #12, 1966년 8월 20일 대의원대회 회의록).

79_조공 문서철 #11, 1966년 6월 17일 간부 연석회의 회의록.

80_조공 문서철 #9, 1965년 7월 3일, 해상노조 위원장에 보내는 통지.

주의에 대한 그의 철학을 다음과 같이 표현한다.

우리 해상노동조합 대한조선공사 지부는 …… 이제는 어느 곳에도 지지않을리만치 군센 조직체로서 성장하였으며 민주적인 노동조합으로서 높이 평가되고 있습니다. …… 우리들의 민주노동운동은 인간 존중의 정신을 기조로 한 운동이며 우리들은 인간의 존엄을 조금이라도 의심하지 않습니다. 그러나 인간이 어떤 양으로 숭고한가에 대해서는 여러 사람마다 생각이 다를 것입니다. 그리고 그 생각에 대해서는 우리들은 한 평생에 걸쳐서 추구하지 않으면 안 될 것입니다.[81]

이 구절은 선전 목적으로 공식 행사에서 던져지는 상투적인 언사가 아닌, 그 주제에 대한 진지한 사색의 결과물처럼 들린다.

1968년 대의원대회의 활동 보고에서 허재업은 "조합과 조합원, 조합원 상호 간의 긴밀한 유대와 협조를 바탕으로 선의의 불꽃 튀기는 경쟁"이 운동을 추동하는, "살아 움직이는" 조합을 만들려는 그의 포부를 밝힌다.[82] 노동조합운동의 목적은 다음과 같이 설명되어 있다.

노동조합 운영의 지선의 목표는 민주적 노동운동에 있다. 따라서 조합원의 의사를 민주적으로 계발하고 적극 참여시켜 이룩된 집약적 방안 설정에 의하여 강력히 추진 관철하는 데서 노동조합의 생명이 연면히 지속되는 것이다. …… 조합 운영을 조합원 중심으로 이끌 수 있는 각 부서 활동을 능률적으로 활용하여 실질적으

81_조공 문서철 #19, "1967년도 정기 대의원대회 회의 자료".

82_조공 문서철 #23, 1968년 11월 16일 임시대의원대회 "활동 보고".

로 조합과 조합원, 또 조합원 상호 간의 밀착을 기하고 조합의 민주적 방향 추동이 조직의 저변 확대에서 맹렬한 기세로 전진하는 상향식의 운영 지침을 거듭 확인한다.[83]

대학 교육을 받은 사무직 계장이자 육군 대위로 예편한 허재업은 관리자와 조합원 양측으로부터 다 존중을 받을 만한 위치에 있었다. 앞에서 보았듯이 허재업의 지도하에 노조 내부 민주주의 원칙이 노조의 일상 활동에서 의식적으로 실천되었다. 최고위직을 포함해 노조 간부직이 높은 임금으로 연결되었던 것 같지는 않다.[84] 이 시기에 조공 노조에서는 조합원의 목소리가 존중되고, 간부들은 조합원의 여론을 무서워했으며, 견습공과 임시직 노동자를 포함한 위계질서 말단의 노동자

83_조공 문서철 #22, 1968년 11월 16일자 "사업 계획서(안)". 성 평등이 사업 계획에 포함되어 있는 것이 주목할 만하다. "남녀 차별 대우를 불식하고 여권 신장에 노력한다."

84_조공 문서철 #8에는 노조 간부들의 1965년 11월 임금을 보여 주는 문서가 들어 있다. 세 명의 상근 간부(허 지부장, 상근 부지부장 박정부와 총무부장 정지영)가 노조에서 각각 6천 원, 5천 5백 원, 5천 원을 수령했는데, 이는 회사로부터 받는 월급(허재업 8,160원, 박정부 6,750원, 정지영 5,190원)에 추가된 액수다. 다른 노조 간부들은 당시 노조 직책에 따른 추가 급여 없이 4,920원에서 7,770원의 월급을 받고 있었다. 이 액수에는 아마도 수당이 포함되지 않았을 것이다. 노조가 고용한 두 종업원(비서와 사환)은 각각 7천 원과 3천 원을 받았다. 일반 조합원과 상근 노조 간부들 간의 임금격차는 이 수치들이 제시하는 것보다 훨씬 적었을 것이다. 그이유는 노동자의 급여에서 큰 부분을 차지하는 잔업수당이 이 수치들에 포함되지 않았고, 상근 노조 간부들은 잔업을 할 수 없었기 때문이다. 권오덕에 따르면, 상대적으로 부유한 편에 속하면서도 생산직 노동자들과 잘 어울리려고 값싼 담배를 피웠던 허재업은 노조 직책을 이용해서 축재를 하지 않는 도덕성이 높은 사람이라고 조합원의 존경을 받았다(2001년 9월 20일 권오덕 인터뷰. 면담자: 김준). 조공 노조는 노조 지부장의 봉급이 조합원 최상위 임금을 초과하지 않도록 제한하는 정책을 수립하지는 않았다. 그러나 필자는 조공 문서 자료실에서 노동자들이 급여를 수반하는 상근 노조 직책을 돈 잘 버는 자리라고 간주한 어떤 증거도 발견하지 못했다.

들이 동등한 성원으로 환영받았다.

이 시기 조공 노조원들은 자신들이 민주적으로 행동할 수 있음을 증명하는 데 큰 가치를 두었던 것으로 보인다. 다시 말해, 민주적으로 행동하는 것이 그들의 '근대적' 주체 위치의 핵심에 놓여 있었던 것이다. 권오덕은 조공 노동자들이 그날의 안건에 대해 의견차가 거의 없는 경우에도 "갑론을박 심지어 감정이 격양될 정도로" 치열한 토론을 벌이는 습관이 있었다고 회고했다. 그런 불같은 말싸움을 지켜본 외부 손님들은 회의가 끝난 후 때로 권오덕에게 노조 지도부가 당장 무너지는 것이 아니냐고 우려를 표시했다고 한다.[85] 민주적인, 따라서 근대적인 남자로 인식되는 것이 왜 그리 중요했을까?

20세기 내내 지속된 강도 높은 정치적 대중 동원이 해답의 일부분을 제공한다. 근대의 도전에 직면해 19세기 후반부터 조선의 지식인들은 '부국강병'이라는 급박한 목표를 위해 전체 인구의 에너지를 동원해야 한다고 확신하게 되었다. 근대 민족국가 건설 프로젝트의 성공이 계급, 신분, 성별의 차이를 가로질러 효율적인 대중 동원을 이루어 내는 데 달려 있다는 것을 이해했던 것이다. 그리고 그에 따라 동원된 사람들이, 자신들에게 약속된 민주적 권리의 이상을 실천해 줄 것을 대중운동을 통해 요구하기 시작하면서, 근대 민족국가 건설 프로젝트 그 자체가 민주적 결과들을 낳게 되었다고 볼 수 있다. 2장의 논의에서 보이듯이, 해방 후 한국의 정치 지형에서 '민주주의'라는 용어는 선거나 선거

---

[85]_2000년 8월 9일 조공 노조 간부 인터뷰(면담자: 신원철). 녹음테이프와 녹취록을 사용하도록 허락해 준 신원철 교수와 영남노동운동연구소에 이 자리를 빌려 감사를 표한다.

보이콧을 둘러싼 캠페인의 가열, 그리고 그 말의 의미와 소유권을 둘러싼 폭력적인 충돌을 통해 일상용어로 정착되게 된다.

한국의 복잡한 민주주의 이데올로기 계보를 추적하는 작업에서 식민지 시기 그리고 해방 직후 시기 사회주의 이념들의 영향도 강조하지 않을 수 없다. 앞 장들에서 자세히 논의했듯이, 사회주의, 아나키즘, 공산주의 등 여러 조류에 크게 영향을 받은 해방 후의 급진적인 정치적 동원, 한국전쟁 첫 해 동안 일어난 북한 인민군의 남한 일부 지역 점령, 그리고 북에서 남으로의 피난민 대량 유입이 남한의 인구를 좌파적 언어와 개념에 노출시켰다. 한국전쟁이 끝난 지 10년도 넘은 1960년대에도 조공 노조원들의 언설에는 좌파 느낌이 나는 단어와 구절이 심심치 않게 등장한다.

자유와 민주주의의 이름 아래 싸웠던 한국전쟁의 경험도 한국 사회에서 이런 개념들이 유통되는 데 큰 영향을 끼쳤다. 1960년대 조공 노조원 중 상당수가 한국전쟁 중 혹은 그 직후에 군대에 복무한 경험이 있다는 사실은, 노동자의 군대 경험이 민주주의 이상에 대한 신념을 표현하고 자신들이 시민으로서의 권리를 향유할 자격이 있다는 의식을 갖는 데 어떤 영향을 미쳤느냐는 문제를 다시 생각해 보도록 만든다. 김무용은 노동자들이 전쟁을 거치면서 폭력적인 국가권력에 대해 엄청난 공포를 갖게 되었고, 그것이 노동운동을 치명적으로 약화했다고 주장한다.[86] 이 시기 일상적인 군대 경험은 분명히 민주적인 원칙을 장

86_ 그는 노동자들이 가지고 있는 한국전쟁 동원의 기억과 집단 경험이 낳은 부정적 효과를 강조한다. 그에 따르면, 노동자들에게 가장 오래 남은 전쟁의 기억은 국가권력의 엄청난 폭력성에 대한 깨달음이었다. 그는 국가의 반공주의 이데올로기에 의해 지지된 국가권력에 대한 '공포'

려하는 문화와는 거리가 멀었다. 그러나 한국전쟁 중 군에 복무한 남성들이 북한 공산 정권을 상대로 한 전쟁에서 '자유와 민주주의'를 수호하기 위해 목숨을 걸었던 것 또한 분명하다. 그렇다면 군 경험으로부터 자유와 민주주의라는 이상의 우월성에 대한 신념을 가지고 사회로 나온 사람들도 일부 있었을 것이라는 추론도 가능하지 않을까? 군 복무자들에게 군 경험의 결과로 나라의 장래에 대해 발언할 권리 의식과 사회로부터 좋은 대우를 기대하는 심리가 자랐을 것이라고 보는 것도 가능하다.[87]

허재업의 사례는 군 복무가 민주적 신념을 가진 활동가를 육성하는 긍정적 효과를 낸 흥미로운 예다. 허재업은 1953년 3월 병기 간부 후보생으로 시작해 부산의 육군 병기기지 사령부 행정처 행정과장을 역임한 뒤 1961년 7월 육군 대위로 예편함으로써 8년의 군 경력을 마감한다. 예편한 다음 달 허재업은 조공에 인사과 계장으로 입사했다. 권오덕의 증언에 의하면, 허재업은 냉정한 전략가 타입이라기보다는 다정

가 1950년대의 노동계급과 노동운동이 권력에 순응하게 만드는 데 기여했다고 주장한다(김무용 2002).

87_이런 주장을 펴는 연구가 많지만 그중 하나로 넬슨 리히텐슈타인은 미국의 예를 들어 제2차 세계대전의 경험이 노동자들의 시민 의식과 권리 의식(sense of entitlement)을 고양했다고 주장한다. "수백만 명의 노동계급 청년들에게 전쟁 경험은 그들의 새로운 시민권 의식을 인증하여 주었다. …… 군 복무를 했었던 제너럴모터스의 파업자들은 권리 의식과 애국주의의 상징으로 군복을 입었다. 전국자동차노동조합(UAW)이 1월 12일을 '재향군인의 날'로 선언하자, 군복을 입은 노동자들의 거대한 피켓 라인이 디트로이트에 있는 회사의 웅장한 사무실 지구를 둘러쌌다"(Lichtenstein 1995, 234). 흑인 병사들의 제2차 세계대전 참전이 민권운동에 어떻게 큰 변화를 불러왔는지를 추적한 미국 시민권운동에 대한 문헌에서도 이와 매우 유사한 주장이 제기되어 왔다.

하고 다혈질이고 약간은 단순한 인물이었다. 그는 노동운동의 대의에 헌신하는 자세를 지녔고, "조합을 위해서는 물불 안 가리고" 싸울 준비가 되어 있었다. 허재업은 특히 그 시대의 다른 노조 지도자들과 달리 높은 도덕성을 지닌 청렴하고 정직한 인물이었다.[88]

앞서 지적했듯이, 그는 상대적으로 부유한 층에 속했음에도 불구하고 일반 조합원들과 더 잘 어울리기 위해 담배도 노동자들이 애용하던 값싼 '파랑새'로 바꾸었다.[89] 자부심 높은 전 육군 장교 허재업은 노조에서 민주주의 원칙과 절차의 열렬한 지지자가 되었고, 민주주의라는 이름 아래에서 신념을 가지고 노동자의 권리를 위해 싸웠다.[90] 허재업의 품성, 특히 용감성, 정직성, 헌신성이 노동자들의 깊은 존경을 끌어내고, 일반 조합원들이 편한 마음으로 발언할 수 있는 노조의 민주적 분위기를 발전시키는 데 일조했던 것으로 보인다.

허재업의 흠잡을 데 없는 육군 복무 경력이 조공 노조에 매우 중요했던 이유는 그 때문에 중앙정보부조차도 허재업이라는 '반공 투사'가 지부장으로 있는 조직을 감히 건드리지 못했기 때문이다.[91] 군 복무의

88_ 권오덕은 허재업이 "조합을 위해서는 물불 안 가리고 소리 지르고" 싸우므로 "회사서 눈길 부딪히기도 두려워"했다고 회고했다(2001년 9월 20일 권오덕 인터뷰. 면담자: 김준).

89_ 그는 많은 부동산을 소유하고 있었다고 한다(2001년 9월 20일 권오덕 인터뷰. 면담자: 김준).

90_ 허재업은 자랑스러운 육군 장교라는 멘탈리티를 평생 유지한 것처럼 보인다. 2000년 8월에 그를 면담한 신원철에 따르면, 허재업은 가슴에 군대 훈장을 달고 나타났다(2000년 8월 9일 조공 노조 간부 인터뷰. 면담자: 신원철).

91_ 2001년 9월 20일 권오덕 인터뷰(면담자: 김준). 권오덕은 허재업의 개인적인 경력이 "그 당시 사회에서는 엄청난 자산"이었다고 평가했다(2000년 8월 9일 조공 노조 간부 인터뷰. 면담자: 신원철).

의무를 완수하는 것은 제대자, 특히 허재업 같은 장교 출신에게 국가에 대한 충성심과 반공적 자세라는 면에서 확실한 증표를 주는 것이었고, 사상 문제로 인한 시비에 노출되기 쉬운 노동운동에서 노조 간부들의 이러한 배경은 중요한 자산으로 작용할 수 있었다. 압도적으로 부정적인 전쟁 경험의 유산에 대한 김무용의 지적이 근거가 있다고 하더라도, 조공의 사례는 적어도 일부 주요 사업장의 경우 1950년대 후반이 되면 노동자들이 전쟁의 공포스러운 경험을 떨쳐 버리고 국가권력에 대한 공포에서 벗어나 전투적인 노동조합운동을 발전시킬 수 있었다는 것을 보여 준다.

자유민주주의 이데올로기에 노동자들이 노출된다는 측면에서 1945년 이후, 특히 한국전쟁 기간과 그 후 시기에 정치, 경제, 문화의 장에서 미국이 끼친 막대한 영향력 또한 매우 중요하다. 빠르게 확장되던 공교육의 장에서도 미국의 영향력이 두드러졌다. 한국의 공교육 체제는 원래 "완전히 미국식을 모델로 하여 …… 미국에서 이해하는 방식으로 한국인들에게 민주주의를 가르치려 했고" 따라서 모든 허점과 한계를 감안하더라도 '민주주의'가 새롭고 근대적인 한국의 운용 원칙이 되어야 한다는 생각을 널리 퍼트리는 데 기여했다(Helgesen 1998, 151).[92]

절차적 민주주의의 이상이 한국 사회에 깊이 뿌리내렸다는 사실은 1960년 4월 민주주의를 외치며 가두로 쏟아져 나온 학생들과 시민들의 대규모 시위로 이승만 독재 정권이 퇴진하게 되었을 때 잘 드러났

92_박정희 정권하 미국 교육과정이 미친 효과의 한계, 미국 교육과정과 한국적 가치 및 규범 사이의 긴장, 1954년 도덕교육의 부활, 그리고 '반공주의 도덕교육'의 강조에 대해서는 Helgesen (1998, 151-164) 참조.

다. 4월 혁명이 대중의 마음에 자아낸 큰 흥분과 희망은 민주적 사회 변혁의 가능성에 대한 노동자들의 믿음을 이해하는 데 또 한 켜의 역사성을 보탰다. 배관공이었으며 1960년대 조공 노조에서 '두뇌' 역할을 한 간부의 하나였던 권오덕은 4월 혁명의 영향에 대한 생생한 예를 제공해 준다.[93] 대학을 한 학기 다니며 정치학을 공부한 경력을 가지고 있는 그는 2001년의 인터뷰에서 자신을 '4·19 세대'의 일원으로 자리매김한다.[94] 4·19 세대는 4월 혁명 참가를 통해 정치의식과 사회문제에 대한 의식을 획득한 세대를 일컫는다. 그의 주장에 따르면, 조공 입사 당시 그는 그가 보기에 전국에서 가장 앞서 나가던 조공 조선소의 노동운동에 기여할 꿈을 가지고 있었다고 한다. 따라서 어느 면에서는 그를 노동자를 조직하러 공장에 들어갔던 1970년대와 1980년대의 '학출', 즉 대학생 출신 노조 활동가의 선구자로 볼 수도 있다.[95]

93_ 권오덕의 본적지는 영도이고 1940년생이다. 그는 1966년 조공에 입사하기 전 건설 현장과 대선조선을 포함한 세 곳의 조선소에서 일한 경력이 있다.

94_ 그의 개인적 삶에 관한 정보는 2001년 9월 20일 권오덕 인터뷰(면담자: 김준), 2000년 8월 9일 조공 노조 간부 인터뷰(면담자: 신원철), 2006년 5월 18, 19, 30일 권오덕 인터뷰(면담자: 남화숙)에서 가져온 것이다. 권오덕은 고등학교 시절 진보적 교사 두 명에게서 영향을 받았고, 4월 혁명 후에 통일 문제에 높은 관심을 가졌던 영도의 진보적 서클에서 활동했다. 그는 "진보운동의 막내"로서, 7~8년 동안 안효덕, 부성수를 비롯한 영도 지역의 선배 활동가들을 따르고 배우며 좋은 시간을 보냈다고 회고했다. 안효덕은 조선선박(이후 대선조선)의 전평 노조 지부장을 역임한 인물이고, 부성수는 영도국민학교의 존경받던 교사로 나중에 간첩 누명을 쓰기도 했다. 이 영도 서클의 성원들은 위 각주 59에서 언급한 공화당 정치인 예춘호와 긴밀한 관계를 가지고 있었다(2007년 11월 7일 박인상 인터뷰. 면담자: 남화숙).

95_ '학출' 노동운동 활동가들에 관해서는 Koo(2001, 5장); Lee(2005) 참조. 권오덕과 1980년대 학생 출신 노조 활동가 사이의 차이 중의 하나는 권오덕이 영도 지역을 넘어서는 외부 정치단체들과의 직접적인 연계 없이 활동했다는 점이다. 하지만 그는 마음이 맞는 지역공동체의 진보적 인사들로부터 지원을 받고 있었다. 권오덕의 노동운동에 대한 헌신은 1969년의 파업에

다음 해에 쿠데타를 통해 권력을 잡은 박정희조차도 정치와 사회의 혁명적 변화를 원하는 대중의 감정을 활용하기 위해 민주 사회라는 수사를 써야 할 필요를 느꼈던 것으로 보인다. 한편으로는 정부가 국민에게 민주주의가 어떻게 작동해야 하는지를 가르치는 "행정적 민주주의"의 성격을 가진 "한국적 민주주의에 대한 개념"을 언급하면서도, 박정희가 선언한 목표는 "경제적 평등"과 "사회정의"를 보장하는 "민주적 복지사회" 또는 "협동적 민주 사회"였다(Helgesen 1998, 162).

이런 복잡한 방식으로 해방 후 한국 사회에서 민주주의에 대한 노동자들의 이해와 신념이 자라났고, 따라서 조공 노동자 같은 산업 노동자들이 사회에 널리 받아들여진 민주주의의 이상을 수용해 효과적인 저항 담론을 생산하고 그것을 자신들의 새로운 근대적 정체성을 강조하는 데 사용한 것은 조금도 놀라운 일이 아니다. 초기 대한노총의 반공 지도자들은 이미 인간적이고 공평한 자본주의경제에 기초한 새 민주 한국을 건설하는 일에 노동자들이 매우 중요한 사명을 띠고 있다고 주장하는 노동 이데올로기를 조직의 강령에 박아 넣었다. 1960년대에 조공 노동자들은 이 초기 노동 이데올로기를 자신들의 민주주의 담론과 노조의 사명에 대한 담론을 만들어 내는 데 널리 차용했다.

1960년대 조공 노조의 운동이 대한노총 노조 지도자들의 수사적 입장과 구별되는 점은, 조공 노동자들이 근대적이고 민주적이며 존엄

따른 해고와 체포, 중앙정보부와 경찰의 엄중한 감시에도 불구하고 지속되었다. 1970년대에 그는 조공 같은 기업별노조가 아니라 대규모 지역 노조, 그리고 궁극적으로는 전국 산별노조가 한국 노동운동이 직면하고 있는 문제에 해답이 될 수 있다는 믿음에서 부산 지역 노조 연맹체를 세우기 위해 노력했다(2001년 9월 20일 권오덕 인터뷰. 면담자: 김준).

성을 지닌 산업 노동자로서의 페르소나를 공적·사적 무대 모두에서 의식적으로 수행했다는 사실이다. 이 점에 있어서 그들의 퍼포먼스는 사측, 정부 당국, 경찰 또는 대중매체와의 상호 대면에 있어서나 내부 활동에 있어서나 일관성 있고 설득력 있는 것이었다. 지도부를 갈아치운 조합원의 반란을 목격했고 항상 지도부에 대한 조합원의 비판에 노출되었던 1960년대 조공 노조의 간부들은, 민주적 원칙에 따라 노조를 운영하겠다는 의지를 기탄없이 표명하는 것이 위험을 내재하고 있음을 잘 인식하고 있었다. 수사적으로만이 아니라 실천적으로 민주적 원칙들을 강조하고 따름으로써, 노조 지도자들은 노조의 운동 방향을 제어하는 자신들의 권력을 위태롭게 하는 길을 의식적으로 선택한 것이다.

권위를 위태롭게 하면서까지 민주적으로 행동하는 것이 주는 보상은 무엇이었을까? 필자가 생각하기로 이들 노조원들이 민주적 조합원의 역할을 지나치리만큼 완벽하게 수행한 이유는, 그런 자세를 통해서 신분의 평등과 부의 공평한 분배에 대한 그들의 민주적 열망을 효과적으로 전달할 수 있었기 때문이었다. 신분의 평등과 부의 공평한 분배는 한국 사회에서 그들이 제대로 인간 대접을 받을 수 있게 만들어 주는 조건이었다. 다시 말해 신분 차별에 대한 깊은 불안이, 근대적·민주적 페르소나를 거의 종교적인 열렬함을 가지고 주장하도록 노조원들을 추동하는 힘이었던 것으로 보인다. 사회적으로 매우 보수적이고 아직도 대체로 유교적인 한국 사회에서 사회 신분 간의 평등은 조공 노동자들이 강력하게 공감하던 문제였다.

한국 노동자들의 예민한 신분 의식은 1970년대와 1980년대의 노동운동에 대한 저작에서 이미 많이 논의되어 왔다. 예를 들어 1987년 노동자 대투쟁 당시 노동자들의 요구에는 사무직 대비 생산직 노동자에 대한 여러 가지 차별 행위를 철폐하라는 요구와, 마치 미성년자 취급하듯 생산직 노동자의 몸과 행동을 군대식으로 통제하는 관행을 폐지하라는 요구가 포함되곤 했다. 인간적 존엄성과 남성성을 지키기 위해서는 평등한 지위를 보장받고 민주 사회의 완전한 성원으로 인정받아야 한다는 사고는 1960년대에도 마찬가지였다고 생각된다. 견습공이나 임시공을 포함해 신분이 뚜렷하게 낮은 동료 남성 노동자를 동등한 성원으로 포용함으로써, 조공 노조원들은 어떤 면에서 회사와 한국 사회를 향해 이상적인 민주 사회가 어떤 모습이어야 하는지, 그리고 노동자들이 민주적이고 평등한 공동체를 건설하는 데 얼마나 유능한지를 보여 주고 있었다.[96]

96_ 그들의 남성적 '가족 부양자'적 주체성에 맞게 1960년대 조공 노조원들은 조선소의 여성 노동자들을 노동자 그 자체라기보다는 가족 구성원으로 생각하는 경향이 있었고, 따라서 성차에 따른 차별 문제를 무시했다. 1980년대 후반이 되기 전에는 한국에서 성 평등의 문제가 노동운동의 의제로 전면에 등장하지 않았다(Nam 2009 참조).

6

경영합리화와 저항

1960년대에 대한조선공사(약칭 조공)와 같은 진보적인 노조가 발전할 수 있었던 것은 통념과 달리 1968년까지는 박정희 정권의 노동정책이 상대적으로 노동운동에 관용적이었고, 섬유산업 등 수출 부문의 사기업에서와 달리 비수출 부문의 국영기업에서는 노동 통제가 다소 느슨한 편이었기에 가능한 일이었다. 1960년대 말까지 조공 노동자들은 노동운동을 가능하게 하는 이 귀중한 공간을 성공적으로 활용해 생활임금과 고용의 안정, 나아가 평등과 존엄성을 추구했다.

이 장에서는 조공이 당면해 있던 기업 경영 환경과 조공이 생산·인사 관리의 합리화를 위해 기울인 노력에 중점을 두어 이 시기를 고찰한다. 조공 노동자들과 노조는 비용 절감과 생산성 향상을 위한 회사의 노력을 수용하는 자세를 취하면서도, 사측의 방책이 공정치 않다고 인식될 때는 그에 확고히 저항했다. 또한 이 시기에 조공 노조는 임금 비용을 낮게 유지하는 장치로 조선소에서 오랫동안 사용되어 온 비정규직에 대해 노조 가입을 허용하는 중대한 결정을 내린다. 이 장은 평등, 공정성, 연대 등 노동자들이 공유하던 가치들이 기업 운영 합리화를 목적으로 추진되던 신구 대책들에 대한 저항의 과정을 어떻게 틀 지어 가는지, 그리고 그 경험이 조공 노동자들 사이에서 성장해 가던 노동운동의 성격에 어떤 영향을 주었는지를 고찰한다.

1960년대의 대한조선공사

1950년대 후반 조공 조선소의 재정과 운영 문제를 진단하고 개선하려던 정부의 폭넓은 노력(이 책의 3장 참조)에도 불구하고, 조선소에 산적해 있던 문제는 별로 나아질 기색이 없었다. 새롭게 등장한 군사정부가 1961년 내린 진단에는 조공 재정난의 이유로 자본금 부족, 경영진의 수주 확보 노력 미흡, 전력 부족, 원자재 구입의 어려움, 노후한 시설과 장비, 부실 경영 등 이전과 똑같은 문제들이 열거되었으며, 이런 문제를 해결하기 위해 상세한 재건 계획이 제안되었다(대한조선공사 1968, 187-188).[1]

조공은 1962년 6월 4일에 자본금 10억 원의 국영기업으로 새롭게 태어났다.[2] 생존력 있는 조선산업의 발전을 소망한 정부 덕에 불충분한

1_12개 항의 대한조선공사 재건 방침은 장비와 시설의 개선과 확장을 위한 국내외 자본 도입, 선진 외국 기술 수입, 기술자와 숙련공 양성, 관련 산업 육성, 하도급 활용, 생산과 경영의 현대화를 통한 생산성 향상과 비용 절감, 조공에서 건조된 선박의 판매를 위한 국내외 시장 확보 등을 포함한 포괄적인 희망 사항의 목록이었다.

1960년대 후반 대한조선공사 조선소 전경(박인상 소장 자료).

운영자금 문제가 해결된 것이었다. 조공과 조선산업 전체에 대한 국가의 지원과 보조금 지급은 1960년대 동안 계속된다. 당시 섬유산업과 같이 잘나가던 수출산업에 비해 조선산업은 외화 획득에 기여하는 바가 아주 적었는데, 그럼에도 불구하고 조선산업에 국가의 지원이 지속되었다는 사실은 조선산업을 키우려는 정부의 의지가 얼마나 강했는지를 보여준다. 1950년대 동안 조선소에 만연했던 부실 경영 관행은 1960년대를 통해 대체로 사라진다. 회사는 또한 지금까지 직장의 통제 영역이던 작업 조직과 생산을 좀 더 체계적으로 장악하기 위한 시도를

2_1962년 4월에 통과된 대한조선공사법(법률 제1064호)에 의거했다(대한조선공사 1968, 188; 김준원 1991, 64).

시작한다. 1962년부터 조선소는 수익을 내기 시작했고, 불충분한 전력 공급이나 선박 구매 수요 부족과 같은 어려운 경제적 사정에도 불구하고 그즈음부터 강선 건조가 본격적으로 재개되었다(대한조선공사 1968, 191; 199).[3]

조공, 그리고 인접한 민간 기업체인 대선조선은 1960년대 전국에서 가장 선진적인 강선 조선소였다.[4] 조공 조선소는 또한 금속산업과 기계산업의 선두 주자였다. 1960년대에 조공은 기초 산업기계와 기계 공구, 석유탱크와 천연가스 탱크 같은 대형 철 구조물, 여러 종류의 저장탱크 및 화학 탱크의 설계, 생산, 설치에서 기술적으로 큰 진보를 이루었다. 또한 석탄차, 대형 보일러, 천장기중기, 금속 교량, 댐의 철제 수문, 광업, 제지, 섬유, 운송 산업용 기계, 컨베이어 벨트, 강력 선반, 냉온과 고온 프레스, 형삭반, 스프링 해머와 펌프 등을 생산했다. 즉 조공은 국가의 수입 대체 노력에 훌륭히 기여하고 있었다.[5]

조공은 조선 능력과 수리 능력 면에서 1960년대에 괄목할 만한 진보를 이룬다. 상업 차관과 외국 원조 차관에 힘입어 1966년까지 드라이독Dry Dock, 乾船渠 2대, 선대船臺 5대, 크레인 25대로 시설이 확충되고,

---

3_1960년대의 한국 경제 전반, 특히 금속산업과 기계산업은 재료, 기계, 기술, 수요 면에서 현대식 조선소를 뒷받침할 만한 수준으로 발전해 있지 못했다. 심지어 조선소를 가동키 위한 매우 기초적 조건인 전력 공급조차도 계속 문제가 되었다. 1961년 조공 조선소에 필요한 전력은 시간당 2천 킬로와트였는데 공급은 겨우 시간당 400킬로와트 정도에 불과했다(대한조선공사 1968, 187).

4_한국의 강선 건조 조선소 수는 1963년의 12개에서 1966년 23개로 거의 두 배가 되었지만, 그중 21개는 선박 수리 전문의 작은 조선소들이었다(대한조선공사 1968, 202).

5_대한조선공사(1968, 195)와 그 뒤 여러 쪽들에서 설명되어 있다.

연간 총 2만GT(Gross Tonnage, 총톤수)의 선박 건조가 가능해졌다.[6] 1967년에 시작된 정부의 제2차 경제개발5개년계획에 따른 확장 목표는 연간 조선 능력 총 6만6천GT와 수리 능력 총 34만GT, 최대 선박 규모 1만GT로 정해졌다. 이 확장 규모는 현대 울산 조선소에 70만 톤 규모의 드라이독 두 대가 1973년 완공되면서 빛을 잃지만, 현대의 야심찬 조선산업 진출 이전까지, 조공의 도크와 시설은 남한의 조선·금속 산업이 이룩한 자랑스러운 성취의 상징이었다.

현대화 계획의 일부로 조공은 조선 용어, 부품 및 작업 공정을 표준화하는 데 심혈을 기울였고, 표준 선박 모델을 개발해 성공적으로 활용했으며, 리벳을 대체한 용접 공법과 블록 제작 방법 등의 선진 조선 기술 도입에 선구적 역할을 했다. 용접과 블록 제작은 전함을 신속하게 생산하고 수리하기 위해 제2차 세계대전 중 도입된 것으로, 독일이 개발한 블록 공법을 사용하면 전함에서 파손된 블록만 제거해 수리하거나 교체할 수 있었다. 미국은 용접 기술을 적용하고 육지에서 조각들을 큰 블록으로 조립한 다음 도크로 옮겨 최종 조립하는 방식으로 4천7백 척 이상의 전함을 건조했다.[7] 용접 기술은 한국전쟁 중 미국산 전함의 수리 작업을 진행하는 과정에서 이미 도입되었다. 1960년대 동안에 회

6_조공에 있는 드라이독 두 대는 한국에서 유일했고, 그것으로는 1954년 현재, 국내 선박 수리 수요의 30%밖에 처리할 수 없었다. 해외 경쟁사로 선박 수리 일감이 계속 빠져나가는 것을 막기 위해 정부는 1954년 대선조선에 2천 톤 규모 선박의 수리를 감당할 수 있는 드라이독을 짓도록 자금을 지원한다(대한조선공사 1968, 118-19).

7_일본의 조선소들도 태평양전쟁 시기에 용접과 블록건조 방법을 사용했다. 하지만 용접 방법으로 완전히 전환한 1950년대까지는 블록들을 여전히 리벳으로 결합하고 있었다(현대중공업 1992, 311, 338).

사는 용접공의 기술 수준을 국제 수준으로 향상하려 노력했고 그 결과 전기용접 자격증이 있는 노동자의 수가 증가했다.[8] 1960년대에 도입된 블록 제작 방법은 선박 건조에 필요한 노동시간을 줄여 건조 비용을 낮추는 데 기여했다.

선진 기술을 습득하기 위해 회사는 1950년 미국 고문단을 시작으로 가끔씩 소수의 외국인 기술 고문을 고용했다.[9] 1967년에는 당시까지 수입에 의존해야 했던 저속·중속 선박 디젤엔진을 제조하기 위해 일본의 니가타新潟철공소와 5년간의 기술 지원 계약을 맺었다(대한조선공사 1968, 335-337).[10] 조선소의 기술력을 높이기 위해서는 외국산 기계의 대규모 구매가 필요했는데, 회사는 1950년대 후반에는 국제협조처 ICA와 정부 융자로 독일, 이탈리아, 미국으로부터 기계를 수입했고, 1966년에는 미쓰비시에서 차관해 일본으로부터 기계를 구입했다(대한조선공사 1968, 122-129; 252; 275-277).

제2차 경제개발5개년계획에는 국내 선박 수요를 충족하고 궁극적으로 선박 수출을 추진하는 것이 목표로 포함되어 있었다. 1967년 3월 조선공업진흥법이 제정되고, 1969년 정부가 기계공업 육성 자금을 방

8_1966년 말 현재, 조공 조선소에는 ABS(American Bureau of Shipping), API(American Petroleum Institute), JIS(Japan Industrial Standard) 및 대한조선공사 용접 자격증을 보유한 용접공이 총 72명 있었다(대한조선공사 1968, 205).

9_미국 기술 고문단이 1950년 3월~1951년 1월까지 조선소에 상주했고, 1959년에는 네덜란드인 기술 고문이 파견되어 와 있었다. 총 15명의 외국인 기술자들이 1962~66년 사이에 초빙되었고, 추가로 19명이 1967~71년 사이에 고용될 예정이었다(대한조선공사 1968, 91; 148; 278).

10_기술이전 대상에 저속 엔진만 포함한 대한조선공사의 계약안을 검토한 후, 상공부는 승인 조건으로 중속 엔진도 포함하도록 조공에 지시했다.

출하면서 조선산업이 수혜자의 하나로 포함된다(신원철 2001, 143-144).

강선과 목선을 포괄하는 조선산업 전체의 연 조선 능력은 1962년 4만 1,700GT에서 1969년 15만7,100GT로 늘어났다. 하지만 실제 건조량은 그보다 한참 못 미쳐서, 1962년 4,636GT에서 1969년 3만7,804GT로 느는 데 그쳤다.[11] 목선 대비 강선 건조량은 1962년 8.2%에서 1968년 65.2%, 1971년 92.1%로 극적인 증가를 보인다. 1960년대 동안 강선 건조의 대부분은 조공이 담당했다. 그러나 한국의 선박 자급도(총 선박 공급에서 국산 선박이 차지하는 비율)는 수입 선박에 대한 의존 심화 현상을 반영해 1963년 90.5%에서 1960년대 후반 14% 정도로 가파르게 떨어졌다. 기술 개발과 현대화 측면에서 올린 성과에도 불구하고, 1960년대 동안에는 조선산업 전체도 조공도 기대했던 돌파구를 찾는 데 실패했다고 볼 수 있다.

조공의 가장 큰 약점은 목재, 철강, 엔진, 여타 선박 기계 등 주요 조선 원자재의 대부분을 수입에 의존해야 했던 점이었다. 조선산업은 금속, 기계, 야금, 광산, 전기, 화학, 섬유, 건설 등 50여 종 이상의 연관 산업과 긴밀히 연결되어 있어서 이런 산업의 균형 있는 발전이 반드시 필요했다(대한조선공사 1968, 204; 현대중공업 1992, 131). 주요 원자재의 수입 의존도가 높으면 수입과 관련된 사무비와 기타 비용이 늘어난다. 1962~65년까지 선박 건조 자재 구매가 총액에서 수입 자재와 기계류가 차지한 비중은 평균 48%였다.

이런 전체 수입품 지출(302만9,848달러)의 3분의 1 이상(111만7,020

11_신원철(2001, 145, 표 3-1) 참조.

달러)을 철강 제품이 차지했다(대한조선공사 1968, 207). 박정희 정권이 1960년대 동안 국가 건설과 경제성장을 위한 핵심 사업의 하나로 국영 철강회사의 건설을 강력히 추진했지만, 포항제철(포스코) 설립은 1970년이 되어서야 시작될 수 있었다.[12] 포스코가 생산한 철강 제품이 한국 조선소의 일제 철강 수입의존도를 낮출 수 있었던 것은 1976년이 되어서였다(현대중공업 1992, 373). 1965년 조선소의 총지출 중 임금 비용이 29%인 것에 비해 자재 구입비가 58%나 되었던 것은 수입의존도가 높았던 탓이 컸다(대한조선공사 1968, 248; 251; 273).[13] 회사는 경쟁 상대인 선진국의 노무비(총비용의 약 40%)에 비해 훨씬 적은 조공 조선소의 노무비가 그나마 높은 자재비를 일정 부분 보전해 주고 있다고 판단했다.[14] 이처럼 높은 건조 단가 탓에 국내외를 막론하고 선주들로부터 수주를 하기가 어려운 실정이었다.[15] 선박 구매자 입장에서 볼 때 조공에 새 선박을 발주하기에는 한국 정부가 제공하는 보조금과 인센티브가

12_포항제철 건설을 위한 협상은 1965년에 KISA(Korea International Steel Association: 미국, 독일, 영국, 이탈리아 등 일곱 개 철강 관련 회사의 컨소시엄)의 구성과 함께 시작되어 1968년까지 추진되었지만 성공하지 못했다. 이 협상이 실패로 끝난 후, 일본 정부와 일본의 3대 철강 회사(야하다제철, 후지제철, NKK)는 1965년 한일 국교 정상화에서 일본이 지불하기로 한 청구권 자금으로 이 사업에 참여하는 것에 동의했다. 포항제철의 첫 공장은 1973년 7월에 완공된다(전인권 1992, 53-65).

13_이 통계는 조선부와 조선기계부를 포함한 조선소 전체 통계이다.

14_그러나 1972년 『영국 조선』(*British Shipbuilding*) 통계에 따르면, 유럽의 선박 생산 국가(영국, 스페인, 프랑스, 독일, 노르웨이, 스웨덴)의 경우 평균임금 비용이 총비용의 25%였다(현대중공업 1992, 132에서 재인용).

15_1967년에 일본 조선소들은 4천GT급 선박을 톤당 330달러의 비용으로 건조했는데, 조공은 톤당 393.77달러를 지출했다. 수입 관련 비용이 그 차액 중 27.98달러를 차지한다(대한조선공사 1968, 347-348).

충분치 않았다. 한편 해운업과 어업 등 국내 수요를 설사 조공이 모두 채운다고 해도 조선소를 유지할 만한 물량이 되지 않았기 때문에, 조공으로서는 수출을 해야 살아남을 수 있는 상황이었다.

1960년대 후반 조공 경영진은 선박 수출이 빠르게 늘어날 가능성에 대해 회의적이었다. 회사는 세계시장에서 외국 조선소들과 직접 경쟁에 뛰어들기보다는 일본 조선소에서 조립 주문을 받아오는 일에 더 관심이 있었다(대한조선공사 1968, 348). 즉 1960년대 동안 조공은 기적적인 성장을 이루지는 못했지만, 언젠가는 선박 수출로 국가 경제에 이바지하고 싶다는 소박한 꿈을 가진 채 생산능력을 늘리고 경쟁력을 높여 가는 일에 꾸준히 매진하고 있었다고 할 수 있다.[16]

경영합리화와 저항

1960년대 중반이 되면 조공의 소유주인 정부로부터 경영을 정상화하라는 압력이 거세지고, 그에 따라 노사 양측은 장기간의 대결 구도로 들어가게 된다. 그 싸움의 결과가 양자의 운명을 좌우할 것이었다. 표면적으로 싸움은 정부의 압력에 따라 사측이 도입한 여러 가지 합리화 방책에 대한 것이었다. 노조도 합리화 노력이 조선소를 살리고 국가 경제를 튼튼히 하기 위해 피할 수 없는 것임을 인정하고 있었다. 그러나 작업 재편 계획이 기존 작업장 관행이나 노동자들이 가진 공정함에 대

16_한국의 강선 생산은 1962년 380GT에서 1985년 280만GT로 비약적인 성장을 했고, 1995년에는 560만GT로 급등했다. 한국은 수주량 기준으로 1993년, 그리고 다시 1999년에 세계 1위 선박 수출국인 일본을 추월했다(신원철 2001, 145; 243; 245).

한 감각과 충돌할 때 노동자와 노조는 끈질기게 저항했고, 궁극적으로 그런 사측의 시도를 실패로 이끌었다. 조선소의 보수와 직무 구분의 복잡한 세부 사항을 놓고 벌인 싸움은 궁극적으로는 회사가 어떻게 운영되어야 하며 누가 그 방향을 통제해야 하는지에 대한 완전히 다른 두 입장 사이의 충돌이었다고 할 수 있다. 크게 보아 합리화 방책에 대한 노동자의 저항은, 노동자의 편에 설 것이라 기대되는 직장으로부터 작업장 통제권을 빼앗아 관리자의 손에 넘겨주는 새 제도가 불공정성을 심화할 가능성이 크다는, 노동자들 간에 널리 공유된 의구심의 결과였다.

조공 경영진은 노동자의 뜻에 거슬러 합리화를 밀어붙일 만한 힘이 없었다. 이 드라마의 세 번째 주인공인 국가도 1960년대 말기까지는 조공 같은 비수출 국영기업의 경영 관행을 통제할 충분한 의지도, 그럴 수 있는 유효한 수단도 가지고 있지 않았던 것으로 보인다. 따라서 적어도 얼마 동안 노조에게는 국가의 개입을 걱정하지 않고 경영진과 맞서 싸울 수 있는 귀중한 공간이 열려 있었다. 조공은 수출 성과에 상관없이 정부의 지속적인 지원을 기대할 수 있는 위치에 있었고, 이 사실이 노사 양측 모두에게 조선소의 시장 경쟁력 향상이라는 압력을 완화해 주었다. 이 합리화 개혁의 최종 결과는 노동자들이 좀 더 공정하고 공평한 분배 방식이라 인식하고 있던 연공제 보수·승진제도와 비슷한 제도로 귀착되었다. 조공의 사례는 1960년대 중반의 특정한 정치·경제적 조건들이 국영기업에서 투쟁성 강한 노조가 등장할 수 있는 유리한 틈새 공간을 제공해 주었음을 보여 준다.

조공을 경쟁력 있는 선박 수출업체로 키우려는 계획은, 앞서 소개한 1958년 USOM 보고서와 정부의 1961년도 평가에서 강조되었듯이 경영 관행과 작업 조직의 '합리화'를 요구했다. 1950년대 후반 이래 정부와 원조 기관들은 경영합리화를 한국 경제 재건을 위한 핵심 과제의 하나로 인식하고 있었다(신원철 2001, 156-158).[17] 대학교에 경영학과가 설립되기 시작했고, '근대적' 미국식 경영과 노동 관행에 관한 주제들이 기업계와 학계에서 주목을 받았다(신원철 2001, 157-158).[18] 군정도 경영합리화라는 문제의식을 받아들여 공기업을 대상으로 보수 체제와 작업 조직을 개혁하도록 압력을 넣었다.[19] 그리하여 합리화는 1960년대 동안 주요 국영기업과 은행에서 피해 갈 수 없는 과제로 부상했고 조공도 예외가 될 수는 없었다.

조선산업은 작업의 성격상 섬유나 자동차 등의 산업과 달리 기계화가 어렵다. 작업의 상당 부분이 덩치 큰 금속 부분품을 놓고 옥외에서 수행된다. 조선산업은 노동 집약적인 동시에 매우 다양한 종류의 자재, 기계, 설비와 막대한 자본 및 선진 기술을 필요로 하며 여기에 효율적인 경영이 합쳐져야 경쟁력이 확보될 수 있다. 운송시장의 변화에 따라 수주 선박의 종류도 달라지므로 대량생산 방법은 적용하기 어렵다. 또한 조선회사는 주문 선박별로 지정되는 특수 사양에 대한 구매자의 요구에 부응해야 한다. 그럼에도 불구하고 1960년대 블록건조 공법의 채택과 설계 기술의 발달로 생산과정을 체계적으로 관리할 수 있는 가능

17_신원철은 1950~80년대까지 조공의 기업 내 노동시장의 발전 과정을 다룬 박사 학위 논문의 제3장에서, 1960년대 조공과 다른 공기업들의 경영합리화 노력과 한계를 분석했다. 이 절을 쓰는 데 그의 연구에서 큰 도움을 받았다.

18_1957년에 설립된 한국생산성본부는 '선진적인 노무관리'를 소개하는 데 중요한 역할을 했다. 일본의 노무관리 기법은 1965년 한일 국교 정상화 이후에 본격적으로 도입된다.

19_정부는 국영기업들에 기업 진단을 받도록 명령했고, "어떤 사업체는 관공서 출입 자격을 얻기 위하여 형식상이라도 기업 진단을" 받지 않을 수 없는 실정이었다(신원철 2001, 156).

성이 높아졌다(신원철 2001, 179-180). 과거 하나의 선대에서 진행하던 선박 조립, 의장 등의 작업을 이제는 여러 작업장에서 여러 단계의 조립 작업으로 나누어 수행할 수 있어 더욱 효율적인 공정 관리가 가능해진 것이다. 설계 도면 의존도가 높아지면서 대학을 나온 기사와 기술자들이 작업 관리 면에서 직장들보다 유리한 위치에 서게 되었다.[20] 설계 도면에 의거한 검사와 품질관리도 필요해졌다.

1960년대 동안 조공 사측은 작업 공정 관리 능력을 확보하고 있지 못했는데, 특히 선박 건조 분야에서 그러했다. 1965년에 나온 국영기업에 대한 한 조사 보고서를 보면, 새로 조직된 조공 생산관리실은 기계부에 대해서만 어느 정도 생산 통제를 할 뿐 선박부에 대해서는 공정 관리 업무를 제대로 수행하지 못하고 있었다.[21] 선박부에서는 담당 기사와 직장이 함께 공정표에 따라 생산을 관리하지만, 각 노동자의 작업 시간에 대한 집계만 이루어질 뿐 그가 수행한 작업량이나 작업 능률은 기록, 보고되지 못했다(신원철 2001, 182).

조공 조선소가 당면한 큰 문제 중 하나는 작업 물량, 자재 공급 상태, 날씨에 따라 작업 일정이 수시로 변해 일관성이 없다는 점이었다. 조선소의 생산능력 대비 실제 가동률은 1962~67년 사이에 40%를 넘어서지 못하고 있었다.[22] 노동자들이 일이 없어 놀다가 급한 작업 물량

20_ 엘리스 암스덴은 한국의 경쟁력과 성공적인 산업 발전에 기여한 중요한 특징들로, 행정직에 비해 수적으로 빨리 증가한 "샐러리맨 엔지니어들의 등장"과 "고용 경영진의 능률"을 강조한다(Amsden 1989, 160; 188).

21_ 연세대학교 산업경영연구소(1965, 328-329); 신원철(2001, 181)에서 재인용. 연세대학교 산업경영연구소는 1965년에 조공을 비롯한 열두 개 회사들의 경영 실태를 조사했다.

이 들어오면 시간외근무를 하고 임시공을 고용하는 식이었다. 때로 임시공들이 일거리를 확보하기 위해 은밀히 조직적 태업을 벌인다는 보고도 있었다.[23] 이런 요인들이 선박 생산공정의 체계적 관리를 어렵게 하고 있었다.

1960년대 초 선박 생산은 여전히 숙련 노동자들의 경험과 직관에 크게 의존했다. 표준 설계 도면이 도입되었지만 조공 기술진의 선박 설계 능력이나 외국 설계 도면 해독 능력은 아직 매우 제한적이었다.[24] 1960년대 동안 조선공학 기사의 수요는 매우 낮아서 1970년대 초까지 1천여 명의 조선공학과 졸업생이 배출되었지만, 그중 조선업계에 종사하고 있는 인원은 1백여 명에 불과했다(신원철 2001, 97). 이런 상황은 1972년 현대의 조선업 진출로 크게 바뀌게 된다.

조공이 국영기업체라는 사실은 조선소 노사 관계의 성격에 심대한 영향을 미쳤다. 1960년대 조공 경영진은 노조와의 결단성 있는 대결이 필요한 합리화 노력을 성공적으로 수행할 수 있는 성격의 경영진이 아니었다. 1968년 조선소가 민영화될 때까지 회사 사장 자리는 대개 퇴역 장성들로 채워졌고 중역진 다수도 군부로부터 왔으며 그들의 평균 재임 기간은 1년도 채 되지 않았다.[25] 이사회가 빈번히 재조직되면서

22_ 그것은 조선산업 평균 가동률에 비해서는 두 배 가까이 높은 수치였다(신원철 2001, 183).

23_ 연세대학교 산업경영연구소(1965, 345-348); 신원철(2001, 182)에서 재인용.

24_ 임영현은 1971년 자신과 동료 노동자들이 거의 이해가 되지 않는 네덜란드어로 된 기본 도면만을 가지고 "장님 길 가듯 짚어 치기 공사"를 통해 준설선을 완성했던 일을 자랑스럽게 회고한다. 그 당시 그는 입사 8년의 베테랑이었다(『조공』 1977년 11월호).

25_ 연세대학교 산업경영연구소(1965, 20-21); 신원철(2001, 178)에서 재인용. 1965년 당시 임원 8명 중 4명이 군 출신이었다. 임원진이 개편되면 새 임원이 기존 관리자들을 밀어내면서

회사 조직 개편과 부서 간 관리직 사원의 이동도 거의 매년 발생해 합리화 노력의 지속성과 효율성을 크게 떨어뜨렸다. 조공 노동자들에게 관리자들은 곧 떠나갈 사람들이었다(신원철 2001, 178).

노무과에 의한 체계적인 인사관리는 식민지 시기에 이미 시작되었고(대한조선공사 1968, 34; 62; 67),[26] 인사·노무 관리에 관한 규정이나 급여 규정도 1950년대에 이미 정비되어 있었다. 그러나 따로 생산관리를 다루는 부서는 1960년대에 가서야 도입된다.[27] 기사들이 '직장의 시대'라고 씁쓸히 묘사하는 1950년대에는 직장들이 사실상 생산의 많은 측면을 통제했고, 감독 직능을 가진 이들 생산직 노동자의 권한을 제어하려는 기사와 관리자들의 산발적 노력은 번번이 좌절되었다. 생산직 노동자에 대한 직장의 인사권도 1950년대 내내 유지되었다. 이런 인사권은 1960년대를 지나면서 서서히 약화되어 간다(신원철 2001, 69; 114; 118; 126).

조공 노조 문서 자료실 기록에는 1960년대 초 직장들과 노조 사이에 표면에 드러나지 않는 팽팽한 긴장이 흐르고 있었음을 암시하는 자료들이 들어 있다. 직장들은 노조 조합원임에도 '직우회'라는 이름의 그들만의 조직을 유지하고 있었다. 1960년대 초에는 직장들이 자신들의

자신의 군 부하들을 데리고 들어오는 경우가 종종 있었다.

26_노무부는 신한공사 관리 운영 시절(1945년 12월~1946년 12월)에 잠깐 사라졌다가 1946년 12월 회사가 미군정 운수부 관리하로 편입될 때 복구되었다.

27_신원철은 1880년대 이래 포어맨(직장)들이 생산관리 영역에서는 엔지니어들에게 밀려나면서도 고용 관계 영역에서는 제1차 세계대전 때까지 권한을 유지했던 미국의 경우와 달리, 한국에서는 '고용 관계의 관료제화'가 '작업 조직의 관료제화'에 선행했다고 분석한다(신원철 2001, 114).

집단 의사를 노조에 표명하는 일이 종종 있었고, 노조는 어느 정도 그들의 지위와 발언권을 존중하는 입장을 취했다. 예를 들어, 1961년 1월 직장들이 노조의 서울 로비 계획에 자신들도 하나의 그룹으로서 참여하고 싶다는 의사를 밝혔을 때, 노조 내에서 직장에 우호적이지 않은 정서가 표출된 적이 있었다. 노조 대표 한두 명과 직우회 대표 한 명을 서울로 보내자는 직우회의 제의에 대해 몇몇 노조 간부들이 반대 의사를 표명한 것인데, 그 이유는 "직우회도 조합원"이고 노조에 "상무 집행 위원"들이 있으니 "노조 위신"을 위해서라도 "직우회에서 간섭할 필요가 없"다는 것이었다. 그러나 적어도 한 간부는 "직우회에서 요구한다면 만부득이하다"고 주장했다.[28] 양자 사이에 서로의 세력이 미치는 경계를 둘러싼 긴장이 있었음은 분명하다.[29] 하지만 1960년대 중반 이후는 그런 갈등이 노조 회의에서 더 이상 나타나지 않는다. 대신 노조, 직장, 반장이 같은 편에 서서 행동을 같이하는 모습이 일반적이다. 노조는 노동자의 근무 평가를 믿을 수 있는 직장의 판단에 맡기는 것이 관리자에 일임하는 것보다 훨씬 더 민주적이고 공평한 결과를 낳는다고 보았고, 직장의 위신과 이해를 보호하기 위해 애썼다.[30] 한편 사측은

28_ 조공 문서철 #1, 1961년 1월 24 상무위원회 회의록; 1월 27일 상무위원회 회의록(조공 문서철 목록은 이 책의 〈부록 1〉 참조).

29_ 예를 들어, 한번은 지부장이 노조 사무실에서 한가로이 잡담을 하고 있지 말라고 간부들에게 경고하면서, 자기 휘하에 있는 노조 간부들의 노조 활동을 작업 시간 보고서에 기록하겠다고 회사에 제안한 직장도 있다고 보고했다(조공 문서철 #1, 1961년 1월 12일 집행위원회 회의록).

30_ 예를 들어, 노조 간부들은 1966년의 불공평한 직급과 호봉 결정에 대해 "현장의 여론"이 악화되는 것을 우려했다. 노조는 사측에 노사 협의로 정한 한계 내에서 직장이 자기 밑의 노동자들을 평가하고 승진시키게 하자는 제안을 내기로 결정했다. 토론에 참가한 노조 간부들은 직

1960년대 내내 직장의 조합원 자격을 박탈하기 위한 노력을 계속했다. 이런 사측의 소망은 1969년 파업에서 노조가 패배함으로써 달성된다.

합리화 계획에 대한 경영진의 의지는 국가 경제의 상황에 의해서도 달라졌다. 정부로부터 원조 자금과 자재를 더 많이 확보하는 것이 회사의 재정을 좌지우지하는 상황에서, 작업 공정을 더 효율적으로 개선하는 일이나 내부노동시장의 확립을 통해 노동자의 회사에 대한 충성도를 높이는 일 등은 경영상 시급한 일이 아니었다.[31] 수주 물량 부족으로 생산 시설의 태반이 놀고 있는 실정에서 회사가 적극적으로 작업 효율을 계산하거나 장려하기를 기대하기는 어려웠다.[32]

정부는 합리화의 중요한 항목으로 생산직 노동자에 대한 기존 연공급 제도의 개혁에 주목했다. 1960년대 공공 기관과 공기업에 직무급이라 불리는 새로운 보수 체계를 채택하라고 압력을 넣은 정부의 기술 관료들은 새 제도의 합리성을 확신하고 있었다.[33] 직무급은 노동자 개개

장들이 사정(査定) 시에 반장 및 작업 조장들과 상의할 것이기 때문에 그것이 "가장 민주적" 방식이라고 하면서, 관리자들에 의한 사정은 아무리 관리자들이 노력을 하고 재사정을 해도 불공평하다는 "물의가 일기는 마찬가지"일 것이라고 말했다(조공 문서철 #11, 1966년 2월 16일 역원 회의 회의록). 또 다른 경우를 보면, 직장들과 노동자들에게 동시에 평가 시험을 실시하겠다는 회사의 계획에 대해 노조가 직장의 위신을 손상시키는 일이라는 이유로 반대를 하고 있다. 노조는 또한 1967년에 경영합리화라는 명목으로 직장과 반장의 수를 감축하려는 사측의 계획에도 반대 의사를 분명히 했다(조공 문서철 #19, 1967년 9월 6일 상집위원회 회의록).

31_신원철은 1950년대에는 조공에 체계적인 기업 내 노동시장이 형성되어 있지 않았다고 결론 내린다. 1960년대에 노조의 주도하에서 '비경쟁형' 내부노동시장이 형성되었고, 1970년대에 사측은 그것을 밀어내고 '경쟁형' 내부노동시장 제도를 수립한다(신원철 2001, 415-417).

32_1950년대 내내 계나 조별로 능률 계산을 한 적이 전혀 없었다고 한다(신원철 2001, 119).

33_신구 제도 모두 그 비율이 다르기는 해도 직무와 연공적 요소를 포함하고 있었지만, 기존 '연공급'과 대조해 '직무급'이라고 불렀다(신원철 2001, 142; 194).

인의 속성(연공이나 직급 등)보다 사측이 범주를 정하는 각 직무의 속성을 더 중시한다. 회사는 시행 가능한 해법을 찾으려 거의 매년 직무급 제도를 변경했지만 성공을 보지 못했다.[34] 신원철은 1960년대 조공을 비롯한 한국의 주요 회사에서 진행된 직무급 제도 도입이 실패로 끝났다고 결론짓는다.[35] 신원철은 새 제도가 노조의 저항으로 인해 원안보다 직무의 비중이 줄고 연공에 더 무게가 실리는 절충적인 제도로 바뀐 과정에 대해 설명한다.[36]

직무급을 도입한 대다수 회사에서 이런 실망스러운 결과가 나온 주요 이유 가운데 하나는 새 제도에는 임금수준에 큰 영향을 미치게 되는 직무 등급을 둘러싼 공평성 문제가 있다는 점이었다.[37] 자신의 직무 등

34_1962년 "급여 규정"은 1964년 6월, 1965년 1월, 1967년 4월, 그리고 1968년 5월에 개정된다 (신원철 2001, 193, 표 3-6 참조). 1964년 초에 조공은 직무급 시행을 위한 준비로 모든 직무의 분석에 착수했지만, 그 결과는 전혀 사용되지 않았다. 직무 분석 결과를 무시하고, 회사는 1964년에 미군의 군사 주특기(Military Occupation Specification, MOS)를 모방한 주특기 제도(Civilian Occupation Specification, COS)를 도입했다. 각 직무에는 직종 번호와 6등급 중 하나가 부여되었다. 이 제도는 다음 해에 개정되었고, 1966년에 폐기되었다(신원철 2001, 195-196).

35_가장 체계적인 도입은 한국전력(약칭 한전)에서 이루어졌다. 제일모직, 중앙매스콤, 쌍용양회, 금성방직 같은 많은 민간 대기업에서도 그 당시에 직무급 제도를 도입했다(신원철 2001, 156; 163).

36_한전 노조는 원칙적으로 직무급 체계로의 전환을 수용했지만, 직무급에 회사안보다 적은 비중을 두고 하후상박 원칙을 강조한 별도의 임금 개정안을 제시했다. 한전 사례에 관해서는『한국전력 5년사』(1967, 75-77);『한국전력 20년사』제2권(1981, 955-961) 참조. 두 가지 모두 신원철(2001, 163-167)에서 인용. 회사는 1976년 '신분급 형태의 인사관리 체계'로 돌아감으로써 직무급 제도 실험의 실패를 자인했다.

37_인용된 다른 두 가지 이유는 "학력 구성과 직무 구성을 조화시키는 데 실패하였다"는 점과 "직무를 세분화하는 것이 정원 증가의 요인이 되"었다는 점이었다. 전자의 문제는 "적정 보직을 부여받지 못한 수많은 직원의 불평이 끊임없이 제기"되는 상황을 낳았다(신원철 2001, 165).

급이 동료 노동자의 등급에 비해 너무 낮고 따라서 부당하다고 느낀 노동자들이 공식·비공식 경로를 통해 끊임없이 등급 책정에 대한 이의를 제기하고 조정을 요구했다.[38] 노조가 원칙상으로는 새 제도의 도입에 반대하지 않았다고 해도, 노조와 조합원들은 오래된 관행인 연공급 제도에 담겨진 일정 수준의 공평성과 자신들의 이해관계를 지키기 위해 새 제도를 수정하고 전복하려 힘껏 싸웠다. 회사와 노조는 마침내 1967년 절충된 직무급 안에 합의한다.[39] '직무급'이라고 선전되기는 했지만, 임금 결정에서 직무 차이가 차지하는 비중이 대폭 줄어든 새 제도는 실상 예전의 연공급과 그리 다르지 않았다.[40]

조공 조선소의 임금체계는 매우 복잡한 변화 과정을 거쳐 왔다. 시간당 임금은 봉급의 한 부분에 불과했다. 조공 같은 큰 회사에서는 상대적으로 적은 기본급에 어지러울 만큼 많은 종류의 보너스와 특별수당을 더하여 임금을 지불하는 것이 일반적 관행이었다. 시대마다 다양한 경제적 필요에 부응하기 위한 수당들이 만들어졌고 1950년대와 1960년대를 걸쳐 수당의 종류는 계속 변했다. 예를 들어 1954년 "급여

38_한전의 한 관리자는 직무급 도입으로 모든 직무에서 임금이 4~23%까지(평균 20%) 인상되었다고 회고했다. 이런 상황이 직무급 도입을 가능케 했지만, 주위보다 상대적으로 임금이 적게 오른 노동자들은 여전히 불만스러워했다고 한다(신원철 2001, 167).

39_신원철은 노조가 원칙적으로 이 전환을 수용했고 "조직적 저항"을 하지 않았기 때문에, 노동자들의 저항은 중요한 요인이 아니었다고 주장했다. 그러나 그가 제시하는 증거만 보아도 노동자들의 저항이 기존 연공급 관행의 보존에 큰 역할을 했다는 것을 여실히 알 수 있다(신원철 2001, 162; 166; 174).

40_직무급은 10등급으로 나뉘었으며 등급이 높아질수록 더 높은 '직무수당'이 책정되었다. 이 급여체계에서 '직종'의 구분은 2등급과 3등급, 7등급과 8등급을 구분하는 데만 이용될 뿐이었다(신원철 2001, 197).

규정"은 각각 월 기본급의 두 배에 달하는 전시수당과 물가수당, 기본급보다 더 많은 액수의 사택수당, 그 밖에 기술수당, 출납수당, 책임수당, 공구수당, 능률수당, 시간외수당, 야간수당, 휴일근무수당 등을 열거하고 있다.[41] 1960년 "급여 규정"에는 전시수당이 사라지는 대신 추석제주대와 월동수당이 등장한다. 월 기본급의 열 배나 되는 소비자물가수당은 사무직에게만 주어졌다. 이들 수당 목록은 작업이나 작업 환경의 성격에 기초한 직무 관련 수당들이 임금 결정에서 크게 강조되지 않았음을 보여 준다. 근무 성적이 좋은 종업원에 인센티브로서 주어지는 것이 일반적인 상여금은 1950년대 동안 다른 수당들과 마찬가지로 모두에게 지불되고 있다(신원철 2001, 131).

점차적으로 사측은 "일 많이 하는 사람에게는[데] 많은 노임이 지불되도록" 생산성에 연동된 수당을 이용하려 했다.[42] 1964년 직장을 제외한 생산직 노동자들을 대상으로 세 등급의 능률수당이 도입되었다.[43] 노동자들이 이 제도를 반기지 않았던 것은 분명하다. 1965년의 운영위

41_1954년과 1960년 "급여 규정"의 내용은 조공 문서철 #1과 신원철(2001, 127-128) 참조. 조공 이사 오경환은 전쟁 시기에 인플레이션이 너무 심해서 "월급은 용돈 정도의 가치밖에 못되었고 1인당 백미 2두(斗)씩 지급되는 생활수당이 실질적인 월급"이었다고 회고했다(대한조선공사, 『조공』 1976년 6월호).

42_이것은 1964년 노사협의회 회의에서 회사 사장이 주장한 내용이다. 이 원칙을 정당화하려는 시도로 사장은, 앞 장에서 인용된 바와 같이 종업원들이 "40% 일하고 60% 놀고 있는 실정"이라는 수치를 제시했다. 그는 "이러한 상태가 계속된다면 우리 회사는 어려운 난관이 불원간 도래하게 될 것"이라고 경고했다(조공 문서철 #4c, 1964년 1월 20일 노사협의회 회의록).

43_작업 실적이 좋은 노동자는 A(특출한 자), B(보통 수준 상) 또는 C(보통 수준에 달한 자) 등급을 받았고, 각각 기본급의 30%, 20%, 10%에 해당하는 능률수당을 지급받았다(신원철 2001, 207).

원 및 역원 연석회의에서 노조는 능률수당의 철폐를 요구하기로 합의했다. 이 제안의 발안자는 다음과 같이 말했다. "능률급이라는 것이 아주 불공평하여 현장에서 반발이 많습니다. 심지어는 안면수당이니 하니 이후 균일하게 분할하여 급료에 가산 지급하여 줄 것을 요구합니다."[44] 이후 노조는 이 제도를 없애고 이를 정액제의 '장려수당'으로 바꾸는 데 성공한다.[45]

회사는 또한 1965년 상여금 지급과 능률을 연동하려 노력한다. 새 제도에 따르면 소속 집단의 성과(A, B, C, D로 구분됨)를 기초로 그 위에 개인별 성과를 고려해 상여금이 결정된다. 노조는 이 제도 또한 실행되지도 못한 채 슬그머니 사라지게 만들었다.[46] 같은 해 주물공장에 도급제를 도입하려던 시도도 주물공장 조합원들이 항의의 표시로 자발적 작업 중단에 들어가면서 실패한다.[47] 노동자들 대개가 그러하듯이 조공 노동자들도 도급제에 대해 의구심을 품고 있었지만, 노조는 도급제 자체를 반대하고 나서지는 않았다. 대신 노조는 회사에 8시간 기준 작

44_ 직장과 반장의 자의적 평가에 대한 노동자들의 불만이 빈발했다(조공 문서철 #7, 1965년 6월 4일 운영위원 및 역원 연석회의 회의록).

45_ 조공 문서철 #9b, 1965년 7월 8일, 해상노조에 대한 "지부 활동 현황 보고". 1965년 8월에 사원 보수 규정 개정에 대한 합의가 이루어졌다. '보수'는 기본급과 직책수당, 기술수당(기술자에 한함), 후생수당, 장려수당, 위해수당(생산직 노동자에 한함), 기능수당(생산직 노동자에 한함), 특근수당 및 기타수당으로 구성되었고, '통상 임금'은 기본급과 앞의 여섯 개 수당들을 합해 이뤄졌다(조공 문서철 #7, 1965년 8월 4일 노사협의회 "합의 사항").

46_ 2000년 8월 9일 조공 노조 간부 인터뷰(면담자: 신원철). 허재업은 상여금 '차등 지급'은 전혀 실시된 적이 없다고 증언했다.

47_ 도급제 문제에 대해서는 조공 문서철 #7, 1965년 5월 19일 제2년차 정기 대의원대회 회의록; 회의 자료 중 1965년 2월 10일 항목 참조.

업량에 따라 결정짓는 기본 톤수를 줄이고 기본 톤수를 초과하는 분에 대해서는 50%의 장려금을 지급할 것을 요구했다. 또한 기본 톤수 충족 여부에 상관없이 도급제 노동자들에게 휴일 임금과 주차·월차 휴가를 지불하라고 요구했다. 노조의 요구가 받아들여져 원안의 형해만 남게 된 조공의 도급제는 그 후 곧 방기된다.

또 하나의 쟁점은 승진제도였다. 정기 승진제는 노조의 주장을 사측이 받아들여 1965년 조공 조선소에 정착된다.[48] 1967년 보수 규정을 보면 일 년에 네 차례 호봉 승급을 위한 평가를 실시하도록 되어 있다. 직급 승격은 더 복잡한 문제였는데, 1960년대 동안 직급 체계가 전폭적으로 개편되는 일이 잦았기에 제대로 직급 승격을 실시하는 것이 매우 어려운 상황이었다. 1968년까지 생산직 노동자는 반숙련공, 숙련공, 2급 특수 숙련공 및 1급 특수 숙련공으로 구분되어 있었고 각 범주마다 승격 조건이 달랐다(신원철 2001, 201-202). 하지만 1964년 이후 노동자들의 거센 압력으로 인해 전반적으로 직급이 상향 조정되어 온 결과, 노동자 대부분이 상위 두 직급에 심하게 편중되는 결과를 낳았다.[49] 결국 이 4직급 체계와 그에 따른 승격 제도는 1968년에 폐지된다.[50]

식민지 시기에 도입된 퇴직금 제도는 남한의 대기업들에서 점차 일

48_조공 급여 규정에 1년 2회의 승진 심사가 명백히 규정되어 있었음에도 불구하고 1950년대 동안 승격과 승급이 정기적으로 이루어지지는 않은 것으로 보인다(신원철 2001, 130).

49_1965년에 926명의 생산직 노동자들 중 63%가 '특수 숙련' 범주에 속했다. 1964년의 수치는 34.4%였다(신원철 2001, 201).

50_아쉽게도 그 문제에 관한 논의는 노조 문서에 기록되어 있지 않다. 허재업은 인터뷰에서 회사가 어떤 보수 또는 인사 규정을 발표하든지 간에 노조가 반대하면 사측이 "감히 …… 그런 걸 시행"하지 못했다고 이야기했다(2000년 8월 9일 조공 노조 간부 인터뷰. 면담자: 신원철).

반적 관행으로 정착했다. 1931년의 통계를 보면 상시 열 명 이상의 노동자를 고용하던 공장 1,199개소와 광산 213개소 중 해고(퇴직)수당을 주는 곳은 공장 80곳, 광산 12곳이었다.[51] 그러다 1950년대에는 국영 대기업이나 금융기관에서 누진제를 적용해 퇴직금을 지불하는 제도가 정착된다. 예를 들어 조공은 5년 이상, 10년 미만 근속자가 퇴사할 경우 근속 연수당 월 급여의 1.5배를, 10년 이상 근속자는 근속 연수당 월 급여의 두 배를 지불했다.

퇴직금은 단순히 고용 해지를 보상하기 위해 주는 돈이 아니라 사회보장제도가 제대로 마련되어 있지 않은 사회에서 노후 연금의 성격을 가졌다. 퇴직금 지불 관행, 특히 누진제는 1950년대에 정부 관리 기업과 금융계를 중심으로 보급되어 있었는데, 1961년 개정 근로기준법은 16인 이상 종업원을 고용하는 모든 사업장에 퇴직금제도 실시를 의무화했다.[52] 작업 물량 변동의 폭이 크고 따라서 고용이 불안정했던 조공 조선소에서 퇴직금의 적용 범위와 지불 비율은 노사 간에 첨예한 쟁점이 되지 않을 수 없었다. 1965년 회사는 노조가 쟁취해 놓은 높은 퇴직금 비율을 삭감하려 시도한다.[53] 하지만 이 싸움에서 노조는 노동자에 유리한 쪽으로 퇴직금 계산 방식을 고치는 데 성공했다.[54] 조공 노조

51_ 한국 퇴직금 제도의 역사에 관해서는 신원철(2001, 131-132; 150) 참조.

52_ 1953년 근로기준법에는 고용주가 '해고수당'을 지급하도록 되어 있었는데, 1961년의 노동법 개정시 '퇴직금' 의무 지급 조항으로 대체되었다. 근로기준법 제28조는 사용자가 "계속 근로년수 1년에 대하여 30일분 이상의 평균임금을 퇴직금으로서 퇴직하는 근로자에게 지급할 수 있는 제도를 설정하여야 한다"고 규정했고, 그 후 '해고수당'은 통상 임금의 30일분으로 고정되었다.

53_ 세부 내용은 Nam(2003, 262-264) 참조.

의 가장 자랑스러운 성취의 하나로 기억되는 이 퇴직금 누진제는 1969년 파업에서 노조가 패배하면서 결국 폐지되고 만다.[55] 이 무렵 민영화된 전 국영기업 대부분에서 퇴직금 누진제가 사라졌다. 그럼에도 노사가 격돌했던 1960년대가 끝날 때까지, 조공의 노동자들과 노조가 노동의 결실을 분배하는 문제에서 자신들이 생각하기에 더 공정하고 공평한 방식을 보존하기 위해 합리화 개혁의 일부 요소들을 성공적으로 막을 수 있었다는 점은 중요하다.

임시직 노동자 껴안기

합리화 개혁을 둘러싼 노사 간의 싸움은 세계 노동사에서 널리 나타나는 현상으로 조공 노동자들에 국한된 이야기가 아니다. 1960년대 조공 노동운동사에서 특별히 주목되는 것은 임시공을 노조 내로 받아들인 노조의 놀라운 결정이다. 합리화 방책들이 의식적으로 도입되기 전에도 회사는 본공과 별도로 해고가 쉽고 저렴한 노동력을 활용하는 제도를 오랫동안 폭넓게 그리고 성공적으로 활용해 왔다. 노동자 파견회사인 금영사를 통해 계약직을 고용하는 것이 그중 한 방법이었는데, 노조는 1960년 금영사가 노동자를 착취한다는 이유로 회사에 금영사를 통한 계약직 고용 중지를 요구해 관철했다.[56] 1960년대 동안 조선소에서

54_조공 문서철 #8, 1965년 12월 22일, 조합원들에 보낸 "공고문".

55_권오덕에 따르면, 남궁련은 조공 조선소를 구매한 후 퇴직금의 범위와 규모를 알고 충격을 받았고, 1969년 쟁의 당시 퇴직금 제도를 바꾸는 것을 주요 목표 중의 하나로 삼았다(2006년 5월 18일 권오덕 인터뷰. 면담자: 김준, 남화숙).

표 4 | 대한조선공사 임시직 노동자 비율(1963~69년)

연도	종업원 총수	정규직 본공(a)	임시공(b)	(b) / (a) (%)
1963	1,542	1,051	173	16.5
1964	1,636	915	406	44.4
1965	2,140	998	777	77.9
1966	2,310	887	1,064	120.0
1967	2,425	877	1,348	153.7
1968	3,145	919	1,162	126.4
1969 *	1,582	754	674	89.4

주: *은 조합원만 포함한 것이다(1969년 11월 통계).
자료: 조공 문서철 #12; #19; #27; #28; 신원철(2001, 177; 217).

적자를 내는 부문을 하청으로 돌리는 문제를 놓고 회사와 노조는 간혹 협상을 벌이곤 했다. 하청 관행은 1980년대가 되면 조선소에 정착된다.[57] 하지만 임금 비용을 낮추는 데 이용된 가장 중요한 인사관리제도는 임시공의 고용이었다.

임시공 또는 일용공으로 불리는 임시직 노동자 고용은 1950년대 내내 있어 왔지만 1958년 재정 위기 후 1960년대에 합리화와 비용 절감 노력이 진행되면서 그 수가 급증한다(〈표 4〉 참조). 1966~68년까지 생산직 노동자 중 임시직 수는 정규직 총수보다 20~54%가 많아 임시공이 조선소에서 수적으로 가장 큰 집단을 형성하고 있다. 임시직 고용은 금속산업의 일반적 관행이었다. 예를 들어 1967년 현재, 등록된 기계산업 업체 807개소 3만6,841명의 노동자 중 1만672명(20%)이 임시

56_금영사 문제는 조공 문서철 #1, 1960년 7월 16일; 8월 24일 노사위원회 회의록에 실려 있다.

57_한국의 하청 관행과, 하청이 고용 경영진에 의한 관리 관행을 일반화시킴으로써 경영관리의 효율성을 높이는 데 기여한 역할에 관해서는 Amsden(1989, 179-188) 참조.

표 5 | 대한조선공사 본공 임시공 임금 비교					단위: 원
신분/임금	1966년 11월	1967년 11월			
	임금(시간외수당 제외)	기본급	직무급	시간외수당	평균임금
사원/기술직	14,242	9,903	8,095	1,939	19,937
생산직 정규	10,977	7,848	6,771	8,298	22,917
임시직	6,114	8,442	-	5,469	13,911

자료: 조공 문서철 #19; #21.

직이다(신원철 2001, 147).[58]

고용이 보장되고 좋은 임금과 기타 혜택을 받는 본공과, 회사의 수주가 부족할 때 제일 먼저 해고되는 임시공으로 노동 인력을 분할하는 것은 회사가 노동자들의 단결을 약화하기 위해 쉽게 악용할 수 있는 틀이었다. 신규 노동자는 본공이 되기 전 2~3년의 임시공 시기를 거치는 것이 일반적이었고,[59] 임시공은 3개월 또는 1년의 계약 기간이 끝날 때마다 계약을 갱신하게 되어 있었다.[60] 고용 불안정에 대한 보상으로 임시직에게 더 높은 임금을 지불하는 회사들도 있었지만, 조공은 〈표 5〉에서 볼 수 있듯이 임시공에게 훨씬 낮은 임금을 지불했다.[61] 1960년대

58_신원철의 통계는 한국기계공업협동조합연합회(KAMIC), 『기계공업총람』(1968, 44-48)이 출전이다.

59_2000년 8월 9일 조공 노조 간부 인터뷰(면담자: 신원철) 중 권오덕이 증언한 내용.

60_1965년에 회사는 임시직 기능공들을 88일 근무 후에 2일간 해고했다가 같은 노동조건으로 재고용했다. '잡역부'에게는 5일 근무, 2일 해고 주기를 적용했다(조공 문서철 #9, "부당노동행위 구제 신청서"). 1980년대에 조공 노조 지부장을 역임한 홍부식은 임시직 노동자들이 3개월마다 해고되었다고 회고한다. 권오덕은 자신이 입사한 1966년 이후에는 고용계약 갱신이 매년 이루어졌다고 증언했다(2000년 8월 9일 조공 노조 간부 인터뷰. 면담자: 신원철; 신원철 2001, 185; 219).

정부의 적극적 조선산업 지원에 따른 조선산업 전반의 상황 호전과 함께 회사의 임시공 활용은 그 자체로 정규직 노동자들이 고용 안정을 누릴 수 있었던 배경이었다.[62] 이에 반해 임시공들에게는 몇 년을 근무하더라도 본공 신분으로 올라선다는 보장이 없었고, 회사는 정규직 규모를 늘리는 것을 꺼려했다.[63]

임시공들의 어려운 처지에 일찍부터 관심을 기울이고 있었던 조공 노조는 1965년 5월의 대의원대회에서 임시공에게 노조 가입을 허용하려는 계획을 발표한다. 7월 15일 노조는 전국해상노동조합(약칭 해상노조)을 통해 노동청에 현행 노동법상 임시직 노동자에게 노조 가입 자격이 있는지에 대한 질의를 보냈고, 해상노조로부터 다음과 같은 노동청의 회답을 전해 받았다. "임시공도 노동조합법 제4조에 의한 근로자인 것이며" 지부에 임시공의 노조 가입을 배제하는 규정이 없는 한 "동법 제8조에 의거 노동조합을 조직하거나 가입할 수 있는 것으로 노조 활동을 할 수 있다." 또 조선소의 단체협약에 임시공의 노조 활동을 배제하는 규정이 있더라도 이는 "법질서에 반하는 협정임에 노동조합법 제37조에 의한 일반적 구속력에 의거 임시공도 당연히 단체협약을 적용하여야 한다." 즉 해상노조가 전하는 노동청의 해석에 따르면, 단협에 임시공의 노조원 자격을 부인하는 조항이 있는 경우에도 "법은 만민에

61_조공 문서철 #11, 1966년 2월 18일, 회사에 보낸 "최저 생활급 확보".

62_2000년 8월 9일 조공 노조 간부 인터뷰(면담자: 신원철) 중 허재업의 증언에 따르면, 1969년 파업 종료 때까지는 조선소에서 정규직 노동자의 해고가 없었다.

63_1964년도 회사 인사관리 규정은 조선소 인력 수요 중 60%까지는 임시공을 사용하도록 허용했다(신원철 2001, 219).

게 평등한 것으로 법을 위반한 협정은 있을 수 없고 이러한 협정은 당연히 무효[가] 된다"는 것이었다.[64]

노동청의 응답에 힘을 얻은 조공 노조는 임시공들로부터 가입 원서를 받고 회사에 조합비 공제와 함께 임시공의 노조 가입 자격을 제한하는 단협 조항의 변경을 요구했다. 이 시점에 조공 조선소에는 약 6백 명의 임시공과 1천 명이 조금 넘는 정규직 노동자 조합원이 있었다. 당시 임시직 노동자가 조합 가입 자격을 갖는 경우는 매우 드물었다. 회사가 노조의 임시공 포용 움직임을 매우 우려스러워 한 것은 이해가 가는 일이었다.[65] 노조는 한걸음 더 나아가 부산시에 임시공이 퇴직금과 해고 통지를 받을 자격이 있는지를 질의했다. 부산시는 이에 긍정적으로 답변하면서 조공에 대해 1년 이상 근속한 임시직 노동자에게 퇴직금을 주고 3개월 이상 근속한 임시공에게는 해고 시 적절한 통지를 하거나 아니면 해고 통지 수당을 주라고 권고했다.

노조의 행동에 대한 반격으로 사측은 8월 26일 현장 각 과에 "외비" 外秘로 처리하라는 지시와 함께 여하한 경우라도 임시공을 88일간 고용하고 7일간 해고한 후 다시 근로계약을 하라는 공문을 보내는데,[66] 이는 임시공들이 3개월간 연속으로 일할 가능성을 없애기 위해서였다. 9

64_조공 문서철 #9에 포함된 "일용공 부당노동행위 관계철"은 임시직 노동자 문제에 관련된 문서들을 모아 놓고 있다. 그중 1965년 7월 28일 해상노조에서 조공 지부에 보낸 "임시공 노조 활동에 관한 건", 1965년 8월 31일 노동청이 부산시장에게 보낸 "임시공의 노조 가입 및 처우에 관한 질의 회시" 등에 노동청의 유권해석이 담겨 있다.

65_조공 사측은 결국 1970년 단협에서 직장, 반장, 계장과 함께 임시직 노동자를 노조원 자격에서 배제하는 데 성공한다(단협의 주요 항목 비교는 이 책의 〈부록 3〉 참조).

66_조공 문서철 #9, "일용공 부당노동행위 관계철"에 수록된 "임시공에 대한 부당노동행위 경과".

월과 10월에 일부 작업장에서 해고 통지가 나갔다. 이 시점에서 노조는 일방적으로 행동을 개시한다. 노조는 9월 14일자로 임시공을 노조에 받아들이고 조합비 공제를 회사에 요구했으며, 10월 20일 부당노동행위 구제 신청서를 제출한다. 한 달이 채 지나지 않아 사측은 노조의 압력에 굴복, 임시공의 조합비 공제에 동의하고 노조가 요청한 대로 임시공 고용 기간 책정 방식을 바꾸겠다는 약속을 한다.[67]

조합원 자격은 단지 고용 안정과 보수 향상만의 문제가 아니었다. 조합원으로 받아들여지는 것은 직장에서 일상적으로 차별을 겪는 임시직 노동자들이 절실히 필요로 했던 소속감과 유대감의 가능성을 의미했다. 시장 수요의 등락에 대처하기 위해 회사가 임시직을 고용할 필요성을 인정하면서도, 노조는 임시공의 조합원 자격과 대우 향상을 위해 싸움으로써 실제적으로 임시공 제도를 전복하고 있었다.

임시공을 위한 노조의 이런 공세는, 연대와 평등을 지향하는 문화가 그 배경에 있었던 것은 분명하지만, 더 어려운 형편에 놓인 동료 노동자들을 포용하고 보호하려는 노조의 하향식 이니셔티브에 의해 시작된 것이 아니었다. 한 노조 간부가 말했듯이 "일용공 자신들이 조합에 가입하려고 아우성을 치고 있"었다.[68] 8월에, 그리고 또 10월에 임시공 대표들이 노조 사무실에 찾아와 노조가 차별 대우 시정에 나서줄 것을 요청했다. 허재업은 회사 사장에게 보낸 서신에서 임시공 문제 해결의 필요성과 급박성을 다음과 같이 설명한다. "그 후 임시 고용원은 스

67_조공 문서철 #9, 1965년 11월 19일, 회사가 노조에 보낸 "구제 신청 철회 요청".

68_조공 문서철 #7, 1965년 9월 2일 역원 회의 회의록.

스로 느낀 바 있었던지 본 지부에 가입할 것을 극력 제의하고 있을 뿐만 아니라 본 지부에서 불응 시는 제2의 노조 결성도 불사한다는 결의로 임하고 잇는 실정임."[69]

1960년대 후반에 노조는 임시공 조합원들의 감정을 세심히 배려하는 모습을 보인다. 예를 들어 1965년 12월, 220톤 원양 참치잡이 배인 광명 1, 2, 3, 5호의 진수식에서 정규직 노동자들에게만 수건이 지급된다는 소식을 접한 노조는 선주들과 교섭해 전체 노동자들에게 분배할 수 있는 양의 수건을 확보할 때까지 수건 지급을 중지시킨다.[70] 이에 비해 1965년 가을 이전에는 노조가 임시공의 감정을 고려한 예가 드물다. 일례로 1965년 노동절(3월 10일) 행사에서 수건은 모든 노동자들에게 지급되었지만 극장표는 본공에게만 주어졌다.[71] 하지만 1965년 가을부터는 본공과 임시공 모두의 이해를 위해 노력하는 노조의 모습이 분명히 드러나며, 이런 자세는 1966년과 1967년의 임금 협상 과정에서 잘 나타난다.[72] 1966년과 1967년의 협상에서 노조는 임시공에게 단협이 적용되도록 싸우면서 사측으로부터 상당한 양보를 끌어냈다.[73]

임시공을 조합에 받아들이는 결정은 조공 노조의 성격을 바꾼 역사적인 사건이었다. 조공의 전체 조합원 수에서 임시공이 차지하는 비율

69_조공 문서철 #9, 1965년 9월 5일, 지부가 회사 사장에 보낸 "단체협약 일부 수정".

70_조공 문서철 #12, 1966년 8월 20일 제3년차 정기 대의원대회 회의 자료; 대한조선공사(1968, 246).

71_조공 문서철 #7, 1965년 5월 19일 제2년차 대의원대회 회의 자료.

72_조공 문서철 #15, 1966년 9월 14일 노사 실무자 회의 자료; 신원철(2001, 222-223; 228).

73_다른 사례들은 조공 문서철 #7; 8; 9; 11; 12; 13; 15; 17; 18; 19에서 찾을 수 있다.

을 생각해 볼 때 그 급진성은 더욱 부각된다. 1965년 9월 이후 조공 조선소의 임시공들은 노조 활동에 전폭적으로 참여했고 권오덕 등 많은 활동가 간부들을 배출한다. 권오덕의 진술에 따르면 1967년의 경우 노조 대의원의 3분의 1이 임시공이었다.[74] 1966년 11월이 되면 임시공 조합원 수(1,028명)가 본공 조합원 수(895명)를 능가한다.[75] 그 이듬해 본공(831명) 대비 임시공(1,541명)의 비율은 더욱 높아진다.[76] 임시공이 노조에 들어오면서 그들의 불안정한 신분과 본공보다 낮은 임금 문제가 자연스럽게 노조 활동 안건의 전면에 등장하게 됨에 따라 1960년대 후반이 되면 노조는 더욱 포용적이고 급진적인 자세를 취하게 된다.

조공 노조는 이렇듯 노동 정치를 민주적으로 변혁하기 위한 도전을 계속해 나갔다. 하지만 조공 노조는 장차 이보다 훨씬 더 힘든 문제에 직면하게 되는데, 그것은 노조의 목표와 국가의 수출 주도 경제발전계획 간의 충돌이라는 문제, 그리고 국가기관의 노사 관계 개입 전면화라는 변화였다. 1960년대 말엽이 되면 고성장 수출 경제를 독려하는 진군의 북소리가 부산 조공 조선소로 점차 가까이 다가오고 있었다.

74_2000년 8월 9일 조공 노조 간부 인터뷰(면담자: 신원철).

75_조공 문서철 #19, 1967년 8월 3일 정기 대의원대회 회의록에 첨부된 통계자료. 이 숫자들은 월별 변동 때문에 〈표 4〉와 다소 차이가 있다. 사원(사무직과 기술직)은 354명이었다.

76_조공 문서철 #21, 1968년 1월 21일, 회사에 보낸 "대우 개선 요구"의 첨부 자료 속 1967년 11월 통계. 사원은 338명이었다.

제3부

민주주의에 우선하는 성장

7

경제 발전 대 민주주의

_1960년대 후반

  대한조선공사(약칭 조공) 지부의 이야기는 한국의 일부 중공업 노동자들이 민주적이고 전투적인 노동조합운동을 어떻게 키워 갈 수 있었는지를 보여 준다. 조공 노조는 그 시기 한국의 정치·경제적 조건하에서 이용 가능한 모든 법적·이데올로기적·경제적 자원을 최대한 활용함으로써 성공할 수 있었다. 1960년대 후반 이전까지는 정부가 노사관계 문제를 기존 노동법 체제의 운용에 맡겨 두는 편이었는데, 특히 국영기업체의 경우가 그러했다. 그리고 노사 간 협력을 기반으로 하는 경제 발전을 통한 민족국가 건설을 바라보는 노동자들의 시각은 박정희 정권의 정치적 수사와 크게 다르지 않았다. 1960년대 한국 노동 현장을 깊이 이해하는 관찰자이며 활동가였던 조지 오글은 1963년 박정희의 연설을 들었을 때의 느낌을 다음과 같이 말한다. "굉장히 인상적이었다. 그는 국가와 자기 자신에 대한 자부심을 말했다. 그는 왜 모든 사람이 함께 일해야만 하는지를 이야기했다. 누구에게도 의지하지 말고 나라를 건설하자고 말했다. 비록 훌륭한 연설가는 아니었지만 그의 생각들은 정곡을 찔렀다." 오글은 "그 이후 8년 동안, 박정희와 군부는 마치 민주화와 경제성장이 같이 갈 수 있다고 믿는 것처럼 행동했다"라고 썼다(Ogle 1990, 14).[1] 조공 노조원들의 생각도 이와 같았다.

그러나 민족국가 건설 과정에서 노동자도 정당한 지위와 발언권을 누려야 한다는 노동 측 요구는 조공 사측이나 국가 당국자들의 시각과 공존하기 어려웠다. 사측과 국가 당국의 시각에서 보는 노동자는 민족국가 건설 사업의 동반자라기보다 산업 건설에 필요한 수동적 투입 요소 혹은 경제적 동원의 대상에 불과했다. 이 장에서는 1960년대 후반 조공 조선소에서 노사 관계의 행위 주체들이 가진 이런 상이한 전망들이 어떻게 충돌했는지를 살펴본다.

증가하는 국가 개입

1964년 무렵부터 조공 노조원들은 조선소 노사 관계에 국가의 개입이

1_감리교 선교사로 1954년 처음 내한한 조지 오글은 1960~71년까지 인천 도시산업선교회의 공동 간사(codiretor)로 활동했다. 도시산업선교회는 노동자에게 급진 사상을 전파한다는 비난을 받은 진보적인 개신교 조직으로, 1970년대에 박정희 정권에 의해 심한 박해를 받았다. 오글은 1974년 국가보안법 위반 사건으로 사형 판결을 받자마자 처형된 인혁당 사건 관련자들을 옹호하다가 추방되었다.

증가하는 것을 느끼기 시작했다. 정부는 과거 국영기업이 노동자들의 힘에 밀려 양보했던 사항들을 통제하고 제한하려고 했다. 처음에 조공 노조는 상공부가 노동조합운동의 일부 성과를 무효화하는 지침을 내려 보냈을 때 전혀 위축되지 않았다. 이런 노조의 태도는 3월 2일 수준으로 임금을 삭감하라는 상공부의 7월 16일자 지시를 "즉각 취소, 철회"하라고 요구하는 1964년 7월의 결의문에 잘 나타난다. 그 결의문에서 노조는 상공부가 "우리 노동자의 생계 보장을 권려하여야 할 행정관청으로서 사리 판단을 왜곡하고 노동 활동을 위축시켜 기업 육성을 저해"했다고 비판했다. 당시 노조원들은 산업을 건설하는 데 무엇이 최선인지 상공부 같은 정부 당국보다 더 잘 알고 있는 노동자들이 일부 관료의 잘못된 태도를 바로잡아야 하고, 그것은 집단적으로 목소리를 높이고 필요한 경우 직접적인 행동을 취하면 가능할 것이라고 생각했다. 조공 지부는 전국해상노동조합(약칭 해상노조) 위원장에게 관계 당국과 협의를 하도록 요청했고, 노조가 "실력 행사"를 포함한 "본 지부의 행동 방법에 의하여 조치"할 수 있도록 지부에 그 협의의 결과를 알려 달라고 했다.[2]

　조공과 같은 국영기업의 소유자인 정부에는 노동자의 생계 보호를 촉진할 도덕적 의무가 있으며, 노동자들이 기업에 관해 외부인보다 더 나은 지식을 가지고 있다는 주장은, 해방 직후 자주관리운동에 참여했던 노동자들의 주장을 강하게 반영하는 것이었다. 1940년대 후반의 노

2_조공 문서철 #5, 1964년 7월 28일자 해상노조에 대한 통고에 첨부된 "결의문"(조공 문서철 목록은 이 책의 〈부록 1〉 참조).

동자들처럼 조공 노동자들도 국가의 '잘못된' 정책을 교정하는 노조의 힘을 일방적으로 믿는 태도와 자신감을 보여 주었다. 그러나 그들의 자신감은 1960년대에 국가가 국영기업 경영 통제를 강화하기 시작하고, 그중 일부를 민영화하는 정책을 추진하면서 곧 시험에 처하게 될 것이었다.

앞의 장들에서 자세히 서술한 것처럼, 군부는 1961년 5월 쿠데타 후 모든 노조를 해산한 다음 전국적 노동조합 연맹들을 하향식으로 재조직했다. 1963년 4월 개정되고 같은 해 12월에 재개정된 노동법하에서 노조 활동에 관한 정부의 통제는 크게 증가했다.[3] 예를 들어, 노조가 합법적 지위를 획득하기 위해서는 정부가 발급하는 신고 증명서를 받아야 하도록 법이 개정되었는데, 1953년 노동조합법에서는 노조가 해당 정부 당국에 간단한 신고를 하는 것으로 충분했다. 1970년대와 1980년대 노동운동의 경험은 이 조항이 사측과 정부 측의 중요한 무기가 되어 자율적 노조를 결성하려는 노동자들의 시도를 억누르는 데 자주 사용되었음을 보여 준다. 개정된 노동법에서는 동일한 맥락에서 '복수 노조'와 노조의 정치 활동도 금지되었다.

개정 노동법에서는 노조가 집단행동을 개시하기 위해 거쳐야 하는 절차도 더 까다로워졌다. 1963년 이후에는 노동쟁의를 신청하려면 비밀투표를 통해 노조원 과반수 이상의 찬성을 얻고 상급 산별노조의 승인을 받아야만 했다. 노조로부터 신청서를 접수하면 중앙 또는 지방노동위원회가 쟁의의 적법성을 결정하는데, 이 위원회도 이전에는 노조

3_1963년 개정 노동법에 대한 상세한 설명은 Ogle(1973, 394-404); 김삼수(1999, 198-202) 참조.

측, 사측, 공익 대표 각각 세 명씩으로 구성되던 것에서 노조 측 3인, 사측 3인에 공익 대표 3~5인이 들어가도록 개정되었다.[4] 냉각기간도 1953년 노동쟁의조정법에서처럼 신청 날짜부터가 아니라, 위원회 결정 날짜부터 개시된다.

새로운 노동법에서는 냉각기간이 종료된 후에도 중재 절차가 시작되면 그로부터 20일 동안 단체행동이 금지되었다. 더구나 이전 법률에서는 3자 대표가 모두 중재위원회에 포함되었던 반면 이제는 노동위원회의 공익 대표들만 포함되게 되었다. 유니언숍이 허용되고, 사측의 부당노동행위에 대한 규정이 확대되긴 했지만, 강제적 중재가 적용될 수 있는 필수 공익사업 범위 또한 확대되었다. 그뿐만 아니라 긴급조정 체제가 도입되고, 노동청을 관장하는 보건사회부 장관이 긴급조정을 요청해 일방적으로 노사분규를 중지할 수 있게 되었다.[5] 이것이 1963년 이후 노동조합운동이 적응해야만 했던 노사 관계의 새로운 규칙들이었다.

개정 노동법이 국가의 개입과 감독을 크게 늘리기는 했지만, 1953년 노동법의 기본 틀을 바꾼 것은 아니었다. 오글에 따르면 1961년 정권을 장악한 군부는 독일의 산업부흥에 크게 감명받았고, 독일의 산별 노조 체제를 선호했다(Ogle 1973, 82-83).[6] 이런 독해에 따르면 군부는

4_대통령이 중앙노동위원회 대표들을 임명했고, 도지사와 시장이 각각 지방노동위원회, 시노동위원회 대표들을 임명했다(Ogle 1973, 399).

5_노동쟁의 조정법 40조의 영문 번역은 Ogle(1973, 402) 참조. 긴급조정 제도가 처음 적용된 것은 1969년 파업과 직장 폐쇄로 맞서고 있던 조공 노사 관계를 해결하기 위해서였다(이 책의 8장 참조).

경제계획 운용에 적합하다고 생각되는 합리적인 노동조합 구조를 구상했고, 이승만이 대한노동총연맹(약칭 대한노총)에 대해 한 것처럼 노동조합운동을 정당에 통합하려고 하지 않았다. 오글은 박정희 정권이 처음에는 "노동자들과 고용주들이 [노사] 평화를 유지하고 신속한 경제성장을 달성하는 데 협력할 것이라고 생각했다"라고 결론 내렸다(Ogle 1973, 402). 그러므로 1963년에 노동법이 개정되었을 때, "정부는 비필수 산업 노동자들은 파업권을 가져야 한다고 생각했으며, 공익 부문과 필수 산업에서도 파업을 전면 금지하려고 하지는 않았다"(Ogle 1973).

최장집이 주장한 것처럼, 혁명 군부가 설정한 새 노동 체제는 한국노동조합총연맹(약칭 한국노총)과 전국 산별노조연맹이 노동자를 통제하고 그 대가로 노동자의 이익을 대표하는 법적 권리를 독점하는 코포라티즘적 노동 관리 체제였다.[7] 한국노총은 유일하고 합법적인 전국 노동조직으로서 모든 산업 노동자를 대표하는 독점권을 부여받았고, 그 내부에서 재정이나 조합원을 통제하는 실질적 권력은 산별연맹이 가지고 있었다. 그러나 1960년대 후반 정부는 기업별노조의 강화와 산별연맹의 약화라는 반대의 방향으로 나가게 된다. 이런 변화는 노조의 투

6_오글의 의견은 일반적으로 받아들여지고 있지만, 독일 모델이 끼친 영향을 구체적으로 입증하는 연구는 드물다.

7_최장집은 필립 슈미터(Philippe C. Schmitter), 알프레드 스테판(Alfred Stepan), 루스와 데이비드 콜리어(Ruth & David Collier), 기예르모 오도넬(Guillermo A. O'Donnell)이 발전시킨 조합주의 이론들에 기대어, 1960년대와 1970년대의 한국 노동 통제 정책을 '국가 조합주의'의 '배제적' 하위 유형으로 분류했다(최장집 1988, 1장; Choi 1989 참조). 프레드릭 데요와 데니스 맥나마라도 한국 사례에 조합주의 모델을 적용하고 있다(Deyo 1987; McNamara 1999). 한국 사례에 조합주의 모델을 적용하는 데 대한 비판적 입장은 노중기(1993) 참조.

쟁성이 증대하고 주요 노사 쟁의에서 강력한 산별연맹의 역할이 커짐에 따라 촉발되었다(김삼수 1999, 205-207). 그 시점까지는 박정희 정권이 산업별 조합주의적 노동조직 및 동원의 장점을 긍정적으로 평가하고 있었던 것처럼 보인다.

1963년 개정 노동법은 최장집의 말처럼 1953년 노동법에서 "상당히 퇴보"한 것임에도 불구하고 "여전히 선진적"인 것으로 평가될 수 있었으며, 따라서 노동운동에 중요한 공간을 제공하는 노동법의 역할은 소멸되지 않았다(최장집 1988, 92; Choi 1989, 84-85). 1963년 법이 개정되자 그해 마지막 몇 달 동안 "위헌적인 노동법"을 철폐하려는 한국노총의 법 개정 투쟁이 일어나고 조공 노조도 그 투쟁에 참여했지만,[8] 당시 조공 노조원들은 개정된 노동법에서 바뀐 조항들에 대해 큰 관심을 보이지는 않았다.

그러나 1960년대 중반 무렵이 되면 전투적 노동조합주의에 호의적이지 않은 방향으로 정치 환경이 점차 변화하게 된다. 조공 조선소에서는 1965년 봄 허재업 지도부를 제거하려 어설픈 책략을 꾸민 사장 이영진 및 그를 도운 핵심 관리자들을 성공적으로 축출해 힘을 얻은 노조와, 그해 여름에 새로 구성된 경영진 사이에 새롭게 싸움이 시작되었다. 새 경영진과의 임금 협상은 끝이 보이지 않는 교착상태로 빠져들어 노조 간부들과 일반 노조원 모두를 답답하게 했다. 그해 노조의 임금

8_조공 문서철 #5, "위헌 노동법 반대 투쟁 경과보고"(1964년 8월 1일). 한국노총은 투쟁위원회를 구성하고, 공개 토론회 및 전국과 지방 차원의 집회를 조직했으며, 정당에 로비 활동을 벌이고, 항의의 표시로 노동위원회에서 노동자 대표들을 소환했다. 한국노총은 심지어 1964년 7월 22일을 기해 총파업을 시작한다는 결의안을 통과시켰지만 행동으로 옮기지는 못했다.

협상안은 급여, 인사 관행 등 많은 조항이 포함된 매우 심각하고 복합적인 것이어서 어려운 협상이 예고되었다.[9] 노조의 요구를 수용하려면 회사 임금 규정을 개정해야 했고, 그렇게 하려면 다시 상공부의 승인을 받아야 했다.

같은 시기, 상공부는 '경영합리화'라는 명목으로 상공부 관리 대상 공기업의 임금 인상을 단호히 반대하고 있었다. 국영기업의 임금 인상률을 낮게 유지하려는 정부의 정책은 1960년대 초반 이래 한국 노사정 관계의 일관된 요소 중 하나였다. 하지만 한국노총과 산하 노조들은 1년 이상 계속된 공동 캠페인을 통해 1964년 3월 국영기업체 종업원 보수통제법의 폐지를 이룬 바 있다(전국해원노동조합 1973, 110-112). 강력한 수사에도 불구하고 정부는 임금 동결 정책을 고수하려는 의지가 충분치 않은 것처럼 보였고, 조공 노동자들은 상공부가 지침을 강제할 의지가 있는지 시험할 태세가 되어 있었다.

조공 지부는 노사 관계가 상공부의 간섭 없이 순전히 노조와 경영진 간에 이루어져야 한다고 믿었다. 이 시기 전까지는 노조 간부들이 상공부 의견에 크게 관심을 기울이지 않았는데, 나쁜 여론을 두려워한 조공 경영진이 노조가 강한 압력을 행사하면 대개 굴복했기 때문이었다. 예를 들어, 1965년 초 이영진 사장 체제하의 경영진은 노조 요구의 대부분과 15% 임금 인상안을 받아들였다.[10] 그러나 경영진은 상공부의 승인을 받을 수 없다고 변명하며 합의 시행을 미루었다.[11]

9_노조 요구안의 세부 사항은 조공 문서철 #7; #8에서 볼 수 있다.
10_합의 내용은 조공 문서철 #7, 1965년 7월 16일 회의록에서 볼 수 있다.

새롭게 취임한 조공 경영진은 상공부를 협상 카드로 활용하는 방법을 빠르게 터득했고, 그 방법을 이용해서 그해의 나머지 기간 동안 협상을 멈추거나 연기하곤 했다. 이에 대해 노조는 상공부의 비승인을 변명으로 내세우는 회사의 태도를 수용할 수 없다고 맞섰다. 1965년 7월의 운영위원회 회의에서 지배적이었던 의견은 노조의 요구를 수용하도록 경영 측을 더 강하게 압박하자는 것, 그리고 상공부 정책에 대해서는 사측이 염려하도록 놔두자는 것이었다.[12] 노조의 요청으로 7월 회사가 단체교섭에 참여했고, 8월 2일 공식적인 노동쟁의가 시작되었다.[13] 이에 대응해 사측은 임금을 8% 인상하고 가까운 시일 내에 7%를 추가로 인상하는 안에 동의했다. 그러나 동의된 안은 노조의 전체 요구 사항 중 한 항목에 불과했고, 가장 중요한 사안은 퇴직금 비율을 조정하라는 요구와 토요일 반나절 근무에 하루분 급여 전액을 지급하라는 요구였다. 노조는 9월 사측에 공세적 요구를 담은 수정된 단협안을 제시했다.[14]

11_사측은 회사가 "상공부 승인을 득하는 날로부터" 시행한다는, 아무 문제가 될 것이 없어 보이는 단서를 달아 노조의 요구를 받아들였다. 노조 부지부장 박정부가 나중에 깨닫고 안타까워했듯이, 노조는 처음에 이 조건부 승인의 문제점을 인식하지 못했고, 결과적으로 처음부터 싸움을 다시 시작해야만 했다(조공 문서철 #7, 1965년 7월 20일 회의록).

12_운영위원 이삼쇠(주물공장 소속 노동자)는, "회사와 상공부 관계는 우리 [노조]가 구애될 바 아니라고 봅니다. 그 문제는 회사에서 해결할 문제"라고 발언했다(조공 문서철 #7, 1965년 7월 20일 회의록).

13_부산지방노동위원회는 조공 쟁의를 합법적이라고 승인했다(조공 문서철 #7, 1965년 8월 10일 회의록; 1965년 8월 3일자 "부산시 지방노동위원회 노동쟁의 적법 판정 통고").

14_이때 제안된 단협 경신안에서 눈에 띄는 사항은 55세에서 60세로 정년 변경, 노사 동수로 구성되는 상벌위원회와 안전위원회 설립, 연차 유급휴가일과 특별 휴가 일수 상향 조정, 휴일에

임금과 수당 문제 이외에 노조 활동 강화를 위한 조항들도 있었다. 노동조합비 공세 의무를 명확히 단체협약에 언급할 것, 근무시간 중 노조 업무를 허용하고 급여를 지급할 것, 회사 급여 대상자 명단 내 노조 전임 간부의 수를 세 명에서 네 명으로 늘릴 것, 노조 전임 간부의 임기가 끝났을 때 "합당한 부서" 대신 "원직과 동등한 직위에" 복귀시킬 것, 노조의 공고물 게시를 회사의 사전 "인가" 사항이 아니라 노조가 회사에 "통고"하는 사항으로 할 것 등이 그것이다. 개정안의 가장 중요한 이슈 중 하나는 '비노조원'을 정의하는 문제였다. 노조는 기존 단협에서 노조 가입이 금지되었던 "임시 고용자", 그리고 "인사, 노무, 총무, 경리, 공보 및 감사의 기밀 사항 담당직"인 계장급 이하 직원에 노조 가입 자격을 부여하도록 요구했다. 힘든 협상과 12월 또 하나의 쟁의를 거쳐 마침내 12월 21일 사측이 상당히 양보를 한 합의가 이루어졌다.[15]

사측은 노조와 타협안을 만들어 내면서, 상공부 지시를 명백하게 위반한 사실을 감추기 위해 창의성을 발휘했다. 상공부는 통상 임금의 100% 이내로 상여금 지급을 제한하고 있었는데, 사측은 100%를 지급

노조 창립일 포함, 해고 조건 중 무단결근 "계속 7일 이상"을 "계속 10일 이상"으로 완화, 휴직 조건 중 "기타 업무상 부득이한 사유가 발생하였을 때"를 "기타 특히 정당한 이유가 있다고 노사 쌍방이 인정하였을 때"로 변경, 연장 근로에 통상 임금의 50%, 야간 노동에 100%, 그리고 휴일 노동에 150% 가산 지급, 부상과 직업병에 대한 보상 확대, 작업복과 안전 장비의 무상 배포, 그리고 "연 2회 매회 통상 임금의 15할 이상의 상여금을 지급"하는 규정 신설 등이다(조공 문서철 #7, 1965년 9월 21일 회의록에 딸린 "1966년도 단체협약 경신안").

15_조공 문서철 #7, 1965년 12월 회의록; 조공 문서철 #8, 1965년 12월 22일자 조합원들에 보내는 공고문; 조공 문서철 #12, 1966년 8월 20일 정기 대의원대회 자료 참조. 12월의 쟁의는 노조원 94.4%의 찬성투표로 시작되었다. 합의안에는 퇴직금 산정 방식의 개정과 토요일 4시간 근무에 대한 6시간분 임금 지급이 포함되었다.

한 후 1월과 2월 급여에 통상 임금의 15%를 각각 추가해 사실상 130%를 지급하는 방안을 제시했다. 토요일 반나절(4시간) 근무에 대해서는 6시간분 임금을 지급하되 그 합의 내용을 공식적인 회사 규정에도 단협에도 포함하지 않고 대신 노사 간에 비망록을 교환하도록 요청했다.[16]

이렇게 조공 노조는 사측이 상공부 정책을 교묘히 어기면서까지 노조와 타협하도록 압박할 수 있었지만, 임금 인상을 억제하려는 정부 정책에 대한 불안은 점점 더 커지고 있었다. 노조는 또 노동위원회의 운영과 관련된 법적·정치적 환경이 변화하는 데 대해 우려했다. 1965년도 부당노동행위 사건에서 전임자들이 사용했던 것과 같은 노조 파괴 책략이 이 노조에는 통하지 않는다는 것을 깨달은 신임 조공 경영진은 더 세련된 전략을 선택했다. 사측은 노사 관계에 법률적 전술을 적극적으로 활용하고 정부의 개입을 촉구하기 시작했으며, 동시에 상공부의 승인을 받아야 한다는 변명으로 매 단계마다 교섭을 지연시켰다. 조공 사측이 채택한 이 새로운 전략으로부터 정부 당국과 사측이 연합 세력을 형성하기 시작했다는 것을 감지할 수 있다. 1966년 이전에는 지방 또는 중앙노동위원회, 노동청 또는 부산시에 조공 노사문제를 접수한 것은 언제나 조공 노조였고, 그 결과는 대개 노조 측에 유리했다. 그러나 1966년 7월 사측은 노동쟁의 개시를 위한 모든 법적 요건을 갖추었다는 노조의 주장을 반박하면서 부산 노동위원회에 반대 의견을 제출한다.

16_그 대가로, 노조는 휴일노동수당을 현행 통상 임금의 100~150%로 올려 달라는 요구를 철회했다.

이 사례 이전 허재업 지도부는 노동위원회에서 노동쟁의 요청의 적법성을 승인받는 데 곤란을 겪은 일이 없었다. 그러나 이때에는 삼자위원회의 공익 대표가 사측 입장으로 기운 탓에 간신히 이길 수 있었다.[17] 노조 회의에서 노조 부지부장 박정부는, 노동위원회 청문회에서 노조가 수세에 몰렸으며 허재업 지부장이 효과적인 논지를 편 덕분에 겨우 쟁의 승인이 났다고 보고했다.[18] 사측은 패배 후 노동위원회의 중재를 요청했다. 사측도 마침내 자기편에 유리하도록 현존 노사 관계의 법률적 틀을 이용하는 방법을 깨닫게 된 것처럼 보였다. 이 시기 동안 박정부와 허재업은 "관계 기관에서도 우리 지부 문제를 심각히 보고 있"고, "오늘날과 같은 시점에서 모든 법규가 우리 근로자들에게 유리하게 되어 있지는 않"다고 다른 간부들에게 상황을 이해시키려고 노력했다.[19]

한편 정부는 노조 활동의 감독을 강화하기 시작했다. 7월에 해상노조는 조공 지부에 정부가 "국·관영기업체 종업원에 대한 대우 개선을, 정책적으로 제압하려는 차제에 직접·간접적으로 도래할 관의 방해도 예상되는" 상황이라고 경고했다.[20] 7월 하순의 운영위원회 회의에서 일부 노조 간부들이 회사의 10% 인상안을 거부하면서 작업 현장의 의

17_조공 문서철 #11, 1966년 6월 27일; 7월 4일 회의록. 허재업은 "소위 공익위원이 그렇게 나오니 정말 한심사라 아니할 수 없습니다"라고 비판하고 있고, 박정부는 사측이 "공익위원을 매수"했을 가능성을 거론하고 있다.

18_조공 문서철 #11, 1966년 7월 4일 회의록.

19_조공 문서철 #11, 1966년 7월 4일; 15일 회의록.

20_조공 문서철 #9, 1965년 7월 29일, 해상노조가 조공 지부에 보낸 "노동쟁의에 대한 격려".

견을 따르도록 촉구했을 때, 영도경찰서 정보과 형사가 발언 요청을 하여 노조 간부들에게 "급박"한 상황에 관해 경고한 기록이 있는데, 그 내용은 아쉽게도 회의록에 기록되어 있지 않다.[21] 그 형사가 처음부터 회의에 참석했는지 아니면 단지 해당 내용을 전달하러 왔는지는 확실하지 않지만, 어쨌든 그 이전까지는 노조 문서에서 그런 경찰의 출석이나 개입을 찾아볼 수 없었다. 형사의 경고가 투표에 영향을 주었는지는 알수 없으나, 회의 결과 온건한 입장이 대세가 되어 운영위원회는 회사안을 수용하고 쟁의를 종결한다는 결정을 내리게 된다.

그즈음 허재업 지부장과 노조의 핵심 지도자들은 박정희 대통령이 직접 담화문 등에서 강력하게 표명한 정부의 임금 억제 의지에 대해 점점 더 우려하게 되었다.[22] 그러나 간부들 대다수는 이런 염려를 지도부의 "투쟁 정신" 부족의 증거로 돌리며 계속 무시했다.[23] 그들은 "근로자의 무기인 쟁의행위"가 가장 신속한 해결책이라며 노동쟁의 절차를 개시하는 결정을 주도했다.[24] "노사 관계에서 상공부의 개입을 배제"하라는 요구를 임금과 다른 요구 사안 목록에 추가하는 것이 노조의 대응이라면 대응이었다.[25] 7월에 합의가 이루어져 쟁의가 종결되었지만, 언제

21_조공 문서철 #11, 1966년 7월 15일 회의록.

22_조공 노조원들이 언급하는 박정희의 담화문이 정확히 어느 것인지는 확실치 않지만, 박정희는 한국 기업이 세계시장에서 경쟁력을 키우기에 적합할 정도로 저임금 수준을 유지할 필요가 있다는 논리를 함축하는, 수출산업의 "고품질 저가 상품" 생산의 중요성을 자주 언급했다. 한 예로 박정희의 연설 "'제2경제'에 기초하여"(1967년 11월 30일 제4회 수출의 날 기념) 참조 (신범식 1970, 145-151).

23_조공 문서철 #11, 1966년 6월 17일; 7월 15일 회의록.

24_조공 문서철 #11, 1966년 6월 2일 회의록.

나처럼 사측은 합의를 준수하지 않았다. 노사 간의 불편한 관계는 11월에 허재업 지부장이 불만에 찬 노조원들을 이끌고 사장실로 몰려갔을 때 절정에 달했다.[26] 사측은 허재업 지부장을 해고하는 것으로 대응했지만, 곧 후퇴해 합의에 따를 것을 약속해야 했다.

'투쟁'이라는 모든 수사에도 불구하고, 노조는 상공부와의 실질적인 막후 협상을 도외시하지 않았다. 1960년대 후반 동안 상공부는 조공 지부에 대해 유화적인 태도를 취했는데, 이는 노동조합의 투쟁성을 탄압하는 정책 변화가 부재한 상황에서 조공 노동자들을 다른 방법으로 진정시키기 어려웠기 때문이었다. 예를 들어 1968년 4월과 5월 노조는 상공부 관리 및 조공 관리자들과 함께 임금 문제를 협상했으며, 4월에는 상공부의 기획관리과장 김유동이 이례적으로 직접 조선소의 노사협의회 회의에 참석해 정부 정책을 자세히 설명한다.[27] 1968년 여름 노사 간에 이루어진 합의는 조선소와 서울에서 노조 지도자, 상공부 관리, 조공 관리자들 사이에 폭넓게 이루어진 교섭의 성과였다.[28] 상공부와 조공 노조 간의 관계는 빠른 임금 인상에 반대하는 강력한 수사에도 불구하고, 정부가 1968년까지는 국영기업 노조에 대해 상당히 유화적인 태도를 유지하고 있었다는 것을 보여 준다. 당시 사기업과 국영기업 간에는 노사 관계 면에서 커다란 차이가 존재했고, 이는 왜 이 시기

25_조공 문서철 #11, 1966년 7월 4일 회의록.

26_조공 문서철 #17, 1966년 11월 29일, "부당노동행위 구제 신청서".

27_조공 문서철 #18, "노동쟁의 발생 경위 및 진행 상황"(1968년 4월 9일자). 1월 이후로 노조는 81.66% 인상을 요구해 왔다(조공 문서철 #19, 1968년 4월 28일; 5월 6일 회의록).

28_조공 문서철 #19, 1968년 4월 29일; 5월 6일; 6월 27일; 7월 22일 회의록 등 참조.

에 가장 강력한 노조의 대부분이 국영기업 노조였는지를 설명해 준다.

국영기업 노조들의 연대 투쟁

정부 통제하에 있는 공기업의 임금 인상에 대한 정부의 공세는 공기업 노조 간 조정 기구가 만들어지는 계기가 되었다. '보수통제법 폐지 투쟁'의 일환으로 한국노총은 1963년 정부관리 기업 노조 간부 회의를 개최했는데, 이런 종류의 접촉과 협력 경험이 1965년 후반 국가관리 기업체 노동조합협의회(이하 국기노)의 결성을 촉진한 것처럼 보인다. 이 협의회는 정부의 공세를 집단적으로 저지할 목적에서 조공 노조를 비롯한 12개 노조로 구성되었다.[29] 1966년 1월 조공 지부는 다음 국기노 회의에서 노사 관계에 대한 상공부의 간섭을 배제하고 분기별 100% 상여금 지급(연간 400%)을 쟁취하기 위한 공동 캠페인을 발의하자는 결정을 하는데, 이 발의는 방어적이기보다는 공격적인 성격이 강했다.[30] 국기노에서 그와 같은 결의를 한 후, 12개 모든 회원 노조는 서로 유사한 요구안을 가지고 각기 회사들과 교섭을 시작했다. 2월에 조공 노조

29_조공 문서철 #7, 1965년 11월 18일 회의록. 지부는 국기노 기금으로 매월 1천 원의 회비 지출을 승인했다. 상공부 산하에는 1966년 당시 대한조선공사(종업원 1,805명) 이외에 한국전력(종업원 10,630명), 대한중석(1천 명), 대한석공(12,400명), 대한철광(833명), 한국제련(450명), 충주비료(640명), 호남비료(827명), 대한석유공사(309명), 인천중공업(1,100명), 한국기계(4백 명), 대한염업(2천 명) 등 다른 대규모 중공업회사들이 있었다(조공 문서철 #12, "1966년 정기 대의원대회 회의 자료"). 이 열두 개 회사의 노조들이 국기노의 창립 멤버인 열두 개 노조와 일치하는지는 확인되지 않는다.

30_조공 문서철 #11, 1966년 1월 26일 회의록.

는 1966년 임금 협상 시 국기노와 보조를 맞출 것임을 다시 한 번 확인하고 있다.[31]

　노조원들은 국가관리 기업의 임금 문제에 상공부가 개입하는 것이 한편으로는 비생산적인 결과를 낳는 일이고 또 한편으로는 월권이라고 간주했는데, 이는 조선소가 국가 소유라는 사실을 편리하게 무시하는 것이었다. 허재업 지부장은 "상공부의 지나친 간섭"이 "상공부 운운하며 회사로 하여금 회피할 수 있는 길"을 열어 주고 있다고 지적했고, 노조 부지부장 김인덕은 그 말에 "앞으로 상공부 장관이 노사 교섭 석상에 임석한다면 모르되 그렇지 않고서는 절대 간섭 못하도록 하여야" 한다고 동의했다.[32] 노조는 회사 사장에게 "회사는 …… 사사건건히 상공부 운운하여 지연시켜 왔고 현재도 그렇게 하고 있는데 상공부의 월권 간섭을 배격하고 기업체장 재량권을 발휘"하라고 충고했다.[33]

　국기노 노조들의 공동 투쟁은 상공부의 임금 동결 의지에 어느 정도 영향을 미친 것으로 보인다. 1966년 3월 25일 지부 역원 회의에서 허재업 지부장은 "금반 국기노 협의회를 통하여 전국적으로 과시하고 강력히 투쟁 방안을 수립[하고 대정부 공세를 취한 결과 상공부 측에서도 이에 다소 동요되어 노사교섭을 재차 가져가는 움직임이 보였다는 것은 커다란 성과"라고 보고했다.[34] 하지만 그는 또한 국기노에 분열을

31_조공 문서철 #11, 1966년 2월 16일 회의록; 1966년 2월 18일, 회사 사장에 대한 통보.

32_조공 문서철 #11, 1966년 2월 16일 회의록.

33_조공 문서철 #11, 1966년 2월 18일, 노조에서 회사 사장에 보낸 "최저 생활급 확보"라는 제목의 통고문.

34_조공 문서철 #11, 1966년 3월 25일 회의록.

야기할 수 있는 문제들이 존재한다는 경고도 덧붙였다. 박정부와 다른 간부들은 일부 회원 노조가 적극적인 자세를 보이지 않더라도 국기노를 계속 지지하고 활용하기를 원했다. 4월 회의에서 노조 사무총장 정지영은, 국기노 회원 노조이며 조공 노조처럼 당시 가장 강력한 노조 중 하나였던 한국전력 노조가 내부 조직 문제로 국기노의 공동 캠페인과 보조를 맞출 수 없다는 결정을 내렸다고 보고한다.[35] 그러나 조공 지부는 어려움에도 불구하고 국기노를 고수하기로 결정한다. 그 이유는 "우리 지부만이 단독으로 한다면 관계 기관에서 형편없는 압력이 올 것이라 생각"된다는 것이었다.[36] 하지만 연대와 지원 네트워크를 제공해 주리라 기대했던 국기노의 캠페인은 1967년이 되면 흐지부지되고 만다.

국영기업 노조에 대한 정부의 총공세에 대응해 광범위한 기반의 연대 투쟁을 조직한다는 목표 아래, 해상노조와 조공 지부는 다른 기업의 상황을 조사하고 단체협약 등의 관련 자료를 수집하는 데 상당한 자원을 투여했다.[37] 예를 들어, 조공 지부는 조사팀을 꾸려 울산의 한국비료와 대구의 제일모직 공장을 대상으로 광범위한 설문 조사를 실시했다.[38] 한국비료에 관해 조공 조사팀은 휴일 급여, 노동시간, 상여금 지급, 복지시설, 그리고 작업복과 안전화 지급 면에서는 조공의 정책과

35_조공 문서철 #11, 1966년 4월 4일 회의록. 그러나 그는 호남비료, 유공 본사, 부산 지사 등 다른 국기노 소속 노조들은 교섭을 잘 진행해 가고 있다고 지적했다.

36_조공 문서철 #11, 1966년 4월 11일 회의록.

37_이 이전에도 위험수당 신설을 위한 준비 작업으로 해상노조와 조공 지부에 의해 설문 조사와 공장 방문이 계획되고 일부 시행된 적이 있다(조공 문서철 #9).

38_조공 문서철 #19, 1968년 1월 24일 회의록과 첨부된 보고서.

상응하거나 더 나은 반면, 노동자들이 어떻게 급여가 계산되는지 세부 사항을 모르며, 정규직과 임시직 노동자 간에 극심한 대우 차이가 있다는 것을 지적했다.

제일모직의 경우에는 생산직 노동자의 대부분이 여성이기 때문에 노동조건이 조공이나 한국비료와 매우 다르다는 것을 지적했다.[39] 의무실, 치과, 약국, 식당, 기숙사, 목욕탕을 포함한 사내 복지시설은 훌륭했고, 회사로부터 상당한 보조금을 받아 운영되었다. 조공 조사팀을 분개하게 만든 심각한 문제는 "사원 공원의 차별이 극심"한 점, 학력별로 임금수준이 결정된다는 점, 그리고 특히 공장 생활과 신체의 이동을 자율적으로 결정할 수 없다는 점이었다. 여성들은 결혼하면 직장을 그만 두어야 했고, 외부인과의 접촉은 감독관에 의해 심하게 제한받았다.[40] 사무직 직원들은 그들만의 목욕 시설을 따로 가지고 있었고, 구내 운동 시설의 사용을 독점했다. 징계위원회나 인사위원회에서 노동자들의 "의견 참작은 전무"했고, '장미회'라는 노동자 상조회에서조차 "자치권은 전혀 없"었다. 병가도 없었고, 작업 관련 부상을 보상받는 것도 매우 어려웠다.

조공 지부 간부들은 조공 노조가 단체협약의 내용 면에서 한국 노동조합운동의 선두에 있다는 것을 확인했다. 조공의 단협은 노동자들

39_8시간 삼교대 근무를 하는 3천 명의 생산직 노동자들 중에서 2천3백 명이 여성이었다. 또한 사무직원은 약 3백 명이었다(조공 문서철 #19, 1968년 1월 24일 회의록과 첨부된 보고서).

40_그들은 점심시간에만 방문객을 만날 수 있었고, 일주일에 두 번만 기숙사에서 외출 허가를 받을 수 있었다. 여성 노동자들은 그런 상황을 매우 힘들어 하고 있었는데, 특히 1961년 쿠데타 이전 기숙사 사감을 직접 선출하고 여러 면에서 훨씬 더 자유로웠던 시절과 비교되기에 더욱 그러했다(조공 문서철 #19, 1968년 1월 24일 회의록과 첨부된 보고서).

에게 작업장 생활의 거의 모든 분야에서 더 큰 발언권을 부여했다. 임금과 상여금 액수에서 여전히 큰 격차가 남아 있기는 했지만, 그들은 작업장에서 사무직과 생산직, 정규직 노동자와 임시직 노동자 간의 차별을 상당히 축소시킨 그들의 성과를 자랑스러워했다.[41]

근처 대선조선의 노동자를 조직하는 과정에서 경험한 어려움은 조공 노조 간부들에게 반노조의 신념을 지닌 민간 소유 기업주의 손에서 노동자들이 얼마나 무력한지를 절감하는 기회를 제공했다. 조공 노조는 해상노조의 선도적인 노조 중 하나로서 1960년대 동안 다른 조선소 노동자의 노조 조직 노력과 단체행동을 활발하게 지원했다. 1964년에 대선조선 노동자들이 조공 노조에 노조 조직을 도와 달라고 요청했을 때, 조공 노조는 그들을 열심히 도왔다.[42] 1년 후 대선조선 노동자들이 조공 지부의 분회로 편제되기를 원했을 때, 다시 조공 노조는 그들을 받아들였다.[43] 이런 노력의 과정에서 조공 노조원들은 사기업에서 빈번하게 일어나는 단호한 노조 파괴 활동을 직접적으로 체험하게 되었

41_그러나 조공 노동자들은 자신들의 임금이 비교 대상이 되는 타 회사들에 비해 훨씬 적다는 점에 종종 불만을 토로했다. 이런 예를 보려면 조공 문서철 #15, 1966년 11월 28일 회의록 참조. 조공 조사팀에 따르면 한국비료 노동자들은 연간 상여금으로 조공보다 높은 월 급여의 500%를 받고 있었다.

42_대선조선 노동자 1백 명 중 82명이 곧 노조 가입서에 서명했다. 이후 어느 시점에서 조공 지부는 대선조선 노동자들 간의 분명히 적시되지 않은 "어떤 상황"을 들어 대선 분회를 조선 지부 소속으로 이관하기로 결정했다. 그러나 조공 노조 간부들은 조선 지부가 "조직과 재정에서 미약"하다고 생각했기 때문에 그 결정을 꺼림칙하게 생각했다(조공 문서철 #4, 1964년 3월 20일 회의록; #7, 1965년 5월 19일 정기 대의원대회 문서 참조).

43_조공 문서철 #4, 1964년 3월 20일; 1965년 2월 16일; 1965년 3월 13일 회의록. 대선조선 노동자들은 금속노조에서 탈퇴해 조공 지부에 들어가고 싶어 했다. 조선 지부가 그들을 조직하는 데 실패하자 대선조선 노동자들은 결국 금속노조 소속이 된 듯하다.

다. 1966년 9월에 대선조선 노동자들이 320명의 노조원으로 조공 지부의 분회를 구성하자마자, 대선조선의 소유주는 대량 해고와 외주화로 대응했다.[44] 그는 조공 노조에서 탈퇴하기만 하면 단협을 비롯한 노동자들 요구를 대부분 받아들이겠다고 약속하면서 조공 노조와의 분리를 유도했고, 조공 노조와 대선조선 분회는 쟁의에 들어가게 된다.[45] 이 투쟁은 1967년 초까지 수개월 동안 지속되었는데, 노조 자료에 따르면 소유주는 노조 파괴를 위해 여러 가지 부당노동행위에 의존했다.[46] 그러나 결국 노조가 승리했다.

그러므로 조공 노조원들이 노동조합운동의 매우 불균등한 발전 상황과 그 속에서 선봉에 서있는 자신들의 위상을 잘 알고 있었음은 명백하다. 그들은 정부가 조공과 같은 국영기업의 민영화를 고려하고 있는 이유 중 하나가 "현재까지 노조 활동을 하고 있는 기업체가 국영기업체가 대다수인 점" 때문이라고 파악하고 있었다.[47] 다시 말해 그들은 정부

44_ 조공 문서철 #17, "대선 분회 쟁의 발생 신고"; "대선 직장위원회 회의록" 등 참조.

45_ 1966~67년 대선조선의 쟁의는 조공 문서철 #17, "대선 분회 쟁의 관계철"; #19, 1967년 8월 3일 대의원대회 자료 중 조직부 보고에 기록되어 있다.

46_ 대선조선 분회를 대리해 조공 지부가 제출한 "부당노동행위 구제 신청서"에 따르면, 대선조선의 사장은 아래와 같은 다양한 종류의 부당노동행위를 했다. 분회 부분회장의 즉시 해고, 분회장 황성도를 협상 파트너로 인정 거부, 노조 간부에 대한 고용 증명서(당국에 분회를 등록하는 데 필요한 서류) 발부 거부, 노동자들에게 대선조선 분회의 조공 지부 탈퇴 탄원서 서명 강요, 분회 사무실에서 책상과 의자 철거, "노조 일이 바쁘면 사용주들이 도와주겠다고" 하면서 상근 노조 간부에게 현장 복귀 강요, 게시된 노조 공고물의 파손 및 소각(자세한 내용은 조공 문서철 #17의 여러 문서 참조).

47_ 조공 문서철 #19, 1968년 1월 24일 간부 연석회의 회의록. 1968년 1월이 되면 조공 지부는 민영화가 공기업 노조들이 그때까지 성취한 것들을 무화하는 수단으로 사용될 것을 우려해 정부의 민영화 정책을 반대하기로 결정한다(조공 문서철 #19, 1968년 1월 11일; 24일 회의록).

가 이제는 조공 노조의 점증하는 힘을 문제로 인식하고 있고, 해상노조나 한국노총의 지원은 더 이상 기대하기 어렵다고 판단했다. 이런 상황은 조공 노조원들이 자체 노동조합운동의 경계를 넘어 한국 전체 노동운동의 문제를 고려할 수밖에 없도록 만들었다.

수년간 광범위한 연대 투쟁에 개입해 왔음에도 불구하고 1968년이 되면 조공 노조원들은 자신들이 상당히 고립되어 있다고 느낀다. 정부의 확고한 민영화 정책에 대한 '연합 전선'의 전망은 비관적인 것처럼 보였다. 해상노조 사무총장으로 선출된 후 몇몇 국영기업을 방문한 박정부는 대한해운공사, 한국석유 및 충주비료 노조원들이 민영화 문제에 관해 아직 마음을 정하지 못하고 있고, 인천중공업 노조 지도부는 국영이든 민영이든 자신들에게 큰 차이가 없을 거라고 말하고 있다고 보고하면서, 연대 투쟁을 시작하는 것은 지금으로서는 난망이라고 결론지었다.[48]

한국노총의 약체성 또한 조공 노조 지도부를 곤혹스럽게 했다. 노조 간부들은 1968년 1월 노조 지도부 7차 간부 연석회의에서 한국노총의 무력함을 통탄했다. 운영위원회 위원 오진환이 민영화에 맞서 "전국적으로 연합 전선을 펴서 투쟁하는 것이 좋"다고 주장했을 때, 박정부는 다음과 같은 조심스러운 충고를 덧붙였다. "연합 전선을 편다 해도 결과적으로 투쟁의 대업을 맡길 만한 현 노총 구성원이 못될 판에 본 지부에서 일을 맡을 형편입니다. …… 희생도 조심스럽게 피하고 소기의 목적도 달성하기 위해서는 선 연합 후 단독의 투쟁이 보다 좋은 방

48_조공 문서철 #19, 1968년 3월 6일 회의록.

법이 아닌가 사료됩니다." 조직부장 이지환도 동의했다. "타 국영기업체 산하 노조에서 상금까지 일언의 반구도 없는 것으로 볼 때 상부 기관인 노총에 큰 기대는 바랄 것이 없습니다."[49]

해상노조 또한 1967년부터 시작된 부정부패 고발과 내부 분쟁 때문에 조직적 혼란을 겪고 있었다.[50] 조공 지부는 이런 문제를 처리하기 위한 해상노조 긴급 대의원대회 개최를 주장하고 나서기로 결정했다. 해상노조 위원장이 그런 회의 소집을 원하지 않기 때문에 조공 노조가 나설 수밖에 없다는 이유에서였다.[51] 노조의 부정부패는 대한노총 시대부터 한국 노동운동의 만성적 문제였다. 국가에 의해 공식적으로 승인된 유일한 노조인 한국노총에 대한 국가의 보호는 전국 노조 지도부의 부정부패를 야기하고 악화했다. 부두·섬유 노동자 등 산별노조연맹 지도부의 부패로 일반 조합원들이 고통을 겪는 경우가 허다했다. 조공 노조도 1964년에 지부장직에서 쫓겨난 유철수 위원장 시절 부정부패 사건을 경험했다.[52] 조공 노동자들의 노조 내 민주주의, 나아가 한국 사회 전체의 민주주의에 대한 요구는 이렇게 전국 노동운동 지도부의 부정부패와 비민주적인 행동이 만연한 상황에서 일어난 것이다. 이런 맥락에서 조공 노조 지도자들은 상급 노조의 한심한 위상과 가장 선도적

49_조공 문서철 #19, 1968년 1월 24일 회의록.

50_조공 문서철 #19, 1967년 10월 28일; 12월 28일 회의록.

51_조공 문서철 #19, 1967년 10월 28일 회의록.

52_유철수는 노조공제회의 운영 관리를 "이권화하여 조합원의 출혈을 강요"했으며 지부를 "자기 영리만을 목적으로 하여" 운영했다고 비난받았다(조공 문서철 #5, 1964년 6월 19일 대의원대회 회의록; 1964년 7월 2일, 해상노조에 보내는 "전 지부장 소맥분 부정 처리 보고").

인 국영기업 노조들이 시도한 '연합 전선'의 실패에 대해 안타까워하고 있었다. 이는 실로 걱정스러운 상황이었다. 그들의 투쟁은 강력한 국가에 대항하는 외로운 싸움이 될 것이 분명했기 때문이었다.

민족국가 건설에 대한 노조의 전망

노사 관계에 개입하려는 정부의 의도에 대한 노조 간부들의 우려가 더 깊어 감에도 조공 조선소의 일반 조합원들은 지도부의 경고와 신중한 제안에 귀를 기울일 분위기가 아니었다. 그들은 노조 투쟁의 미래에 대해 낙관적이었고 자신감이 넘쳤다. 노동자들이 민주적인 국가 건설에 역사적 사명을 가지고 있다는 담론이 이 시기 일반 조합원들의 정체성 형성에 얼마나 큰 힘을 발휘했는지를 추정하기는 어렵다. 그러나 노동자의 역사적 역할에 대한 지속적 언급은 아마도 노동자들에게 자신들의 투쟁이 역사적으로 정당성을 가졌다는 인식을 불어넣는 효과를 가졌을 것이다. 그렇다면 노동자들이 1960년대 동안 노조 활동을 통해 듣게 된 조공 노조의 사명이란 무엇이었을까? 그것은 박정희 정권이 선전하던 국가 발전의 전망과 어떻게 달랐을까? 노조원들은 노동문제에 관한 자신들의 생각과 정권의 정책 사이의 간격을 이해하고 있었을까?

조공 노조의 선언문, 강령 및 주요 성명들을 읽어 보면, 노조가 가지고 있는 사명의 중요한 부분으로 반공주의가 두드러지게 나타난다. 반공주의 신념을 선언하는 것은 한국노총 체제하의 모든 노조에 필수 사항이었다. 반공주의 또는 '반공 자유주의'가 한국 정치에서 갖는 힘은 1960년대 동안 강화되어 갔다.[53] 그러나 반공주의는 노조 강령에 명확하게 자리 잡고 있음에도 불구하고 1960년대 동안 노조 회의에서 조공 노조원들 사이에 큰 관심을 끌지 못했다. 일련의 좌파 세력이 이미 숙청된 후인 그 당시에 한국 노동운동 내부에 가시적인 적으로서의 공산주의 세력은 남아 있지 않았다. 그러므로 공식 이데올로기인 반공주의는 항상 거기 있었음에도 조공 노동자들이 전개하는 활동의 기세를 꺾는 작용을 하지는 않았던 것 같다. 무엇보다도 이미 검증된 반공 투사인 허재업이 노조를 이끌고 있었기에 그러했다.

조공 노동조합운동에 대한 '빨갱이' 낙인은 조공 노동자들이 공산주의 이데올로기가 아니라 정부가 공인한 대한노총과 한국노총의 친노동적 반공주의를 따르고 있었기 때문에 쉽지 않았던 측면도 있다. 앞에서 살펴본 것처럼 대한노총의 형성기에 노총 강령에 각인된 노동 이데올로기는 노동자들이 사측과 동등한 자격을 갖는 노사 관계상을 설정했고, 공산주의와 자본주의 양쪽 모두의 문제점을 피하는 경제 발전의 길을 모색하는 것이었다.[54]

해방 직후 시기 반공주의 노동 이데올로기의 급진적이고 전복적인 요소들은 이후 수십 년 동안 한국노총 산하 노조들의 선언문과 강령에 남아 있었다. 조공 노조는 그 잠재력을 부활시켰고, 민족국가 건설을 위한 노동의 역사적 사명이라는 이름으로 그 노동 이데올로기 안에 포

53_임영일에 따르면 1960년대 이래로 반공, 개발, 안정, 자유민주주의가 한국 정치와 사회를 지배한 이데올로기였고, 1970년대 중반에 이르면 보수주의적 안정 희구 세력이 사회에 깊숙이 뿌리내리게 된다(임영일 1991, 67-87).

54_1960년대 조공 노조 지도부의 핵심에 있었던 권오덕은 조공 노조 투쟁이 종결된 지 30여 년이 지난 후 이루어진 한 인터뷰에서 노동운동은 사회주의와 자본주의의 최선의 요소들을 결합하려고 노력해야 한다는 자신의 신념을 개진하고 있는데, 이는 전진한 등 해방 후 시기 반공주의 지식인들의 주장과 일맥상통한다(2001년 9월 20일 권오덕 인터뷰. 면담자: 김준).

함된 이상의 실현을 요구했다. 대한노총과 한국노총은 노동의 사명을 다음 두 가지로 집약했다. 첫째, 회사, 산업, 국가 경제의 번영과 발전에 기여한다. 둘째, 노동자의 권리와 이익을 보호한다. 예를 들어 해상노조 선언문에는 다음과 같은 구절이 포함되어 있다. "우리들 근로자는 공고한 단결과 피 끓는 동지애로서 민주주의 제 원칙하에 산업부흥의 주도성을 확보하고 국가 재건에 전력을 다하여 근로대중의 복지사회 건설을 이룩하고자 한다."[55]

조공 지부는 해상노조의 선언문과 강령을 사용했지만, 자신의 철학을 드러낼 기회가 있을 때는 노사 간 평등의 원칙을 더욱 강하게 강조했다. 예를 들어 1968년 조공 단협의 서문은 조공 지부의 목표를 다음과 같이 선언한다. "대한조선공사 …… 와 전국해상노동조합 대한조선공사 지부 …… 는 조선공업의 사회적 사명을 자각하여 노사 대등히 기업의 번영과 근로 생활의 안정을 목적으로 본 협약을 체결하며 쌍방 성실히 이행할 것을 확약한다."[56] 회사 측도 '노사 대등' 문구가 가지는 함의를 충분히 숙지하고 있었고, 1969년 파업에서 노조를 패배시킨 후 이 기분 나쁘고 불온한 문구를 삭제하는 것을 잊지 않았다.[57]

55_조공 문서철 #7, "선언, 강령, 규약 및 준칙"; #19, "1967년도 정기 대의원대회 회의 자료". 강령은 다음과 같다. "(1) 우리는 노동조합 조직을 통하여 반공 체제를 강화하고 민주적 국토 통일의 선봉이 된다. (2) 우리는 민주노동조합운동의 발전을 위하여 입법 활동을 전개한다. (3) 우리는 공고한 단결로써 노동자의 기본 권리를 수호하고 생활수준의 향상을 기한다. (4) 우리는 건전한 노동 정신으로써 국가 산업 발전에 기여하여 자주 경제 확립을 기한다. (5) 우리는 민주 우방의 노동자와 국제적 유대를 강화하여 세계 평화에 공헌한다."

56_조공 문서철 #18, "1969년도 단체협약(안) 대비표(노사)".

57_이 책 〈부록 3〉의 1970년도 단체협약 발췌문 참조.

조공 노조는 경제 발전과 노동자 복지라는 두 가지 목표가 양립할 수 있거나 심지어 상호 보완적인 것이라고 간주했다. 노조원들은 노동자의 복지를 희생물로 삼아 탐욕스런 이윤 추구를 허용하는 방종한 자본주의와 사회주의 사이의 제3의 길로서 인간적인 자본주의가 발전할 수 있으며, 그것이 사회를 위해 바람직하다고 믿었던 것 같다. 1960년대 조공 노동조합운동에서 특히 눈에 띄는 것은 인간적인 자본주의의 성공적인 발전이 가능하며, 그것이 근로대중의 이익을 보장하는 민주적인 사회를 지지할 것이라는 노동자들의 긍정적인 전망, 낙관적인 신념이다. 박정희 대통령의 정치 이데올로기의 핵심인 경제 발전을 통한 가난 극복은 노동자들의 소망이기도 했다. 노동자들은 박정희 정권이 그런 목표를 이룰 수 있는 능력이 있는 주체라고 보았고, 그래서 그들은 정부가 전반적으로 그들의 목표에 동정적이거나 적어도 중립을 지킬 것이라는 기대를 품었다.[58] 이 점이 조공 노조원들이 1969년 파업의 막바지까지 노조 투쟁의 전망에 대해 유지했던 낙관적인 태도를 부분적으로 설명해 준다.

그러나 박정희 정권의 민족주의와 민주주의에 대한 이해는 조공 노동자들의 생각과 분명한 차이를 보였는데, 특히 민족국가 건설 과정에서 노동자들의 주체적 행위와 목소리가 얼마만큼 허용되어야 하는가의 문제에서 그러했다. 박정희는 민족경제 건설의 능동적인 동반자로

---

[58]_노조는 물론 정부의 임금 동결 정책이나 그에 관한 박정희 대통령의 성명을 반기지 않았다. 허재업은 1966년 6월의 노조 회의에서 노조가 "대통령 각하의 담화문을 위시하여 여러 가지 제재책이 나와 매우 고난을 겪었"다고 발언한다(조공 문서철 #11, 1966년 6월 17일 간부 연석회의 회의록).

노동자를 격상시키기보다 산업 노동자들의 민족주의 정신과 희생을 일관되게 강조했다. 오글에 따르면, 1960년대 초반에 군부는 "노동자들과 고용주들은 산업 평화를 유지하며 급속한 경제 발전을 성취하기 위해 협력할 것"이며, 그 목표들은 "명백히 파업권보다 우선시"된다고 생각했다(Ogle 1973, 402-403). 그러나 시간이 지나면서, 조공 노조원들은 그들의 요구에 맞춰 공식적인 민족주의적 담론을 전유하고 재해석하는 경향을 보였다. 국가정책과 자신의 이익 사이의 모순을 인식할 경우, 노조는 종종 "경제 발전의 원동력은 노동이다", "노동자들은 주린 배로 일 할 수 없다"와 같은 주장을 펴면서 국가의 목표보다 노동자들의 이해를 우선시하는 선택을 했다.

1968년 초 회사 사장에게 보낸 통지문에서 조공 지부는 81.66% 임금 인상 요구의 정당성을 다음과 같이 설명했다.

정부는 대대적으로 경제성장과 노동생산성 향상을 홍보하고 있다. 그렇다면 우리 노동자들의 생활도 그 성장률에 따라 향상되어야만 한다. 그러나 우리의 삶은 향상은커녕 오히려 하락해 왔다. 이 얼마나 황당한 일인가? 온종일의 땀과 노동의 댓가가 6인 가족에게 보리죽조차 제대로 먹일 수 없는 저임금이다. 경제 발전의 원동력이 노동이라면, 적어도 일하는 노동자가 아무런 걱정 없이 쌀밥 한 그릇 충분히 먹을 정도의 형편은 되어야 하지 않겠는가? …… 우리는 무엇보다 우리가 인간답게 살 수 있고 우리의 노동력을 재생산할 수 있어야만 하기 때문에 현실적 수준의 임금 재조정을 간절히 원해 왔다.[59]

---

[59]_조공 문서철 #21, 1968년 1월 21일, 사장에 보낸 "대우 개선 요구".

박정희는 임금 문제에 있어 바람직한 노동자의 태도가 무엇이라고 생각했을까? 서독을 방문했을 때 받은 인상에 대해 언급한 1964년 12월의 연설에서 박정희는 "독일 경제 재건의 그날까지 파업하지 않으며, 그들의 공장이 튼튼해질 때까지 봉급 인상을 요구하지 않겠다는 결의를 했던" 독일 노동자들의 희생정신에 감탄을 표했다(신범식 1970, 25). 박정희와 조공 노동자들 사이의 잠재적 시각 차이는 엄청났던 것이다.

노동자들은 자신들이 산업 발전에 크게 기여했음에도 불구하고 충분한 보상과 인정을 받지 못했다고 생각했다. 노동자들이 경제성장의 원동력이라는 시각에서 볼 때, 이런 현실은 국가를 위해서도 바람직한 일이 아니었다. 조공 노동자들은 조공 조선소와 한국 조선산업을 현재 수준까지 발전시킨 것은 자신들의 고된 노동과 향상된 실력이었다는 자부심을 종종 피력했다. 1965년 후반 허재업은 노동자들이야말로 정부의 산업화 노력을 뒤에서 추동한 힘이었다고 주장했다. "우리 조합 동지들의 피와 땀으로 엮어진 결실로서 조선공업의 육성과 기술 면을 국제 수준에 도달케 하였으며 우리들이 공헌한 노동력의 투자는 경제개발계획에 있어서 정부의 의욕을 고취시켰으며 오늘날과 같은 발전상을 보게 된 것입니다."[60]

같은 맥락에서, 1966년 조공 지부는 그동안의 성취를 다음과 같이 평가했다.

---

[60]_조공 문서철 #7, 1965년 10월 20일, 허재업이 노조원들에게 보내는 "조합 동지 여러분께". 그러고 나서 허재업은 노동자들의 자세를 "아직도 낡은 역사에 묻힌 일부 몰지각한 기업주들"의 "근로자들을 노예시하며 갖은 횡포를 다반사로 하고 있"는 태도와 대비시킨다.

도리켜 보건데 우리들은 국가의 후진을 뼈저리게 느껴 왔기에 불리한 여건과 빈약하고 미비하며 폐품화된 기구를 우리 손으로 알뜰히 갈고 닦아 온갖 애로와 생명의 위험을 무릅쓰고 오로지 희생과 근로정신을 발휘하여 이 나라의 부흥과 조선공업 기술 향상을 위해 전심전력을 경주하여 왔던 것입니다. 우리들이 배양한 실력과 철저한 신임도는 국제적으로도 널리 알려졌으며 이는 오로지 우리가 피땀 흘려 노력한 결정이라 하겠습니다.[61]

그들의 노동의 산물인 강철 선박, 거대한 금속 구조물 및 선진 기계 또한 국가 발전에 대한 조선산업 노동자의 가치와 기여를 보여 주는 구체적인 증거가 되었다.[62]

그래서 한국 산업 노동자들 대부분보다 더 나은 급여를 받았음에도 불구하고 조공 노동자들은 "사람으로서 살"게 허락하지 않는 "생계비 이하의 임금"이 지배하는 상황에 분개했다. 그들은 저임금이 고용주의 잘못된 태도와 생산직 노동자에 대한 천시에서 비롯된다고 생각했다. 1968년 초 노조는 생산직 노동자 임금이 수년 동안 하락했던 이면에는 "과잉 노동력으로 저임금을 눌러 둘 수 있다는 그릇된 고용주들의 사고방식이 잠재해 있"다고 설명했다."[63] 하지만 "먹지 않고는 일할 수 없으

61_조공 문서철 #12, 1966년 정기 대의원대회 "중요 활동 사항".

62_조선소가 누구를 위해 무엇을 생산했는지가 노동자의 상황 인식에 중요한 역할을 한 것으로 보인다. 예를 들어 로만 라바의 폴란드 자유노동조합운동에 대한 연구에서 그런 연관 관계를 발견할 수 있다. 라바에 따르면 "조선소 노동자들은 선박들이 착취적인 계약 조건하에서 소련을 위해 건조되고 있다고 굳게 믿었고," 그런 인식이 "조선소 노동의 정치적 맥락을 형성했다"(Laba 1991, 120).

63_산업은행 통계에 따르면, 1960~66년 사이 실질임금은 8.2% 하락했고 반면 노동생산성은

며 생활이 보장되지 않는 곳에 경제 건설도 없는 것이다." 노조는 이런 문제가 해소되지 않으면 "급기야는 파탄이 되고 말 것"이라고 "그 이후의 사태"를 경고했다.

노동자들은 조선소 발전을 위해 경영진이 수행한 역할을 매우 부정적으로 평가했고, 회사 간부들의 민족주의적 신념을 의문시했다. 1968년 노조는 회사 경영상의 실패를 들어 경영진을 공격했다. 2월, 사측이 회사의 수익이 없다고 하면서 임금 교섭을 지연시키자, 노조는 엄청난 원리금 상환 부담을 초래한 7천7백만 원 상당의 원자재 수입 결정을 비판했다.[64] 그리고 4월, 허재업 지부장은 1천5백 명 이상의 노조원들이 모인 '경영진 규탄 성토대회'에서 사측의 무능함을 성토했다. 그는 사측이 경영합리화 조치를 잘 시행했더라면 노조가 요구하는 임금 인상분을 충분히 지불할 수 있었으며, 회사가 5천여 종의 원자재를 모두 시중 가격보다 비싸게 구입했다고 주장했다. 그는 "무능한 경영자는 물러가야 한다"고 목소리를 높였다.[65]

53.6% 상승했다(조공 문서철 #21, 1968년 1월 21일, "대우 개선 요구"). 산업은행 통계, 부산시 소비자물가지수, 대중교통 요금, 학교 등록금, 그리고 노조원의 소득과 지출에 관한 지부 자체의 조사를 근거로 사용해, 노조는 평균적인 조공 노조원 가구(5.9명)가 월평균 생활비 2만2,579원의 수지를 맞추기 위해서는 8,966원이 더 필요하다고 결론 내렸다. 노조의 목표가 "8시간 노동으로 인간답게 살" 권리를 확보하는 것이기 때문에, 노조는 가족들의 소득과 여타 소득을 포함하는 평균 가구 소득(13,612원) 계산에 잔업수당을 포함하지 않았다. 노조는 잔업수당이 가구당 월간 적자폭을 크게 줄일 수 있다는 점을 언급하지 않았다.

64_조공 문서철 #15, 1968년 2월 21일; 22일 노사협의회 회의록.

65_조공 문서철 #21, 1968년 8월 8일, 대한조선공사가 부산시장에게 보낸 "노동조합에 대한 행정 조치 건의", "기업 경영 잘못으로 조선공업 시든다", "육성하자 조선공업 신장하자 우리 권익!" 같은 구호도 집회에서 사용되었다.

노조는 인사 문제와 사업상의 의사 결정 면에서도 '경영 특권'manage-
ment prerogatives을 존중할 의도가 없었다.[66] 1968년 7월 조공 지부는 조
선소의 민영화에 동의하는 조건의 하나로 노조의 인사 문제 참여를 요
구했다.[67] 심지어 어떤 노조 간부는 회사 민영화 이전에 노조가 회사 자
산의 재평가를 요구하자고 제안했다. 1969년 5월 조선소가 민영화된
뒤, 노조는 종업원 규모를 삭감하려는 사측의 결정에 반대했다. 노조는
"국영 당시보다 민영기는 보다 발전[할 것이기에] …… 기구가 증원되어
야 할 것"이며 "정부 방침도 확대일로에 있는데" 회사는 긴축의 방향으
로 경영을 하고 있다고 비판했다.[68] 6월에 노조는 회사가 임금 협상을
지연시키는 변명으로 회사 재정 형편을 들고 나오려면 노조에 회계 문
서를 공개해야 한다고 요구했다.[69]

66_단체협약에 회사의 인사권을 적시한 다른 회사들과 달리 조공 노조는 1969년 단협에 경영 특
권을 인정하는 조항을 삽입하려는 회사의 요구를 성공적으로 거부했다. 조공 사측이 삽입하
려고 한 '인사권의 원칙' 조항은 다음과 같다. "노조는 회사의 경영권을 존중하고, 인사에 관한
일체의 권한이 회사에 있음을 인정한다"[조공 문서철 #18, "1969년도 단체협약(안) 대비표
(노사)"; "단체협약 각사 대비표(주요 골자)"].

67_조공 문서철 #19, 1968년 7월 16일 회의록.

68_조공 문서철 #15, 1968년 5월 12일 노사협의회 회의록.

69_조공 문서철 #15, 1969년 6월 27일 노사협의회 회의록. 이 요구는 제2차 세계대전 후 미국 자
동차노조(United Auto Workers)가 제너럴모터스에, 자동차의 소비자가격을 인상하지 않고
임금을 30% 인상하라는 노조 요구를 들어줄 능력이 없다는 회사 측 주장을 증명하려면 "장부
를 열라"고 했던 요구를 상기시킨다. 미국 노동사가들은 이 요구와 그에 뒤이은 파업을 미국
노사 관계에 역사적 변화를 가져온 매우 중요한 전환점이었다고 생각한다(Brody 1993, 5장;
Lichtenstein 1995, 228-233; Bergquist 1996, 5장 참조). 조공의 경우 회사 측은 지불 능력
문제를 큰 폭의 임금 인상을 거부하는 변명으로 사용하고 있다. 1969년 회사는 경영 특권이
라는 원칙 그 자체를 내세우기보다는, 서울 본사에서 재정 관계 서류를 받지 못했다는 변변찮
은 변명을 하면서 노조가 요구하는 재정 정보 공유를 회피하려고 했다. 그러나 위의 각주 66

노동자들은 조선이나 수리 주문을 조공이 아니라 외국, 특히 일본 회사에 보내는 문제가 쟁점이 될 때는 정부가 보여 주는 민족주의적 자세의 진정성에까지도 의문을 표할 태세가 되어 있었다.[70] 물론 이런 민족주의적 요구가 일자리를 지키려는 노동자의 이해에 부합되었기 때문에 그런 입장을 취하는 것이 더 용이했을 것이다. 조공 노동자들은 민족주의적 감정을 어느 정도는 품고 있었지만, 쟁점이 "나라를 위해 일하는 것"과 더 나은 임금을 위한 "작업 중단" 사이의 선택으로 내려오면 상당히 모호한 태도를 보였다. 때때로 노조는 노사분규 중에도 미완성된 수출 선박 작업에 대해 상당히 염려하는 모습을 보인다. 예를 들어, 1968년 여름의 파업 중 노조는 대만에 수출하기 위해 건조 중인 열두 척 이상의 어선에 대해 매우 걱정했다. 회사의 요청에 따라 노조는 조공 조선소의 명성에 해가 되지 않도록 해상노조 조선 지부와 연계해 "권위 있는 목공 기술자로 하여금" 그 작업을 하도록 주선했다.[71] 그러

에서 보았듯이 회사도 노조가 경영 특권을 인정하도록 만드는 것이 얼마나 중요한지 잘 알고 있었다.

70_ 4장에서 상술한 것처럼 정부가 일본에 작업 물량을 줄 의사가 있고 조공 경영진이 그것을 막을 능력이 없다는 점에 분개한 노조는 1961년 노조가 나서야 한다고 결론짓고 서울에 로비를 하러 간부를 보내는 등 일본 발주를 막기 위한 캠페인을 전개했다. 1965년에도 노조 토론 중에 비슷한 인식이 보인다. 한 설계 부문 전문가는 회의에서 "우리 근로자의 입장에서 최저 생활급 확보를 주장만 할 것이 아니라 지금 정부에서 하는 처사가 선박 건조 능력이 국내 특히 조공에서 능히 할 수 있는 것을 외국에서 도입을 계획 추진 중이라고 하니 우리 노동조합에서 철통같이 단결하여 정부의 시정을 촉구 …… 모든 선박이 우리의 손으로 만들 수 있도록 할 것"을 결의하자고 강하게 주장하여 통과시켰다(조공 문서철 #7, 1965년 8월 10일 회의록).

71_ 조공 문서철 #15, 1968년 8월 2일 노사협의회 회의록. 그러나 회사는 노조(조선 지부)에 작업을 맡기기를 주저했고, 이후 필요한 기술을 보유하지 않은 사업체와 계약하는 결정을 내렸다. 조공 노조 간부들이 이에 크게 반발한 것은 당연한 일이었다. 노사협의회에서 한 관리자는 노

나 1968년 4월 수리를 위해 조선소에 정박해 있던 LSD 선박의 경우에 서처럼 수출 주문 여부에 상관없이 작업을 단호히 거절하는 경우도 있었다. 심지어 선주가 일본에 선박 수리를 넘기겠다고 위협했음에도 당시 연좌 농성 중이던 노동자들은 미동조차 하지 않았다.[72]

단결의 수사와 연대의 표현을 제쳐 놓으면, 노조의 다양한 구성원들이 민족적 사명에 대해 서로 다른 수준의 감정 이입을 하고 있었고, 경제적 민족주의가 의미하는 것에 대해 서로 다르게 이해했다고 상상하는 것이 타당하다. 조공 노조 자료실의 문서들에는 이 문제에 대해 최종 판단을 내릴 수 있을 만큼의 충분한 정보가 들어 있지 않지만, 생산직 노동자들보다 전문 기술직 노조원들이 노조 회의에서 강한 민족주의적 감정을 표현하는 경향이 있었다는 것은 흥미롭다. 결국 1969년에 단호한 입장의 사주와 정부 당국이 노조에 심한 압박을 가했을 때, 노동자들 간의 숨겨진 인식 차이가 증폭되었고 결국에는 노조원들 사이에 치명적인 분열이 초래된다.

조공 노조원들이 그들의 이해관계와 관련 있는 문제를 벗어나서 생산성 향상이나 회사의 경쟁력 강화를 돕는 등 국가를 위해 희생할 수 있는 방법에 대해 논의하는 일은 거의 없었다. 임금 문제에 관한 정부의 입장은 확실했다. 임금은 경제성장을 위해 낮게 유지되어야만 했다. 노조는 생활임금을 주장하면서 국제 경쟁력을 향상시키기 위해 저임

조의 "대만 어선에 관한 열의와 성의는 무엇보담 잘 안다"고 그들을 다독거리려 했다.

72_조공 문서철 #21, 1968년 8월 8일, 부산시장에게 보내는 조공의 "노동조합에 대한 행정 조치 건의".

금이 필요하다는 논리를 받아들이지 않았다. 1966년에 노조는 "기업가는 상품 시장에서 가격 인상에 혈안이 되고 노동시장에서는 임금 인상을 거부함으로써 모든 국민에게 이중 착취를 감행하며 [……] 기업가는 [우리나라] 유휴노동력이 풍부한 후진국임을 기화로 저임금이 국제 경쟁력을 강화시키는 기반이라 선전하여 왔으나 이는 낡아 빠진 이론"이라고 주장했다.[73] 그 상황에서 "벗어날 길은 다만 법에 보장된 즉 '인간다운 생활'을 할 수 있는 임금을 노동자에게 보장하는 길"이며, "현재는 노동력의 단순재생산마저 어렵게 되어 이 나라 전도를 염려하지 않을 수 없"다는 것이다.[74] 당시는 박정희 정권이 성장을 최우선으로 생각하는 발전주의 이데올로기의 선전 기제를 본격적으로 가동하기 전이었고, 조공 노동자들은 개발도상국에서 노동자들의 이익과 자본주의의 발전 목표 사이의 균형을 어떻게 유지할 수 있을까 같은 힘든 문제를 회피하면서, 민족주의 수사를 이용하는 데 만족했다. 여기에 민족국가 건설 과정에서 평등한 동반자가 될 것이라는 그들의 주장이 지닌 명백한 한계가 있다.

1960년대 후반까지 조공 노동자들이 보인 경제적 민족주의관은 자유자본주의 질서를 무비판적으로 수용하는 것, 즉 노동 측이 경제 발전을 위한 자본주의적 경로의 불가피성을 인정해, 더 많은 임금과 여타 혜택을 보장받는 대신 사측의 경영 특권을 인정해 주는 것과는 차이가 있었다. 발전주의 이데올로기는 아직 틀을 잡아 가는 중이었고, 노조

73_조공 문서철 #11, 1966년 2월 18일, 노조에서 사장에 보낸 "최저 생활급 확보".
74_조공 문서철 #11, 1966년 2월 18일, 노조에서 사장에 보낸 "최저 생활급 확보".

활동에 대해 정부가 중립적 자세를 취하고 있었던 것 또한 조공 지부와 같은 전투적인 노조들이 경제와 노동자의 이익, 발언권, 평등의 동시 발전이라는 일관된 전망을 추구할 여지를 남겼다. 그러나 노동자들이 경제 발전 과정에서 완전한 동반자가 되고, 회사나 국가 경제의 지불 능력에 상관없이 나중 어느 시점이 아니라 지금 당장 인간다운 생활수 준을 확보하겠다고 나선 것은 상당히 급진성을 띠는 입장이었다. 다시 말해서, 바람직한 경제 체제에 관한 그들의 전망은 세계 자본주의 체제 에서 통용되는 경제 발전의 논리와 모순되는 것이었다.

높은 임금과 고용 보장에 대한 요구 자체도 수출 주도 경제의 관리 에 곤란을 초래할 수 있는데, 조공 노동자들의 요구는 그것을 넘어섰 다. 그들이 요구한 발언권, 평등, 그리고 작업장 생활에 대한 자율적 통 제는 자유자본주의 교의에 대한 훨씬 더 불온한 도전이었다. 그러므로 1960년대 후반에 이르러 조공 지부가 회사 및 국가와 충돌하게 되는 것은 단순히 임금 인상 요구의 규모 때문만이 아니었다. 노조가 국가 경제 발전에서 노동자들이 차지하는 정당한 자리에 대한 주장을 멈추 지 않는 한 충돌은 불가피했다.

기업의 전략: 국가 끌어들이기

이제 사측이 노조의 이 모든 요구를 어떻게 바라보았는지 검토해 볼 차 례다. 신임 사장과 그를 따라온 사람들이 부임할 때마다 다양한 방법으 로 노조를 길들이려는 시도가 있었지만 그들은 곧 예상했던 것보다 노 조가 훨씬 더 유연한 대처 능력과 단호한 의지를 가지고 있다는 것을 알게 되곤 했다. 어느 관리자는 1969년의 파업 후 조지 오글에게 다음과 같이 그 시절을 회고했다.

[조공 조선소가] 정부의 통제하에 있던 당시, 노조는 거의 절대적인 권력을 행사했
었지요. 자기들이 원하는 방식대로 현장을 운영했고, 심지어는 회사의 높은 사람
들에게 압력과 위협을 가하면서 관리직 중하위 직원들을 무시하거나 무력화하기
도 했습니다(Ogle 1973, 383).

"높은 사람들"은 조선소에서 힘든 처지에 놓여 있었다. 그들은 정부
의 상급자들로부터 우수한 평점을 받기 위해 조선소의 재정 실적을 향
상시켜야 했고, 그러자면 비용 삭감과 합리화 조치를 관철해야 했다.
전국에서 가장 강력한 노조 중 하나인 조공 노조를 다루는 일은 쉽지
않았다. 회사는 작업 주문량이 심하게 변동하는 조선소의 사정상 이를
상쇄하기 위해 임시직 노동자를 이용하거나, 하청, 위탁, 외주화 등의
방식으로 노동력 규모를 유연하게 유지할 필요가 있었다. 노조는 조선
소의 생존을 염려해 이런 조치들을 수용했지만, 곧 그런 새 시책에 타
격을 받은 조합원들에 대한 대우 개선을 요구함으로써 새로운 시책을
무용지물로 만들곤 했다.

고위 경영진들은 당연히 노조의 힘과 비타협성을 못마땅해 했지만,
통지를 받으면 몇 시간 만에 연좌 농성이나 시위를 시작할 준비가 되어
있는 노조원들 앞에서 그런 감정을 표현하기 전에 마음을 고쳐먹어야
했다. 그런 노사 충돌이 회사 밖 사회로 알려지면 조선소에서 임기를
채우는 데 바람직하지 않은 영향을 끼칠 수 있었고, 실제로 그런 일이
드물지 않았다. 김두찬 사장은 1968년 4월 노조 간부들에게 다음과 같
은 불평을 한다. "내 견지에선 회사가 그래도 [사원들을] 괜찮게 대우를

해주었다고 본다." 노조원들이 문제는 노조와의 합의를 이행하지 않는 회사의 기존 행보에 있다고 지적하자, 김두찬은 "과거에는 [회사가] 이런 [파업 같은] 사태가 오기 전에 [사원들의 요구 수용을] 다 해주었어요. 요즈음은 그렇지를 못합니다. 그러한 권한이 저에게 없습니다"라고 고백했다.[75]

앞에서 지적한 것처럼, 사측의 주된 전술은 조선소의 좋지 못한 재정 상황이나 상공부의 정책을 변명 삼아 지연작전을 펴는 것이었다. 노조와 정부 양쪽의 압력이 모두 커져 가는 상황에서 회사는 점차 정부 당국을 조선소 노사 관계에 끌어들여 노조와 직접 대면하도록 만드는 전략으로 옮겨 간다. 회사가 생각해 낸 가장 효과적인 방법은 노조가 경제 발전이라는 국가적 사명에 대한 심각한 장애물이거나 위협이라고 묘사하고, 정부가 그렇게 믿도록 하는 것이었다.

사장 김두찬은 이미 1965년에 노동쟁의를 중단시키기 위해 "금년도 사업 목표 달성에 총력을 경주하고 있는 중대한 시점에서 쟁의행위 운운함은 국가적으로나 당 공사 운영상 지대한 지장을 초래하는 것"이라는 민족주의적 수사를 사용한 적이 있다.[76] 그는 쟁의를 양측에 유무형의 손실만을 가져올 "사회악"이라고 불렀다.[77] 하지만 해마다 성공적인 단체행동에 고무되고, 경제 발전에 공헌한다는 자부심을 가지고 있

75_조공 문서철 #21, 사장과의 면담(1968년 4월 23일) 요약문.

76_조공 문서철 #8, 1965년 12월 21일, 조공 사장이 지부에 보낸 문서. 노조는 그의 설교에 주의를 기울이는 대신에 그가 노동자를 머슴처럼 취급한다고 비난했다(조공 문서철 #8, 1965년 12월 30일, 지부가 조공 사장에게 보낸 "노사 협정 이행 촉구" 통보).

77_조공 문서철 #9, 1965년 7월 26일, 조공 사장이 지부에 보낸 답변.

던 노동자들은 그런 수사에 관심을 기울이지 않았다. 심지어 박정희 대통령조차 이런 노동자들의 비판적 시선에서 벗어나지 못했다. 1966년 7월 초, 박정희 대통령이 조선소 확장 사업의 개막 행사에 참석하기 위해 조공을 방문할 무렵, 선각공장 취부공인 한 운영위원은 대통령을 모시기 위해 회사가 책정한 경비가 과다하다고 비판했다.

> 종업원들에 대우 개선은 등한시하면서 [……] 종합 기공식을 하는 데 일설에 의할 것 같으면 수백만 원의 경비를 쓴다는 것은 좀 생각해야 될 문제라고 봅니다. 종업원에게는 수건 하나 제대로 지급치도 않고 국가 원수가 내사하시니 거대하게 장치를 하는 것은 좋으나 너무 지나치다고 봅니다.[78]

노조와 노동자들의 이런 태도에 대처해 온 조공 사측은 1968년 중반이 되면 인내심의 한계에 도달한다. 8장에서 더 자세하게 분석할 내용이지만, 4~7월에 걸쳐 일련의 집회, 연좌 농성, 조업 중단, 그리고 경영진 집무실에서의 항의를 겪은 사측은 8월 8일 부산시장과 여타 기관들에 조공 지부 해체를 요청하고 나섰다. 회사는 진정서에 노조의 잘못을 시기별로 서술한 두꺼운 서류를 첨부했다.[79] 조선소의 노사 관계에 정부가 개입하도록 설득하기 위해 사측은 노조를 완전히 국가의 이해를 무시하는 무책임하고, 불온하며, 정치적 동기를 가진 집단이라고 몰

78_조공 문서철 #11, 1966년 7월 4일 회의록. 대한조선공사(1969, 298-299)에는 1966년 7월 6일 박정희 대통령의 조선소 방문 당시 사진이 몇 장 실려 있다.

79_조공 문서철 #21, 1968년 8월 8일, 조공에서 부산시장에게 전달한 "노동조합에 대한 행정 조치 건의".

아붙였다. 회사가 1968년 8월 8일 부산시장에게 보낸 "노동조합에 대한 행정 조치 건의"는 다음과 같은 내용을 담고 있다.

[조공 노조는] 항상 그릇된 노사관을 가지고 사사건건 회사에 대하여 비합법적인 극한투쟁을 전개하여 왔으며 1968.4 이후 약 4개월간에 전후 4차에 걸쳐 연 8일간 …… 불법 동맹파업을 감행함으로써 현저하게 노동관계 법령을 위반하고 사회 공공질서를 문란케 하여 공익을 크게 해친 사실이 있으므로 노동조합법 제 32조에 의거 강력한 행정 조치 있으시기를 건의합니다."[80]

이런 문구로 사측은 조공 노조의 즉각 해체를 요청했다. 첨부된 "불법 파업 사태 경위서"에서 사측은 노동자들의 행위를 '난동'이라고 부르면서, 노조가 "임금 인상과는 전혀 관계없는 과격적인 내용이 포함된" 구호를 사용했고 "프랑카드 및 시위 간판에 임금 인상과는 관계없는 국가 경제 시책을 비방하는 극히 선동적인 불순 내용의 만화를 게시"했다고 고발했다.[81] 더 심각한 것은 "방위성금 모금 운동에 있어서 노동자의 수익을 옹호한다는 미명하에 노조원을 선동하여 이를 거부케 하고 성금 모금을 반대하는 내용의 문서를 회사에 통고하여 거족적 방위성금 모금에 지장을 초래케" 한 행위로, 따라서 조공 노조는 "임금

80_조공 문서철 #21, 1968년 8월 8일, 조공에서 부산시장에게 전달한 "노동조합에 대한 행정 조치 건의".

81_조공 노조의 핵심 간부였고 나중에 한국노총 위원장이 된 박인상에 따르면, 문제의 '만화'는 지붕에 박이 얹힌 허물어져 가는 초가집에 노동자가 깔려 있는 것을 묘사했다. 그의 해석에 따르면, 이는 무거운 세금에 짓눌린 노동자들의 재정적 어려움에 대한 항의를 의미했다(2007년 11월 7일 박인상 인터뷰. 면담자: 남화숙).

인상을 목적으로 한 노조 활동과는 근본적으로 방향감각이 다른 정치적인 목적을 내포하고 있는 것으로 사료"된다고 결론지었다.[82] 앞서 언급했듯이 4월에 노조가 LSD 선박 조업을 거부한 것도 사측이 노조의 성격을 비난하는 데 뚜렷한 증거로 강조되었다.

이틀 후에 노조는 사측의 새로운 전술에 대응해 사측이 "심지어 전근대적인 유물인 맥카시즘적 방편도 불사하여 노조를 파괴하고자 사력을 경주"한다고 비판했다.[83] 이 시점에서 부산시장은 개입을 회피했지만, 이런 일촉즉발의 노사 관계는 아마도 1969년 파업 시 정부가 조공 노조 지도부를 탄압하기로 최종 결정을 내리는 데 기여했을 것이다.

오글의 표현에 따르면 박정희 정권이 "민주주의와 잘 해보려 하던" 시기는 1969년에 끝났고, 그와 함께 법적으로 보장된 노동자의 권리를 존중하려는 정권의 태도도 사라졌다. 1960년대 말 여성 노동자가 지배적이었던 수출산업체와 조공 조선소 양쪽 모두에서 일관되게 보이는 정부의 파업 대책을 통해, 정부의 수출 주도, 고성장 전략에 노동자들의 경제 발전에 대한 관점, 즉 노동자의 시민권과 동반자적 참여를 포용하고 존중하는 관점이 끼어들 여지가 얼마나 적었는지가 명명백백하게 드러났다. 다음 장에서는 오글이 "아마도 한국의 현대사에서 가장

82_노조가 상공부의 방위성금 모금에 관해 사측에 요청했던 것은 상공부 지시의 '공무원'이라는 표현을 생산직 공원, 임시공까지 포함하는 것으로 확대해석하지 말고 "월급을 받고 있는 사무직 및 기술직 사원"으로 해석해서 생산직과 임시직 노동자들은 "임금 인상 시까지" 모금에서 면제되도록 해달라는 것이었다. 노조는 또한 "강제 모금"을 지양하라고 요구하면서, 저임금에서 드러나듯이 "대우는 노무자 취급하여 억제하고 기타 공제금은 공무원에 준하여 봉급에서 제해지고 있으니 조합원의 불만이 비등하고 있"다고 지적했다.

83_조공 문서철 #21, 1968년 8월 10일, 허재업의 "대우 개선 요구에 대한 교섭 경위".

유명한 파업"이라고 부른, 1968년 3월~1969년 10월까지 장기간 계속된 조공 조선소의 연좌 농성, 시위, 노동쟁의 및 파업 사태에 대해 살펴보겠다. 바로 이 시기에 조공 조선소뿐만 아니라 전국적 차원에서 노사관계의 패턴에 근본적인 변화가 일어나게 된다(Ogle 1973, 366-336).

8

민영화와 노동 탄압

_1968~69년

1960년대에 '발전주의 국가' 한국은 시행착오를 거치면서 틀이 잡혀 가고 있었고, 국가의 노동 동원과 통제 정책도 그에 맞게 조정되어 갔다.[1] 1960년대 하반기 한국은 박정희의 지도 아래 공산품 수출을 통해 상당한 수준의 경제성장을 이루었고, 말엽에 들어서면 국내외 정치·경제적 조건의 급격한 변화로 노사 관계 체제가 재검토되기 시작한다. 군사정권은 민족주의적 사명에 대한 공감대에 기대면서 국가가 통제하는 한국노동조합총연맹(약칭 한국노총)을 통해 집행되는 노사 협력

---

[1]_박정희 정권의 노동 동원과 통제 정책에 관해서는 Choi(1989) 참조.

체제를 꿈꿨지만, 이런 체제는 대한조선공사(약칭 조공) 노동자 같은 조직노동자들 사이에 고조되는 투쟁성에 직면해 효과적이지 못하다는 것이 증명되었다. 점차 조직화되고 전투적으로 되어 가는 노동운동을 국가의 발전주의적 목표에 대한 위협으로 인식하면서, 박정희 정권은 1969년에 이르면 훨씬 더 억압적인 노동정책으로 돌아서기 시작했고, 궁극적으로는 1972년 유신헌법 선포와 함께 전면적인 권위주의 정치로 나아갔다. 이 새로운 환경에서 조공 노조원들은 국가와의 정면충돌의 길로, 어쩌면 불가피하게 들어서게 된다.

두 가지 위기: 중앙집권화와 민영화

1968년 늦가을 조선소에 심각한 사건 두 가지가 동시에 일어났는데, 이는 조공 노동자들이 이룩한 민주적이고 전투적인 노동운동의 시대가 내리막길로 접어들고 있음을 알리는 서막이었다. 그 하나는 상급 노조인 전국해상노동조합(약칭 해상노조)이 조직의 원칙을 크게 바꾼 일로, 이로 인해 조공 지부는 해상노조를 탈퇴, 전국금속노동조합(약칭 금속노조)의 산하에 들어가게 된다. 두 번째는 정부의 조공 민영화 결정이었다. 1960년대 후반 정부는 책임 소재 불명, 저능률, 재정 관리의 난맥상, 경영 자율성 부재 등을 국영기업체에서 나타나는 만성적인 경영 문제라 보고, 이를 해결하기 위해 조공과 같은 국영기업체의 민영화를 밀어붙였다(김준원 1991, 1-3; 13-17). 1968~69년까지 대한조선공사, 대한해운공사, 대한항공을 비롯한 일곱 개의 공기업이 민영화되었다. 경영, 재정 및 시장에서의 성과 측면에서 이들 기업의 민영화 결과는 성공과 실패가 섞인 모습으로 나타났는데, 조공의 경우는 실패한 케이스를 대표했다.[2] 이 두 가지 상황 전개가 다 반갑지 않았던 조공 노조는 신중한 자세로 미답의 영역을 향해 우려 섞인 발걸음을 내디뎠다.

조직력 강화를 위해 중앙 집중적인 의사 결정 구조로 전환하려는 해상노조의 의사에 대해서는 수년간에 걸쳐 토론이 있어 왔다.[3] 해상노조에서 가장 강하고 가장 활동적인 지부 중 하나였던 조공 지부는 당연히 강력한 중앙 지도부가 지부 문제를 좌지우지하는 체제에 반대하는 입장에 섰다. 해상노조의 중앙집권화 움직임에 대해 다른 지부보다 특히 조공 노조원들 사이에서 더 심한 염려와 반대의 목소리가 터져 나왔는데, 이는 조공 노조원들이 자신들을 한국 노동운동의 선도적 세력으로 인식하고 있었던 사정과 관련이 있다. 최근 수년 동안의 경험에 비춰 볼 때 해상노조는 조공 지부를 지도할 조직이 아니라 조공 지부의 지도를 받아야 할 조직이었다.

노조의 교육선전부장인 이삼쇠가 1968년 10월 하순의 운영위원회 회의에서 한 다음과 같은 발언이 조공 노조원들의 우려를 집약하고 있다. "본 지부의 지금까지의 투쟁 역사는 잘 알고 있으리라 봅니다. 만일에 중앙집권제를 하였을 경우 얼마만큼 투쟁할 수 있는 길이 열려 있는지가 의심스럽고 ······."[4] 1968년 9월 초까지 서울에 있는 해상노조 본

2_김준원은 조공의 경우를 민영화 실패의 예로 들었다. 1980년대 초반 국책은행 네 곳의 민영화와 함께 민영화가 다시 한 번 강도 높게 추진되었다. 1980년대 후반에는 포스코와 한국전력의 정부 보유 주식이 일반에 매각된다(김준원 1991, 2, 65-72).

3_해상노조는 산별노조연맹 중에서 제일 먼저 중앙집권화를 단행했다. 『전국해원노동조합사』는 1972년 9월의 정기 전국대의원대회에 대해 기술하면서, 조합이 "중앙집권체제를 채택한 유일한 노동단체로서 타 노동조합이 추종할 수 없는 확고한 기반을 이룩"했다고 자랑했다(전국해원노동조합 1973, 256).

조의 상근 사무총장으로 활동했던 박정부는 임금 평준화, 고용 보장, 산별노조 체제의 조직력 강화 등 긍정적인 효과를 거론하면서 상급 노조의 중앙집권화 시도의 배경을 설명하려 했다.[5] 또한 그는 한 산별노조연맹에서 다른 연맹으로 소속을 바꾸는 데 따르는 잠재적인 위험에 대해서도 우려를 표명했다. 조공 지부는 산하 분회들, 그리고 해상노조 산하의 또 다른 조선산업 노동자 노조인 조선 지부와 이 문제를 논의하기 위해 접촉했다.[6] 노조는 소속된 산별노조를 변경하는 경우 기존 단협의 유효성이 지속되는지에 관해 지방노동위원회에 문의했는데,[7] 대답은 실망스러웠다. 조공 지부가 해상노조를 탈퇴하자마자 회사와의 단체협약은 법적 효력을 상실한다는 것이었다.

그러나 처음부터 중앙집권화에 명백하게 반대하는 입장에 섰던 조공 노조 간부들은 법 해석에 상관없이 노조 자체의 힘으로 단협을 온전하게 지킬 수 있으리라는 확신을 버리지 않았다. 결국 해상노조의 중앙집권화 정책 승인 건은 38 대 1로 조공 노조에서 부결되었다.[8] 마침내

4_조공 문서철 #22, 1968년 10월 25일 회의록(조공 문서철 목록은 이 책의 〈부록 1〉 참조). 중앙집권제하에서는 노사협의회를 제외하고는 지부에서 행한 모든 회의가 무효화된다.

5_박정부는 중앙집권화의 좋은 예로 일본과 필리핀을 언급했으나, 상세한 내용은 회의록에 기록되어 있지 않다.

6_1968년 10월 17일 해상노조 전국대의원대회가 대의원 45명 중 44명의 참석으로 열려 37명 찬성, 6명 반대, 1명 기권으로 중앙집권제를 승인한 후, 11월에 이 노조들 모두 금속노조로 소속을 변경했다(전국해원노동조합 1973, 211-214).

7_조공 문서철 #22, 1968년 10월 28일 회의록.

8_조공 문서철 #22, 1968년 10월 25일 회의록. 지부 간부 59명 중 41명이 회의에 참석해 투표했고 무효표가 두 표였다. 이삼쇠는 조공 노조 주도로 조선산업 산별노조를 설립하자고 제안했으나, 허재업은 전국관광노조가 철도노조에서 분리해 나오려고 했지만 실패한 사례를 들어 그 제

11월 9일 해상노조 탈퇴 결정이 내려졌고, 조합원들에게 이 내용을 설명하기 위해 간부들이 모두 작업 현장으로 파견되었다. 탈퇴를 위한 대의원대회가 11월 16일 아침에 열렸는데, 이날은 조공 조선소가 민영화된 지 10일 후였다. 같은 날 오후 금속노조 지부 결성대회가 개최되었다. 노조 지부장 허재업은 노조가 중앙집권화 조치를 "미처 충분히 토론되기 전에 그냥 불필요한 것으로 매도"했다고 반성하면서도, 노조는 어쨌든 그것을 "받아들일 계제가 아니었다"고 설명했다. 또한 노조가 그동안 "상당한 자체 실력 배양의 기반을 이룩했다"고 자평하며 이제 "우리는 남의 좋은 것도 받아들여야겠지만 자신의 창조적인 역사도 만들어" 가야겠다고 지부 활동에 대한 자신의 전망을 표명했다.[9]

해상노조에서 탈퇴하기로 한 결정의 배후에는 지부가 "처지상 해상노조에 있을 성질이 못됨을 오랫동안 느껴 왔"다는 이유도 있었다.[10] 조선 부문과 기계 부문 노동자로 구성된 조공 노조의 조합원들은 자신들이 선원보다 금속 노동자에 더 가깝다고 느껴 왔고, 따라서 해상노조를 상급 노조로 하는 것이 꾸준히 문제시되어 왔다.[11] 일찍이 1960년에 조공 노조는 전국 차원의 금속노조연맹을 출범시키려는 노력을 재점

안을 물리쳤다.

9_조공 문서철 #23, "활동 보고: 자(自) 1968.8.23. 지(至) 1968.11.10."

10_조공 문서철 #25, 1968년 11월 16일 대의원대회 회의록.

11_1960~61년까지 노조 지부장이었던 임한식은 조공 노조가 1950년대에 해상노조에 가맹한 이유를 그때 금속노조가 없었기 때문이라고 설명했다. 임한식이 "7~8년 전부터 금속노조를 조직하기 위해 열심히 노력해 왔다"라고 회상하는 것으로 보아 전국 차원의 금속노조연맹을 결성하려는 작업은 1960년 이전 꽤 오랜 기간 지속되어 왔던 듯하다(조공 문서철 #1, 1960년 11월 23일 회의록; 1961년 1월 27일 임시대의원대회 회의록).

화한 일이 있다. 하지만 노조의 이 야심찬 사업은 1961년 쿠데타로 인해 급작스레 종결되었다.[12] 쿠데타 이후 조공 노조는, 군사정권에 의해 한국노총 체제 속에서 "순전히 하향식"으로 결성된 금속노조 대신 해상노조에 소속되기를 선택했다(최장집 1988, 40; Choi 1989, 32). 5장에서 논의한 것처럼, 1965년 금속노조가 조공 사측과 공모해 조공 지부를 해상노조로부터 가로채려 한 일이 있은 후 조공 노조원들은 금속노조를 좋게 보지 않았다. 하지만 이제 급변하는 상황이, 새 경영주와 생사가 걸린 투쟁에 직면해야 하는 이 결정적인 국면에 조공 지부를 금속노조의 관할권 아래로 들어가도록 만든 것이다. 금속노조는 양자 사이의 오랜 반목에도 불구하고 강력한 어조의 성명, 기금 보조, 그리고 심지어 총파업을 하겠다는 위협까지 동원하면서 어려운 처지에 몰린 조공 지부를 지원했다. 그러나 금속노조가 조공 노조의 일상 투쟁이나 투쟁의 결과에 미친 영향은 아주 적었다.

1968년 가을, 소속연맹의 변경 문제와 동시에 진행되었던 조선소 민영화 문제는 가장 급박한 위협이었다. 이로 인해 어느 상급 노조에 가입할지의 문제는 뒷전으로 돌려지곤 했다. 노조는 임금과 각종 혜택, 고용 보장, 사측과 동등한 노조의 지위 등 그간 노조가 이룩한 자랑스러운 성취에 민영화가 어떤 영향을 미칠지 걱정했다. 앞에서 언급한 것처럼, 일부 노조 간부들은 조공 같은 큰 국영기업을 주 대상으로 한 당

12_ 전국 차원의 금속노조 연합체를 설립하려던 조공 노조의 계획에 관해서는 Nam(2003, 178-179); 조공 문서철 #1, 1960년 11월 18일; 23일 회의록; 1961년 1월 27일 대의원대회 회의록; 1961년 2월 2일; 11일 회의록 참조. 조공 노조는 해상노조를 나와 1961년 1월 새 금속노조연합회에 가입한다.

시 정부의 민영화 정책이 실제로는 해당 기업들의 강력한 노조와 그 노조들이 쟁취한 성과물에 대한 대응책일 것이라고 의심했다. 필자는 노조의 힘에 대한 정부 정책 결정자들의 염려가 민영화 정책에 영향을 주었다는 직접적인 증거를 찾지는 못했다. 그러나 그런 가능성은 노조가 여론을 동원하고 정부를 설득하기 위해 1968년 초 반민영화 캠페인을 개시했을 때 조공 노조 간부들의 마음속에 분명히 존재하고 있었다. 노조는 민영화 계획에 대한 정부의 결심이 굳다는 것을 곧 인식하게 된다.

불길한 징조는 정부가 소유하고 있던 조공 주식 40만 주를 매각한다는 뉴스가 들려온 7월에 확실해졌다.[13] 노조 간부들은 민영화에 반대하는 캠페인에 쏟아부은 모든 노력에도 불구하고 "민영화는 눈앞에 다가왔지 않느냐"고 한탄했다.[14] 7~9월까지 노조 지도자들은 대응책을 정비하느라 부산했다. 상황은 좋지 않았다. 인천중공업의 경우 민영화후 3백 명의 노동자가 갑자기 해고되었는데, 이들은 퇴직금을 받지 못하고 단지 3~6개월 치 급여를 '전별금'으로 받았을 뿐이었다.[15] 조공 지부가 상담한 법률 전문가들은 회사가 사유로 전환되는 시점에 퇴직금이나 회사의 성장에 공헌한 노동자들에 대한 보상, 그 어느 쪽도 요구할 법적 근거가 희박하다고 비관적인 입장을 취했다.[16] 한 노조원은 조

13_정부는 총 310만 주의 조공 주식 중 230만 주를 소유했다. 1968년 8월 30일까지 정부는 보유 주 중 40만 주를 처분했고 곧 추가로 60만 주를 시장에 내놓을 예정이었는데, 이는 정부의 조 공 주식 지분율을 50% 이하로 떨어뜨리는 것이었다(조공 문서철 #22, 1968년 9월 6일 회의 록에 첨부된 "주식 분포 상황").

14_조공 문서철 #19, 1968년 7월 10일 회의록.

15_조공 문서철 #22, 1968년 9월 16일 회의록.

16_조공 문서철 #22, 1968년 9월 27일 회의록.

합원들이 회사의 주식을 사서 회사 경영에 참여하자고 제안했으나 이 제안은 많은 관심을 얻지 못했는데, 아마도 노동자들이 여윳돈이 거의 없었기 때문일 것이다.[17]

대부분의 노동자들은 국영기업일 때 누렸던 믿기 힘들 정도의 누진적 퇴직금 축적 제도가 없어질까 염려하면서, 그 무엇보다도 공사에서 퇴직금을 받아 내기를 원했다. 그리고 조선소가 새 경영주로 넘어가는 과도기 동안 일자리 또는 잔업이 줄어들지 않을까 걱정했다.[18] 매년 임금 인상 요구에서 노조가 주장했듯이, 초과근무수당은 조공 노동자들의 가계소득과 소비 간 격차를 줄이는 데 반드시 필요한 것이었다. 예를 들어, 1966년 후반 현재, 초과근무수당을 빼면 평균 월 소비를 감당하기 위해 조공 노조원 가구당 47.5%의 수입이 더 필요했고, 1967년 후반에는 65.9%가 더 필요했다.[19] 적어도 정규 생산직 노동자와 사무

17_조공 문서철 #22, 1968년 9월 30일 회의록. 전국금융노조의 도움으로 조공 지부는 한일은행과 조흥은행이 "정부가 소유하고 있던 63%에 해당하는 주를" 사들였으며 이는 은행법을 위반한 것이라는 사실을 알아냈다(조공 문서철 #21, 1968년 9월 17일 회의록; #22, 1968년 9월 27일; 30일 회의록). 이들 은행이 불법 소유한 지분을 노조원들이 사들이자는 제안이 있었던 것이 이 시점이다.

18_조공 문서철 #22, 1968년 9월 30일 회의록.

19_1966년 689명의 노조원 가구 조사에서, 월평균 총수입은 1만820원이었고, 그중 8,994원이 가구의 가장이 버는 것이었다. 월평균 가계 지출은 1만5,960원이었다. 노조는 노동자들이 하루 12시간 노동해야만 "거우 보리밥이라도 먹을 수 있다"고 주장했다(조공 문서철 #19, "생활실태 조사표"). 1967년 후반, 노조원 942가구를 대상으로 한 조사는 초과근무수당을 제외하면 가계 평균 1만3,612원의 소득에 2만2,579원의 생활비 지출이 있다는 것을 보여 준다. 1967년 11월 정규직 생산직 노동자는 월 1만4,619원의 통상 임금에 더해 초과근무수당 8,298원을 벌었던 반면, 임시직 노동자는 월 8,442원에 초과근무수당 5,469원을 벌었다(조공 문서철 #21, 1968년 2월 3일, "요구 내역").

직 직원의 경우에는 초과근무수당을 통해 평균 생활비 수준에 근접한 월수입을 얻을 수 있었다.

9월에 조공 지부는 노조가 조선소 민영화를 수용하는 대가로 네 가지 요구 조건을 마련한다. 노조는 대중매체, 청와대, 상공부, 부산시장, 국회, 정당, 그리고 다른 관련 기관들에 보낸 공개서한에 의도적으로 경제적 민족주의의 언어로 쓰인 다음과 같은 요구 사항을 첨부했다.

1. 민영화가 되면 국영업체 종업원으로써의 신분이 종료되므로 그에 따르는 근속 분의 퇴직금을 인계와 동시 즉각 지불토록 정부는 조치하라.

2. 일제 치하의 이 민족 고혈 착취의 상징적 축소판이며 정부 수립 후 지금까지 국가 발전의 대의에 입각하여 근로자 개개인의 보장 이익마저 도외시해 온 우리에게 공로 보상으로 월봉 13개월분을 지급 요구한다.

3. 우리 조공 현 종업원은 조선업에 오랜 경험을 쌓은 기능공이므로 전원 계속 취업케 하여 국가 발전에 유익한 기술이 사장되지 않도록 보장하라.

4. 생산 종업원의 사기 앙양과 의욕 고취를 위하여 현행의 각종 근로조건에서 보다 나은 방향으로 향상시킬 것을 보장하라.[20]

노조는 이렇게 조선소 바깥 사회에서 노조의 입장에 대한 공감을 얻으려 모든 노력을 기울이고 있었지만, 회사는 일찌감치 노조 약화를

20_조공 문서철 #21, 1968년 9월 23일, "정부 및 관계 제위께 보내는 공개장: 조공 민영화에 부친다"; 1968년 10월 10일 회사 사장에게 보내는 "민영화에 따르는 제반 청산 및 요구". 이런 요구들의 윤곽은 이미 7월에 잡혔고, 퇴직금 즉시 지급, 기존 단체협약 유지 및 노조의 인사 문제 참여 요구를 포함했다(조공 문서철 #19, 1968년 7월 16일 회의록).

위한 작업을 진행 중이었다.

1968년 3월 이후로 조선소는 작업 중단, 연좌 농성, 쟁의, 그리고 경영진과 노조 간부들 간의 산발적인 폭력 충돌로 지속적인 혼란 상태에 놓여 있었다. 노조는 1968년 1월 21일에 81.66% 임금 인상을 요구했고, 수많은 협상으로도 합의를 보는 데 실패하자 3월 18일 노동쟁의에 들어갔다.[21] 노조원들은 99.26%의 찬성으로 쟁의를 승인했다.[22] 회사는 결국 4월 1일, 임금 문제를 제외하면 조공 지부가 이제껏 쟁취한 것 중 최고의 협약인 새 단협에 서명한다. 회사는 임시직 노동자를 정규직으로 승격할 것과 임시직 노동자의 임금 상한선을 철폐할 것에 동의했지만, 임금 문제에 있어서는 조금도 물러설 기색을 보이지 않았다.[23]

단협이 체결되었지만, 임금 문제는 여전히 남았기에, 노동자들은 항의시위를 벌인 뒤 4월 22~25일까지 4일간 작업 중단에 들어갔다. 노조에 따르면 그것은 성난 노동자들의 '자발적인 작업 중단'이었다. 그러

21_81.66%라는 숫자는 노조원 가계의 평균 생활비 부족분에 연평균 물가 상승률을 더한 수치다 (조공 문서철 #19, 1968년 1월 11일; 24일 회의록; 1968년 1월 20일, 통고; 1968년 2월 3일, "요구 내역"). 다른 요구는 회사의 퇴직금 기금 마련과 퇴직금의 즉시 지급이었다. 이 시기 협상 안건에는 임시직 노동자를 정규직으로 채용하라는 요구와 임시직에 적용된 임금 상한선을 철폐하라는 요구가 늘 포함되었다. 부산노동위원회는 3월 20일 쟁의 신청을 승인했고, 법정 냉각기간은 4월 8일까지였다.

22_노조원 2,364명 중 2,307명이 투표, 2,290명(99.26%)이 찬성표를 던졌고, 기권은 1표, 무효표는 16표였다(조공 문서철 #21, 1968년 8월, "쟁의 발생 처리 상황표"). 1968년 3~8월까지의 쟁의 진행 상황은 같은 문서철, "취업 거부 경위"와 회사가 부산시장에게 보낸 "노동조합에 대한 행정 조치 건의"(1968년 8월 8일) 등 참조.

23_조공 문서철 #15, 1968년 4월 12일 회의록.

나 회사의 관점에서 이것은 회사의 수익에 심각한 손실을 초래하는 '불법 파업'이었다. 노조는 중요한 선박 수리 작업을 처리하는 데 있어서 사측과 협력하는 것을 거절했다(이것이 7장에서 언급한 LSD 선박 건인데, 조합원들이 작업을 거부하자 이 배는 조공 조선소를 떠났다). 노조는 4월 25일부터는 시위에 가족을 참여시키는 문제도 논의하고 있었다. 결국 작업 중단을 끝내기 위해 사장이 직접 연좌 농성장에 와야만 했다. 노조는 노동자들의 직접행동 덕분에 "일단 노사 관계 대화의 문을" 열었다고 침착하게 언급했다.[24]

노조, 사측, 상공부 사이의 숨 가쁜 막후교섭으로 3월 초쯤 합의안이 나오는데, 그 내용은 임금을 20% 인상하고 20시간의 초과근무수당을 주는 것이었다. 노조와 사측은 5월 17일 이 합의에 서명하지만, 회사는 또다시 인상분의 지급을 거부했다. 6월 20일 노조 간부들은 현장 노동자들이 분노로 들끓고 있다면서 이사들의 사무실에 몰려가서 항의하는 것으로 그들의 단호한 결의를 보이기로 결정한다. 노조 간부들은 일반 노조원들 사이에서 그들이 회사 측과 결탁하고 있다는 소문이 퍼지고 있는 것을 걱정하고 있었다.[25] 30명 이상의 노조 간부들이 이사들의 사무실을 급습해 회사가 7월 7일까지 합의된 인상분을 지급한다고 약속할 때까지 2시간 동안 점거 농성을 벌였다. 사측은 2백 명의 임시직 노동자를 정규직으로 고용할 것도 약속했다.

24_조공 문서철 #19, 1968년 4월 28일 회의록.

25_조공 문서철 #19, 1968년 6월 20일 회의록; #21, 1968년 8월 10일, "대우 개선 요구에 대한 교섭 경위" 보고서.

그러나 또다시 회사는 약속을 어기고, 인상분을 지급하지 않겠다고 7월 8일 단호하게 선언한다. 그 결과 "전 조합원은 격분하여 미불된 노임을 지불하라 외치며 7월 8일 12:00를 기해 누구의 지시도 없이 취업 거부에 들어갔"다. 다시, 회사는 2천 명 노동자들의 "불법 파업"에 굴복해 다음 날 인상안의 45%를 지급하고, 나머지를 8월 7일에 지급하기로 약속했다. 이런 갈등의 패턴은 조공 사장이 삼자 협상을 통해 5월에 합의된 20시간 초과근무수당을 지불하지 않을 것이라고 선언한 8월 달에도 되풀이되었다.[26] 노조는 "법이 허용하는 한도 내에서 극한투쟁할 것을" 결의했고, 8월 6일과 7일 전 조합원이 작업을 거부했다.[27]

노조를 길들이기 위해 지연작전을 펴 국가를 개입시키려던 사측의 전략은, 조공 지부와 해상노조가 성명서, 집회, 인터뷰 등을 통해 미디어의 관심을 끄는 데 성공함으로써 오히려 역효과를 낳았다. 8월 9일이 되면 조공 조합원들은 합의된 임금 인상분 전부를 받는다.[28] 그러나 사측이 노조와 다음 라운드의 갈등을 개시하는 것은 오래 걸리지 않았다. 8월 하순 회사는 임시직 노동자의 대량 해고를 시작했다. 상처에 소금을 문지르듯, 사측은 노조에 추후 더 많은 해고가 있을 것이라고 통고했다.[29]

26_조공 문서철 #19, 1968년 8월 6일 회의록.

27_7장에서 상술한 것처럼, 사측이 노조를 아예 해산시켜 달라고 정부 당국에 건의서를 제출한 것이 이 시점에 일어난 일이다.

28_조공 문서철 #19, 1968년 8월 14일 회의록.

29_조공 문서철 #21, 1968년 9월 10일, 노조에서 사장에게 보낸 "종업원 부당 해고 조치의 항의 및 철회 요구".

노조는 사측이 "공포 분위기를 의식적으로 조성"하는 행위를 하고 있고 이는 단협과 노동법 위반이라고 비난했다. 단협에 따르면, 사측은 노동자를 해고하기 전에 노조와 협의해야만 했다. 근로기준법 또한 사업 사정상 대량 해고가 불가피할 때 회사는 보건사회부 장관으로부터 승인을 받아야 한다고 명시하고 있다. 대량 해고에 관한 성명에서 노조는, 기업들이 한국 경제 상황에 비춰 너무 급진적이고 부적합하다고 주장하는 노동법의 목적이 노동의 '최저 기준'을 제공하는 것이지 최고 기준을 제공하는 것이 아니라는 신념을 피력했다. 조공 노조의 시각에 따르면 노조의 역할은 노동법에 명시된 것 이상으로 노동자의 권리와 복지를 보호하도록 좋은 단협을 체결하고 회사의 규정을 바꾸는 것이었다. 더 나아가, 사측은 그 '사회적 사명'을 다하기 위해 법률과 단협에 명시된 것 이상을 행해야 했다.[30]

노조는 회사의 부당노동행위를 고발하고 근로기준법 위반을 신고했다. 또 1,710명의 노조원 모두가 조선소에서 부산 시내까지 5시간의 가두시위 행진을 벌이고 돌아오는 것을 계획했다.[31] 행진이 있기 전 9월 12일, 해고 노동자들에게 해고수당으로 평상시의 100%보다 더 많은, 급여의 120%를 지불하는 합의안이 마련되었다. 합의안에는 추후 일자리가 생길 경우 해고된 노동자들에게 우선권을 부여한다는 조합원 우선 고용 항목도 포함되었다. 덧붙여서, 회사는 그해의 나머지 기간 동안에는 해고를 보류하기로 약속했다.[32]

30_조공 문서철 #21, 1968년 9월 10일, "성명서".

31_1968년 후반의 사건들은 조공 문서철 #21의 회의록 참조.

이것이 조공 조선소 해고 사태의 끝은 아니었다. 민영화 직전까지 노조는 법적인 수단과 직접행동 전술 두 가지를 모두 이용해 해고된 임시 노동자들이 유리한 조건의 퇴직금을 받도록 힘썼다. 관리자들과 노조 지도부 사이의 갈등은 특히 사측이 정부에 노조 해산을 건의한 사실이 폭로된 후 급격하게 고조되었다. 노조 회의에서 대체적으로 이성적이고 자제하는 목소리를 냈던 허재업이 노조 간부와 관리자 사이의 충돌 과정에서 격분해 관리자 한 명을 때려 병원에 실려 가게 한 일도 있었다.[33]

그러나 전반적으로 노조는 좋은 성과를 얻어 내는 데 성공했다. 현행 단체협약은 상급 노조의 변경이나 회사 소유권의 변화와 상관없이 효력을 유지하게 되었고,[34] 해고된 임시직 노동자들은 좋은 조건의 해고수당과 심지어 퇴직금까지 받았다. 『중앙일보』는 이런 성과에 대해 자세히 보도하면서, 한국 노동사에서 전례가 없는 일이라고 언급했다.[35] 조공 노조는 이런 성취를 널리 알려 다른 산별노조 지부에 본보기가 될 수 있도록 신문기자들과 네 번의 인터뷰를 가졌는데, 이 역시 지부 노조 차원에서는 전례 없는 행동이었다.[36]

32_조공 문서철 #21, 1968년 9월 12일, "협정서".

33_10월 4일의 '폭행'(회사 주장) 혹은 '논쟁'(노조의 관점)으로 허재업은 1월 4일 부산지방법원에서 벌금 1만5천 원의 약식명령을 받았다(조공 문서철 #22, 1968년 10월 11일 회의록; 1969년 1월 4일 "약식명령"). 허재업에게 맞은 관리자는 사장 부인의 남자 형제였다.

34_10월 29일 노사협의회에서 사측은 단협의 유효성에 아무런 문제가 없을 것이라고 노조 측에 확언했다(조공 문서철 #15, 1968년 10월 29일 회의록).

35_조공 문서철 #23, 신문 기사 발췌.

36_조공 문서철 #23, 신문 기사 발췌.

조공 노조의 입장은 민영화 문제에 대한 입장이 담긴, 널리 알려진 공개장을 비롯해 많은 공개 성명서에 확실히 드러나 있다. 물적 보상을 늘리라는 요구를 민주적인 민족국가 건설의 차원으로 끌어올리면서 노조는 대개 다음과 같은 주장을 폈다. "오늘날 민주주의는 인간의 존엄성을 최대한 제고시키며 만민 평등의 기본 인권을 보편화시키는 데서 이룩될 수 있으며 우리 모두가 이를 위해 사회적 책임감을 전제하여 최선의 노력을 상호 협조적 자세로 경주함"이 필요한데, "근로자의 권익"이 "사회적 사명감"을 저버린 "기업주의 단순한 영리 추구에 저해될 때" 노동자의 기본권은 보장받을 수 없고, "보장 없는 곳에 근로자로서의 사명감을 다할 수 있는 사회참여가 있을 수 없다." 즉 "생활이 보장되지 않는 곳에 경제 건설도 없는 것이다."[37] 이 기간의 조공 노조 성명에서 나타나는 두드러진 특징 중의 하나는 사측과 대비해 자신들이 도덕적으로 우월하다는 주장이다. 노조의 관점에서 볼 때 조공 경영자들은 사회적 사명감이 없고 국가적 목표를 달성하려는 열의가 부족했다.

'기업가의 사회적 사명'이라는 담론은 노조원들만 받아들이고 있던 것이 아니라, 성공적인 민족국가 건설을 위한 생산적인 노사 협력의 기초이자 공산주의에 대한 방어의 기초로 1960년대 동안 박정희 대통령이 강조한 것이기도 했다. 예를 들어 1969년 3월 근로자의 날 연설에서 박정희 대통령은 다음과 같이 기업가의 사회적·국가적 사명을 강조했다.

37_7장에서 논의된 노조의 담론은 이런 성명서와 서신에 잘 요약되어 있다. 조공 문서철 #23, 1968년 12월 10일, 노조의 "성명서"; #21, 1968년 9월 10일, "성명서"; 1968년 2월 3일, "요구 내역".

나는 이 자리를 빌어 악덕 기업주의 횡포와 근시안적인 이기적 기업 경영에 경각을 촉구하고, 기업의 사회적 책임과 국가와 민족에 대한 기업가의 사명 의식을 강조해 두는 바입니다. 우리 근로자들이 국가발전을 위해 인내와 협조와 희생의 정신을 발휘하듯이, 우리 기업가들도 기업의 사회성과 공익성에 상응하는 책임을 다해야 하겠다는 것입니다. …… 가족적 분위기 속에 피가 통하는 경영에 솔선수범하는 기업인의 성의와 노력이 지금처럼 아쉬운 때는 없는 것입니다.

이러한 상호 이해와 협조 정신을 가지고 …… 공동 운명의 유대 의식을 가지고 노사가 서로 협력해 나간다면, 여러분의 권익 보장과 국민경제의 발전은 그만큼 촉진될 수 있다고 믿습니다. 거창한 근대화 과업, 우리를 노리는 침략자를 앞에 두고, 온 국민이 한 덩어리가 되어 일면 국방, 일면 건설에 총력을 기울이고 있는 이때, …… 근로자와 기업인들이 굳센 의지와 줄기찬 의욕으로 합심 협력 일치 단결해서 전진하는 민족 중흥과 도정에 빛나는 이정표를 세워 줄 것을 간곡히 당부하는 바입니다(신범식 1970, 103-104).

이 연설을 비롯한 여러 연설에서 보이는 이상적 노사 관계에 대한 박정희 대통령의 시각은 전시 일본 식민 정부의 선전에 나타난 시각과 크게 다르지 않다. 그것은 또한 고용주가 사회적 사명감을 가지고 도덕적으로 행동하라는 노동자의 주문과 조응하는 시각이었다. 비록 조공 노동자들이 그 등식의 절반, 즉 노동자 역시 국가를 위해 자신의 이익을 희생할 도덕적·사회적 책임이 있다는 부분을 무시하는 경향이 있기는 했지만 말이다.

회사 측보다 도덕적으로 우위에 서있다는 노동자들의 감각은 법에 대한 태도에서도 드러났다. 노조는 대개의 경우 법을 준수했고, 공개 성명을 발표할 때마다 그 행동의 합법성을 강조했다. 그러나 노조는 필요하다고 생각될 때는 규정을 어기고 세력을 과시하는 것을 주저하지 않았다. 노동자들이 행한 비법률적이거나 불법적인 행동은 상대방, 즉 회사의 최고 경영진이 선의에 기초해 행동하지 않고, 마땅히 가져야 할 '양심'이나 '사회적 사명감'을 결하기에 정당화될 수 있는 것이었다. 이 시기 조공 노조의 담론은 그들이 탐욕스러운 모리배인 경영자들에 맞서 투쟁하는 도덕적으로 올바른 노동자라는, 해방 직후 시기에 등장한 노동자 담론의 영향력을 이어 가고 있음을 보여 준다.

민영화와 1968년의 17일간 연좌 농성

11월 6일 극동해운의 남궁련이 민영화된 조공의 새 소유주로 부임했다. 남궁 사장은 불법 수단으로 부를 축적한 '부정 축재자'로 1961년 쿠데타 직후 군부에 의해 체포된 한국 최고의 자본가들 중 한 명이었다. 군부는 "국가 재건에 필요한" 공장을 건설하고 과거 불법으로 취득한 자산을 새로 창립된 회사의 주식으로 국가에 헌납한다는 약속을 받고 이들에 대한 처벌을 완화했다.[38] 우정은은 군사정권과 한국 최고 기업가들 사이의 이런 역사적인 타협을 "'한국주식회사'Korea, Inc.의 출범을 의미하는" 거래라고 불렀다(Woo 1991, 83-84). 이전에 정부가 임명했던 조공 사장 및 경영진과는 달리, 남궁련은 이승만, 박정희 양 정권의 강력한 정치적 후원 아래 사업을 수행했던 노련한 사업가였다.

---

[38]_남궁련은 다른 몇몇 기업가들과 함께 종합 제철소를 건설할 임무를 받았으나, 자본 부족으로 인해 불발되었다(박동철 1999, 147-149).

1968년 파업 중 조공 노조 간부들의 연설 장면(박인상 소장 자료).

　　한국의 최대 해운 회사 중 하나인 극동해운 소유주로 해상노조의
전투적인 지부들과 오랫동안 싸워 온 경험이 있는 남궁련은 사회적 관
심이 쏠리는 기나긴 노조와의 충돌에 위축되지 않는 부류의 사업가였
다.[39] 1960년대에 조공 노조가 받은 언론의 관심을 고려해 볼 때, 1968
년 조공 조선소 매입 결정 시 남궁련이 노조와 협력적인 관계를 가질
수 있을 것이란 환상을 품지 않았을 것은 확실하다.[40] 오히려 그는 노조

---

[39]_ 전국해원노동조합 및 한국노동조합총연맹(약칭 한국노련)의 김말룡과 남궁련 사이의 대립
　　에 대해서는 이 책의 4장 참조.

1968년 파업 중 조공 노조 회의 장면(박인상 소장 자료).

와 맞설 충분한 준비가 되어 있었던 것 같다.

　새로운 경영진은 바로 노조의 힘을 약화하고 작업장에서 관리자의 권위를 회복하기 위한 작업에 들어갔다. 첫 공세는 모든 임시직 노동자를 당장 해고한다는 공고 형식으로 11월 29일에 시작되었다. 노조는 사측의 이런 움직임을 전혀 예측하지 못했는데, 왜냐하면 전날 사측이

40_권오덕의 회고에 따르면, 삼성그룹이 조공 조선소를 구입할 것을 고려했으나 전투적인 조공 노조가 노동자들에게 미칠 영향을 우려해 그 생각을 접었다는 소문도 있었다(2006년 5월 30일 권오덕 인터뷰. 면담자: 남화숙).

1968년 파업 중 시위 장면. 작은 현수막에 쓰인 '방첩'이라는 구호는 노조가 불순 세력으로 몰리는 것을 피하기 위해 의식적으로 채택한 것이다(박인상 소장 자료).

신임 사장과의 면담을 주선해 노조 지부장과 부지부장을 서울로 유인했기 때문이다. 서울로 간 그들은 남궁련을 만날 수 없었고, 사측은 그들이 없는 사이에 부산에서 임시직 노동자의 해고를 발표했다. 노조원들은 대량 해고가 단협과 근로기준법의 명백한 위반이라고 믿었으나, 회사 이사들은 임시직 노동자 해고를 "지시에 의해서 연례적인 행사로" 할 계획이라고 일축했다.[41] 노조는 남궁 사장에게 격렬한 비난 서신을

41_조공 문서철 #22, 1968년 11월 30일 회의록. 노조는 해고가 단체협약 제20조와 근로기준법 27조 2항 위반이라고 주장했다.

보냈지만, 그는 자신이 돌아올 때까지 노조와 협상하지 말라고 경영진에 명령한 후 출국해 버렸다. 그의 메시지는 분명했다. 이전에 공사 측이 노조와 어떤 합의를 했든, 기업 운영을 노조가 좌지우지하도록 내버려 두지 않겠다는 것이었다.

임시직 노동자들의 해고 통보가 있자마자 노동자들은 자발적으로 철골 조립장에 모이기 시작했다.[42] 노조 간부들은 노조가 협상을 수행하는 동안 며칠간만이라도 일터에 복귀해 달라고 조합원들을 설득하러 다니느라 종종걸음을 쳤다. 그러나 성난 노동자들은 그에 귀 기울이기를 거부했다. 이후 17일간의 작업 중단으로 알려지게 된 사태가 시작된 것이다. 조공 지부는 금속노조에 노조원들이 취업 거부를 시작한 후 쟁의에 들어가지 않을 수 없었다고 보고했는데, 그 이유는 "비등한 조합원의 절규"를 막을 길이 없어서, 그리고 더 중요한 것은 "대안 없는 설득으로 간부들마저 불신하게 되었"기 때문이었다.[43]

지부는 12월 6일 쟁의 개시 통지서를 보냈다.[44] 금속노조는 12월 9일 이를 승인했으나, 같은 날 부산시장은 노조에 파업을 중단하라고 명령했다. 12월 10일 노조는 전 조합원 총회에서 작업을 거부하고 항의 표시로 회사에 모든 조합원의 사표를 제출하는 결의안을 채택했다. 다

42_조공 문서철 #22, 1968년 11월 30일 회의록. 이 행동에서 비롯된 17일간의 작업 중단 사태는 조공 문서철 #23의 회의록, 통지문 및 성명서들에 기록되어 있다.

43_조공 문서철 #23, 1968년 12월 11일, 금속노조에 보내는 보고서.

44_조공 문서철 #23, 1968년 12월 6일, 부산시장, 부산지방노동위원회, 금속노조 및 조공 사장에게 보내는 "노동쟁의 발생 보고서". 조공 종업원 2,454명 중 2,292명이 노조원이며, 그중 여성 노동자 48명을 포함, 2,179명이 파업에 참여했다.

음 날 노조는 시장에게 노동자들이 취업 거부를 하게 된 이유에 대한 상세한 설명을 보냈다. "우리는 근로자이다"라고 시작하는 노조의 "결의문"은 노동자들의 "근로 의욕을 높이고 생산성을 향상시키기 위한 지름길로서 사회보장 정신 아래 형식적인 법과 제도가 존재하지만 이를 사실화시킬 수 있는" 기업의 "도덕적 양식과 양심적인 용단"이 필요하다고 이야기하며 "사회정의 실현의 선봉"으로서 기업의 '사회적 책임'을 강조했다. 그러나 "유아독존 격으로 마구 횡포를 부리는 조공 기업주"가 그런 사명을 무시했기 때문에, 노조는 "전체 사회의 균형 있는 발전을 위하여 갈구하며 헌신하는 사회인으로서의 사명감을 완수하고자 …… 이 나라 전체 근로자의 기본권과 생존권 쟁취를 위하여 순교자적 비장한 결의 아래" 끝까지 싸울 것을 결의한다고 밝혔다.[45]

이는 투쟁의 수사이기도 했지만 남궁련 개인에 대한 분노 또한 몹시 컸던 듯하다. 노동자들은 그가 1천 명 이상의 해고 노동자들과 5천에서 6천 명가량의 가족들의 삶을 일순간에 위기에 몰아넣었다고 주장하면서,[46] 그의 행위를 "비신사적 태도", "속물근성", "비인도적 가학 행위", "비인간적 야수성" 같은 강도 높은 어조를 써서 표현했다. 노동자

45_조공 문서철 #23, 1968년 12월 20일, 조공 사장에 보내는 "결의 통보"에 첨부된 "결의문". 이 결의문은 기독교적 표현 — "예수가 …… 골고다 산상으로 십자가를 메고 가듯 …… 순교자적 비장한 결의 아래" — 을 담고 있다는 점에서 특별하다. 이는 저자가 조공 노조 문서 자료실에서 확인한 자료 중 유일하게 기독교 언어를 포함한 자료다.

46_1968년 현재, 조공 노조원의 평균 가구 규모는 5.7명이었다. 권오덕에 따르면, 당시 조공 노동자들은 임시직과 정규직을 막론하고, 임시직 노동자의 해고가 그들 가족 생계에 돌이킬 수 없는 타격을 초래할 것이라는 점과, 만약 회사의 정책을 그대로 내버려 둔다면 정규직 노동자도 조만간 똑같은 운명을 맞이할 것이라는 생각을 공유했다. 권오덕은 "1천 명이 잘리면 5천7백 명이 죽는 것"이었다고 노동자들의 감정을 요약했다(권오덕 2004, 42).

들의 관점에서 볼 때 그는 '모리배'의 전형이었고(어쨌든 그는 군사정부에 의해 부정 축재자로 체포되었다), 사회적 사명감을 완전히 결여했다. 심지어 한 파업 노동자 가족은 그를 인간의 삶을 존중하지 않는다는 점에서 북한의 김일성과 비견하기까지 했다.[47]

작업 중단이 계속되자, 회사는 사업상의 손실과 조선소의 대내외적인 평판에 끼칠 잠재적인 피해에 대해 강도 높게 불만을 토로했다. 노조 지도부가 일반 조합원들을 통제하는 데 어려움을 겪고 있다는 것을 파악한 회사는 노조에 조합원들을 통제하든지, 통제 능력이 없다면 불법행위가 "귀 노조의 지령에 의한 조직적인 행동인지, 아니면 개개인의 단독적 행동인지 그 책임 소재를 명백히" 밝히라고 요구했다.[48] 허재업, 박정부, 그리고 다른 간부들은 농성을 일찍 끝내고 싶어 했지만, "명분 없이는 투쟁 중지 설유는 할 수 없"고 노조원들을 설득하기 위해서는 회사로부터 "보장 있는 답변"을 얻어야만 한다고 주장하는 강경파가 대세를 장악했다. 한 간부는 다음과 같은 언급으로 비장감을 더했다. "이 대로 취업을 한다면 속단일른지는 모르겠습니다만 투쟁에서는 졌고 하루하루 해고되어 나가기 전까지 일당이나 벌어 보자는 것뿐입니다."[49] 12월 14일 부산지방노동위원회는 조공 파업이 노동쟁의조정법을 위반했고, 따라서 불법이라고 규정했다.[50]

47_조공 문서철 #23, 1968년 11월 29일; 1968년 12월 5일, 조공 사장에게 보내는 "노사협의회 개최 재촉구", 지부장에게 보내는 김동복의 편지.

48_조공 문서철 #23, 1968년 12월 4일, 회사에서 지부로 보낸 회신.

49_조공 문서철 #22, 1968년 12월 5일 회의록.

50_조공 문서철 #23, 1968년 12월 14일, 부산지방노동위원회로부터의 통보.

작업 중단이 계속되고 언론의 관심이 증가하자, 중앙정보부를 포함한 사찰 기관 요원들이 노조의 모든 움직임을 감시하기 시작했고, 경찰이 회사 정문 앞에 집결했다. 노조는 두 도크 사이의 좁은 공간에 조합원들을 집결시키기로 결정한다. 두 도크 중 하나는 일본 식민지 시기에 건설된 7천 톤급의 작은 '습선거'였고, 다른 하나는 최근 일본에서 차용한 자금으로 새로 지어진 3만 톤급의 드라이독이었다. 경찰 병력이 들어오면 노동자들이 바다나 습선거에 떨어져 익사할 위험도 있었고, 수십 미터 깊이의 드라이독 바닥에 떨어져 죽을 수도 있었다. '배수의 진'을 친 노조의 전략은 유효했고 경찰의 공격은 미뤄졌다.[51]

회사가 해고 명령을 재고해 달라는 요구를 또다시 거절했을 때, 노조는 조합원들의 연대와 결의의 강도를 보여 주기 위해 전 조합원의 단식 투쟁에 돌입하기로 결정한다. 조선소 전체 종업원 수의 3분의 2가량을 수용할 수 있는 넓은 공간을 가진 현도장現圖場이 단식 투쟁의 장소로 선택되었다. 이 시점에서 몇몇 직장들은 오랫동안 지속될지 모르는 단식 농성에 들어가기 전에 모든 노동자들이 집으로 가서 가족들과 이야기할 기회를 가지고 자신들이 사용할 겨울 침구를 가지고 오게 해달라고 요청했다. 노조 간부들은 노동자들을 해산함으로써 노조 결속력을 시험하는 것을 우려했다. 한겨울 단식 농성에 참여하기로 결정하는 것은 작은 일이 아니었다. 그리고 만약 노동자들이 집으로 돌아간다면, 그 결정은 개인적인 결정, 어쩌면 가족 전체의 결정이 될 것이었다. 그

51_이 상황과 이후 현도장 농성 과정에 대한 정보는 2001년 9월 20일 권오덕 인터뷰(면담자: 김준)에 의거했다.

1968년 현도장에서 단식 농성 중인 조공 노조 간부들. 오른쪽 위가 지수원, 그 옆에 앉은 이가 박정부, 앞줄 오른쪽에 얼굴 일부가 보이는 이가 노두홍, 가운데 모자를 만지는 이가 김옥생이다(박인상 소장 자료).

러나 노조 간부들은 직장들의 위상과 영향력을 인식해 마지못해 동의했다.

당시 노조 간부의 한 사람이었던 권오덕은, 다음 날 아침 다만 수백 명이라도 와 있기를 소망하며 현도장의 문을 열었을 때, 그의 염려와는 달리 그 안에 노조원들이 꽉 들어차 있던 것을 발견한 순간을 회상했다. 그의 마음속에 즉각 떠오른 생각은 "이겼다!"였다고 한다. 12월 17일 노조는 17일간의 불법 농성을 승리로 끝내는데, 이 과정에서 중요한 역할을 한 것은 큰 사회적 반향을 이끌어 낸 단식 농성이었다.[52] 그날 회사는 임시직 노동자의 추가 해고 발표를 철회하라는 요구와 해고된

1968년 파업 중 시위하는 조공 가족들. 왼쪽 현수막에 "해고 거절, 사장 나타나서 속히 해결하라"라고 쓰여 있다(박인상 소장 자료).

임시직 노동자들에게 퇴직금을 지불하라는 요구를 포함, 노조의 14개 요구안을 대부분 고려하겠다고 약속했다.[53]

왜 남궁련처럼 의지가 확고하고 배경이 탄탄한 고용주가 노동자들의 불법 농성 파업에 굴복했을까? 노조 자체의 힘과 단결력 이외에, 노

52_조공 문서철 #23, 1968년 12월 20일, 조사통계부장이 지부장에게 보낸 초안. 1968년 12월 18일 『국제신보』기사에 따르면, 단식 농성 돌입 4일째, 1백 명 이상의 파업 노동자가 혹독한 추위와 굶주림 때문에 쓰러졌다.

53_조공 문서철 #23, 1968년 12월 6일, 쟁의 발생 보고서. 이 보고서는 노조의 14개조 요구안을 담고 있는데, 회사가 단체협약을 비롯해 노조와 맺은 합의를 준수하라는 요구가 첫 번째였다.

동자 가족들의 기백 넘치는 파업 참여가 회사의 결정에 중요한 역할을 한 것으로 보인다. 가족의 생계를 새 회사 소유주가 정면으로 공격한다고 인식한 조합원 가구의 여성 구성원들은, 특히 그들의 남편, 아들, 아버지가 단식 농성에 들어간 후 자발적으로 농성장에 집결하기 시작했다. 가족들은 조선소 앞의 큰 길에서 교통을 막고, 직장과 생계를 되찾으려는 노동자들의 정당한 요구에 귀 기울여 달라고 시민들에게 애원했다.[54] 모든 이들을 깜짝 놀라게 만든 극적인 순간은 아기를 업은 한 젊은 엄마가 시위대를 뚫고 지나가려고 달려오는 버스 앞을 막고 나섰을 때였다.[55]

당시 상근 간부 네 명 중 하나였던 권오덕의 증언에 따르면, 노조 지도부는 여성들의 도움이 노조 승리에 결정적이었음을 인식하고 있었다. 노조 간부들은 농성이 일반인들의 폭동으로 확대될 수도 있다는 두려움 때문에 경찰과 중앙정보부가 회사 측에 노동자들의 요구를 들어주도록 압력을 가했다고 추측했다. 가족들의 참여는 적어도 파업에 대한 사회의 관심을 높이고 파업 노동자들에 대한 사회적인 공감을 불러일으키는 효과를 낳았다고 보인다. 일하는 사람들의 가족 생계에 대한 요구에 동정적이었던 1960년대 후반의 전반적인 사회 분위기는 노조의 승리를 뒷받침한 또 다른 중요한 요소였다. 지역사회가 노동자들을 향해 가지고 있던 우호적 감정은 당시 가장 영향력 있는 지역 신문이었

54_ 1968년 농성에 여성들이 참여한 내용은 다른 표시가 없는 한 권오덕(2004)과 2006년 5월 19일 권오덕 인터뷰(면담자: 남화숙)에 근거한다.

55_ 이 여성은 다행히 부상을 면했다. 그 장면은 파업 참가자들에게 오래도록 강한 인상을 남겼다(2006년 5월 19일 권오덕 인터뷰. 면담자: 남화숙).

던『부산일보』두 논설위원의 행동에서 잘 드러난다. 이들은 직접 파업 장소를 방문해 노동자들과 이야기를 나누는, 논설위원으로서는 전례에 없는 행동을 취했고, 돌아가서 노동자들에게 매우 호의적인 사설을 썼다.[56]『부산일보』는 조공 파업을 심층 취재한 기사도 실었다.[57] 또 다른 영향력 있는 지역 신문인『국제신보』는 처음에는 조공 파업에 비판적인 입장을 보였으나, 노조가 조직한 보이콧 캠페인으로 인해 특히 영도 지역에서 신문 판매량이 곤두박질치자 좀 더 노조에 호의적인 논조의 기사를 쓰기 시작한다.[58]

파업의 성공에 있어 여성들의 기여는 파업 승리 후 소집된 노조 대의원대회에서 인정을 받았고, 노조원들은 '현분이 할머니'에게 감사패를 전달하기로 결정했다.[59] 조공 노조원의 어머니인 현분이 할머니는 해방 직후 시기에 '부녀운동'에 참여한 경험이 있고, 파업을 지지하고자 모인 여성 가족 구성원들 사이에서 자연스럽게 지도자로 부상했다. 파업 기간 동안 여성들 앞에서 연설을 하고 그들을 조직하고 동원해 낸 그녀의 지도력과 헌신은 많은 남성 노조원들을 놀라게 만들었다.[60]

대량 해고에 항의하는 이 싸움에서 노조원들이 회사에 대한 위협으로 집단 사표 전술을 쓰기로 한 결정은 주목할 만하다. 1960년대 동안 경제성장의 결과로 한국 전체 실업률은 꾸준히 내려가고 있었지만 그

56_『부산일보』(1969/12/18) 참조.

57_『부산일보』(1968/12/05; 19).

58_2007년 11월 7일 박인상 인터뷰(면담자: 남화숙).

59_조공 문서철 #26, 1969년 1월 22일 대의원대회 회의록.

60_2006년 5월 19일 권오덕 인터뷰(면담자: 남화숙).

래도 1969년 현재, 실업률은 여전히 높았고, 따라서 이 집단 사표 결정은 한편으로는 용기에서, 다른 한편으로는 절박함에서 나온 전술이었다.[61] 일부 조합원들은 다양한 변명을 대며 사직서 제출을 피하려 했다. 조합원 중 군이나 경찰 복무 중 일선에서 상해를 입고 원호처援護處를 통해 조공에 입사한 원호 대상자들 사이에서 이런 경향이 특히 심했다. 그들은 특별한 신분을 구실로 사직서 제출을 거부했다.[62] 노조 간부이자 경비 부서 직원인 최용도와 정종안이 원호 대상자 그룹을 주도했는데, 그들은 평상시 노조 회의에서 매우 활발하게 발언하던 간부들이었다. 다른 조합원들은 그들의 태도를 이기적이라 생각하며 분개했다.

17일간의 농성 투쟁에서 승리한 후 노조가 첫 번째로 한 일은 노조원을 대상으로 노조 지도자들의 행동, 그리고 투쟁에 전력투구하지 않았던 조합원들의 행동에 대한 설문 조사를 실시한 것이었다. 그 이유는 "현장 조합원의 소리"가 "응분의 제재 조치를" 요구하고 있었기 때문이었다.[63] 노조가 배포한 열세 개 항목의 설문지는 사직서를 제출하지 않았거나, 단식 투쟁을 회피했거나, 여타 '반조직적 행동'에 참여했던 노조원의 처리 방법에 대해 물었다. 또한 그들이 생각하기에 누가 가장 적극적인 노조원 또는 간부였는지, 그리고 누가 '반조직 행위'를 했는지

61_공식적인 실업률은 1965년 7.4%에서 1969년 4.8%로 감소했다(경제기획원 1970). 이 통계는 '완전 실업률'이고, 주 18시간 미만 노동한 사람을 포함할 경우, 그 비율은 각각 14.7%와 8.1%로 올라간다.

62_군 '원호 대상자'에 관한 1961년 법률은 국영기업들이 적어도 5%의 노동력을 상이군인으로 채우도록 규정했다(정진성 2001).

63_조공 문서철 #21, 1968년 12월 20일, 조사통계부장이 지부장에게 보낸 초안; 1968년 12월 20일 회의록.

에 대해서도 물었다. 노조로부터 '반조직적' 요소를 제거하기 위해 조직 정비위원회가 구성되었고 일곱 명의 전문위원이 선정되었다. 각 공장마다 두 명씩 조사위원을 정하고, 해당자들을 제명 또는 정권(권한 정지) 대상으로 분류하는 지침이 만들어졌다.[64] 파업 후 노조가 치열하게 사실 조사 활동을 벌인 것을 볼 때, 노조가 조합원들 사이에 커가고 있는 분열이 가진 잠재적 위험을 심각하게 인식하고 우려하고 있었음을 짐작할 수 있다.

조사위원들은 곧 제명, 정권으로 분류된 열여섯 명의 목록을 작성했는데, 최용도와 정종안도 그 목록에 들어 있었다. 1968년 12월 후반부터 1969년 2월 초까지 노조는 이 열여섯 명을 어떻게 처리할 것인가를 놓고 수많은 모임을 가졌다.[65] 원호 대상자들뿐만 아니라 사무직과 직장 중 다수가 투쟁에 활발하게 참여하지 않았던 것으로 지적되었다. 관용을 주장한 이들은 가혹한 처벌이 현재의 분열을 더 심화하고 나아가 "조직의 와해"까지 초래할 수 있다고 염려했다. 예종국, 이지환, 김현태가 이런 입장이었다. 이지환은 "일단 종전이 되고 나면 포로도 석방하는 법"이라고 선처를 주장했고, 김현태는 "조합의 목적은 약자를 구제하는 데 있다"고 동조했다.[66] 이에 대해 제명이라는 엄한 처벌을 주

64_ 반조직 행동을 직접 저지른 노동자, 반조직적 행동을 한 노조 간부, 사직서를 제출했다가 번복한 자, 파업 기간 동안 다른 회사에서 일한 사람이 제명 대상이고, 하루라도 파업에 불참한 자나 노조에 눈에 띄게 비협조적인 태도를 보인 노조 간부가 정권 대상이었다(조공 문서철 #22, 1968년 12월 21일 회의록).

65_ '반조직 행위' 처벌에 대한 논란은 조공 문서철 #22; 23; 27에 실린 1968년 12월~1969년 2월까지의 회의록 참조.

66_ 조공 문서철 #22, 1968년 12월 21일 회의록.

장한 이들은 그 이유로 "현장 조합원의 소리"를 내세웠다.[67]

논쟁이 이어지는 가운데 노조의 임시대의원대회가 1969년 1월 22일 열렸는데, 대회 전 열린 운영위원회에서 논의된 대회의 목적은 조직 정비를 통해 "앞으로 큰 투쟁을 하기 위"해 "지부의 태세를 갖추"는 것이었다.[68] 대회에서 지부장 허재업은 다시 한 번 노조 민주주의의 중요성을 강조했고, 노조는 많은 조합원들에게 투쟁 기간 동안 보여 준 훌륭한 행동에 감사하는 편지를 보냈다. 노조는 또한 현분이 할머니를 포함해 "조직의 최대 난관 시 거의 결정적으로 지원한 가족들에게" 전 조합원의 이름으로 감사를 표했다.[69] 대회에서 노조 지부장과 부지부장을 제외한 모든 노조 간부들이 해임되고, 새로운 간부들이 선출되었다. '반조직 행위' 문제에 대해서는 처벌 대상자들에게 한 번 더 뉘우칠 기회를 주자는 결의가 통과되었다.

노조는 반조직 행위 관련자들이 노조에 사과하는 경우 가벼운 처벌을 받거나 처벌을 받지 않도록 기회를 주면서 조심스럽게 인내심을 가지고 그들을 대하기로 최종 결정을 내렸다.[70] 그러나 최용도와 정종안을 포함한 몇몇은 자신들이 무죄라는 주장을 굽히지 않았다.[71] 금속노

67_설문 항목에 따라, 조사자의 53~77%가 '경고'나 '용서'보다 '처벌'을 선택했다(조공 문서철 #23, 1969년 1월 30일, 금속노조에 보내는 보고서).

68_조공 문서철 #22, 1969년 1월 14일 회의록.

69_조공 문서철 #26, 1969년 1월 22일 임시대의원대회 회의록.

70_이 온건파적 입장이 도전을 받지 않은 것은 아니다. 노조에 사죄서를 제출한 송덕수를 제명하지 않기로 노조가 결정하자, 그가 소속된 현도장의 노동자들은 현장 여론이 압도적으로 그의 제명을 원한다는 이유로 그 결정을 번복하라고 노조에 진정했다(조공 문서철 #23, 1969년 1월 28일, 진정서).

조가 지부의 요청에 따라 그들 중 여섯 명을 제명하고 두 명을 정권에 처하자, 최용도와 정종안은 노조에서 탈퇴하겠다는 집단 탈퇴서를 제출하며 원호 대상 노동자들의 작은 반란을 이끌었다.[72] 노조는 서명자인 "원호 대상자 일동"이 노조가 인정한 합법적인 단체가 아니라는 이유로 탈퇴서를 반려하기로 결정하고, 서명자들을 설득하기 위해 현장으로 간부들을 보냈다. 그러나 심각한 균열은 이미 시작되고 있었다.[73]

고된 파업 농성과 임시대의원대회에 이어 5월에 본격적으로 시작될 사측과의 제2차 라운드 대결을 준비하며 노조는 짧은 휴식을 즐겼다. 노동절인 3월 10일, 노조는 조합원들에게 각각 소주 한 병과 마른 오징어 4분의 1마리씩, 1960년 당시의 노조가 조합원들에게 제공하려 무진 노력했으나 그렇게 할 수 없었던 작은 사치를 나누어 주며 승리를 자축했다.[74]

71_각 개인에 대한 고발 내용은 조공 문서철 #23, 1969년 1월 30일, 금속노조에 보내는 통지문에 있다.

72_원호 대상자에 대한 정보는 조공 문서철 #22, 1969년 1월 29일; 1969년 2월 6일; 7일; 1969년 3월 7일; 17일의 회의록; 조공 문서철 #27, 1969년 1월 31일, 지부장이 노조 탈퇴서 제출자들에게 보내는 편지 참조.

73_3월에 회사는 노조의 반대에도 불구하고 원호 대상 노동자들의 요청을 받아들여, 그들의 조합비를 공제하지 않기로 결정했다(조공 문서철 #22, 1969년 3월 7일 회의록).

74_조공 문서철 #22, 1969년 3월 6일 회의록에 결정 내용이 실려 있다. 소주와 오징어에 더해 노조원 2,374명 모두 수건 한 장씩도 받게 되었다.

1969년의 파업

5월이 되자 회사 측은 노조에 반격을 가할 채비를 갖춘다. 이번에도 주요 이슈는 단체협약 개정과 임금 인상이었다. 노사 양측의 제안을 합해 96개 조항을 놓고 2~6월까지 단협이 계속되었다. 사측은 당시 다른 회사의 단협과 비교해 조공 노조의 자랑스러운 성취로 여겨지던 많은 조항들을 순화하고 싶어 했다. 사측은 "국영하에서 맺어진 협약과 민영화된 현시점에서는 무엇인가 뚜렷이 달라진 협약이 체결되어야 마땅하다"는 것과, "수출 증대라는 국가적 민족적인 요청을 받고 있는" 현 상황에는 노사 협력이 반드시 필요하기에 노조는 회사와 협력해야만 한다고 주장했다.[75] 사측은 조공 조선소에서 한국 역사상 첫 선박 수출에 해당하는 대만 수출용 어선 20척을 건조 중이며, 한국에서 건조되는 가장 큰 배가 될 2만5천 톤급 선박 네 척의 건조 수출을 위해 계약 중이라는 사실을 강조했다. 새 경영진은 노조의 힘을 약화하려 노력하는 과정에서 일관성 있게 효과적으로 민족주의적 수사를 사용하기 시작했다.

6월 30일이 되면 단협 협상은 미결된 21개 조항을 남겨 놓은 채 결렬된다. 임금 협상의 상황도 더 나을 것이 없었다. 4월에 노조는 56.87% 임금 인상을 요구했다.[76] 노조는 예전처럼 생산성에 근거한 임금제도의 개념을 받아들였으나, 임금 인상과 노동자의 경영 참가가 선

75_조공 문서철 #28, 1969년 6월 30일, 회사 사장에게 보낸 통고.

76_조공 문서철 #23, 1969년 4월 9일, "임금 인상 요구". 56.87%라는 수치는 노조가 조사한 노조원 1,444가구의 1969년 2월 현재, 월평균 지출액의 부족분에서 나왔다. 1969년 1월에 조공 노동자들의 월평균 수입은 1만6,390원(사무직 2만6,750원, 정규 생산직 노동자 1만8,692원, 임시직 노동자 1만993원)이었던 반면, 가구당 월평균 지출은 2만8,287원에 달했다.

행되어야 그런 임금제도를 수용할 수 있다고 주장했다. 사측이 이런 요구를 수용할 리 없었고, 협상은 교착상태에 빠졌다. 5월 9일 3백 명의 노동자가 3시간 동안 연좌시위를 했다. 회사는 그동안 노동시간 계산에서 파업 시간을 빼지 않던 관례를 깨고 이 3시간의 '무노동' 시간은 임금을 지불하지 않겠다고 선언했다.[77] 또한 인사 문제에 관한 경영 측의 특권을 각인시키려는 듯 회사는 5월 12일 노조와 상의 없이 회사 구조조정상 필요하다며 50명의 사무직 직원과 29명의 생산직 노동자를 전보 조치했다.[78] 이에 대해 노조는 민족주의적 수사를 동원해 회사의 조치를 반박하며, 그 조치가 조선산업 확장이라는 정부의 정책에 역행하는 것이라고 비난했다. 노조가 해고 노동자에 대한 해고수당과 퇴직금을 요구하자 회사는 퇴직금 지급이 "꼭 주라는 조항도 없고 강제 행위가 아니고 권고 행위"라고 주장하면서 거부했다. 회사의 주장에 대한 노조의 반응은 간결했다. 우리는 "제의해 놓고 관철 못할 노조"가 아니라고.[79]

사측은 회사 재정 형편상 임금도 겨우 지불할 수 있는 상태라며 노조가 요구한 임금 인상을 거부했고, 5월 20일에는 임금 인상이 아주 "불가능"하다고 선언했다. 노조 측 협상자들이 관리자들에게 회사 회계장부를 공개해서 회사가 얼마나 심각한 재정 곤란을 겪고 있는지 증명하라고 요구한 것이 바로 이 시점이었다. 정체된 단협 협상과 임금

77_조공 문서철 #15, 1969년 5월 12일 노사협의회 회의록.

78_조공 문서철 #15, 1969년 5월 12일 노사협의회 회의록.

79_조공 문서철 #15의 노사협의회 회의록은 1968~69년까지 노사 양측 협상자들의 발언을 담고 있다.

1969년 파업 중 크레인 앞에 집결한 조공 노조원들. 현수막의 구호는 "노력의 제값을 찾자"와 "임금 인상하라"다(박인상 소장 자료).

문제에 관한 회사의 고집스런 태도에 답답해진 노조는 7월 1일, 회사에 쟁의 개시 신청을 하겠다고 통보했다.[80] 그 얘기를 들은 회사 중역들은 노동자들을 달래고 파업의 첫 단계 조치를 막기 위해 서둘러서 임금을 20% 인상하고 50~100명 정도의 임시직 노동자들을 정규직으로 채용할 것을 제안했다. 하지만 그 제안은 남궁련 사장의 승인을 받은 것이 아니라 중역들만의 생각으로 제시된 것이었다. 노조는 이 제안이 불충

80_조공 문서철 #15, 1969년 7월 31일 노사협의회 회의록. 조공 문서철 #23, 1969년 7월 1일의 "노동쟁의 발생 통보"는 노조의 쟁의 결정 배경에 대한 상세한 설명을 담고 있다.

조공 지부장 허재업이 확성기로 조합원들을 향해 연설하는 모습(박인상 소장 자료).

분하다고 거부했고, 조선소의 자연적 인원 감소 비율을 고려할 때 적어도 200~300명의 임시직 노동자를 정규직 노동자로 채용해야 한다고 주장했다.

6월과 7월 동안 사측은 계속해서 사장의 부재를 핑계로 협상을 연기했고 노조 간부들은 노동자들의 불만이 비등점에 도달할까 염려했다. 7월 16일 노조원의 98.4%에 달하는 압도적 다수가 쟁의 개시에 찬성표를 던졌다.[81] 냉각기간은 7월 26일 종료될 예정이었고 부산지방노

81_조공 문서철 #23, "쟁의행위 가부 투표 결과". 조합원 1,710명 가운데 1,569명이 투표, 1,545

1969년 파업 집회 중인 조공 조합원(박인상 소장 자료).

동위원회는 7월 25일 중재를 시작했다. 결국 7월 31일 노조는 아홉 개의 요구 사항과 함께 "파업에 임하면서"라는 제목의 성명을 발표한다. 이 성명서는 노동자의 요구가 왜 정당한지를 다음과 같이 설명하고 있다. "생산성 향상에 투여되는 노동력 확보와 내일의 산업 발전을 위해 우선 인간으로서의 기본 인권과 생활권의 쟁취를 다짐하고 일어섰다. …… 우리는 살기 위해 우리 근로자의 기본권을 찾아야 되겠고 정당한 근로의 대가를 찾아야 되겠기에 …… 파업에 돌입할 것을 선언"한다.[82]

명(98.4%)이 찬성했다.

1969년 파업 중 진압 경찰이 배치되자 조공 가족, 주민들이 나와 지켜보고 있다(박인상 소장 자료).

경영 측의 '전근대적' 태도에 대한 노조의 비난은 익숙한 것이었다. "오늘날 우리의 현실은 기업가의 전근대적 사고방식에 의해 노사문제를 주종관계로 다루고 있기 때문에 왕왕 분쟁의 씨를 낳게 한 것은 부지기수"이며, 노조가 "못살아 외치는 조합원의 직언을 설득시켜 가면서 장장 7개월이란 긴 기간 동안" 협상에 임했지만, 회사는 "너무나도 초보적인 현행 근로조건마저 …… 저하시키려 안간힘을 쓰"고 있다는

82_조공 문서철 #26, 1969년 7월 31일, "파업에 임하면서". 두 측의 입장 차이에 대한 영문 요약은 Ogle(1973, 369-372) 참조.

1969년 파업 중 조공 노조 간부들이 경찰과 가족의 충돌을 막기 위해 그 사이에 도열해 있다(박인상 소장 자료).

설명이었다. 노조는 파업밖에 방법이 없다고 결론을 내렸는데, 그것은 회사가 "충분히 임금 인상을 할 수 있으며 또한 자신들도 시인하면서 대안 하나 7개월 동안 제시 않는다는 것은 어불성설"이기 때문이었다 (Ogle 1973, 369-372).

다음 2주 동안 회사는 여러 가지 긴급한 작업에 노동자를 배치해 달라고 요구하는 문서를 파업 중인 노조에 수없이 보내는데, 그중 가장 중요한 작업은 앞서 언급한 대만 수출용 선박 건이었다.[83] 8월 초에는 폭우로 조선소와 주변의 시설이 피해를 입었다. 사측은 파업 중인 노동자를 복구 작업에 차출해 달라는 요구서를 계속 노조에 보냈다. 민족주의적 수사에도 불구하고 노조는 사측의 모든 요청을 거절했다. 그동안 사장 남궁련은 협상을 하려는 어떤 의사도 내비치지 않았고, 노동자들은 더욱 동요했다.[84] 8월 13일 노동자들은 부산 공장장 사무실로 몰려가, 집으로 돌아갈 것을 촉구하는 노조 간부들의 의사에 반해 연좌 농성을 시작했다. 8월 18일 노조는 모든 노조원이 밤샘농성을 하고 그중 파업위원회 위원들이 단식 농성에 들어가기로 결정했다. 노조는 파업

83_조공 문서철 #29, 1969년 8~10월까지의 업무 일지. 다음으로 긴급한 작업은 마감 기한이 지난 신양호의 수리 작업이었다. 회사는 또 덤프트럭 운전수, 청소부, 전기 기술자, 연료 운반자, 공중목욕탕 관리 노동자 및 준설 노동자도 요구했다. 8~10월까지의 날짜별 사건은 다른 표시가 없는 한 위의 업무 일지 기록에 의거한다. 노조가 받은 인력 요청 문서들은 조공 문서철 #28에 있다.

84_지부장 허재업은 총 46일을 서울에 체재하며 남궁 사장과 대화를 가지려 애썼으나 남궁련은 허재업 지부장을 겨우 두세 번 "잠깐" 만나 주었을 뿐이었다. 그뿐만 아니라 노조와 사측의 공식 협의 횟수가 33번에 이르고 "비공식 접촉은 헤아릴 수 없"었음에도 불구하고, 사측 협상진은 사장 남궁련의 승인 없이는 어떤 결정도 내릴 위치에 있지 않았다(조공 문서철 #23, "조공 지부의 쟁의 경위").

기금으로 밀가루를 사서 노조원당 한 포대씩 나누어 주었다.

다음 날 남궁련은 긴 외유에서 돌아온 후, "단 한 번도 상면은커녕 전화도 없이 단번에 직장 폐쇄를 단행"했다.[85] 이것은 회사 역사상 첫 번째 직장 폐쇄였다. 노동자와 가족들은 회사 건물 앞 도로에서 연좌시위를 시작했고, 2백여 명의 진압 경찰과 충돌했다. 그 결과 아홉 명의 노동자와 가족들이 영도경찰서로 연행되었고, 노조 간부들은 경찰서로 가서 그들의 석방을 위한 협상을 벌였다. 가두시위와 진압 경찰과의 충돌은 다음 날에도 계속되어 교통 체증이 발생하고 기자들이 시위 현장으로 몰려들었다. 9일째를 맞이한 단식 농성은 그날 저녁 6시까지 계속되었다.[86]

이 두 번째 라운드의 싸움에서, 노사 갈등에 대처하는 회사의 태도는 전보다 훨씬 더 단호했다. 과거 정부가 임명한 경영진과 달리 남궁련이 이끄는 조공은 여론 악화를 두려워하지 않았다. 직장 폐쇄에 들어가거나 70명에 이르는 노조원에 대해 법적 대응을 취하는 것 또한 주저하지 않았다(Ogle 1973, 373). 노조가 중재 협상안을 받아들일 의사를 표했음에도 불구하고, 회사는 직장 폐쇄와 파업을 동시에 철회하자는 부산시장의 중재안을 거절했다. 또한 회사는 노조를 탐욕스럽고 정치적이며 심지어 반민족적인 단체로 묘사하면서 선전전 면에서 총공세를 펴는, 이때까지와는 다른 차원의 세련된 대처 능력을 선보였다. 회사는 노조의 임금 요구를 조선소의 재정적인 어려움을 고려할 때 실현

85_조공 문서철 #23, "조공 지부의 쟁의 경위".

86_허재업의 기억에 따르면, 195명의 조합원이 단식 농성에 참여했다(Ogle 1973, 378).

불가능한 요구라고 비난했을 뿐만 아니라, 대중매체를 이용해 노조원들의 임금(월평균 2만1,666원)이 한국 내 대부분의 생산직 노동자보다 훨씬 높다는 것을 분명히 알리려 노력했다.[87]

노조는 이미 고임금을 받으면서도 더 많은 임금을 요구하는 엘리트 노동자로 비춰지는 조공 노동자의 대중적 이미지를 수정하고자 필사적으로 노력했다. 노조는 장시간의 초과근무를 제외한 임금 수치를 대중매체에 제공했다. 예를 들어, 노조는 임시직 노동자의 평균 실수령액이 1만 원에 지나지 않는다고 주장했다.[88] 노조는 노동자들이 12시간 대신 8시간 작업만으로 생계비를 벌 수 있어야 하고, 한국 노동자들 모두가 언젠가는 그런 임금수준을 누릴 수 있기를 바란다는 소망을 피력했다. 그러나 회사의 열성적인 미디어 캠페인은 노사 대치에서 새로운 요소로 등장했고, 이것이 노조가 오랫동안 누려 온 시민들의 지지를 일부 잠식하는 효과를 가져온 것으로 보인다.

노조는 대중매체의 영향력을 잘 인식하고 있었고, 대중매체가 어떻게 파업 결과에 영향을 미칠 수 있는지도 알고 있었다. 노조의 업무 일지에 따르면, 허재업은 1969년 8~9월까지 노조 사무실에서 부산과 전국의 신문, 라디오 및 텔레비전 방송국 기자들과 여러 번의 인터뷰를

87_조공 문서철 #23, 1969년 8월 22일, "우리는 싸우지 않을 수 없었다". 1968년도 전국 제조업체 월평균 임금은 8천4백 원, 월평균 도시 가구 생활비 지출액은 2만3,190원이었다(한국노총 1979, 563). 1968년 8월 현재, 금속노조의 숙련 노동자 평균임금은 1만4,040원이었고, 비숙련 노동자의 경우는 8,580원이었다(한국노총, 『1968년 사업 보고』, 68-69; 이옥지 2001, 91 에서 재인용). 이옥지(2001, 91, 표 8)에는 1962~70년까지 한국, 일본, 미국의 평균임금 비교가 들어 있다. 1968년 일본의 경우 월 임금이 147.3달러였고, 미국은 시간당 3.01달러였다.

88_조공 문서철 #23, 1969년 8월 22일, "우리는 싸우지 않을 수 없었다".

가졌다. 노조 간부들이 지지 논설과 기사에 대한 고마움을 표시하기 위해 부산일보사를 방문하기도 했다. 부산일보사 방문 시 노조는 고통 받는 다른 이들과 연대하는 뜻으로 당시 홍수 피해를 당한 주민들을 위해 밀가루 다섯 포대를 기부했다.

8월 22일 노조는 파업에 이르게 된 배경을 설명하고 직장 폐쇄를 비난하는 "우리는 싸우지 않을 수 없었다"라는 제목의 긴 성명을 발표했다.[89] 성명서에서, "황금만능의 전근대적 인습에 사로잡힌" 기업주의 태도와 "근로자를 …… 예속 상태의 주종관계로 보는" 그의 "봉건 군주식" 정신세계에 대한 일상적인 비판을 되풀이한 후, 노조는 직접적으로 사주의 역량을 공격했다. 노조는 사주 남궁련이 "현실적 VISION"이 없고 "자금 실력이 전무"하며, "조선공업의 육성을 해보자는" 민영화의 목적과 어긋나게 회사를 오히려 "위축"시키고 있다고 주장했다. 노조는 "노동조합이 할 수 있는 일은 분명하다. 생산성을 드높이는 노동력 관리"이며, "거듭 밝히거니와 우리는 결코 쟁의를 원치 않는다"고 강조했다. 가족들 또한 정치적 힘의 구심점인 박정희 대통령에게 노동자들의 메시지를 전달하는 일에 동원되었다. 8월 25일 조공 노동자 가족 몇몇이 영부인 육영수 여사에게 도움을 요청하는 청원서를 보냈다.[90]

이 시기 동안 조공 노조 사무실은 기자, 경찰, 정보 요원 및 노동청 간부들로 북적였다. 여러 노조의 대표들이 기부금, 밀가루, 격려 편지

89_조공 문서철 #23, 1969년 8월 22일, "우리는 싸우지 않을 수 없었다".

90_노조는 9월 1일 가족들 앞으로 보낸 상공부의 서신을 받았고, 9월 17일에는 청원서를 받았으며 해당 문제를 적절히 처리하겠다고 약속하는 부산시장의 편지를 받았다.

와 연대를 표명하는 결의안을 가지고 조공 노조를 찾았다. 금속노조 또한 한국 노사 관계 전체의 판도를 결정하는 데 있어 이 파업이 가지는 중요성을 잘 인식하고 있었다. 금속노조는 조공 지부를 지지하는 많은 성명을 발표했다. 8월 23일에는 조공 직장 폐쇄를 비판하는 지원 성토대회와 모금 운동을 지시하면서, 남궁련 사장을 "이 나라 대표적 악덕 간상배"라고 지칭했다.[91]

금속노조는 조공 파업을 "전국 근로자의 사활을 건 판가름 투쟁"으로 규정하면서 "전국적인 규모에서 최종적이며 최고의 투쟁을 최대한 전개할 것"을 약속했다.[92] 대선조선 지부는 금속노조의 지시에 부응해 조공 지부를 지지하는 성토대회를 열기로 결정했다.[93] 금속노조는 조공 지부를 위한 쟁의지도위원회를 조직했고, 조공 파업을 논의하기 위한 금속노조 임시대회를 소집했으며, 총파업도 고려하겠다고 위협했다.[94] 그러나 성명서나 집회 등 요란한 소리를 내었음에도 금속노조의 활동은 미약했다고 볼 수 있는데, 그것은 조지 오글의 말을 빌자면, 금속노조가 "그 성명 내용을 실현하거나 소집한 지부들로부터 도움을 확보할 어떤 수단도 보유하고 있지 못했기" 때문이다(Ogle 1973, 374).

조합원들이 그에게 퍼부은 비난이 무엇이었든 간에 남궁련은 노조

91_조공 문서철 #23, 1969년 8월 23일, 금속노조가 각급 지부장 및 분회장에게 보낸 "조공 지부 쟁의 지원 성토대회 지시"; 조공 문서철 #23, 1969년 9월 5일, 금속노조의 "호소문"; #28, 1969년 8월 19일, 금속노조의 "성명서"; 1969년 9월 3일자 "조공 사태에 부치는 공개장"; 전국 금속노동조합연맹(1993, 135-139)에 들어 있는 조공 문제에 관한 금속노조 성명서들 참조.

92_조공 문서철 #23, 1969년 8월 23일, 금속노조가 보내온 "조공 지부 쟁의 지원 성토대회 지시".

93_조공 문서철 #28, 1969년 9월 5일, 대선조선 지부에서 조공 지부로 보낸 통보.

94_조공 문서철 #28, 1969년 9월 9일, 금속노조로부터 온 통보.

를 무력화할 수 있다는 확신을 가지고 있었던 것 같고, 파업을 끝내기 위한 타협점을 찾으려는 조급한 태도를 조금도 보이지 않았다. 그의 무기 중 하나는 노조와 노조원들의 빈약한 재정 잔고와 비교해 월등한 회사의 자금력이었다. 조공 지부의 성명에 따르면 남궁 사장은 "내가 5천만 원 손실을 입는 것보다는 당신들의 5천 원 손실이 더욱 큰 것이다"라고 공언했다고 한다.[95] 그는 파업 시간에 대해서 임금을 지불하지 않는 문제에 있어서도 확고부동했고, 심지어 파업 시작 전월의 임금 지불조차 거부했다.

조공 파업에 대한 정부의 입장은 처음에는 중립적이었다. 당시 금속노조 간부로 일했던 권오덕은 8월 21일 남궁련, 금속노조 위원장, 그리고 중앙정보부 요원 사이에 있었던 모임에 관해 조공 지부에 보고했다.[96] 정부는 그 당시 조공 쟁의에 직접 개입하는 것을 자제했다. 반면, 영부인에게 조공 노동자 가족들이 보낸 청원서는 즉각적인 반응을 불러일으켰다. 상공부가 남궁련에게 가능한 한 빨리 조선소 노동쟁의를 끝내라고 명령하는 통지서를 보낸 것이다. 부산시 근로감독관실 또한 청원서에 대한 응답으로 9월 초 근로기준법 위반으로 남궁련을 기소했

95_조공 문서철 #23, 1969년 8월 22일, "우리는 싸우지 않을 수 없었다".

96_권오덕은 1969년 5월 1일, 금속노조의 상근 법규부장이 되어 조공 지부의 교육선전부장직을 떠났다(조공 문서철 #28, 1969년 5월 1일, 금속노조로부터의 통보). 권오덕은 1969년 초부터 조공 지부에 대한 정부의 탄압에 대해 걱정하고 있었고, 노조에 심한 타격이 없이 파업을 끝내는 방법을 논의하러 그해 가을 부산에 내려갔다고 진술한다. 그의 견해로는, 노조의 힘을 과신한 일반 조합원들의 압력 때문에 1969년도의 파업에서 노조가 너무 지나치게 밀고 나갔다. 그러나 그는 부산에서 막바지 합의안을 짜내는 데 실패했고, 피신 중 10월 1일 다른 지부 노조 간부들과 함께 연행되었다(2001년 9월 20일 권오덕 인터뷰. 면담자: 김준).

다. 그러나 파업이 두 달째에 접어들고 노동자와 그 가족들에 의한 대규모의, 그리고 때때로 폭력적인 시위와 농성이 매일같이 계속되자, 경찰은 시위자들을 연행하기 시작했다.

　노조 지부장 허재업은 가족의 동원이 파업에 미칠 영향에 대해 걱정하고 있었다. 허재업 지부장이 8월 28일 아침 가족 시위자들의 해산을 종용했지만, 시위대는 오후 3시경 다시 집결했다. 노조원들도 합류해 조선소 근처 주요 간선도로에서 연좌시위를 벌였다. 청학동 일대의 교통은 완전히 마비되었고, 시위대와 진압 경찰의 충돌이 시작되어 경찰 몇몇이 다쳤다. 다음 날 가족들은 5백 명으로 늘어난 진압 경찰 병력과 다시 맞섰다. 회사의 과장 하나가 노동자들에게 6개월 동안 더 시위를 계속한다 해도 물 한 모금조차 얻지 못할 것이라고 단언했을 때, 시위자들은 격분해 병원에 실려 갈 정도로 그를 구타했다. 이 사건으로 시위자 몇 명이 경찰에 연행되었는데 그들은 주로 노동자의 부인들이었다.

　부산시와 영도경찰서는 이제 회사가 '난동'이라고 부르기 시작한 불법 시위를 종식시키기 위한 진압 작전을 고려하기 시작했다. 그러나 노조 간부들과 경찰, 정보부 요원, 부산시장, 부산시 보건사회과 과장이 모여 강도 높은 협상과 모임을 계속한 결과 그 작전 계획은 취소된다. 부산시와 경찰 간부들은 8월 29일부터 회의를 거듭한 끝에 1천7백 명인 밤샘농성 참여 노조원의 숫자를 2백 명으로 줄이고, 가족들을 진정시킬 것을 노조에 요구하는 중재안을 마련했다. 회사에는 밀린 7월분 임금을 지불하라고 요구했다. 부산시장이 제안한 별도의 중재안은 사측에는 밀린 임금을 지불하고 직장 폐쇄를 철회할 것을, 노조에는 회사와 협상할 동안 열흘간 직장에 복귀할 것을 요청했다.[97] 노조는 두 제안을 다 받아들였고, 농성 참여 조합원 수를 2백 명으로 줄였다. 그러나 회사는 "6개월이 걸려도" "쟁의의 백지화"를 추구할 것이라며 두 제안을 모두 거절했다.

가족들이 대규모로 시위에 참여한 것은 회사가 7월분 임금 지불을 거부한 탓도 있었다. 사측은 파업이 회사의 회계 절차에 지장을 초래했다는 변명을 내세웠다. 회사는 9월 6일에 임금을 지급하겠다고 약속했으나, 후에 그 약속을 뒤집었다. 9월 6일 이후 사흘 동안 어린이를 포함한 가족들은 임금 지급을 요구하면서 회사 사무실 앞에 집결했다.[98] 경찰이 출동하고, 중앙정보부, 기동대, 그리고 부산시장까지 그 자리에 모습을 보였다(허재업의 회고).[99] 여성들 중 일부가 사무실로 진입해 싸움이 일어났고, 노조 간부들이 간신히 그들을 설득해 귀가시켰으나 그 와중에 이사 한 명과 사장 비서, 그리고 공장 관리자가 폭행을 당했다.[100]

노조 지부장 허재업이 신중하게 파업을 이끌어 가려 했던 것은 분명하다. 그는 "회사가 작전하는 데 말려들지" 않도록 "가족들을 동원치 말고 잘 설득"하자고 간부들에게 부탁했다.[101] 그는 조합원들에게 음주, 화투 놀이, 폭력 등을 엄격히 금지하는 지시를 빈번하게 내보냈고, 수출

97_두 중재안은 조공 문서철 #23, 1969년 9월 5일, 금속노조의 "호소문" 참조.

98_이 시기의 날짜별 사건들은 조공 문서철 #29의 업무 일지와 Ogle(1973, 378-379) 참조.

99_Ogle(1973, 379).

100_허재업은 노조 간부들이 "[우리] 간부들이 폭력에 대한 책임을 지게 된다"고 말하며 여성들을 설득하려 했다고 회고한다(Ogle 1973, 379).

101_조공 문서철 #28, 1969년 9월 4일 투쟁위원회 회의록.

을 위해 건조 중인 선박 근처에 가지 말라고 명령했다. 한편 회사는 노조를 "반사회적인 불법 집단"이며 "이미 폭도화"한 단체라고 규정하고, 심지어 노동자들이 장비와 비품을 훔쳐 내고 있다는 주장까지 폈다.

금속노조가 그랬던 것처럼 조공 노조 간부들도 그들의 파업이 "우리나라 오십만 근로자"의 운명을 가를 노동운동의 중요한 시험대라고 묘사하기를 좋아했다.[102] 하지만 동시에 허재업과 핵심 노조 지도자들은 그들의 수사와 관계없이 '모 아니면 도' 식의 투쟁이 아니라 타협을 도출하는 결말을 원했다. 그들은 조공 파업자들에 대해 눈에 띄게 유연한 태도를 보이고 있던 부산시 경찰 당국, 그리고 시장과 긴밀하게 접촉했고, 노조는 중재안을 받아들일 자세가 되어 있었다.

국가의 개입과 노조의 패배

9월 초에 이르면 상황은 어떤 종류의 타협도 불가능해 보이는 지점으로 치닫게 된다. 회사는 단체협약의 효력이 6월 30일로 끝났다고 선언하고, 이를 기초로 상근 노조 간부에 대한 임금 지급과 노동조합비 공제를 중지했다.[103] 이어 9월 9일에는 지부장 허재업을 포함해 16명의

102_ 조공 문서철 #28, 1969년 9월 4일 투쟁위원회 회의록. 1969년 말 현재, 한국에는 44만4,372명의 조직노동자가 있었다(Ogle 1973, 231).

103_ 노조 지도부와 사측 간의 적대감은 "술에 만취된 사장 비서실장이" 허재업의 "사퇴를 종용"했다는 노조의 비난에서도 읽을 수 있다. 노조 측 주장에 따르면, 사장이 상경한 허재업 지부장과의 면담을 거부하는 동안 지부장의 부재를 이용, 회사 간부들이 "중견 조합원"들을 불러 술자리를 마련하면서 노조 "조직의 분열과 쟁의의 파괴를 기도"하고 있었다(조공 문서철 #28, 1969년 9월 3일, 금속노조의 "조공 사태에 부치는 공개장").

노조 간부를 해고하겠다고 공고했다.[104]

　　노조는 격론 끝에 쟁의 종결에 관한 결정권을 금속노조에 시한부로 위임하기로 한다.[105] 쟁의권 위임 이유는 회의록에 막연하게밖에 설명되어 있지 않다. 박정부는 "이 싸움이 우리만의 싸움이 아니고 전체 근로자의 싸움"이므로 "전체 조직의 싸움을 위해 권한 위임하는 것이 낫다"고 했다. 일부는 금속노조에 쟁의 종결권이 아니라 협상권만 위임해야 한다고 주장했고, 다른 이들은 어떤 권리도 산별노조에 이양해서는 안 된다고 주장했다. 금속노조와 조공 지부에서는 민영화 정책의 결과 조공에서 시작해 다수의 기업체로 노동자의 투쟁이 확대되리라 예상하고 있었음을 박정부의 진술을 통해 짐작할 수 있다.

　　여러 노조의 연계 행동은 당시 그런 연계 행동이 가능했는지 여부를 떠나, 국가의 개입을 정당화하는 이유 중 하나로 거론되었다. 9월 18일 한국 역사상 처음으로 정부는 노동쟁의에 대한 긴급조정권을 행사했다. 이로써 파업과 직장 폐쇄가 모두 종결되었다. 정부 당국이 긴급조정의 주된 이유로 제시한 것은 파업이 국가 경제를 위태롭게 하고 있다는 것이었다. 보건사회부 장관 명의로 중앙노동위원회에 전달된 지시서에는 긴급조정을 명령하는 첫 번째 이유가 다음과 같이 설명되어 있다. "회사의 규모가 클 뿐만 아니라, 금속노조가 모든 소속 노조들의 연대 행동을 요청했다. 따라서 노동쟁의가 전국적으로 확산될 가능성이 있다."[106]

104_목록은 조공 문서철 #23, 1969년 9월 19일, "부당노동행위 구제 신청" 참조.

105_조공 문서철 #28, 1969년 9월 13일 쟁의대책위원회 회의록.

부산시장, 부산지방노동위원회, 조공 및 조공 노조는 모두 중앙노동위원회로부터 조선소의 상황을 정상화하라는 지침을 전달받았다. 다음 날 조공 지부의 쟁의대책위원회는 긴급조정을 수용하기로 결정하고 파업을 종결했다.[107] 노동자들은 회사로부터 아무 것도 얻어 내지 못한 채 50일간의 파업을 그만두는 것을 달가워하지 않았다. 이지환은 긴급조정안을 받아들이는 것은 "우리[가] 죽어야 한다는 것이기 때문에" 노조는 필요하다면 "단식이라도 불사"하면서 저항해야 한다고 주장했다. 다른 이들은 "지금[껏] 방관하다시피" 해온 정부가 노동자들에게 유리하게 일을 처리할지 의문을 표하기 시작했다.

그러나 다수 의견은 박정희 대통령의 결정을 존중하자는 것이었다. 김상관은 "우리나라 최고 행정 책임자인 대통령의 명령이라고 생각해서 …… 복종하는 것이 좋을 것"이라고 말했고, 예종국 등은 "법치국가의 국민된 의무이기에" 또는 "국가권력에 속하는" 문제이기에 수락해야 한다고 주장했다. "정부도 우리를 죽이려고 하지는 않을 것을 믿고서" 수락하자는 의견부터, 정부가 회사의 처사를 "보다 못하여 우리를 살리기 위한 것"일 거라는 희망까지 쟁의대책위원회의 회의에서 대다수는 정부의 선의에 대한 믿음을 드러냈다.[108] 이런 논의에 나타나는 것

106_이 영문 번역은 Ogle(1973, 376)의 인용문을 기초로 했다. 다른 두 가지 이유로 열거된 것은 조선산업에서 조공 조선소가 차지하는 중대한 역할과 관련이 있다. "(b) 선박의 건조, 수리, 수출을 전문으로 하는 회사에서, 현재 파업이 40일[7월 31일~9월 18일까지]을 초과했기 때문에, 현저히 국민경제를 해할 위험이 현존한다. (c) 중국에 인도할 250톤급 선박 20척의 작업이 중단되었다."

107_조공 문서철 #26, 1969년 9월 19일 쟁의대책위원회 회의록.

108_조공 문서철 #26, 1969년 9월 19일 쟁의대책위원회 회의록.

公告

下記者는 就業規則第78條第3.7.9号 違反
으로 1969年9月13日 人事委員會 議決에
따라 懲戒解雇(就業規則第79條第6号) 處
分하였기에 公告함

所屬	職	階	姓	名
總務部附	事務	職 職	許 朴 池 柳 權 朴 金 林 孫 金 梁 吳	業 夫 玉 浩 蘭 德 相 男 奉 中 植 俊 烈 寬 龍 鴻
機械部附	勞	務 務		在 政 相 時 承 五 仁 昌 得 正 東 炳 明 相 白 震
總務部附		工 職 工 職		
機械部		時 務		
造船部		臨 勞 臨 勞		
生産支援室		臨 時		

1969. 9. 17

株式會社 大韓造船公社

1969년 9월, 조공 명의 노조 간부와 조합원을 해고한다는 회사의 공고문(한진중공업 노조 소장 자료).

처럼 당시 조공 노조원들은 박정희 대통령을 노동 탄압자로 보지 않았다. 오히려 대다수가 민족국가 건설이라는 그의 정치사상을 완전히 지지하고 있는 듯했다. 앞에서 논의했듯이, 박정희 대통령이 주장하는 기업의 사회적 사명과 노사 협력에 대한 요구는, 가난 극복과 번영된 국가 건설에 대한 열정적인 요청과 맞물려 노동자들의 마음에 와 닿는 데가 있었다. 노조 업무 일지에 기록된 다음의 일화는 조공 노조원들 사이에서 박정희 대통령에 대한 지지도가 높았음을 분명히 보여 준다. 조공 파업이 최고조에 달했을 때, 한국노총의 부산시협의회는 부산에 온 한국노총 사무국장 및 조직부장과 함께 조공 쟁의와 박정희 대통령의 삼선 개헌 계획에 대해 논의하는 모임을 가졌는데, 이때 허재업은 박정희 대통령이 대통령직을 세 번째 수행할 수 있게 허용하는 삼선 개헌에 전적으로 동의한다고 말했다.[109] 일부 조합원은 국가가 노동운동을 탄압할까 염려하는 대신, 이 상황을 통해 노동자의 현실을 대통령에게 직접 전달할 수 있으리라는 희망을 피력하기까지 했다. 결국 만장일치로 긴급조정을 수용하는 것으로 결론이 났다.

회사 또한 정부의 지시를 수용해 직장 폐쇄를 철회했다. 그러나 이와 동시에 열두 명의 노조 간부와 네 명의 일반 노조원을 해고한다는 공고를 붙였다.[110] 노동자들은 9월 20일 직장으로 복귀했으나, 회사 간

109_조공 문서철 #29, 1969년 9월 15~16일 업무 일지 기록.

110_강경파로 분류되어 해고당한 조합원은 지부장 허재업, 부지부장 세 명 중 한 명인 박정부, 부장 박상옥, 지시호, 유승란, 권오덕, 박인상, 김창남, 차장 박득봉, 김정중, 김상관, 양백용, 그리고 일반 노조원 김동식, 최병준, 손명렬, 오진환이었다. 해고자 중 열 명은 후에 체포되었다(전국금속노동조합연맹 1993, 140 참조).

부들이 임시직 노동자의 복귀를 막아 물리적인 충돌이 빚어지기도 했다. 노조 간부와 노조원의 해고에 대한 부당노동행위 고발 건에 대해 조사가 시작되었고, 동시에 핵심 노조 간부들에 대한 경찰 심문도 시작되었다. 9월 24일 노조원 세 명이 파업에 대한 태도 문제로 싸우다 경찰에 연행되는 일이 있었는데, 이는 노동자들 사이의 내부 균열이 악화되고 있음을 시사하는 것이었다.[111] 한편, 부산시장은 조공 노동자 가족들에게 밀가루 포대를 보냄으로써 노동자들에 대한 그의 동정심을 다시 한 번 표현했다.

훗날 허재업은 파업 노동자들에 대한 정부의 태도에 큰 변화가 생긴 것은 조선소에 폭우로 인한 일련의 사건들이 발생한 9월 중순경이었다고 말했다. 감옥에서 출소한 1970년 이후의 어느 시점에서 이루어진 오글과의 면접에서 허재업은 다음과 같이 그 상황을 회고했다.

> 9월 14일 폭우가 내렸습니다. 파업은 여전히 진행 중이었죠. 비로 인해 정전 사고가 발생했는데, 그런 위급 상황에서는 발전기를 즉시 가동해야 합니다. 그렇게 하지 않으면 도크들이 침수가 되기 때문이지요. 계속해서 거기서 물을 퍼내는 펌프들이 있습니다.
>
> 전류 유입이 중단되었을 때, 공장장이 즉시 발전기를 켜기 위해 갔지만 발전기 운전자들은 파업 중이었고 그래서 자리에 없었지요. 그가 실수를 해서, 발전기를 켜는 대신 전체를 날려 버려 작동을 못하게 만들었습니다. 피해가 심각했지요(Ogle 1973, 379-380).

111_그들은 벌금형을 선고받고 12월 30일에 석방되었다(전국금속노동조합연맹 1993, 134, 142).

허재업에 따르면 공장장은 파업으로 인해 사고가 발생했다고 회사 본사에 보고했고, 회사는 노동자들이 회사의 자산과 장비에 위해를 가했다고 박정희 대통령에게 직접 보고했다. 그 결과, 사건에 책임이 있는 자들을 체포하라는 명령이 떨어졌고, 노조 간부 열한 명이 체포되었다. 허재업은 노동자 측 이야기를 전달하기 위해 정부 관료를 만나려고 시도하던 중 서울에서 연행되었다.

조공 문서철에서는 이 사건과 관련된 정보를 찾기 어렵다. 사실, 조공 문서 자료실에는 그해 9월 중순경부터 새 노조 지부장 팽종출을 중심으로 새 지도부가 수립되는 다음 해까지 노조 회의, 서신 또는 사건에 대한 기록이 별로 남아 있지 않다. 하지만 허재업이 생각하고 있었던 것처럼, 회사 측이 이 사건을 노조와 노동자들이 무책임하고 반민족적이라고 규정하는 데 좋은 증거로 이용했고 정부 관리들도 그것을 받아들여서 결국 박정희 대통령의 노조 탄압 결정이 촉발되었다고 보는 것이 맞을 것이다. 이 사건 이후 수일 내에 파업과 직장 폐쇄를 끝내라는 명령이 내려졌고, 수주일 내에 조공 조합원 열한 명이 체포되었다.

조공 파업은 9월 19일에 끝났지만, 쟁의가 끝난 것은 아니었다. 쟁의를 끝낸 것은 허재업을 포함한 노조 핵심 지도자들의 연행과 노조 내부의 분열이었다. 9월 27일, 중앙노동위원회는 긴급조정이 실패했다고 선언하고 조공 건을 중재로 넘겼다. 이런 결정이 내려지자마자, 9월에 발생했던 노조원과 회사 간부 간, 그리고 조합원 간의 물리적인 충돌을 이유로 회사는 허재업을 비롯한 열한 명의 노조 지도자를 고소했다. 경찰은 10월 2~4일 사이에 노조 간부들을 체포했는데, 죄목은 폭행, 사유재산 손괴, 명예훼손, 영업 방해, 모욕적인 언어 사용 등이었다.[112]

허재업이 오글과의 인터뷰에서 언급한 노조 '단결력의 균열'은 간부들의 연행 이전에도 이미 상당 기간 진행되고 있었다. 우리는 1960년대 중반에 사측이 반대파를 키우고 공모한 증거를 이미 살펴보았다. 그러나 남궁련 사장이 이끄는 조공 경영진은 조합원들, 특히 사무직과 기술직을 노조 지도부로부터 분리해 내는 데 훨씬 더 성공적이었던 것 같다. 8월에 허재업 등 노조 간부들은 사측으로 노조원들이 넘어가는 것에 대해 깊은 우려를 표시했다. 노조는 심지어 영도 지역사회에서 조합원들의 수상한 행동을 감시하고 정보 수집을 담당할 열 명의 정보팀을 꾸리기도 했다. 한번은 허재업이 눈물을 글썽이며, 회사에 매수되지 말라고 조합원들에게 애원을 한 일도 있었다.

노조로부터 멀어져 간 첫 번째 그룹은 엔지니어와 사무직 사원이었다. 허재업은 9월 초에 "약 129명의 엔지니어, 사무실 직원들, 그리고 다른 사무직 사원들이 …… [지방 신문에] 노조 탈퇴를 발표하면서 노조 간부들의 사임을 요구했다"고 회고했다(Ogle 1973, 380).[113] 노조 간부들이 다음 몇 주일 동안 탈퇴를 재고하도록 이들을 열심히 설득했으나 아무런 소용이 없었다. 허재업은 그들의 탈퇴가 조합원 사이에 "심각한 문제를 초래하였고 …… 점차적으로 우리의 투지는 약해지기 시작했다"고 회상했다(Ogle 1973, 380).

노조에 따르면, 사측은 9월 2일 서울로 허재업을 유인하고서 그의 부재를 이용해 조합원들에게 접근해 노조 탈퇴를 강요했다.[114] 회사의

112_연행된 조합원의 명단은 전국금속노동조합연맹(1993, 134, 140) 참조.

113_오글에 따르면, 사무직 사원 187명이 9월 6일, 지역 신문에 노조 탈퇴를 발표했다(Ogle 1973, 375-376).

114_조공 문서철 #29, 8월 하순에서 9월 중순까지의 업무 일지에 이 기간 동안의 일들이 상세히

전략은 허재업이 이끄는 노조 지도부를 '노동 귀족', 즉 노동자의 이해를 보호하기보다는 노동운동 내 자신의 경력을 관리하기 위해 폭동과 폭력을 부추기는 자들로 묘사하는 것이었다. 부산 공장장 하영환은 "현직위 유지와 보신책으로 선량한 노조원들 및 가족까지 위협 선동"한 노조 내 "극소수 노동 귀족"을 비난했다. 그에 따르면, 이들은 "무분별한 파괴와 집단 폭행, 인신 상해, 명예훼손, 업무 방해, 공로상의 불법 집회 및 시위" 등 "상식 이하의 발악적인 온갖 난동을 자행"했다.[115]

1969년 당시 사측이 시도한 분할통치 전략은 관리자들이 일부 조합원을 동원해 허재업의 지부장 자리를 박탈하려 한 1965년의 경우보다 훨씬 성공적이었다. 그 이유는 사주가 단호한 반노조 입장을 일관되게 유지했고, 그 입장을 뒷받침하기 위해 민족주의적 수사와 정부의 지원을 동원하는 데 탁월했기 때문이라고 할 수 있다. 타이밍 또한 그에게 유리했는데, 그때가 되면 국가가 전투적 노동조합운동을 수출 주도 성장 전략의 방해물로 인지하고 이를 제거하기 위해 기업과 최대한 협조할 태세가 되어 있었기 때문이었다. 또한 1960년대 후반 무렵 막 형성되기 시작한 중산층과 노동계급 사이의 괴리가 점점 커지고 있던 상

기록되어 있다. 허재업은 서울에 있는 사장 집에서 6시간 동안 기다렸으나 소득이 없었다. 금속노조의 언론 보도 자료에 따르면, 회사는 또한 일부 직장을 매수해 그들이 휘하에 있는 노동자들을 압박하게 했다. 9월 5일 노조에 탈퇴서를 제출한 조합원 중 50명은 후에 농성 중인 1천3백 명의 조합원들 앞에 나타나 노조 탈퇴를 강요하는 다양한 회사의 책략을 폭로했다(전국금속노동조합연맹 1993, 136).

115_조공 문서철 #28, 1969년 9월 4일, 부산 공장장이 노조 지부장에게 보낸 편지. 1970년대 초에 오글과의 인터뷰에서 한 조공 관리자는 "파업을 일으킨 노조 지도자들은 건전한 노사 관계보다 사실 자신들의 세력에 더 관심이 있었다"고 회사 입장을 되풀이하고 있다(Ogle 1973, 383).

황도 작용했을 것이다. 엔지니어와 사무직 사원으로 대표되는 노조 내 중산층이, 노조의 평등주의와 노동자 중심의 담론에 반해 회사와 박정희 정권이 내세우는 경제성장 중심의 민족주의적 담론을 수용해 가는 상황을 짐작해 볼 수 있다. 앞서 언급했듯이 9월 초 다수의 사원이 노조를 공식 탈퇴하면서 내세운 첫 번째 이유는 "회사가 8월 중순까지 20척의 선박을 건조키로 대만과 계약"했으며 한국 역사상 최초의 선박 수출이 되는 이 주문과 기타 긴박한 주문은 "나라의 발전을 위해서 간과될 수 없다"는 것이었다.[116] 장기화되는 파업이 20척의 선박 건조에 초래하는 위험은 회사가 노조에 대한 공세에 사용한 주요 주제였고, 정부가 9월 18일 긴급조정명령을 내릴 때 열거한 이유 중 하나이기도 했다.

이 상황에서 노조를 차지할 기회를 엿본 사람은 사무직 사원이자 노조의 상임 부지부장인 노두홍이었다.[117] 조공 경영진이 오랫동안 선호했던 노두홍과 부지부장 중 한 명이자 기계공인 팽종출은 10월 초 연행된 노조 간부에 포함되지 않았는데, 이는 그들이 노조의 고위직 간부이면서도 1969년도 파업에 적극적으로 참여하지 않았다는 것을 의미한다. 10월 4일 허재업이 연행된 뒤 노두홍은 지부의 직인을 훔쳤고, 10월 7일 이 직인을 사용해 부산지방노동위원회에 쟁의 취하를 신고했다. 그러고 나서 그는 달아나 버렸다.[118]

116_두 번째 이유는 노조 지도부가 "전제적"이었다는 것이다(Ogle 1973, 375-376).

117_1969년 5월 28일 박정부가 상임 부지부장직에서 사임하고 노두홍이 그 자리를 이었다(조공 문서철 #28, 1969년 5월 28일, 통지문). 허재업은 노두홍이 "그 대가로 1백만 원을 받았다"고 주장했다(Ogle 1973, 380).

118_조공 문서철 #23, 1969년 10월 13일 회의록.

격분한 노조 간부들은 모임을 갖고 노두홍을 제명했으며, 도난당한 직인을 무효화하고, 10월 13일 노동위원회에 10월 7일에 제출된 쟁의 취하 신고가 무효라고 신고했다. 그동안 감방에 있던 허재업은 더 신뢰할 수 있다고 본 팽종출에게 그의 권한을 넘겨주었다. 그러나 10월 23일 팽종출은 10월 13일에 제출한 쟁의 취하 무효 신고를 다시 취하했고, 그로서 조공 노동쟁의는 공식적으로 종결되었다.[119] 팽종출이 이끄는 노조는 10월 25일 사측과의 합의에 서명했는데, 그 내용은 모든 점에서 노조의 완전 굴복을 의미했다.[120] 허재업은 조공 노동자들이 자랑스러워하던 "퇴직금 누진제와 단체협약이 완전히 사라지고 말았다"고 한탄했다(Ogle 1973, 381).

1969년 10월 강제로 노조에서 축출된 전투적인 조공 노조 지도부의 운명은 좋지 못했다. 허재업 등 연행된 노조원들은 5개월 동안 구치소 생활을 했고, 1970년 1월 시작된 재판에서 폭력, 사보타주, 폭동 선동 등의 죄목을 쓰게 되었다.[121] 유죄 선고 뒤 부산지방법원에서 3월 14일 판결이 있었는데, 허재업은 1년 형을 선고받았고, 박정부와 다른 여

119_ 조공 문서철 #23, 1969년 10월 23일, "쟁의 취하 무효 신고에 대하여".

120_ 조공 문서철 #23, 1969년 10월 25일, "협정서". 합의 내용은 단체협약을 "최단 시일 내에 새로이 체결"하고 "기타 노사문제는 [노사협의회를 통해서 해결한다"는 등 모호한 것이었다. 한 가지 긍정적인 항목은 "쟁의를 이유로 한 일체의 보복은 하지 않는다"는 것이었는데, 이미 구속된 노조 간부들의 석방에 대해서는 "사장님께 최대한의 협정을 요청한다"는 미온적 태도를 보였다.

121_ 재판에 관해서는 Ogle(1973, 377; 381-382); 전국금속노동조합연맹(1993, 142) 참조. 전국금속노동조합연맹(1993)은 각 피고인에 대한 검사의 구형량(2년에서 2년 반)과 선고 내용을 싣고 있다.

덟 명은 8개월에서 1년에 이르는 형을 선고받았으나 형 집행은 유예되었다. 체포된 간부 중 당시 조공 지부가 아닌 금속노조 본조의 간부였던 권오덕만 선고유예 처분을 받았다.[122] 판사는 허재업을 제외한 모두를 석방했다.

체포된 노조원들을 고발했던 당사자인 회사는 재판 과정 내내 허재업에게 위원장직을 사임하라고, 그렇게만 한다면 그에 대한 모든 고발을 취하하겠다고 권유했지만 허재업은 거부했다. 허재업에게 부과된 네 가지 기소 내용 — 가족들이 시위 중 관리자를 구타한 폭력 행위, 폭동 조장, 공장 발전기의 사보타주, 그리고 불법 침입 — 중 폭력 행사와 위협에 대해서만 유죄가 인정되었다(Ogle 1973, 381).[123] 사보타주 죄는 파업 때문에 발전기 사고가 났다는 회사의 주장에도 불구하고 기각되었다. 불법 침입죄 역시 기각되었다.

조공 노조는 구속된 전 간부들의 법정 싸움을 어느 정도 지원했다. 예를 들어 1970년 6월, 노조 운영위원들이 허재업을 위해 현장에서 모금 운동을 했고, 지부장은 대구 감옥으로 허재업을 방문했다.[124] 노조

122_그러나 권오덕은 1969년도 조공 파업에 깊숙이 관여하고 있었다(2001년 9월 20일 권오덕 인터뷰. 면담자: 김준). 불구속되었던 다른 16명에게도 역시 같은 날 선고가 내려졌다. 노조 간부 9명, 일반 조합원 4명, 그리고 조합원 가족인 여성 2명이 선고유예를 받았고, 조합원 1명은 3천 원 벌금형을 받았다.

123_허재업은 세 번째 죄목인 폭동 선동에 대해 오글에게 다음과 같이 설명했다. "법에 따르면, 만약 한 집단이 모욕적 언사로 위협하고 소리를 지른다면, 그것은 폭동을 조장하는 것으로 해석될 수 있다고 한다." 불법 침입으로 기소된 것은 회사가 직장 폐쇄를 선언한 뒤에도 계속된 노조의 연좌 농성 때문이다.

124_조공 문서철 #31, 1970년 6~7월까지의 업무 일지.

는 1970년 7월 9일로 예정된 허재업의 대구고등법원 항소심을 참관하도록 두 명의 간부를 대구에 보냈다.[125] 그러나 재판은 연기되었고, 허재업은 7월 10일 감옥에서 풀려났다. 7월 13일 그가 노조 사무실과 현장을 방문한 기록도 있다. 연기된 항소심 재판은 1973년에야 대구고등법원에서 재개되었다.[126] 1973년 12월, 판사는 "심각한 불법행위가 없었다"고 판결했고, 허재업의 유죄 선고 기록은 삭제되었다(Ogle 1973, 382). 4년간의 긴 법정 싸움 후, 마침내 법원이 허재업에게 죄가 없다고 선언한 것이다. 그러나 전체적으로 봤을 때 파업에서 큰 승리를 거둔 것은 회사였다. 허재업 등 투쟁성이 강한 노조 간부들이 해고되고 노조로부터 축출되었다. 4년 후의 재판 결과가 이 사실을 바꿀 수는 없었다. 허재업이나 다른 어느 해고 간부도 감옥에서 풀려난 뒤 조공 노조에 복귀할 수 없었다.[127]

125_조공 문서철 #31, 1970년 7월 9일자 업무 일지.

126_조공 문서철 #38, 1974년 3월 30일 노조 대의원대회 회의록에 첨부된 "활동 보고". 이 보고서에 의하면 1973년 9월 27일, 허재업을 제외한 전원이 이 재판에서 선고유예를 받았다.

127_그러나 일부는 계속 노동 현장에 남아 다른 노조나 노동단체를 이끌었다. 권오덕과 박인상은 머지않아 지역 노조를 조직하는 데 착수한다(2006년 5월 30일 권오덕 인터뷰. 면담자: 남화숙). 그들의 이름은 금속노조의 『1970 사업보고서』에 영도 지회의 부지부장과 사무국장으로 다시 등장한다(전국금속노동조합연맹 1971, 39). 1972년, 권오덕과 박인상은 부산 지역 노조의 간부 자격으로 조공 지부와 접촉한 기록이 있다(조공 문서철 #34, 1972년 2월 23일; 1972년 4월 17일; 1972년 7월 27일 업무 일지). 박인상은 조공 지부를 떠난 뒤, 1988년 전국금속노조연맹 위원장이 되고(1991년과 1994년에 재선됨), 1996년에는 마침내 한국노총 위원장에 당선(1999년에 재선됨)되는 등 노동운동에서 성공적인 경력을 쌓았다. 2000년에는 국회의원에 당선되었고, 2002년이 되면 한국노총이 기획했으나 불발한 새 노동자 정당의 대통령 후보 물망에 오른다. 그는 현재, 한국국제노동재단(KOILAF)의 이사장으로 활동 중이다. 권오덕 또한 1970년대 동안 노동운동을 계속했다(2001년 9월 20일 권오덕 인터뷰. 면담자: 김준). 자세한 내용은 이 책의 10장 참조.

1968~69년까지 조공에서 있었던 투쟁은 1960년대 한국의 주요 노사 투쟁 중 하나였고, 그 당시 조공 및 기타 노조에 대한 정부의 탄압은 한국 노사 관계의 새 시대를 열고 급속한 경제성장을 이루기 위해 무대를 정비하는 역할을 했다. 조공 조선소와 그 노동자들의 역사는 성공적인 수출 전략의 기반을 다지기 위해 노동자를 길들이는 일이 쉽게, 또는 자연스럽게 진행되지 않았다는 것을 보여 준다. 그를 위해서는 수년간에 걸친 회사의 투쟁과 정부 측의 결정적인 정책 변화가 필요했다. 국가와 기업이 힘을 합쳐 마침내 조공 조선소에서 노동자들의 운동을 진압할 수 있었는데, 이것은 결정적으로 중요한 이 시기에 전국 곳곳에서 반복된 과정이었다.

9

유신 시대의 조선산업 노동자들

_1970년대

대한조선공사(약칭 조공)의 전투적 노동조합운동은 1950년대 후반부터 1969년 가을까지 약 10년간 지속되었다. 1969년 노조가 패배하게 된 원인에는 여러 가지가 있지만 그중에서도 정부의 노동정책 변화가 노조 지도부 몰락의 직접적인 이유로 부각된다. 1960년대에는 노동청, 중앙과 지방의 노동위원회뿐만 아니라 부산시장실과 경찰도 합법적인 노조 활동을 긍정적으로 대하는 자세를 보였다. 그러나 1969년 초가 되면 박정희 정권은 조직노동운동이 경제 발전에서 담당하는 긍정적 역할을 인정하고 강조하던 입장으로부터 등을 돌리게 된다.

노동문제를 검토하고 조직노동운동에 대한 새 정책을 마련하기 위해 대통령비서실은 1969년 대학교수로 구성된 특별위원회를 소집한다.[1] 위원회가 내린 결론의 요지는 "노동조합이 합리적 방향으로 성장하기 위해서는 정부로부터 상당한 감독과 지도를 받을 필요가 있다"는 것이었다. 이 보고서는 세부적인 항목으로 일본식 기업별노조로의 조직 재편, 노사분규의 효율적 해결을 위한 노동법의 '현대화', 평화롭고 협조적인 노사 관계의 보장을 위한 시도 단위 노사위원회 설치를 제안했다. 위원회는 경제 발전을 위한 산업 '평화'와 '협동' 확보라는 목표를 위해 기존의 산별노조 중심 체제와 노동권을 보장하는 노동법령을 약화하는 수단으로 노사 관계의 '근대화'와 '합리화'에 주목했던 듯하다.

비록 "공개 토론용으로 출간되지는 않았지만" 조지 오글에 따르면 위원회 보고서는 "정부 측에 상당한 영향력을 미쳤던 것이 분명"하며, 해당 보고서에 추천된 항목들은 이후 1972년 개정 노동법에 반영된다. 따라서 1969년 무렵부터 노조에 대한 철저한 '감독'과 '협조적인' 조합주의에 기초한 노조 지도자 훈련을 강조하는 새 노동정책이 등장한다. 박정희 대통령은 1970년 노동절 기념사에서 노동자들에게 회사와 협조하고, 무리한 요구를 삼가고, 열심히 일할 것을 요청하는 연설을 함으로써 이 새 정책을 뒷받침했다. 1960년대처럼 기업가와 노동자의 사회적 사명, 그리고 노동법 틀 안에서의 상호 협조를 강조하는 대신, 이제 노동정책의 초점은 필요하다면 노동법령을 무시하면서라도 조직노동운동을 길들이는 쪽으로 옮겨 갔다. 1960년대 후반에는 박정희 정권의 수출 주도 발전 전략이 공고화되고 있었고, 그런 지형에서 조공 조합원들이 주장하듯 국가의 발전에 노동자도 정당한 자리를 차지하고

1_위원회의 보고서와 영향력에 대해서는 Ogle(1973, 231-233) 참조.

주체적으로 참여해 중요한 역할을 할 수 있다는 친노동 담론은 끼어들 틈이 없었다.

이렇게 변화한 정치·경제 환경에서 조공 노동자들이 발전시켜 온 것과 같은 전투적이고 민주적인 노동조합운동은 설 자리를 찾기 어려웠다. 조공에서 1968~69년에 걸쳐 일어난 일련의 파업은 박정희 정권이 권위주의적인 노동정책으로 선회하는 계기를 만든 바로 그런 성격의 노동운동을 대표하는 사건이었다. 따라서 조공 노조의 분쇄는 국지적으로 일어난 노동 탄압 사례가 아니라, 다가오는 1970년대에 정권의 노동정책이 대폭 변할 것임을 알리는 신호탄이었다. 이 장은 조공 조선소의 담장을 넘어 전국적 차원에서 박정희 정권이 권위주의적 노동정책으로 전환하게 된 사회경제적·정치적 조건들을 좀 더 자세히 고찰한다. 그리고 새로운 정치·경제 질서하에서 1970년대를 거치며 조공 조선소 노동운동의 성격이 어떻게 변화해 가는지를 살핀다. 마지막 절에서는 한때 전투적이었던 조선산업 노동자들이 1970년대를 온순하게 보낼 수밖에 없었던 여러 가지 이유에 대해 생각해 본다.

권위주의적 노동 정치를 향하여

조공 노조가 1969년 파업에서 패배한 사건은 1972년 박정희 정권이 전폭적인 정치적 변화를 시도해 "본격적인, 공식적 권위주의"full-blown, formal authoritarianism[2] 체제의 수립으로 이어지는 일련의 사건과 행동들 속에

2_브루스 커밍스가 유신 체제를 규정하면서 쓴 표현이다(Cumings 1997, 358).

자리매김된다. 박정희 정권의 권위주의 체제는 1972년의 유신헌법 선포와 함께 갑자기 시작된 것이 아니다. 1972년 박정희의 운명적인 정치적 결단을 야기한 조건들은 1960년대 후반부터 무르익고 있었다. 박정희 지배에 대한 저항이 거세지는 등의 국내 정치의 위기 상황과, 미국의 전 지구적 전략 변화 및 북한의 위협 고조에 의해 촉발된 국가안보에 대한 우려는 유신 권위주의 체제로 선회하는 데 중요한 역할을 했다. 중국과의 데탕트, 대만에 대한 지원 축소, 베트남전쟁 철수, 한국 내 미군 한 개 사단 규모 감축 등 미국의 국제 정책의 극적인 변화는 박정희 정권의 위기의식을 높이기에 충분했다(Cumings 1997, 358-359).

박정희에게 이에 못지않게 우려스러웠던 것은 1960년대 중반 동안 빠르게 성장해 그의 지배에 정당성을 부여해 주던 국내 경제가 위기 상황에 빠졌다는 사실이었다. 일부 부문에 대한 과도한 투자, 외국 융자에 지나치게 의존한 기업들의 부도, 외채 상환의 부담, 외환 보유고 문제, 노조들의 투쟁성 증가로 인한 실질임금 상승과 기업 경쟁력 감소, 선진국의 보호주의 증대, 그 결과인 한국 상품의 수출시장 확보 곤란 등 많은 요인이 복합적으로 작용해, 뻗어 나가던 한국 경제를 주저앉히고 있었다(박동철 1999, 181). 이 중 가장 우려스러운 문제는 외채 상환 부담이었는데, 총외채 액수는 1968년이 되면 국민총생산GNP 대비 20%를 넘고, 그 후 가파르게 상승해 1971년에는 30%에 달하게 된다(Woo 1991, 105, 표 4.8).

1960년대 후반 해외 차관의 폭발적 증가는 1960년대 말 외채 위기로 이어졌고, 파산 직전에 몰린 대기업들은 집단적으로 강력하게 정부에 구제금융을 요청했다. 이 위기 상황에서 박정희 정권은 대기업들의 편에 서는 결단을 내려, 대기업들이 많은 빚을 끌어다 쓰고 있던 사채시장을 동결하는 조치를 취한다(1972년 8월 3일). 그 조치는 가계 저축이나 퇴직금을 사채시장에 투자하고 있던 수많은 소액 투자자의 희생을 초래했다.[3] 1970년대 초가 되면 강력한 발전 국가를 지향하는 국가와, "점점 더 자신감을 쌓고 정치적으로 노회해지는" 대기업 간의 굳건한 연합이 뿌리를 내리면서 경제성장의 지속을 위해 권위주의적 해결을 추구하게 된다(Woo 1991, 116-117).

임금 상승 압력은 국가-대기업 연합에 또 하나의 위협으로 등장했다. 빠르게 확대되는 투자, 농촌인구의 도시 이주 현상 둔화, 산업 노동자의 노조 조직화와 투쟁성 증가 등에 의해 야기된 실질임금 상승은 1960년대 말 노동정책의 변화를 불러온 핵심 이유였다(장하원 1999, 98-100). 제조업을 보면 1963~68년 사이 생산성이 4.1% 상승하는 동안 실질임금은 1.2% 하락한다.[4] 그러나 1968~71년까지의 기간에는 그 추세가 역전되어 실질임금 상승률(16.9%)이 생산성 상승률(16.1%)을 앞지르는데, 이는 부분적으로는 인플레이션과 생산성 상승분을 따라잡으려는 노동운동에 의해 성취된 것이었다. 한편 비농업 노동자 총수가 1963년의 290만 명에서 1970년이 되면 490만 명으로 늘고, 이들 중 많은 수가 노동조합으로 조직화되고 투쟁성을 보이기 시작한다. 앞서 보았듯이 이것이 1960년대 대부분의 기간 동안 노사문제에 적극적으로

3_우정은은 이 "한국 역사상 첫 번째 외채 위기"를 한국 정치가 권위주의로 전환하게 된 분기점으로 본다. "최종적으로, 본격적인 권위주의 쪽으로 추가 기울도록 한 결정적인 세력은 재계였다. 이 중대한 결과는 …… 자유주의적(liberal) 정치 질서가 재계의 오연한 요구를 만족시켜 주는 것이 논리적으로 불가능하다는 데서 나온 것이다"(Woo 1991, 109-113).

4_이 통계의 출처는 장하원(1999, 99, 표 2)이다.

개입하지 않던 정부가 노동문제에 대한 입장을 재고하게 된 배경이었다(장하원 1999, 98).[5]

1960년대 후반이 되면 정부는 노동운동을 치밀하게 통제해 한국 기업들이 세계시장에서 경쟁력을 갖도록 저임금을 유지하는 것이 각별히 시급한 문제라는 인식을 하게 된다.[6] 1960년대를 통해 수출산업의 잠재성이 꾸준히 드러나면서 시행착오의 과정을 거쳐 정부의 수출주도 산업정책이 최종적으로 확정지어진 것이 이 시점이다(장하원 1999, 100-112). 또한 이때는 정부가 외국인 직접투자를 적극적으로 추구하기 시작하던 시점이기도 하다. 1960년대 후반의 경제 위기를 극복하기 위해 정부는 직접투자를 가능한 한 억제하던 입장을 수정해, 상업 차관에서 외국인 직접투자로 주안점을 옮기면서 외국 투자자들에 더 매력적인 투자 환경을 조성하기 위해 본격적으로 노력한다(최장집 1988, 94; Choi 1989, 87).

1969년 경상북도 구미에 산업 단지가 건설되었고, 1970년 마산에 첫 수출자유지역이 생겨 저임금을 노리는 외국 다국적기업들을 유치하기 시작했다. 외국자본을 유인하기 위해 정부는 여성 노동자가 대다수인 일부 사업장에서 싹트고 있던 전투적 노동조합운동을 억압했다. 주로 여성 노동자로 구성된 외국인 투자 기업인 오크전자와 시그네틱

5_장하원은 노동법이 적용되는 산업 인력의 규모가 산업 정책이나 정권의 안정에 영향을 미칠 만큼 크지 않았기 때문에(1963년도 73만 명, 1970년도 150만 명) 국가가 노동문제에 관심을 쏟지 않았다고 본다. 그러나 1960년대 후반 노동정책의 변화를 추동한 주요 요인은 산업 인력의 규모가 아니라 산업 노동자들 사이에서 발전해 가던 노동운동이었다.

6_최장집도 1969~71년 사이에 국가 노동정책과 노동운동의 운명이 결정적인 전환점을 맞았다고 본다(최장집 1988, 93-98; Choi 1989, 86-91).

스 노조에 대해 1968년부터 시작된 탄압이 이 새로운 노동정책의 예다(이옥지 2001, 102-104; Ogle 1973, 363-366). 그와 함께 정부는 추후의 노동운동을 예방하기 위해 외국 투자 기업에서 노조 조직과 쟁의를 크게 제한하는 법률을 마련한다. '외국인 투자 기업의 노동조합 및 노동쟁의 조정에 관한 임시 특례법'이라는 이름의 이 법은 1969년 12월 국회를 통과해 1970년 1월 반포되었다.

1968년과 1969년은 세계 곳곳에서 사회운동이 분출한, 역사적으로 매우 특별한 시기다. 앤드류 고든은 일본에 대해 "1960년대 후반에서 1970년대 초반에 일어난 정치적 저항의 전 지구적 물결이 큰 힘을 가지고 전국을 덮쳤다"라고 기술한다. 일본의 학생운동은 이 시기 절정에 달해 건물을 점거하고 경찰과 충돌했으며 "신좌파는 사업장에도 눈을 돌려 …… 비공식 그룹과 협조적 노조의 본거지에서조차도 일부 지지 기반을 확보한다"(Gordon 1998, 184-185). 미국과 유럽에서도 반베트남전쟁 운동에 의해 고양된 급진주의와 대중운동이 자본주의 정치와 경제라는 기성 질서에 신명난 도전을 펼쳤다.[7] 중남미와 여타 지역에서는 학생·노동·혁명 운동이 자본주의 정권에 도전하거나 정권 타도를 시도하고 있었다.

한국의 사회불안은 이런 세계적 추세를 뒤따라 1970년과 1971년에 최고조에 달한다. 1968년 전후부터 노동운동이 빠르게 힘을 얻어 가고 있었다. 유신헌법 선포로 치달려 가는 이 시기에 대한조선공사, 오크전자, 시그네틱스에서의 파업에 더해 수차례에 걸친 광산 노동자

7_이 역사적인 1968년도에 세계 각처에서 일어난 사건들에 대해서는 Fraser(1998) 참조.

의 파업과 가두시위, 방림방적, 태평방직, 금성방직 등 섬유 노동자들의 파업, 전국섬유노동조합이 이끈 대규모 섬유 노동자 쟁의, 직장 폐쇄에 맞서는 동양기계 노동자들의 파업 등이 이어졌다.[8] 1969년과 1970년에 걸쳐서는 인건비 절감을 위한 컨테이너화 계획에 대한 부두 노동자들의 저항이 충남 장항의 풍농비료와 부산항, 인천항에서 일어났다(전국부두노동조합 1979, 350-360).[9]

유신 체제 수립 직전인 1970년도와 1971년도는 노사분규가 강하게 분출하던 해였다. 1970년 2월 한국화이자의 화학 노동자들이 옥상 농성과 단식파업을 벌였고, 그해 8월 미군에 고용된 3만여 한국인 노동자들이 쟁의에 들어갔으며, 9월에는 서울 소재의 여러 대형 병원에서 간호사들이 파업을 시작했고, 11월에는 철도노조 간부들이 단식 농성을 벌였다. 1971년 1월, 한국노동조합총연맹(약칭 한국노총)이 정부의 뜻에 거슬러 정치 활동을 시작하겠다고 천명했고, 같은 달 아시아자동차 노동자들의 단식파업이 있었으며, 노조 간부 한 명이 자살 위협을 하기도 했다. 4월에는 쟁의 중인 은행 조합원들이 호랑이 마스크를 쓰고 일하는 등 창의성을 발휘해 매스컴을 탔고, 주한 미국대사관 보안 직원들이 단체협약을 요구하며 농성을 벌였다. 6~7월 사이에는 병원 인턴과 레지던트들의 파업이 일어났다.

이런 파업은 노조에 속한 노동자들에 의해 일어난 것이었다. 하지

8_1961~71년의 쟁의와 파업 목록은 이은진(1981, 67-69; 93-105); 한국노총(1979, 899-913) 참조.

9_장항 쟁의는 1970년 5월 중앙정보부의 개입으로 끝이 난다. 컨테이너화를 둘러싼 노동쟁의는 1970년대 내내 계속되었다.

만 1970년부터는 가장 착취받는 노동자층에 속하는 미조직노동자 사이에서 새로운 종류의 노동운동이 일어나기 시작한다. 1965~69년까지 한국의 제조업 고용인 수는 29만1천 명에서 82만9천 명으로 세 배 가까이 늘어난다(경제기획원 1969; 1970). 경제활동인구 총수에서 광업·제조업 노동자가 차지하는 비율도 1963년의 8.7%에서 1970년이 되면 14.3%로 높아진다.[10] 점점 확대되는 산업 노동자층으로 흡수된 것은 농촌에서 상경한, 주로 여성 신규 노동자들이었다. 1960년대 후반부터 섬유, 전자, 가발 생산, 식품 가공, 고무 같은 제조업 부문에서 젊은 여성 노동자에 대한 수요가 급증했고, 1971년이 되면 저임금 여성 노동자가 제조업 노동 인력의 44% 이상을 차지하게 된다.[11] 여성 노동자들이 일터에서 맞닥뜨린 경제적·사회적·조직적 상황은 조공 조선소 노동자와 같은 조직화된 남성 노동자들의 상황과 크게 달랐다.

의류산업 노동자의 경우가 그 차이를 생생하게 보여 준다. 1970년 11월 13일 서울의 평화시장에서는 남성 의류 노동자인 전태일이 착취가 극심한 대규모 의류시장의 영세 공장에서 어린 여성 노동자들이 참담한 노동조건 아래 시달리고 있는 것에 항의하며 분신한다.[12] 분신 전

10_ 1980년에는 22.5%에 달한다(김준 2002, 54).

11_ 김준(2002, 55-59) 참조. 1975년 현재, 제조업 여성 노동자의 59.4%가 20세 미만이었다.

12_ 전태일 사건은 한국 노동 관련 문헌에서 1970년대의 가장 중요한 노동 사건의 하나로 널리 인식되어 왔다. 그의 분신이 지식인, 학생들의 의식에 가한 충격과 영향, 그의 희생을 딛고 태어난 청계피복노조의 수십 년에 걸친 강인한 투쟁 때문에 많은 논자들이 전태일 분신 사건을 한국에서 새로운 자주적 노동운동이 탄생하는 순간으로 본다. 청계피복노조는 11월이 지나기 전에 전태일의 동료 노동자 오백여 명에 의해 전태일의 어머니를 정신적 지주로 하여 창립되었으며, 1970년대에 유신 체제에 항거하는 노동자들의 저항의 상징이 된다(Chun 2003 참

상당 기간 동안 전태일은 정부 노동 당국과 한국노총으로부터 도움을 받으려 애썼지만 그의 노력은 외면당했다. 불꽃이 솟아오르며 몸을 삼킬 때 그가 절규했던 요구는 "근로기준법을 준수하라!", "우리는 기계가 아니다! 일요일은 쉬게 하라!", "노동자들을 혹사하지 말라!"였다.[13] 전태일의 자기희생적 행동과 뒤이어 밝혀진 의류공장들의 참혹한 노동 사정은 사회에 심한 충격을 주었다. 전태일의 절박한 행동은 고용주의 반노조적 태도에 고민하던 다른 노동자들이 유사한 행동을 선택하는 계기가 되기도 했다. 노조를 조직하려다 해고된 한 조선호텔 종업원이 전태일 분신 후 2주도 채 되지 않아 분신했고, 1971년 2월에는 코리아회관의 한 종업원이 분신을 시도했다. 전태일로 시작된 분신 항거는 이후 한국의 권위주의 정권에 항거하는 노동자와 학생들의 절박하고 상징적인 투쟁 과정에서 하나의 뚜렷한 양식으로 정착되어 갔다.[14]

조). Chun(2003)의 한국어판은 전순옥, 『끝나지 않은 시다의 노래』(한겨레출판, 2004)이고, 이 밖에 안재성, 『청계, 내 청춘: 청계피복노조의 빛나는 기억』(돌베개, 2007); 오도엽, 『지겹도록 고마운 사람들아: 이소선 여든의 기억』(후마니타스, 2008); 이소선 구술, 민종덕 정리, 『어머니의 길: 이소선 어머니의 회상』(돌베개, 1990)에 청계피복노조의 역사가 잘 드러난다.

13_이 사건의 영향에 대해 오글은 다음과 같이 기술한다. "불가사의한 방식으로 이 22세의 젊은 이는 해가 거듭되도록 계속 타오르는 정신적 불꽃을 점화했다. 그의 불붙은 몸이 잔혹한 평화시장의 착취 공장을 밝히고 전국의 노동자들에게서 고통과 항의의 신음 소리를 끌어냈다. 그의 행동은 그 후 지금까지 저항과 항쟁의 상징이 되어 왔다"(Ogle 1990, 73). 전태일의 희생의 의미를 정립시키고 노동운동과 사회운동에 크나큰 영향을 미친 기념비적인 저작은 고 조영래 변호사가 지은 『전태일 평전』(전태일기념사업회, 2009)으로, 전태일기념관건립위원회에서 엮은 『어느 청년노동자의 삶과 죽음: 전태일 평전』(돌베개, 1983)이 이 책의 초판본이다.

14_전국민족민주유가족협의회(약칭 유가협) 통계에 따르면, 1970~97년까지 총 91명이 정치적 저항의 표시로 자살을 택했다. 박정희 정권하 1970년대에 3명, 전두환 정권 시기(1980~87년) 27명, 노태우 정권 시기(1988~92년) 44명, 그리고 김영삼 정부 시기(1993~98년) 17명이다. 유가협의 통계에 의하면 위의 자살 사례 이외에 한국에서 1971~97년까지 민주화 투쟁 과

1971년이 되면 정치·경제적 긴장이 더욱 고조된다. 4월, 폭넓은 지지 기반을 가진 야당 정치인 김대중과 박빙의 승부를 통해 박정희 대통령이 재선에 성공하는데, 표차가 근소해 조직적인 선거 부정이 자행되지 않았다면 김대중이 이겼을 거라고 믿는 사람들이 많았다. 1971년 5월, 주곡인 쌀값이 사상 최고치를 기록했고, 8월에는 경기도 광주의 빈민촌에서 3만여 주민들이 인간다운 삶에 필요한 최소한의 기반 시설조차 마련되지 않은 상황 등에 항의하며 '폭동'을 일으켰다. 9월에는 베트남에 파견되었던 한진상사 기술자 4백여 명이 미불 임금에 대한 쟁의 중 재벌 한진그룹 소유의 대한항공 건물에 방화해 서울 시민들을 놀라게 했다.[15] 1971년 12월에는 국가비상사태가 선포되고 '국가보위에 관한 특별조치법'이 반포된다. 그 9조 1항은 노동자의 단체협상과 단체행동권을 극도로 제한했다. 이 법은 9년 뒤, 박정희 암살 후인 1980년 12월에야 철회된다. 1973년의 노동법 개정으로 노동권은 더욱 위축되었다.

노동자의 파업이나 대중 소요 자체가 박정희 정권의 권위주의 전환을 추동할 만큼 심각한 위협으로 인식되었던 것 같지는 않지만, 한국노총의 노동 통제 시스템으로 순화되지 않고 밑으로부터 치고 올라오는 저항의 분출이 정책 결정자들에게 중대한 문제로 여겨졌던 것은 분명하다. 특히 전태일 사건이 노동문제를 정치적 논쟁의 중앙 무대로 밀어

정에서 사망한 사람은 총 122명인데, 타살이 18명이고, 의문사 42명, 단식 중 사망 1명, 병사 39명, 사고사 22명으로 집계되어 있다(조희연 2002, 155에서 재인용).

15_대한항공은 1969년 3월 1일 민영화되어 한진그룹 소유가 되었다. 한국의 베트남전쟁 참전으로 인해 열린 유리한 사업 기회를 활용해 주요 대기업으로 일어선 한진은 1989년 조공을 인수한다.

올린 여파로, 지식인과 활동가들이 노동자에게 다가가려는 노력을 경주하게 되는 한편 노동 통제 문제에 대한 국가의 우려도 커져 갔다.[16] 경제는 위기 상황에 빠져 있었고, 3선을 향한 박정희의 무리한 정치 공작에 대한 정치적 저항은 높아져 갔다.

1972년 가을, 조공의 전투적 노조가 꺾인 지 3년 후, 박정희는 비상계엄령을 선포하고 주요 도시에 탱크와 군대를 진입시킨 후 정치적 반대파를 체포하고 국회를 해산했다. 기존 헌법을 폐기하고 독재 권력의 토대가 되는 '유신헌법'이라 불리는 새 수정 헌법을 반포함으로써 박정희는 거의 무한정한 권력을 손에 쥐게 된다.

국가 통제하의 대한조선공사 노동조합운동

박정희 정권이 정치와 경제 문제들에 대해 권위주의적 해결책을 채택하면서 노동운동에 이전과는 확실히 다른 새로운 시대가 열렸다. 노동 통제를 책임지는 것은 주로 경찰과 중앙정보부의 몫이 되었다. 1960년대에도 형사와 정보부 요원이 노조의 활동을 파악하기 위해 노조 사무실을 들락거렸지만 1970년대에는 이전 시기와 비교가 되지 않을 만큼 노조 활동의 모든 측면에서 정보부와 경찰의 감시와 통제가 심해졌다. 새로운 노사 관계의 정신으로 '협조'와 '감독'에 강조점이 두어졌지만, 실제로는 국가의 완전한 통제를 받는 노동운동만이 허용되었다. 노동

16_커밍스는 전태일 사건이 유신 체제로의 이행 배후에 놓인 주요 이유 중의 하나였다고 본다 (Cumings 1997, 356, 371).

자들은 이런 종류의 노동운동을 친정부·친회사·반노동자적이라는 의미로 '어용'이라 불렀다. 이 장에서는 1960년대와 대비되는 1970년대의 노동 통제 관행을 '국가 통제하의 노동조합운동'으로 부른다.

국가 통제하의 억압적인 노사 관계가 조공 조선소에 뿌리내림에 따라 노조의 회의 기록에서는 현장으로부터 들려오던 갈등의 목소리나 활기찬 토론이 사라진다. 대신 노조는 회사와 예의 바른 관계를 맺어가면서 회사와 정부가 정한 범위 내에서 수동적으로 보수 인상과 복지 확대 문제를 논의했다. 노조 활동의 대부분은 반공 교육과 시위, 공장 새마을운동, 품질관리 운동과 같은 정부가 추진하는 캠페인이나 합리화 프로젝트에 바쳐졌다. 노조 가입 자격도 1970년대에 체결된 단협에서 임시공이 제외되는 등 대폭 축소되었다. 조공 노조를 전국 모든 노동자를 위한 투쟁의 선두에 서게 했던, 다른 노동자들을 향한 연대 의식과 사명감도 더 이상 보이지 않는다.

노조 사무실 방문을 비롯한 노동운동에 대한 경찰의 개입은 식민지 시기 이후 계속되어 온 관행으로, 새로운 상황이 아니었다. 조공 지부는 노동과 정보 분야 담당 영도경찰서 형사들과 우호적 관계를 맺어 오고 있었다. 조공 노조의 업무 일지를 보면, 예컨대 1964년 6월~1966년 6월 사이 형사, 정보부 요원, 방첩대CIC 요원 등 정보계 인사들이 노조 사무실을 한 달 평균 4.7회 방문하고 있다.[17] 형사는 대개 영도경찰서

17_조공 문서철 #6, 1964년 6월 19일~1966년 6월 30일 업무 일지; #16, 1966년 7~12월 업무 일지(조공 문서철 목록은 이 책의 〈부록 1〉 참조). 내역을 보자면, 1964년 6~12월 15회, 1965년 88회, 1966년 1~6월 20회, 1966년 7~12월 23회다. 조공 노동자들은 이들 방문객들을 'ACP'라고 불렀는데, 이는 중앙정보부(KCIA), 방첩대(CIC), 경찰(Police)을 가리킨다(2001

에서 나왔지만 부산경찰서에서 오는 경우도 있었다. 노조 간부들이 경찰서를 방문하는 경우도 간혹 있었고, 드물기는 하지만 형사의 결혼식에 참석하거나 병상에 누운 형사를 방문하기도 했다.

그러나 1969년부터는 경찰과 중앙정보부 요원의 노조 사무실 출현 빈도가 현격히 늘어난다. 1970년 6~12월까지 7개월 동안 노조 업무 일지는 형사 방문 65회, 중정 요원 방문 8회를 기록하고 있다.[18] 합해서 한 달에 무려 평균 열 번 이상 정보 담당자의 방문이 있었던 셈이다. 노조 업무 일지는 때로 정보부 요원을 '조공 담당자'(1970~71년의 경우 '이씨')로 기록하고 있는데, 보통 이 담당자가 노조 사무실로 찾아오거나 전화를 걸어 조선소의 노사 관계 문제를 논의했다. 1971년 1월 3일 노조 간부 여섯 명이 중앙정보부 교육과정을 이수했고,[19] 1971년 10월 21일 경찰의 날에 노조 지부장 팽종출은 영도경찰서장으로부터 표창을 받는다(한진중공업노동조합 1995, 470). 노사문제에 대한 경찰의 깊숙한 개입과 노조 활동에 대한 중앙정보부의 항시적인 감시는 1970년대 내내, 그리고 1980년대 들어서까지도 계속되었다.[20]

1970년대에 노조는 공장 새마을운동과 같은 정부의 이데올로기 캠페인 참여에 많은 시간과 노력을 기울인다.[21] 공장 새마을운동은 이데

년 9월 20일 권오덕 인터뷰. 면담자: 김준).

18_조공 문서철 #31, 업무 일지.

19_조공 문서철 #31, 1971년 1월 3일자 업무 일지.

20_예를 들어 1972년 한 해 동안만 해도 형사나 정보 요원 방문이 269차례(월평균 22.4회)나 일지에 기록되어 있다(조공 문서철 #31; 32; 34; 37; 47; 49의 업무 일지들; 『1982 업무 일지』 참조).

21_공장 새마을운동에 대한 논의와 평가에 대해서는 Choi(1989, 173-192); 최장집(1988, 7장)

올로기적 방법을 통해 헌신적인 노동 인력을 유지하는 것을 목표로 한 운동으로, 노동권을 보호하는 실정법으로 말미암아 폭력적인 노동자 통제가 어느 정도 제한되어 있는 상황에 대한 보완책이기도 했다(최장집 1988, 179-180; Choi 1989, 176-177). 이 국가 주도 운동의 중심에는 애국주의와 '성장 제일주의' 이데올로기에 대한 끝없는 강조가 있었다. 그 논리는 당장의 욕구 충족을 요구하지 않고 열심히 노력하면 장차 훨씬 큰 '파이'를 만들 수 있고, 그럴 때 노동자들이 나누어 받는 파이 조각도 더 커지리라는 것이었다.

공장 새마을운동은 1970년 '근면, 자조, 협동'의 기치 아래 농촌에서 시작된 새마을운동이 공장으로 확장된 것이었다.[22] 노사 관계 정책의 측면에서 공장 새마을운동의 초점은 한편으로는 생산과 경영의 합리화에, 다른 한편으로는 경영가족주의 이데올로기와 노사협조를 추구하는 노동조합주의의 주입에 있었다. '새마을 분임조'라 불리는 소그룹이 조직되어 원가 절감과 생산성 향상 방법을 토론하고 제안했으며, 공장 새마을운동의 이름 아래 1분 일찍 출근해 작업장 청소하기, 시작,

---

참조. 최장집에 따르면, 국가의 규범적 노동 통제 노력은 공장의 노사협의회와 공장 새마을운동이라는 두 가지 제도적 장치를 중심으로 진행되었다. 공장 새마을운동의 효과에 대해 그는 "대중의 수용이라는 측면에서의" 한계와 함께, "한국의 공장에서 나태와 항거의 싹이 세뇌나 수치심 유발을 통한 도덕적 압력 아래 압살되는 코포라티즘적·권위주의적 작업장 환경을" 조성하는 데 성공한 점을 강조하는 조심스러운 결론을 내린다(최장집 1988, 186-187; Choi 1989, 184).

22_박정희의 새마을운동은 중국 국민당 정부가 1930년대부터 벌인 신생활운동, 식민지 조선에서 전개된 다양한 대중 동원 운동, 1950년대부터 진행된 일본의 신생활운동 등 동아시아의 유사 운동들과 이데올로기, 언어, 테크닉 면에서 공유되는 부분이 많다. 새마을운동의 계보학은 아직 연구가 충분히 되어 있지 않으며, 특히 비교사적 관점에서의 천착이 필요한 주제다.

종료, 휴식 시간 엄수 운동 등 노동자의 움직임과 태도를 통제하는 다양한 방법들이 고안되고 실행되었다(신원철 2001, 255; 286-294).[23]

직장에 조화롭고 상호적인 가족관계를 재현하기 위해 '종업원을 가족같이, 회사 일을 자기 일처럼'이라는 구호 아래 노동자들은 회사와 국가에 충성을 바치고 고용주는 회사의 복지정책을 확충하도록 장려되었다.[24] 나이 든 세대의 한국 노동자들은 이미 식민지 말기 노력동원을 위한 열띤 이데올로기 캠페인을 통해 이런 가족의 은유에 익숙해져 있었고, 박정희 대통령도 이미 1960년대부터 이를 자주 사용해 왔다. 오랜 세월 지속적으로 노동자들에게 제시되어 왔음에도 불구하고 이 '회사를 가족처럼'이라는 선전이 회사에 대한 노동자의 태도를 바꾸는 데 크게 기여했다는 증거는 희박하다. 회사가 충성의 대가로 노동자의 삶의 질을 개선하기 위해 애쓰는 아버지 같은 자세를 보여 주지 않는 한 이런 경영가족주의 이데올로기는, 특히 노조가 힘이 더 세서 사측을 좌지우지했던 1960년대의 불균등한 노사 관계를 기억하는 조공의 노

23_'새마을 분임조'의 도입은 많은 사업장에서 기존의 '품질관리(Quality Control, QC) 분임조'의 운용에 혼란을 초래했다. 1978년 정부는 QC 분임조, 무결점(Zero Defect) 분임조 등의 여타 소그룹을 새마을 분임조로 합치도록 명령한다. QC, ZD 운동의 도입에 대해서는 신원철(2001, 256) 참조.

24_공장 새마을운동의 출범을 알린 1973년 11월 수출의 날 치사를 통해 박정희 대통령은 '회사를 가족처럼'이라는 이데올로기를 그 운동의 핵심으로 강조한다. "노사 간에 긴밀한 협조가 있어야 합니다. 기업주는 피고용자들이 그들의 가족인 것처럼 그들의 급료 인상과 노동조건의 개선과 복지 증진을 위해 최선의 노력을 기울여야 하며, 근로자들은 공장을 내 것처럼 아끼고 공장일을 내 일처럼 하면서 책임감 있고 성실하게 맡은 바 임무를 수행하여야 합니다. 이 같은 회사에서는 가족과 같은 분위기로 생산성이 증가할 것이고, 근로자들은 그들의 충실한 임무 수행에 대한 응분의 보상을 받을 것입니다"(최장집 1988, 185; Choi 1989, 182-183).

동자들에게는, 영향력을 발휘하기 어려웠을 것이다.[25]

1973년 오일쇼크 이후 생산성 향상과 노동자 요구 억제를 위한 국가의 노력은 더욱 그 시급성을 더해 갔다(최장집 1988, 185; Choi 1989, 182). 상공부의 지휘 아래 1974년 3월 공장 새마을운동을 위한 모델 공장 200개가 지정되고, 이는 1976년까지 1,465개소로 늘어난다(신원철 2001, 255-256). 1977년부터 상시 10인 이상을 고용하는 모든 광공업 사업장에 공장 새마을운동이 의무화되었다. 한국노총과 전국금속노동조합은 처음부터 이 운동에 매우 적극적으로 나섰으며, 조공 지부는 1974년에 새마을운동을 채택했다. 신임 노조지부장 팽종출은 진심으로 공장 새마을운동을 지지한 듯하다. 1974년 4월의 운영위원회 회의에서 그는 다음과 같은 발언으로 회의를 마치고 있다. "새마을 사업은 온 국민이 잘살자는 사업이므로 회사나 노조가 합심하여 공동 사업으로 적극 추진해야 하겠으며 금년부터는 노동운동과 새마을운동을 결부시켜 추진하여 나갈 계획입니다."[26]

공장 새마을 분임조가 조공에 시작된 것은 1976년으로, 1978년이 되면 7~9명으로 구성된 579개의 서클이 월 1시간의 토론 모임을 가지게 된다(신원철 2001, 292-293).[27] 회사는 새마을훈련소를 1976년 개소했

25_1980년대 한국의 한 대기업에서 사무직 노동자들의 태도를 관찰한 로저 자넬리의 보고는 노동자들에게 '회사를 가족처럼'이라는 이데올로기를 주입하는 것이 어려웠음을 시사한다. 해당 이데올로기가 "회사 잡지나 교육 강습을 통해 널리 퍼져 있었지만" 하급 사무직원들은 그런 가족 은유를 거부하며 그에 대한 저항감을 간접적으로 표현하는 경향이 있었다(Janelli 1993, 223; 235).

26_조공 문서철 #38, 1974년 4월 3일 운영위원회 회의록. 1974년 3월 30일의 대의원대회 회의록 참조.

는데, 1978년 9월까지 이 훈련소를 거쳐 간 종업원은 3천 명이 넘었다. 공장 새마을운동이라는 이름으로 온갖 종류의 운동과 활동이 추진되었는데, 앞서 언급한 1분 일찍 출근하기와 작업장 조기 청소 이외에도 공지 활용 해바라기 재배, 도로변에 화단 설치, 빠른 걸음 걷기, 표준 삭발하기, 인사 먼저 하기, 꽁초 안 버리기, 작업 중 잡담 안 하기 운동 등이 장려되었다. '새마을 합동 결혼식'이 열리고, 원가절감에 공헌한 제안을 낸 우수 종업원 표창이 있었다.[28] 조공 노조는 공장 새마을운동과 함께 반공운동에도 적극 참가했다. 1974년 11월 전국에서 처음으로 반공연맹 사업장 지부가 결성된 곳도 조공이었다(신원철 2001, 289).[29]

팽종출은 임한식이나 허재업 같은 이전 지부장들에 비해 성격이 조용하고 온순한 편이었던 것 같다.[30] 1970년대 초에 그를 인터뷰한 조지 오글에 따르면, 팽종출은 면담 내내 거의 말을 하지 않았고 그에게 건넨 질문은 같이 참석했던 회사의 인사과 간부가 대신 답변했다(Ogle 1973, 385).[31] 팽종출은 생산성 증가의 절대적 중요성이나 경영가족주의 이데올로기에 대해 어떤 의문도 품지 않았던 것으로 보인다. 한국노

27_신원철은 노동자들의 월별 분임조 토론회 참여 태도가 별로 열성적이지 않았다고 결론짓는다. 더욱이 새마을 분임조의 도입과 함께 1970년도 초부터 활발하던 QC 분임조 활동이 위축되기 시작한다.

28_조공의 공장 새마을운동에 대해서는 신원철(2001, 290-295) 참조.

29_1974년 5월, 조공은 방위산업 사업체로 지정되어 고속 순찰정을 만들기 시작했다.

30_팽종출은 1932년 경남 창원에서 출생해 근처의 진해에서 중학교를 졸업하고 1951~59년까지 진해 해군 공작창에서 일한 후 다른 금속 사업장을 거쳐 1962년 조공에 안착했다. 그는 1968년 11월 16일의 대의원대회에서 부지부장 중의 하나로 선출된다.

31_오글은 "이것이 오늘날 노사 간에 존재하는 종류의 '협조'다"라고 덧붙였다.

총과 산별노조들이 모두 지지했던 유신 체제에 대해서도 팽종출은 그냥 수용하는 것에서 한발 더 나아가 "우리가 10월 유신을 통하여 대한조선공사 조합원의 긍지를 찾았"다고 선언한다.[32] 그의 지도하에서 진행된 사측과의 협상은 이전 허재업 지도부 때의 양상과는 사뭇 다른 모습을 보인다. 팽종출 지도부 시기의 협상은 서로 다른 목적을 가진 양측 사이의 협상이라기보다는 지부장과 회사 사장 사이의 간담에 가까웠고 지부장은 면담 후 회사 사장의 입장을 노조에 전달하는 데 그치고 있다. 회사는 이제 노조를 고용관계 관리 업무의 파트너로 보고 있었다.

노사 간에 총임금 상승분이 결정되면 노조가 여러 그룹의 조합원들 간에, 그리고 다양한 임금과 수당 사이에 그 총액을 어떻게 분배할지에 대해 입장을 제시하던 이전까지의 관행과 달리, 이제 노조는 사측이 자유로이 방법을 정하도록 일임한다. 그 결정을 노조는 다음과 같은 논리로 정당화했다. "분배 방법에서 노동조합이 개입을 하면 회사에서 주는 급료가 마치 노동조합에서 주는 것처럼 좋지 않은 현상을 가져오게 됨으로 …… 노동조합에서 임금 인상 분배 문제에 깊이 관여를 할 수 없다는 것이 노동조합의 입장"이다.[33]

회사는 임금 인상분의 많은 부분을 기본급을 올리는 대신 성과급이나 승진에 사용해 조합원들의 불만을 사곤 했다. 실상 팽종출은 사측이

32_조공 문서철 #36, 1972년 12월 6일 운영위원회 회의록.

33_1975년부터 시작해 노조는 임금 인상 자원의 일정 부분을 기본급 인상(base-up)분으로 확보하려 노력하지만, 1979년도 임금 인상 합의 때까지는 집단별 인상률에 대한 세부적인 내역이 합의에 포함되지 않았다. 사측은 따라서 일방적으로 배분 문제에 대한 결정을 내리고 노조에 통보하는 식이었다(신원철 2001, 311-313).

'새마을 급여 예산 제도'라 선전하지만 당시 노동자들은 '도급제'라 이해하던 새 성과급 제도의 도입에 찬성하고 있었다.[34] 팽종출은 새로 조직된 조선본부 본부장의 다음과 같은 주장을 조합원들에게 되풀이한다. "현재 조선본부장의 말에 의하면 우리 회사는 일을 못하는 사람이 일을 많이 하는 사람들 틈에 너무 많이 머물고 있다고 합니다." 그러므로 더 많이 일하는 종업원이 더 많은 보수를 받는 것이 공평하다는 주장이었다. "도급은 근로자에게 이익이 될 수 있다고 나는 생각 …… 도급제로 한다면 평등하게 일의 댓가의 급여를 받을 수 있지 않습니까. 현재 선진국의 말을 들어볼 것 같으면 실질적으로 우리가 8시간 해야 하는 일을 4시간에 마칠 수 있다 라는 것입니다."[35] 이는 항상 노동자들의 기술, 피땀 어린 노력, 그리고 회사와 국가 경제에 기여한다는 사실에 대한 자부심을 피력하던 이전 조공 노조 지도부의 입장과 전혀 딴판인 인식이었다.

새 지도부는 관리자들 못지않게 조합원들의 작업 윤리 결여를 무척 우려하고 있었던 것 같다. 하지만 공장 새마을운동이 절정에 달한 시점에조차 회사와 새 노조 지도부가 원하던 종류의 '작업 윤리'는 조공 조선소에 뿌리내리지 못한 듯하다. 관리자들은 1970년대에 들어서도 작업장에서 노동자들이 어떻게 움직이며 시간을 보내는지에 대해 제대로 통제할 능력이 없었다. '작업장'을 최소 단위로 '작업자 카드'와 '작업

34_신원철이 면담한 전 조공 노동자들은 '새마을 성과급'이라는 용어를 기억하지 못했다. 하지만 그것이 회사가 사용한 공식 용어였다(신원철 2001, 319; 321).

35_조공 문서철 #43, 1977년 7월 13일 회의록.

지시서'를 발부해 각 종업원이 언제 얼마나 일을 하는지 파악하는 체계적 생산관리 시스템이 도입된 것은 1976년의 일이었다(신원철 2001, 282-283). 전 조공 노동자 이정식의 회고에 따르면 조공이 1970년대에도 "일하기 최고 편했"고 "워낙 노는 사람이 많고 일이 생산성이 안 올라서 처음에 성과급 제도를 하니까 생산성이 배가 아니라 더 올랐다"(신원철 2001, 322).

1976년에 노조는 자발적으로 노조 간부로 구성된 '계몽 순찰' 팀을 조직해 공장 새마을운동의 일환인 작업장 규율과 시간 엄수를 교육하고자 했다. 노동자의 "잘못을 시정하는" 관리자의 역할을 해야 하는 몹시 곤란한 입장에 처한 노조 쟁의부장이 "무엇을 계몽하느냐고 현장에서 문의하는데 이때 답변은 어떻게 했으면 좋습니까?"라고 회의에서 질문하자 의장 팽종출은 다음과 같이 답변했다. "조합원의 애로와 권익 신장을 위해서라고 하면 되겠습니다"(신원철 2001, 287).

그러나 노조가 노동자들의 권리와 이익을 위해 싸우고 있었다고는 말하기 어렵다. 1969년 파업 패배 전과 후의 단체협약을 비교하면 1970년대 팽종출 지도부 시기에 노동자의 권리와 이익을 보호하는 제반 조항들이 얼마나 후퇴했는지가 분명히 드러난다(자세한 비교는 이 책의 〈부록 3〉 참조). 1969년에 사측이 원했던 개정 단협 초안이 1970년도 단협에 거의 그대로 반영되어 1970년대 내내 유지되었다고 보면 된다. 1970년대에 노조는 임시공 및 외부에서 파견되어 온 계약직 노동자들의 권리와 이해에 거의 관심을 두지 않았다. 회사 측은 이제 인사 문제에 대한 주요 결정을 일방적으로 내릴 수 있었고, 1970년대 초의 대량해고에도 노조가 반대한 기록은 없다. 1979년도 경제 불황 속에서 노조는 "생산성 향상을 위해 …… 회사의 어떠한 조치에도 기꺼이 승복한다"고 '결의문'을 통해 선언하고, 비상근무 체제에 돌입, 하기휴가 반납, 연월차 휴가 유보, 국경일 근무, 일요일 휴일 50% 반납에 합의하고 있다.[36]

조합원들과 조합에서 배제된 노동자들은, 생산성 향상을 위한 사명감에 불타며 회사와 국가를 위해 새로운 종류의 애국적이고 근면한 종업원을 창조하는 데 매진하는 지도부를 곱게 보고 있었던 것 같지 않다. 1970년대 노조 회의 기록에서 이제 일반 조합원들의 목소리를 듣기는 힘들지만, 불평 사례가 가끔 등장하는 일도 있다. 예를 들어, 한 조합원은 "노동조합을 피부로 느끼는 것은 언제나 봉급날의 급여 명세서를 보았을 때뿐"[37]이라 했고, 한 익명의 계약직 노동자는 1982년, "무엇 때문에 업체 대표와 편안하게 다방에나 앉아서 구걸 형식으로 임금 인상 폭을 사정합니까"라고 노조 위원장을 비판하면서 "제발 어용 노조를 탈피하여 노사 간에 협조도 중요합니다만 내용과 현실을 알고 하십시오"라고 충고하는 편지를 보냈다(신원철 2001, 301).[38] 그럼에도 일반 조합원들은 15년 가까이 시간이 흐르도록 팽종출 지도부나 그 후임 지도

36_1972년, 노조는 그해의 임금 인상 요구에서 임시공을 제외하기로 결정했다. 하지만 1975년에는 하청 업체 소속 조공 조선소 파견 노동자들을 조직하기 시작한다. 사측은 때로 생산 라인을 외주로 돌렸고, 해당 노동자들은 조공을 사직하고 조공과 계약을 맺은 회사로 옮겨 가야 했다. 1975년 조공 지부는 이들 노동자들을 항도·도장·오리엔탈 분회를 포함, 몇 개의 분회로 수용한다. 1980년대에는 조공의 각 외주 사업체마다 조공 노조의 분회가 결성되었다(신원철 2001, 299-302).

37_대한조선공사, 『조공』 1975년 3월호.

38_기업별노조 체제를 강화하고 산별노조의 힘을 약화하는 방향으로 추진된 정부 노동정책 변화의 결과로 1981년 1월 '전국금속노동조합 대한조선공사 지부'가 '전국금속노동조합연맹 대한조선공사노동조합'으로 명칭이 바뀌었다(신원철 2001, 300).

부에 대해 반기를 들지 않았고, 조공 지부는 1970년대 내내 분란 없이 조용했다. 1981년 2월 팽종출은 새로 출범한 전국금속노동조합연맹의 위원장으로 선출되어 조공을 떠나며, 그 후 해당 위원장 직위를 장기간 연임한다.[39]

이상 1970년대 조공 노동운동 상황에 대해 간략히 살펴보았는데, 아직도 풀리지 않고 남아 있는 큰 의문점이 있다. 노동운동을 억제하고 '협조적' 노선으로 유도하려는 정부와 회사의 공보가 노동자들에게 철저한 침묵을 강요하기에 충분할 만큼 강력했던 것일까? 한때 전투적이었던 조선산업 노동자들이 1970년대 동안 온순하게 지낸 데는 다른 어떤 동기들이 있었던 것은 아닐까?

남성 노동자들

1969년 파업 패배의 궤멸적 효과, 항시적인 경찰과 중앙정보부의 감시, 사회 전반의 권위주의적 정치 환경, 그리고 빈번한 교육과 대중 시위를 통해 점차 확산된 정부의 강력한 반공주의와 공장 새마을운동 선전의 영향 등이 1970년대 조공 노동자들의 침묵을 대체로 설명해 준다. 하지만 특히 나이 어린 여성 노동자들이 회사와 정부의 극심한 탄압에 맞서 용감한 투쟁을 벌이고 있던 때에 조선산업 노동자들이 침묵을 선택했던 이유를 이해하기 위해서는 탄압과 이데올로기적 교화 이외의 요인들을 검토해 볼 필요가 있다.

39_홍부식이 팽종출의 뒤를 이어 조공 노조 위원장이 된다.

다른 산업국가 대비 한국의 '임금 추세'가 가진 특이성에 주목한 앨리스 암스덴의 분석이 약간의 실마리를 제공한다. 노동운동에 대한 "탄압, 무한정한 노동력 공급, 해외 이주의 부재, 숙련 노동자 조직의 미약" 등의 조건에서는 "실질임금이 하락, 아니면 적어도 안정"되는 것을 기대할 수 있는데, 한국은 1960년대 후반부터 빠른 실질임금 상승률을 기록했다. 예컨대 1969~79년까지 10년간 한국 제조업 노동자 실질임금은 250% 이상 오른다(Amsden 1989, 195-197).[40] 더욱이 생산직 노동자 임금 인상률은 1970년대 동안 계속 전문직, 기술직, 관리직의 임금 인상률을 초과했다.[41] 1970년대 후반이 되면 잉여노동 공급이 줄어들었다는 점과 오일쇼크 이후 중동 건설 특수로 남성 노동력이 대거 중동으로 유출된 사실이 가파른 제조업 노동자 실질임금 상승률을 부분적으로 설명해 준다.

그러나 암스덴이 강조하듯이 한국의 실질임금 추세는 수요 공급 관계만 가지고는 충분히 이해할 수 없다. "빠른 자본축적, 임금이 상승하기 시작한 기준점이 낮은 점, 1940년대 후반 농지개혁의 결과 형성된 한국의 농업 구조, 비교 대상이 없을 만큼 긴 주당 근무시간, 젠더, 사업장 크기, 산업에 따른 시장 분절화" 등 제도적·역사적 요인들에 대한 검토가 필요하다(Amsden 1989, 198-200). 한국에서 실질임금의 급성장에 기여한 이들 요인 중에서도 암스덴은 "산업화 국가 중에서도 경쟁자가

40_한국의 비농업 실질임금은 1970년을 100으로 할 때 1979년 238로 올랐다. 브라질, 아르헨티나, 멕시코, 터키, 인도, 대만의 해당 수치는 각각 134, 87, 121, 155, 130, 163이다.

41_생산직 노동자 임금 상승률은 1971~74년 7.1, 1975~79년 16.8인 반면 전문직, 기술직, 관리직의 해당 수치는 6.1과 15.3이었다(Amsden 1989, 199).

없을 만큼 젠더에 따른 큰 임금격차가 특히 주목된다"고 했다. 다시 말해, 노동 집약적 산업에서 여성 노동자들을 낮은 임금에 묶어 둠으로써 한국은 수출산업의 국제 경쟁력을 유지함과 동시에, 중공업의 숙련 집약적인 직종으로 동원된 남성 노동자들이 상대적인 고임금, 빠르게 상승하는 실질임금의 혜택을 누리게 할 수 있었던 것이다(Amsden 1989, 203-204).[42] 노동시장의 이 극단적 젠더 위계질서가 1970년대 남성 노동자의 침묵을 유도한 핵심 요소였던 것으로 보인다. 올라가는 임금과 높아지는 직위를 향유하던 남성 노동자들은 1970년대 동안 상대적으로 불만이 적었으리라 짐작할 수 있다.

문승숙도 박정희 정권 시기 뚜렷한 발전을 보이는 노동시장 젠더 위계질서에 분석의 초점을 맞춘다. 문승숙은 남성과 여성의 젠더에 따른 경제적 동원을 그가 '군사화된 근대성'으로 규정하는 박정희 정권의 '부국강병' 근대화 추진의 불가결한 한 부분으로 간주한다.[43] 문승숙에 따르면 1970년대 국민국가 건설 과정에서 남성은 남성의 의무인 군 복무와 어려운 산업 노동을 수행하는 '국민'으로 그들의 정치적 주체성을 구성하게 되고, 그 대가로 주어지는 중공업 분야의 숙련과 상대적 고임금 직장을 통해 가장으로서의 역할을 수행할 수 있었다. 국가에 의해 전혀 다른 방식으로 동원되는 여성은 주로 주부와 어머니의 역할로 귀

---

[42]_1980년도의 경우 국제노동기구(ILO)가 통계자료를 수집한 나라들 중에서 한국 여성 노동자의 남성 노동자 대비 임금 비율이 44.5%로 가장 낮았다. 스웨덴, 프랑스, 서독, 영국, 이집트, 일본의 해당 수치는 각각 89.3, 75.4, 72.7, 68.8, 63.1, 48.2였다.

[43]_문승숙은 박정희 정권이 그 목표를 "세 가지 서로 연관된 사회정치적 경제적 구성 과정", 즉 "반공 정치체로서의 근대 국민국가 건설, 그 구성원의 국민 만들기", 그리고 "남성 의무 군 복무제도와 산업 경제 조직화의 통합"을 통해 추구했다고 주장한다(Moon 2005, 2).

속되고, 그들의 산업 분야 노동은 일시적인 활동으로 간주되기 때문에 생활급에 못 미치는 낮은 임금 지급이 정당화된다. 박정희 정권하에서 이렇게 젠더화된 동원 경로가 정착되면서 일과 숙련에 대해 젠더화된 규범이 형성되고 젠더에 따른 노동시장 분절화가 한층 더 공고해졌다.[44]

한국 노동자들이 '가장'으로서 가지는 주체성은 이미 1960년대에도 뚜렷이 나타나는데, 앞서 조공 노동자들의 경우에 대해 상술했듯이 이런 주체성은 가족 생활급의 요구에서 특히 잘 드러난다. 그러나 필자는 박정희 정권의 젠더에 기초한 동원 전략의 부산물로 해석하는 문승숙과 견해를 달리해, '가장'이라는 남성 노동자의 이념형이 훨씬 이전 시기부터 발달하고 있었다고 본다. 그 기원이 식민지 시기로 거슬러 올라가는지, 아니면 해방 후 어느 시점부터 시작되는지에 대해서는 앞으로 본격적인 연구가 필요하다. 하지만 문승숙의 주장처럼 박정희 정권이 강력 시행한 남성의 의무 군 복무제가 사회와 직장에서 남성 가부장의 권위와 책임에 대한 가부장적 인식을 재확인하고 고양하는 효과를 낳았을 가능성은 크다.

대규모 주요 중공업 사업장 중 하나인 조공에 고용된, 대부분이 남성인 숙련 노동자들은 한국 노동자들 가운데에서 특권적인 지위를 차지하고 있었고, 1970년대 분절화된 노동시장 구조와 실질임금 추세 상승의 혜택을 누릴 위치에 놓여 있었다. 1970년대 조선산업의 경제적 조건 또한 그들에 유리했다. 1970년대에 한국의 조선산업은 폭발적으

44_문승숙에 따르면, "젠더화된 동원의 경로"는 다시 남성과 여성이 국민국가 내 자신들의 구성원 자격을 재규정하는 집단 투쟁의 과정에서 그들이 시민으로서의 새로운 정치적 주체성을 획득해 가는 과정을 규정하게 된다(Moon 2005, 7).

로 성장한다. 1971년 7,508명이던 조선산업 종업원 총수는 1977년이 되면 4만8,182명으로 늘었다가(6년 사이 6.4배 증가), 1979년 4만2,324명으로 약간 줄어든다.[45] 조공 종업원 수도 같은 기간 827명에서 5,734명으로 급격히 늘었다가(693% 증가) 1979년 5,460명으로 약간 줄어든다. 조공은 1969년 파업 후 종업원 대량 해고를 단행했지만 수주가 밀려들면서 1972년 인력을 확충하기 시작한다. 현대가 울산 조선소를 가동하기 시작한 1973년 이후에는 숙련 조선산업 노동자의 부족 현상이 심각해진다.

조공 노동자들의 월 이직률은 1970년대 내내 높았고 1980년대가 되어서야 낮아지기 시작한다.[46] 노조 구성원의 성격도 노동시장의 급격한 확대와 높은 이직률로 인해 빠르게 변화했다. 1974년 현재, 조합원의 90%가 6년 이하의 근속 연수를 보이는데,[47] 이는 그 시점에서 10%의 조합원만이 1968년과 그 이전의 노조 활동을 직접 경험했다는 것을 뜻한다.[48] 1970년대를 거치며 조공 노동자는 임금과 노동조건 향상을 위해 회사와 노조에 도전하는 대신 더 나은 조건을 찾아 조공 조

45_조선산업과 조공 종업원 수 통계는 신원철(2001, 245; 265) 참조. 신원철의 추정에 따르면 1971~77년까지 조공 조선소에서 정규직 생산직 노동자(본공) 숫자가 매년 4백 명 이상 증가했다(신원철 2001, 264).

46_예를 들어 조공 생산직 노동자의 월 이직률은 1979년에 4.1%, 1980년에 4.6%를 기록하고 있다(신원철 2001, 325-327).

47_신원철(2001, 326, 표 4-13).

48_5년 근속 연수를 가진 노동자들, 즉 1969년에 조공 조선소에서 일을 시작한 사람들을 포함하면 1974년 현재, 조합원 중 1969년 파업을 목격한 사람들의 비율은 얼마간 올라갈 것이다. 하지만 해당 계산에 필요한 세부 통계자료를 아직 발견하지 못했다.

선소를 떠나는 선택을 할 수 있었고, 다수가 그 길을 택했다.

조공에서 노동자들의 이직을 막는 데 가장 중요했던 요소는 임금수준이었을 것이다. 1970년대에 노조는 사측으로부터 상당히 높은 임금인상을 얻어 낼 수 있었다. 예컨대 1972년의 명목임금과 실질임금의 평균 증가율은 각각 18.9%와 7.2%였고, 1976년의 수치는 각각 32.2%와 16.9%, 그다음 해는 18.5%와 8.4%, 1978년 수치는 32%와 17.5%였다.[49] 하지만 조공 노동자들의 실질임금 상승세는 1970년대 말 조선산업의 불황과 함께 멈춘다. 1979년에는 실질임금이 평균 겨우 1.3%(명목임금으로는 20% 증가) 오르고 그 이듬해 노동자들은 명목임금 15% 인상에도 불구하고 실질임금 기준 13.7%를 잃는다. 그럼에도 회사는 성과급을 포함하면 조공 종업원의 평균 명목임금이 1977~82년 사이에 2.9배 올랐다고 주장했다.[50] 전국 소비자물가지수는 이 기간 중 90.1% 상승한다.

또한 1970년대에는 임시공에서 정규직으로의 신분 상승이 용이했으며, 노동자들은 그 뒤에도 직급 사다리를 빠르게 올라갈 수 있었다.[51]

49_ 조공의 명목임금 인상 통계는 신원철(2001, 311-313; 322-323)에 실려 있다. 실질임금은 명목임금 인상률에서 그해의 전국 소비자물가 인상률을 뺀 것이다. 1970년대 전국 소비자/생산자 물가 상승률은 다음과 같다. 1971년 13.5/8.6%, 1972년 11.7/14.0%, 1973년 3.2/6.9%, 1974년 24.3/42.1%, 1975년 25.2/26.5%, 1976년 15.3/12.1%, 1977년 10.1/9.0%, 1978년 14.5/11.7%, 1979년 18.3/18.7%. 한국의 물가통계는 한국은행 웹사이트(www.bok.or.kr)에서 찾아볼 수 있다.

50_ 이 수치는 '새마을 성과급 제도'의 도입을 통해 종업원의 소득수준 향상에 회사가 얼마만큼 기여했는지에 대한 회사의 주장에 기초한 수치다. 생산직 노동자 임금 총액에서 성과급이 차지하는 비중은 1979년의 경우 평균 26.4%였다(신원철 2001, 322-323).

51_ 한 노동자는 그가 1972년 임시공으로 입사해 겨우 3개월 만에 본공이 되었고, 다시 6개월 만

1980년경 회사는 변화하는 조선산업 노동시장 상황에서 이미 효용을 잃은 임시공 제도를 없애기로 결정한다.[52] 조공은 거대 재벌 소유의 새 조선소들이 숙련 노동자에 제공하는 수준의 임금을 지불할 재정 능력이 없었고, 신규 인력에 임시공 신분을 거치게 하는 관행이 회사에 도움이 될 리 없었다. 이렇게 유리한 노동시장 환경에서도 조공 노동자들이 회복할 수 없었던 커다란 재정적 손실은 팽종출 지도부가 1969년 파업 후 포기해 폐지된 퇴직금 누진제였다.[53]

요약하자면, 조선산업과 국가 경제 전반의 급속한 확장 및 재벌 회사들의 조선산업 진출 덕분에 1970년대 동안 회사에 대한 노동자들의 개별 교섭 능력은 증가했다. 반면, 노사 관계에서 노조의 교섭력은 크게 감소했다. 조공의 생산직 노동자를 포함한 중공업 남성 숙련 노동자들은 긴 근무시간과 위험한 작업환경을 감수하는 대신 상대적으로 높은 임금과 승진 기회를 누릴 수 있었다. 조공 지부처럼 전투적이었던 노조가 사측의 양순한 파트너가 되고 그 상태에 머문 데는 전투적 노동조합주의에 대한 국가의 억압이 큰 역할을 했다. 그러나 젠더로 위계화된 노동시장 제도와 조선산업의 활황이라는 조건도 중요한 몫을 했다.

에 조장, 그리고 1년 만에 직장으로 승진했다고 회고했다. 이 시기 일부 노동자들은 이직을 무기로 삼아 승진, 승급을 요구해 사측을 당혹하게 만들었다(신원철 2001, 275; 309).

52_1974년 조공 조선소에서 임시공 7백여 명이 대거 본공으로 임용된다. 1977년 사측은 매년 네 차례 임시공을 본공으로 고용하기로 합의했고 임시공 제도를 차차 축소해 나가기 시작한다. 임시공은 1981년 무렵이 되면 거의 사라지고, 대신 회사는 외주 하청에 의존하게 된다(신원철 2001, 330-333).

53_앞서 언급했듯이 퇴직금 누진제는 조공에서만이 아니라 한국기계, 인천제철 같은 여타 국영 기업체에서도 민영화와 함께 폐지되었다.

공장 새마을운동을 중심으로 한 이데올로기 선전의 효과는 노동자 개개인의 가치와 태도, 작업장별 권력관계의 구도 및 통제의 기술에 따라 노동자마다, 직장마다, 산업 부문마다 다르게 나타났을 것이다. 공장 새마을운동이 노동자의 심성에 미친 영향을 이해하기 위해서는 그 운동을 직접 경험한 노동자를 대상으로 하는 면담 등을 통해 더 자세한 연구가 이루어져야 할 것이다. 공장 새마을운동의 성공과 실패를 평가하는 문제와는 별도로 1970년대 한국 사회는 'GNP 만세'가 시대정신이 된 일본과 유사하게 '성장 제일주의' 이데올로기의 헤게모니하에 놓이게 된다.[54] 근대화된 조국의 자랑스러운 국민으로, 빠르게 발전해 가는 국가 경제에 기여하는 일꾼으로, 1970년대 조공의 노동자들은 작업장에서의 부조리나 불공평함에 대해 불평하고 더 나은 직장을 찾아 조선소를 떠날지언정, 생산 합리화나 생산성 향상의 논리 자체에 반대하지는 않았다. 1960년대에 피어났던 조공 조합원들의 저항 정신은 경이적인 수출 실적 달성을 향한 1970년대의 아우성 속에 흩어져 버렸다.

　　1970년대는 국가의 탄압, 국가 주도 이데올로기 캠페인, 경제 민족주의의 영향력 증대, 그리고 숙련 노동자에게 조금씩 떨어지는 경제 발전의 물질적 혜택에 의해 뒷받침되는 국가 통제하의 '협조적' 노동조합주의 시대였다. 이런 여러 요인들의 결합으로 조공 노동자들은 침묵했고 팽종출 지도부는 아래로부터의 도전 없이 그 자리를 보전할 수 있었다.

54_ 일본에서 증대하는 경제적 민족주의의 힘과 'GNP 만세' 심리에 대한 비판적 고찰로는 Gordon(1998, 174) 참조.

10

세계로 뻗어 나가는 조선산업,
되살아나는 노동운동

1년이라는 긴 기간에 걸친 치열한 투쟁 끝에 노조를 굴복시킨 대한
조선공사(약칭 조공) 사측은 이제 민간 소유주 밑에서 시설 현대화, 생산
공정 합리화, 기술력 제고를 위한 야심찬 프로젝트를 시작한다. 사측은
이제 더 이상 관리자와 기사들의 합리화 노력에 도전하고 그 성과를 무
효로 만드는 강성 노조에 발목을 잡힐 일이 없었다. 그럼에도 1970년
대와 1980년대 회사의 노력은 큰 성과를 보지 못하고, 종국에는 재정
곤란에 허덕이다 대한항공을 소유한 운수업계의 거대 기업, 한진그룹
에 매각된다. 박정희 정권의 집중 지원을 받아 세계시장 진입에 성공한
것은 한국의 조선·기계 산업의 선도 주자로 수십 년의 역사를 자랑하
던 대한조선공사가 아니라 재벌 기업에 의해 새로 건설된 조선소들이

었다.

1970년대 초에 시작된 야심적인 중화학공업화 사업에서 박정희는 그간 어려운 여건에서 열심히 버텨 오던 대한조선공사 같은 오래된 기업이 아니라 현대, 삼성, 대우 같은 재벌 회사들에 국가의 지원을 집중하는 선택을 한다. 1960년대 후반부터 조공을 비롯한 여러 사업장에서 전투적 노조들이 분쇄되고 그 후 극히 억압적인 노동정책이 자리 잡은 덕분에 새로 생겨나는 재벌 조선소들은 1970년대, 그리고 1980년대 대부분의 기간 무노조 환경을 누릴 수 있었다. 결국 조공이 노조와 맞서 힘겹게 벌인 투쟁의 과실을 수확한 것은 대한조선공사가 아니라 현대, 삼성, 대우였던 셈이다. 세계 조선 시장에서 마침내 한국을 주요 선박 수출국의 위치로 끌어올리는 과제를 성공시킨 것도 이런 재벌 조선소들이었다. 이 장의 첫 번째 절은 1970년대 이래 한국 조선산업이 거둔 놀라운 성공과 그 안에서 조공이 수행한 역할을 추적해 본다.

한국 조선산업이 활황을 구가하고 선박 수출에 큰 성공을 거두고 있는 동안, 다른 중공업 노동자들과 마찬가지로 조선산업 노동자들은 1980년대 중반 정도까지 투쟁성을 보이지 않고 침묵을 지켰다. 조공 조선소의 경우 1969년 파업 후 15년이 지나도록 운동이 되살아나는 조짐은 없었다. 1980년대 중반이 되어서야 노조를 민주화하려는 의미 있는 움직임이 목격된다. 이 장의 두 번째 절은 조공 노동자들이 어떻게 국가 통제하 노동조합운동의 족쇄에서 벗어나 1980년대 중공업 노동자들의 전투적 노동조합운동에서 선봉에 서게 되는지를 살펴본다. 이어 1960년대 조공 노동조합운동의 유산이 1980년대에 새로 등장하는 전투적 노동운동에 끼친 영향을 논의하는 것으로 끝을 맺는다.

세계시장에서의 성공

표면상으로는 1970년대에 걸쳐 합리화·현대화 계획이 노조의 제동 없이 잘 진행되어 가고 있는 듯 보였다. 1971~76년까지 각각 6만 톤급, 15만 톤급의 두 도크가 건설되었고, 선대, 안벽, 공장 등 다른 시설들도 확장되었다.[1] 1970~71년 걸프석유회사에서 유조선 여섯 척(2만 톤 네 척과 3만 톤 두 척)을 수주한 것을 계기로 회사는 정력적으로 기술혁신을 추구한다. 이 수주는 한국 선박 수출사에 새 장을 여는 중요한 사건이었다. 자동마킹 기계와 자동절단 기계가 도입되었고, 1970년대를 거치면서 블록건조 공법과 선행의장Pre-Outfitting 공법의 사용이 확대되어 선박 건조 시간이 크게 단축되었다.[2] 선행의장 공법의 확대로 흐름식 작업체제flow system의 정착이 가능해졌고 이를 기초로 1975년이 되면 품질보증/품질관리QA/QC 체제가 도입될 수 있었다. 1980년대 초부터 조공은 선박의 설계 국산화, 현장 훈련OJT 강화, 생산의 표준화, 전산화 및 자동화 프로젝트를 추진하기 시작한다. 또한 암스덴이 한국 경제 성공의 중요한 요인으로 주목한 기사(엔지니어) 수와 그 효율적 활용의 증가가 1970년대부터 본격적으로 진행되고 있었다(Amsden 1989, 7장).

1974년 직무 분석을 실시하고 1975년에 합리화 방안에 관한 일련의 프로젝트를 수행한 뒤 회사는 1976년, 새로운 생산관리 제도를 도

1_1973년 조공은 8천DWT(재화중량톤)급 드라이독을 6만DWT급으로 확장하고 새로 1백만 DWT급 조선소를 거제도 옥포만에 짓기 시작한다. 이 옥포조선소는 1978년 대우에 인수되어 1981년 10월 완공되었다(전국경제인연합회 1997, 90; 신원철 2001, 278).

2_조공은 일본 야마네조선소에서 기술자들을 초청해 블록 의장 및 UNIT 의장 훈련을 담당하게 했다. 1970~80년대 조공 조선소에서 일어난 기술혁신에 대해서는 신원철(2001, 278-285) 참조.

입한다. 새로운 제도에서는 중앙에서 생산계획을 정해 관리의 최소 단위가 되는 각 작업장에 작업 지시서를 하달한다. 작업장 관리자는 개별 노동자의 작업 내용과 근무 태도, 실제 작업에 투여된 시간을 '작업자 카드'에 기록, 관리한다. 노동자가 작업장에서 영위하는 삶에 직접적 영향을 끼친 이런 변화는 노조의 개입 없이 추진되었다.[3] 앞 장에서 논의했듯이, 노조는 국가와 회사가 주도하는 합리화 계획과 생산성 향상 운동에 무조건적으로 찬성하는 입장이었다. 하지만 노조의 도전이 없었음에도 회사가 주도한 운동들은 그다지 활발히 전개되지 못한 듯하다. 사측이 노동자들의 열띤 참여를 조성해 내는 데 실패함에 따라 소집단 활동은 겉치레에 그쳤고, 노동자들의 증언에 기초해 판단해 보면 야심적인 새로운 관리 제도의 시행에도 불구하고 작업장 통제는 여전히 느슨한 편이었다(신원철 2001, 292-293; 322).

조공 조선소는 한국 조선산업사상 첫 선박 수출이라는 자랑스러운 기록을 가지고 있다. 이미 1960년대 중반에 조공은 기계 제조 분야에서 기술 경쟁력의 성장을 보이고 있었다. 1964년 동남아 지역으로 공작기계의 수출이 시작되고, 1965년 남베트남으로 디젤 선박 엔진 수출이 시작된다(대한조선공사 1968, 280; 345). 조공의 사례가 잘 보여 주듯이, 박정희 정권이 베트남에 대규모 파병을 결정한 일은 중공업 제품의 수출에 급시동이 걸리는 데 매우 중요한 역할을 했다. 베트남전쟁 참전은 또한 현대와 한진을 비롯한 한국의 건설, 운수 사업체에 결정적인 학습 기회를 제공했고 그들 기업들이 세계시장 경쟁력을 쌓는 데 기여

3_ 회사는 1976년 초 이런 새 제도를 노조에 통고하는 데 그쳤다.

했다.[4]

조공 조선소의 조선부도 곧 조선기계부의 성취를 따라잡기 시작했다. 1966년에 조공은 2천6백GT 화물선을 외부의 기술 자문 없이 건조했고, 그 배는 엄격하기로 소문난 미국선급협회American Bureau of Shipping, ABS 검사를 통과해 한국 조선산업 종사자들의 자신감을 한껏 높여 주었다(전국경제인연합회 1997, 82-83).[5] 1967년에는 한국에서 국내 기술로 만든 가장 큰 배인 6천 돈급 강선 화물선을 건조해 진수시킨다. 같은 해 바지선 30척을 남베트남으로 수출했고, 1968년에는 대만으로부터 본격적인 첫 수출 주문인 참치 잡이 어선 20척을 수주한다(이 선박들의 기한 내 건조가 1969년 파업에서 쟁점이 된 바 있다).[6] 그리고 1970년, 조공은 앞서 언급한 대로 미국 걸프석유회사의 선박 입찰에서 일본 경쟁자들을 따돌리고 기술적으로 까다로운 석유 제품 운반선product tanker 2만 DWT급 2척을 수주한다(Jonsson 1995, 76-77).[7] 그것은 한국 선박업체

4_베트남전쟁 참전이 한국 경제 발전에서 수행한 역할에 대해서는 Woo(1991, 92-97) 참조. 우정은은 일부 한국 대기업들에게 "베트남이 성숙기로 이행하는 분기점"이었고, "국제 경쟁의 불속에서 시험받기 전 새 산업들의 인큐베이터" 역할을 했다고 결론 내렸다. 일본이나 홍콩과 달리 한국과 대만은 외국에 수출한 실적이 없던 "새 산업 제품들"을 남베트남에 수출했다. 따라서 한국과 대만이 얻은 "학습 효과" 혜택은 특별히 컸다.

5_또한 조공이 건조한 4천 톤 화물선도 1968년에 ABS와 한국선급협회(Korea Register of Shipping) 시험을 통과했다. 존슨에 따르면, 이 "한국의 조선 기술에 대한 국제적 인정은 …… 의심할 여지 없이 한국 조선산업 발전의 가장 중요한 징후였으며, 그 지위를 높여 주었다"(Jonsson 1995, 75).

6_250톤급 참치 어선 20척(총 6백만 달러 이상에 해당하는 주문)이 1969년 대만에 수출된 것이 한국의 해외 조선 시장 진출의 효시가 되었다(대한조선공사 1968, "발간사"; 전국경제인연합회 1997, 83).

7_1971년 4척의 추가 주문을 받았다. 석유 제품 운반선은 기술적으로 건조가 까다로운 선박으로

들의 우수한 역량을 국제적으로 인정받게 되었다는 의미에서 중요한 사건이었다.

정부는 제2차 경제개발5개년계획(1967~71년)의 시작과 함께 조선 산업을 수출산업으로 육성하려 시도했는데, 처음 목표는 1971년까지 5만3,750GT를 수출하겠다는 신중한 것이었다.[8] 1970년대 초반 조선 산업은 핵심 수출산업의 하나로 지정되어 야심적인 중화학공업화 계획의 일부로서 국가의 강력한 지원을 받았다. 1950년대와 1960년대에 그랬던 것처럼 조공은 다시금 정부로부터 시설 현대화 자금을 지원받게 된다. 그러나 1970년대 초반부터 국가가 선택하고 선호한 세계시장 진출의 주역은 그 분야의 오래된 기업이 아닌 재벌 회사들이었고, 조선 산업 분야에서 정부는 조공을 놔두고 현대와 여타 재벌 그룹들이 선진 기술을 갖춘 거대 규모의 새 조선소를 짓도록 유도·격려한다.

1970년대 동안 조공이 만든 선박은 총 82만 톤에 달했고 그중 85%(70만 톤)인 31척이 수출되어 4억 달러를 벌어들였다(신원철 2001, 263). 그 이전 20여 년을 생존을 위해 싸우던 회사로서는 엄청난 성과라고 할 수 있다. 하지만 〈표 6〉에서 볼 수 있듯이, 전체 건조 선박 수나 톤수 면

일본도 별로 경험이 없던 분야였다. 존슨에 따르면, 조공은 선박 설계를 유명 유럽 선박회사들에게서 받고, 건조에 유럽산 설비만을 사용하며, 유럽인 기술자들이 감독을 맡고, 국제 해운기구가 검사를 행한다는 조건을 제시해 수주를 얻어 낼 수 있었다. 따라서 "본질적으로, 단지 '껍질'만 한국에서 조립되는 셈이었다." 조공은 1971년 독일인 기술자들 감독하에 이탈리아 엔진을 사용해 건조를 시작해서 1974년에 3척, 1975년에 3척을 인도했다.

8_조선공업진흥법은 1967년 3월 반포되어 더 양호해진 조건의 융자와 보조금을 제공했다. 1970년 2월 정부가 발표한 조선산업 진흥 계획은 조공의 시설을 10만GT급으로 늘리고 표준 선박 설계를 개발하는 계획을 포함했다(전국경제인연합회 1997, 83-86).

회사	연도	인도 선박 수(척)	국내 인도(%)	총 인도 선박 재화중량톤(DWT)	국내 인도(%)
한진/조공	1974~92	170	65(38.2)	3,378,172	1,019,800(30.2)
대선	1975~92	58	27(46.6)	347,722	112,741(32.4)
현대	1974~92	530	141(26.6)	33,257,162	7,589,911(26.6)
삼성	1980~92	76	20(26.3)	5,691,650	2,059,600(36.2)
대우	1982~92	193	49(25.4)	13,733,379	1,901,619(13.8)

자료: Jonsson(1995, 172-175; 178-181)의 통계에서 조합.

에서 조선산업 내 조공의 위치는 현대가 건설한 새로운 거대 조선소에, 나중에는 대우와 삼성 조선소에 압도당하고 만다. 전체 건조 선박 가운데 수출 물량이 차지하는 비중 면에서도 조공(한진)과 근처의 소규모 조선소인 대선조선은 재벌 조선소인 현대와 대우에 비해 내수에 치중했음을 알 수 있다.

1960년대에 국내와 동남아 건설 사업의 성공을 통해 재벌의 위치에 올라선 현대그룹은, 현대중공업 공식 사사에 의하면 1960년대 말 무렵 조선산업 진출을 고려하기 시작한다. 조선이라는 것도 '건설' 사업에 다름 아니라는 것이 창업주 정주영의 견해였다(현대중공업 1992, 127).[9] 철강, 기계, 석유화학과 함께 조선산업을 중화학공업 핵심 산업의 하나로 육성하려던 정부는 현대에 대규모 조선소를 짓도록 권유한다.

현대는 먼저 미국으로부터, 그 후 미쓰비시중공업으로부터 50만 톤 규모의 조선소를 지을 융자금을 구하려 했으나 실패한다.[10] 일본 정

9_정주영은 1966년 일본의 몇몇 조선소를 시찰하고 돌아오는 길에 조선소를 지을 포부를 밝혔다고 회고한다(정주영 1998, 160).

부 관리들도, 그리고 박정희 정권의 관료들조차도 한국에서 20만 톤 이상의 큰 선박을 만들 수 있는 가능성에 대해 회의적이었다(정주영 1998, 161-162; 179).[11] 정주영은 미쓰비시와의 협상 결렬이 돌이켜 보면 행운이었다고 회상하는데, 미쓰비시와의 협력이 성사되었을 경우 조선소 건설이 5만 톤 이하로 제한될 뿐만 아니라 조선소에 대한 통제권도 일부 미쓰비시에 넘어갔을 것이기 때문이었다(현대중공업 1992, 318-319; 정주영 1998, 162).

박정희 대통령의 강력한 권유를 받은 현대는 끈질긴 노력을 기울여 마침내 유럽의 다섯 국가로부터 한국 정부의 지불 보장을 조건으로 융자를 얻는 데 성공한다(현대중공업 1992, 327-332).[12] 박정희 정권의 강력한 지원과 아울러 동남아 등에서 올린 현대의 건설 실적이 이 소중한 투자 자금을 획득하는 데 도움이 되었다(Jonsson 1995, 80). 울산 조선소의 건설과 그리스 구매자 조지 리바노스George Livanos로부터 따낸 첫 주

10_현대 울산 조선소 건설에 얽힌 비화와 연도별 사건 기록은 현대중공업(1992, 312-368) 참조. 미쓰비시와의 협상은 중국 총리 저우언라이(周恩來)가 1970년 4월 '4대 원칙'을 들고나오면서 깨졌다. '저우언라이 4원칙' 중 첫 두 원칙은 한국이나 대만 회사에 투자하거나 그와 협력하고 있는 어떤 외국 회사도 중국과 사업을 하지 못하도록 배제할 것이라는 선언이었다.

11_일본의 결론은 5만 톤이 한국이 기대할 수 있는 최대 조선 능력이라는 것이었다. 그 시점까지 한국이 건조한 제일 큰 배는 조공에서 만든 1만7천 톤 선박이었다. 한국 관료 중에서 김학렬 부총리는 현대의 계획을 적극 지지했으나, 그 후임자 태완선 부총리는 그 가능성을 미더워하지 않았다. 정주영의 회고에 따르면, 1972년 울산 조선소 착공식 날 태완선 부총리가 저녁 후 술자리에서 박정희 대통령에게 회의적인 견해를 피력하자 박정희 대통령이 그를 크게 꾸짖었다고 한다.

12_프랑스, 독일, 영국, 스페인, 스웨덴에서 받은 융자 총액은 5,056만7,486달러로 1971년의 공식 환율(달러당 399원)로 쳐서 200억 원이 넘는 액수였다. 당시 현대건설의 총자본이 136억 원, 경제 발전을 위한 국가 예산 총액이 1,136억 원이었다.

문인 25만9천 톤급 초대형 유조선vlcc 두 척의 건조가 동시에 진행되었고 이는 업계를 놀라게 하기에 충분했다. 이미 한국의 적정 조선소 규모에 대한 일본 측의 예상치보다 열 배가 컸던 울산 조선소 건설 계획은 이후 건설 과정에서 더 확장된다.[13] 이는 조공이 도달했던 이전 최대생산 역량에 비해 믿을 수 없게 증가한 규모였다.

하지만 초현대적 조선소의 건설이 곧 생산과정의 정교화를 보장하는 것은 아니었고, 이 방면의 진전은 하루아침에 이뤄지지 않았다. 현대는 조공과 여타 조선소에서 숙련 인력을 채용하고 현대그룹 산하 숙련 노동자와 관리자들을 울산 조선소로 전보 발령했다. 현대의 인력은 고속도로나 댐, 화력·원자력 발전소, 비료·시멘트 공장 등을 건설하면서 훈련된 사람들이었다. 초기 울산 조선소 기술진의 수준은 용접 등 기본적 건조 기술 분야를 제외하면 대체로 낮은 편이어서, "외국서 들여온 설계 도면도 읽기 어려운 상태"였다(현대중공업 1992, 342).

울산 조선소에서는 첫 번째와 두 번째 배를 건조하는 과정에서 1백여 건의 크고 작은 시행착오를 겪고 작업량의 많은 부분을 버리거나 다시 해야 했다고 한 현대 직원은 회고했다(현대중공업 1992, 357-358).[14] 그

13_ 한 해에 26만~30만DWT급 VLCC 다섯 척을 지을 수 있는, 최대 선박 규모 50만DWT 드라이독 1기가 원안이었는데, 1972년에 최대 선박 규모 70만DWT 드라이독 2기로 계획이 확장되고, 다시 1973년 최대 선박 규모 1백만DWT 드라이독 3기로 확대되었다. 1973년안은 한 해 26만DWT급 VLCC 열 척의 생산을 수용할 수 있는 규모였다(현대중공업 1992, 340). VLCC 는 17만5천~30만DWT 크기의 대형 석유 운반선으로 1956년 수에즈운하가 봉쇄되면서 요구가 급증한 선박이다. 수에즈운하를 통과하도록 설계된 선박의 최대 DWT는 14만~15만DWT였다(전국경제인연합회 1997, 493).

14_ 현대 창업자 정주영은 그를 몹시 성나게 한 에피소드도 하나 회고한다. 조선소에서 만든 첫 배가 진수 준비에 들어갔을 때 25톤 굴뚝이 하나 없는 것이 발견되었다. 더욱이 조립을 위해

런 실수와 자재의 주문, 보관, 분배, 절단 등에서의 계획 미흡으로 조선소는 예상치를 60%나 넘는 양의 자재를 사용하게 되었다. 기술은 좋으나 표준 규정에 익숙지 않은 용접 기술자들은 종종 즉흥적 문제 해결 능력을 발휘하곤 했다. 즉흥적 대처 능력은 사실상 현대 같은 기업들에서 경험, 기술력, 자재의 부족을 보완해 주는 중요한 자산으로 작용했다. 현대그룹의 성공 스토리는 불가능해 보이는 프로젝트를 기발한 발상으로 타개해 간 에피소드들로 가득 차 있다. 하지만 현대 조선소는 외국인 검사관들의 엄격한 검사를 통과하기 위해 처음의 조립 작업보다 수정 작업에 더 많은 시간을 써야 했다.

문제는 현대 조선소의 누구도 26만 톤 선박을 만드는 것을 상상할 수 없었다는 데 있었다. 그때까지 노동자와 관리자들이 건조 과정을 경험한 제일 큰 배는 미국이 주문한 1만7천 톤급으로, 조공에서 만들었다. 당시 25만 톤 규모의 선박을 건조하던 일본은 현대의 50만 톤 규모 조선소 건설 계획에 대해 코웃음을 쳤다(정주영 1998, 187). 후에 현대에 자금을 융자해 주는 영국의 은행이, 현대가 그들 주장대로 30만~50만 톤 선박을 만들 능력이 있는지를 영국대사관을 통해 조공에 문의해 왔을 때, 조공의 답변은 "불가능"이었다(정주영 1998, 407).

그러나 현대는 모든 어려움에도 불구하고 짧은 기간 안에 세계적 선박업체로 발돋움한다는, 불가능해 보이는 프로젝트를 완수했다. 현대는 후발 산업화의 이점을 살려 선진국 기술 지식을 학습(창안이 아니

크레인 작업자들이 서둘러 굴뚝 블록을 공중에 들어 올렸는데 그들이 굴뚝을 옮겨 간 위치는 굴뚝이 들어갈 자리와 터무니없이 차이가 났다. 도크에 물이 들어오면 배가 떠서 높아진다는 것을 생각지 못했던 탓이었다(정주영 1998, 185).

라)할 기회를 가졌을 뿐만 아니라, 정부의 전폭적 지원과 보조금, 그리고 교육 수준이 높은 고용 엔지니어와 관리자를 비롯한 고급 인력 자원을 잘 활용했다.[15] 노사문제에 대한 국가의 깊숙한 개입에 의해 보장된 1970~80년대 중반까지의 무노조 환경도 현대 조선소의 성공을 도운 또 하나의 요인이었다.

현대 조선소가 성공적인 출범을 한 이후, 대우도 재정 곤란을 겪던 조공으로부터 1978년 12월 거제 옥포조선소를 사늘임으로써 조선산업에 뛰어들고, 삼성도 고려해운으로부터 거제도의 죽도조선소를 구입해 조선산업에 입문한다.[16] 이 세 재벌 조선소와 조공이 1980년대 한국 선박 건조량의 90% 이상을 생산했다.[17] 이제 업계 4위로 떨어진 조공은 한국 선박산업의 경쟁력에 대한 국제적 평가 상승, 그리고 산업 전반의 기술적 진전이라는 양호한 상황에도 불구하고 사업 실적이 썩 좋지 못했다. 조공은 어느 한국 선박업체도 시도하지 못했던 프로보

15_ 한국 경제의 성공 요인들에 대한 암스덴의 분석은 Amsden(1989) 참조. 이 책에서는 현대 조선소가 하나의 사례로 다루어지고 있다. 암스덴은 한국의 예를 후발 산업화 국가(late developer)에 의한 '학습에 기초한 산업화'의 모범 사례로 규정지으면서, 여러 성장 전략 중에서도 "기업가로서의" 정부의 역할과 "의도적으로 상대적 가격을 '틀리게' 잡는" 정책의 성공에 특히 주목하고, 개발에 있어서의 교육과 고용 엔지니어의 역할을 중시한다.

16_ 조공이 연간 조선 능력 120만GT를 갖도록 기획된 옥포조선소 건설을 시작한 것은 1973년이고, 첫 도크가 완공된 것은 조선소가 대우에게 넘어가기 몇 달 전인 1978년 8월이었다. 대우는 1981년 1월 옥포조선소를 완공했다. 고려해운은 1974년 창립되어 연간 조선 능력 15만GT 조선소 건설을 시작한다. 삼성이 1977년 4월 이를 인수해, 1979년 9월에 가동을 시작했다(Jonsson 1995, 82).

17_ 예를 들면, 1985년 총생산량 281만3,920GT 중 현대가 142만3,378GT(50.6%), 대우가 92만9,600GT(33%), 삼성이 27만3,074GT(9.7%), 그리고 조공이 12만4,484GT(4.4%)를 차지했다(Jonsson 1995, 83, 표 3-8).

PROBO선이라는, 화학제품, 산화물 및 유류를 함께 수송할 수 있는 겸용선 건조를 시도한다(채수종 1993, 100). 그 첫 번째 선박의 건조 과정에서 기술적 곤란에 부딪힌 조공은 심한 재정 손실을 보았고, 이 실패가 조공을 1989년 한진그룹에 매각되게 만든 주요 원인의 하나였다(채수종 1993, 100).[18] 생존경쟁에서 실패한 조공 조선소의 운명은, 1970년대부터 재벌 중심의 성장이라는 환경에서, 점점 더 빠른 속도로 재벌 회사로 흡수되어 가던 한국 중소규모 사업체들의 명운을 잘 보여 준다.

〈표 7〉은 세계 주요 조선산업국의 성과와 대비해 한국의 조선 톤수 및 수출의 놀라운 증가, 특히 1980년대 이후의 약진을 보여 준다. 현대 조선소가 생산을 시작한 1973년 다음 해부터 수출이 내수를 앞지르고 있다. 런던에 소재한 로이드선급협회Lloyd's Register가 발행하는 세계 조선 통계자료에 한국에 관한 수치가 포함되기 시작한 것도 1973년부터다. 한국산 선박의 시장점유율이 1980년대에 급속히 늘면서, 위축되어 가던 세계 선박 시장에서 특히 유럽 선박업체들을 밀어내기 시작했다. 수주 면에서는 1979년 한국이 6.3%의 시장점유율로 일본에 뒤이어 세계 제2위로 올라섰고, 1993년에는 38%로 32%를 따낸 일본을 제치고 정상에 올라섰다(전국경제인연합회 1997, 273). 다음해에는 일본이 한국을 앞질렀지만, 한국은 다시 1999년에 수주 총량에서 일본을 추월한다

18_1989년 한진은 조공 조선소를 인수한 뒤 동해조선, 부산수리조선소, 광명목재와 합병해 1990년 한진중공업을 출범했고, 1991년에는 마산 코리아타코마조선소를 인수했다. 한진중공업은 1995년 멤브레인형 액화천연가스(LNG) 운반선을 동양 최초로 건조함으로써 조선 1번지로서의 자부심과 자신감을 회복했다(채수종 1993, 248; 한진중공업 홈페이지 www.hanjinsc.com).

표 7 | 한국, 일본, AWES, 세계 조선량 비교(1950~95년 일부 연도)　　　　단위: 천GT

연도	한국(a)	한국 수출(%)	일본	AWES*	세계(b)	(a) / (b) (%)
1950			118	2,558	3,254	0.0
1955			561	4,229	5,967	0.0
1960			1,839	5,566	8,382	0.0
1965			4,886	5,790	11,762	0.0
1970			10,100	8,479	20,980	0.0
1973	12	2(13.3)	14,751	11,865	30,409	0.0
1974	220	202(91.8)	16,894	12,544	33,542	0.7
1975	430	416(96.7)	16,991	13,070	34,203	1.3
1976	853	551(64.6)	15,868	12,714	33,923	2.5
1978	769	618(80.4)	11,708	10,731	27,532	2.8
1979	525	304(57.9)	6,307	6,625	18,196	2.9
1980	655	464(70.8)	4,697	4,686	14,289	4.6
1985	2,796	2,467(88.2)	9,711	3,497	18,334	15.3
1990	3,573	3,210(89.8)	6,824	2,850	15,885	22.5
1995	5,663	5,653(99.8)	9,034	3,552	20,356	27.8

주: *의 AWES는 유럽조선선박수리업자연합(Association of European Shipbuilders and Ship-repairers)으로, 벨기에,
덴마크, 핀란드, 프랑스, 독일, 영국, 그리스, 이탈리아, 네덜란드, 노르웨이, 폴란드, 포르투갈, 스페인, 스웨덴이 그
회원국이다.
자료: 전국경제인연합회(1997, 422-423; 432-433).

(신원철 2001, 243).

　　그렇다면 기반 시설이나 기술력 면에서 일제의 주요 유산의 하나였
던 조공 조선소가 한국 조선업의 이런 성장에 기여한 바는 무엇일까?
앞의 장들에서 상술했듯이, 조공 조선소는 1950년대와 1960년대 동안
경영능력과 생산기술의 부족에 허덕이고 갈수록 강해지는 노조에 의
해 도전을 받으며 생존을 위해 노력하는 데 급급했다. 전투적 노조를
제거하고 본격적으로 기술과 경영에서의 혁신 방안을 시행한 후에도
조공 조선소는 경쟁자인 재벌 조선소들에 비해 한참 뒤쳐진 상태로, 그
들을 따라잡고 한국 조선산업의 중심지로서의 자부심을 되찾기 위해
부단히 노력해야 했다. 그러나 결국에는 모든 노력이 실패로 끝나 주요
재벌 중 하나인 한진그룹에 매각되는 운명에 처한다.

비록 세계시장으로의 진출을 선도하지는 못했지만, 조공 조선소가 그런 최종적 성취에 기여한 바는 적지 않다. 재벌 조선소들의 성공을 도운 조공의 주된 기여는, 비록 현대가 그것을 인정하는 데 인색하기는 하지만, 인력의 공급이었다고 할 수 있다.[19] 업계 사정에 밝은 한 관찰자는 1990년대 중반 다음과 같이 진술했다. "1970년대 현대중공업[현대조선중공업], 1980년대 대우중공업[대우조선공업], 삼성중공업 등 대형 조선소들이 자리를 잡을 수 있었던 것은 모두 한진중공업[대한조선공사]이 있었기 때문이라는 것을 아무도 부인하지 못한다. 이들 대형 조선소 어디를 가봐도 한진중공업 출신이 없는 곳이 없다는 것이 이를 반영한다"(채수종 1962, 247-248).[20] 조공은 더 나은 임금과 커리어 기회를 제시한 현대중공업에 최상급 엔지니어의 3분의 1을 잃었다고 한다(Steers 1999, 100). 조공 노동자들은 재벌 조선소로 옮겨 가면서 그들이 조공에서 어렵게 배운 지식, 기술, 경험도 함께 가지고 갔다.

그들은 전투적 노동조합주의를 오래 경험한 노동자들이었지만, 그

19_암스덴은 한국 조선산업의 역사가 1973년 현대의 등장까지는 "성장을 촉진하려는 정부의 산발적 노력으로 성격 지어지는 느린 발전의 역사"였다고 주장한다(Amsden 1989, 269; 274). 이는 또한 현대중공업의 공식적 입장이기도 하다. 현대중공업은 현대가 등장할 때까지 한국에 이렇다 할 만한 조선산업이 없었다고 주장한다. 즉 "현대가 해냈다"는 것이다. 그런 입장에 선 주장들을 비판하면서 한국 조선산업에 대해 천착한 학자인 가브리엘 존슨은 "1970년 이후의 발전이 완전히 무로부터 시작될 수는 없었다"고 결론 내리면서, 1960년대를 통해 조선산업을 발전시키려는 정부와 사업자들의 노력이 "암스덴이 암시하는 것보다 더 체계적인" 것이었음을 강조한다(Jonsson 1995, 77).

20_한국 조선산업을 위해 핵심 숙련 노동 인력을 배출한 조공은 "조선사관학교"라 불렸다. 신원철과의 인터뷰에서 권오덕은 조공이 "우리나라 조선 기술을 향상시키는 모태"였으며, "조선공사가 없었으면 현대, 대우, 삼성이 설립될 수가 없어요"라고 진술하고 있다(2000년 8월 9일 권오덕 인터뷰, 면담자: 신원철).

경험이 새 조선소들에서 꽃필 기회는 거의 없었다. 현대와 대우의 조선산업 노동자들이 1987년 노동자 대투쟁에서 궐기해 노조를 조직하는 시점까지 세 재벌 조선소는 모두 노조 없이 운영되었다.[21] 재벌 조선소의 승리는 노사 관계의 법적 틀을 존중하고 노조의 정당한 역할을 인정하는 것으로 특징지어지던 이전 시기 노동 정치에 대한 타협 없는 반노조주의의 승리이기도 했다. 이 이중의 승리는 권위주의 국가가 재벌 회사들의 불법적 노조 탄압 행위를 경제 발전의 이름 아래 전폭적으로 지원했기에 가능했다.

1960년대에는, 그 후반에 이르기까지도, 1970년대 한국의 조선소에서 전형적으로 보이는 '약한 노동'과 강력한 자본-국가 연맹의 구도를 예측하기 쉽지 않았다. 1960년대는 한국의 개발 정치와 노동 정치

21_가장 능수능란한 반노조 재벌인 삼성은 일련의 파업과 노동자 시위 사태에도 불구하고, 1987년, 1988년, 그리고 다시 1990년대 중반 조선소에서 일어난 노조 조직화 노력을 성공적으로 물리쳤다. 삼성의 반노조 전략과 노조 파괴 행위에 관해서는 Ogle(1990, 126-130) 참조. 삼성이 성공적으로 활용해 유명해진 방법의 하나는 노동자들이 노조 조직화를 기도한다는 조짐이 보일 때 친회사적인 노동자 조직을 미리 등록시키는 방법이었다. 삼성그룹의 창업자인 이병철이 했다는, "내 눈에 흙이 들어가기 전에는 삼성에 노조를 허용할 수 없다"는 말이 무노조 원칙에 대한 삼성의 강한 신념의 표현으로 자주 언급된다(Ogle 1990, 126-129). 삼성은 유사 노조인 '노동자협의회'가 창원 소재 사업장들이나 삼성중공업 거제 조선소에서 활동하도록 허용했다. 거제 조선소의 노동자협의회는 파업권까지도 가졌다. 하지만 진정한 노조를 설립하려는 노동자들의 노력은 삼성의 체계적이고 철저한 노조 예방 전술 탓에 성공을 보지 못한다. 1996년, 새로 건설된 민주노조들의 전국 조직인 전국민주노동조합총연맹(약칭 민주노총)은 첫 대회에서 무노조 삼성 사업장들을 곧 시작할 노조 조직화 캠페인의 중점 목표로 삼겠다고 선언했다. 그 시점에서 삼성 계열회사 54개 중 단지 네 곳에만 노조가 있었다(삼성의 약 20만 종업원 중 노조 조합원 수는 3,448명). 그중 세 노조(삼성생명, 삼성정밀화학, 삼성증권)는 삼성이 인수하기 이전에 이미 조직되어 있던 노조들이었다. 삼성 소유 신문인 『중앙일보』의 노동자들만이 1987년 파업 중에 노조를 만드는 데 성공했다("삼성 무노조, 기로에 서다." 『한겨레21』 1996/05/30 참조).

에서 중요한 과도기적 시기였다. 우리가 조공 조선소 사례에서 본, 바람직한 발전의 방향을 둘러싼 1960년대 동안의 투쟁은 복합적이고 역동적이었으며, 미리 결론이 내려져 있지 않은 치열한 투쟁이었다. 1970년대가 되면 국가의 발전이라는 목표를 위해 노동을 약체로 묶어 두는 체제가 정착하는데, 식민지 시기와의 유사점에만 주목해 식민지 시기부터 1970년대까지 계속 이런 체제가 유지되었다고 보는 것은 곤란하다. 1970~80년대의 중공업 노동자와 식민지 시기 산업 노동자 첫 세대 사이에는 수십 년에 걸친 역동적인 노동운동의 경험이 자리한다. 1987년 투쟁성을 분출한 산업 노동자들은 이런 자랑스러운 노동운동 전통의 계승자들이라 할 수 있다.

이제 10여 년에 걸친 남성 금속 노동자들의 침묵에 종지부를 찍은, 1980년대 중반 한국 노동운동의 폭발적 전개로 이어지는 사건들을 검토함으로써 1960년대 조공 노동운동과 20년 후의 전투적인 금속 노동자의 노동운동 사이의 연결 고리를 탐색해 보기로 하자.

1980년대 노동운동의 재분출

1969년 조공 파업으로부터 10년, 그리고 유신헌법 실시로부터 7년 후인 1979년, 정치적 격동이 20세기 한국의 가장 중요한 근대국가 건설자인 박정희의 삶을 종결시켰다. 1960년대 중반부터 저항 지식인, 급진화된 대학생, 야당 정치인들이 민주주의의 이름 아래, 그리고 자신들이 이해하는 민족주의를 바탕으로 박정희에 도전했고, 1970년대 후반이 되면 저항운동은 탄력을 얻어 가고 있었다. 1970년대 동안 중공업 남성 노동자들이 대체로 침묵을 택한 데 반해, 수출산업인 경공업과 전자산업의 여성 노동자들은 노조를 새로 조직하거나 기존의 어용 노조를 민주화하기 위해 피나는 투쟁을 계속했다.[22] 그 시기의 가장 유명한 노동운동은 1979년 YH무역 노동자들의 야당 당사 농성 투쟁일 것이다.[23] 노동운동은 1979년의 정치적 폭풍을 만들어 낸 저항적 힘의 한 부분이었다고 할 수 있다. 치열해 가는 사회운동과 정치투쟁에 어떻게 대처할 것인가를 놓고 정권의 핵심에서 진행되어 오던 싸움이 결국 1979년 10월 26일 중앙정보부장 김재규의 박정희 대통령 시해에 이르는 정변의 무대를 마련했기 때문이다.

앞서 보았듯이 박정희 정권이 부국강병의 방법으로 고성장 수출 경제 건설 전략을 채택하면서 1970년을 전후로 본격적 권위주의 정치체제가 자리 잡는다. 그 시점 이후 박정희는 저항 여론을 침묵시켰고 원하는 대로 자원을 배분했으며 노동 인력을 엄격한 규율하에 유지했다. 이 전략은 그가 약속했던 목표인 한국 사회의 전반적 부의 수준 증가와 세계시장에서의 경제적 경쟁력 향상을 실현해 주었다. 그리고 두말할 필요도 없이, 고도성장 전략은 많은 노동자들을 장시간 노동, 열악한 노동조건, 산업재해와 높은 사망률로 오랜 세월 고통받게 만들었다. 산업 노동자의 대다수, 특히 여성 노동자들이 저임금, 위험한 작업환경, 비인간적인 학대와 열악한 처우에 시달렸다. 날로 높아 가는 사회 전반의 풍요와 세계시장에서의 경제적 성공에 대한 민족적 자부심에 바쳐

22_전자산업은 중공업으로 분류된다. 한국 표준 산업 분류에 따른 '경공업'과 '중공업'의 분류에 대해서는 Kim Eun-Mee(1987, 100) 참조.

23_YH무역 농성 사건을 비롯한 당시의 노동자 투쟁에 대해서는 이옥지(2001); 한국기독교교회협의회(1984); Koo(2001, 89-92) 참조.

진 것은 저항 지식인과 노동운동가들에 대한 고문과 살해, 민주적 제도의 압살, 만연한 부패, 소규모 회사들의 희생을 전제로 한 재벌 회사들에 대한 특혜적 대우 들이었다.[24]

　박정희의 후계자인 육군 장성 전두환은 1979년 12월의 쿠데타를 시작으로 서서히 정권을 장악했다. 전두환은 잘 정비된 고성장 경제 체제를 이어받아 대중의 저항운동을 박정희보다 더 심하게 탄압함으로써 그 체제의 순항을 보장하려 노력했다. 전두환의 매우 억압적인 노동 정책하에서 노동조합원 총수는 1979년 108만8,061명에서 1980년 94만8,134명으로 12.9% 줄었고, 1987년이 될 때까지 1979년 수준을 회복하지 못한다.[25] 조선산업 등 경제는 활황을 구가했지만, 전두환 정권은 1980년 5월 광주에서 군에 명령을 내려 수백 명의 민간인을 학살함으로써 얼마 되지 않던 정통성에마저 돌이킬 수 없는 흠집을 냈고, 그의 권위적 통치에 대한 노동자와 일반 대중의 불만과 분노는 점점 더 커져 가고 있었다. 전두환 정권에 대한 정치권의 반대 운동이 점점 강력해지던 것에 힘입어, 1980년대를 거치며 민주노조운동이라 불린 자주적이고 전투적인 노동운동이 어용 한국노동조합총연맹(약칭 한국노총) 지도부와 정부에 맞서 힘을 키워 가기 시작했다. 이 민주노조운동은 이윽고 중공업 부문으로 확산된다.[26]

24_1970~80년대의 극히 폭력적이고 비인간적인 성격의 노동 탄압에 대해서는 Palais(1986); Ogle(1990) 참조.

25_1963~88년까지 노조 조합원 수와 조직률의 부침을 보여 주는 박덕제·박기성(1989, 31-32, 표 2-2) 참조.

26_이 시기 중공업 남성 노동자들의 민주노조운동에서 선두 주자로 뛴 것은 금속 노동자였다.

박정희 18년 독재의 종말은 역사가 바뀌고 있다는 인식을 불러왔다. 늘어나는 중산층이 권위주의 체제에 대해 점점 더 불만을 나타내기 시작했고, 나라의 장래를 위해 희생해야 한다는 민족주의 이데올로기가 노동자들 사이에서 설득력을 잃어 가고 있었다. 정부 관리들과 사업가들 사이에서 부정부패 스캔들이 터져 나오고, 벼락부자들의 호사스런 생활과 과시적 소비가 노동자들의 상대적 박탈감을 더 날카롭게 만들었다. 금속산업 같은 부문에서는 성장률, 생산성, 이윤의 가파른 증가에도 불구하고 임금 상승은 완만했고 주당 노동시간은 늘어만 갔다. 1980년대 후반이 되면 정치적 민주주의 요구에 더해 '부의 공정한 분배'가 대중적 지지를 받는 구호가 되어 간다.[27] 또한 1980년대 들어 사회주의국가들과의 외교적 관계가 시작되고, 급진적이고 전투적인 학생운동의 영향력이 커지고, 광범한 기반을 가진 민중운동이 등장하면

1983년에 이미 기계업체인 통일의 노동자들이 노조 민주화 투쟁을 활발히 벌이고 있었다. 남성 노동자의 활동성 부활 과정에서 전환점이 된 1985년 4월의 대우자동차 파업의 뒤를 이어 대우조선공업 노동자들도 파업에 돌입했다. 그러나 유화적인 지도부와 급진적인 일반 조합원 간의 분열로 인해 실패하게 된다. 하지만 노조 민주화를 위한 노력은 계속되었다. 한국중공업 노동자들이 1985년 노조 결성을 시도하다 실패했고, 연합철강 노동자들은 1986년에 67일이나 지속된 쟁의를 벌였다. 1987년 3월에는 현대중전기, 4월에는 현대모터 노동자들이 저임금과 생산직 노동자 차별 대우에 대한 저항의 표시로 점심 거부 투쟁을 했다.

27_1987년 한국 경제는 호황을 구가하고 있었다. 1986~88년 사이 실질 국내총생산(GDP) 상승률은 12~13% 수준이었다. 1986년 동안 한국증권거래소에 상장된 기업의 노동생산성이 13.4% 증가하고 순이익은 32.8%가 올랐다. 순이익은 금속산업에서 특히 크게 치솟아서 394%의 증가율을 나타냈다. 그러나 1백 명 이상을 고용하는 사업체의 임금은 1986년 6.4% 올랐을 뿐이었고, 1987년 4월 말 현재의 수치는 7.7%였다. 제조업 평균 노동시간은 1987년 6월 현재, 월 243시간 48분으로, 1986년에 비해 7시간 36분 늘어났다(한국노동연구원 1993, 19; 한국기독교사회문제연구원 1988a, 12-13 참조).

서 반공주의 이데올로기도 정치적 운동을 얼어붙게 하던 이전의 효과를 잃어 가게 된다.[28]

1970년대에 정부가 중공업 건설에 주력한 것도 1980년대에 대규모 노동자 투쟁이 발발하는 데 기여한 중요한 요인 중의 하나였다. 1970년대부터는 고성장 경제로 인해 노동시장이 완전고용에 가까운 상태가 되고 임금 상승 압박이 강해지기 시작했다. 쉽게 대체할 수 있다고 믿어지는 저임금 여성 노동력에 기대어 번성했던 이전의 경공업 중심 개발 전략과 달리, 1970년대 중화학공업에 대한 투자는 거대 사업장에 집중되었으며, 더 안정적이고 숙련도가 높아 쉽게 대체하기 어려운 노동 인력을 요구했다. 울산, 포항, 창원 등 한반도 동남부에 건설된 새로운 산업도시에 이들 사업장들이 몰림으로 인해 그 지역들에 노동계급이 중심이 된 대규모 공동체들이 등장했고, 이들 공동체들은 노동자 투쟁이 일어날 때 연대와 지원을 보냈다.[29]

1987년 6월, 후에 '6월 항쟁'으로 불리게 된 전국적인 대규모 시위운동이 일어났고 그 결과 전두환 정권은 대통령 직접선거를 약속하게 된다. 이 민주화운동은 노동자들을 고무하고 그들이 절실히 필요로 하

28_한국의 민중운동과, 노동운동을 활성화한 민중운동의 영향에 대해서는 Koo(2001, 142-146) 참조.

29_이 현상은 브라질이나 남아프리카와 같이 빠르게 산업화되고 있는 다른 나라들에서도 일어났고, 노동자의 투쟁성에 대한 효과도 비슷했다. 브라질과 남아프리카 노동운동에 대한 연구서로는 Seidman(1994); Keck(1992); French(1992) 참조. 울산은 1980년대 후반 전국에서 제조업 노동자의 밀도가 가장 높은 지역이었다. 울산 시민들은 노동자의 가족, 친척이거나 생계를 현대 노동자의 소비에 의존하는 사람들이 많아, 일반적으로 파업 노동자들에게 동정적인 태도를 보였다. 울산의 현대백화점과 경쟁해야 했던 소상인들이 특히 현대그룹에 적대적이었다(이상철 1992, 91; 117; 『동아일보』 1989/04/03).

던 정치적 공간을 열어 주었다. 6월 하순부터 노동자들의 참여가 점점 늘었고(전태일기념사업회 1991, 106), 학생과 시민 대부분이 정상적 생활로 돌아간 뒤인 7월 초, 울산의 현대엔진과 현대미포조선소 노동자들이 파업에 돌입하면서 그해 여름 전국을 휩쓴 거대한 파업의 물결이 일어나기 시작한다. 울산 현대중공업, 창원 현대자동차, 부산 대한조선공사 노동자들이 7월 25일 파업을 개시했고,[30] 곧 한국의 거의 모든 산업과 사업장이 파업의 물결에 휩쓸려 7~12월 사이에 노동조합 수가 1,361개 증가하고 조직노동자 수는 21만7,256명이 늘었다.[31] 노동쟁의 수도 1986년의 265건에서 1987년이 되면 3,749건으로 급증하는데, 그중 3,283건은 7~9월 사이에 일어났다(박덕제·박기성 1989, 80; 전태일기념사업회 1991, 103). 수많은 노조에서 일반 조합원들에 의해 비민주적이고 회사의 이해에 복무한다고 지탄받던 지도부가 축출되었다. 이렇게 자연발생적인 파업과 농성을 통해 노동자들은 그들이 새로 조직한 노조의 인정, 임금 인상, 사무직 대비 생산직 노동자에 대한 차별 관행 폐지, 굴욕감을 주는 권위주의적 노동 통제 방법의 중단 등을 요구하게 된다.[32]

30_1987년 7~8월 파업의 날짜별 요약 목록은 전태일기념사업회(1991, 99-101) 참조. 현대중공업 노조의 그 시기 투쟁에 대해서는 현대중공업노동조합(1991, 40-45) 참조.

31_1987년 6월 현재, 한국에는 2,725개의 노조, 105만201명의 조합원이 있었는데, 그해 12월 말이 되면 4,086개 노조, 126만7,457명으로 증가하며, 1년 후인 1988년 12월에는 6,142개 노조, 170만7,456명의 조합원으로 늘어난다(박덕제·박기성 1989, 25; 한국기독교사회문제연구원 1988a, 26).

32_1987년 민주화운동 기간의 파업과 쟁의는 한국기독교사회문제연구원(1988a); 한국사회연구소(1989); 민주헌법쟁취국민운동부산본부 노동문제특별대책위원회(1987); Koo(2001, 7

조공에서 노조 민주화운동의 서막은 1986년 초에 열린다. 연례 노조 대의원 선거가 다가오던 당시, 용접 공장의 나이 든 아저씨 노동자들이 젊은 여자 용접공 김진숙에게 선거에 나가 보라고 권유한다.[33] 1986년은 노조 대의원들이 3년 임기의 노조 위원장을 뽑는 해였기 때문에 그해의 선거는 어느 해보다도 노동자의 관심을 끌었다. 1969년 파업의 패배 이후 노조는 노조 활동에서 민주적 원칙을 지키는 데 열성을 보이지 않았고, 노조 대의원 자리는 직장이 독점하다시피 했다. 직장은 관리자와 더불어 고용, 근무 평가, 승진, 오버타임의 분배, 성과급 등 노동자의 생계가 달린 중대한 결정을 내리는 데 절대적 권한을 가지고 있었다. 그런 맥락에서 볼 때 나이 든 노동자들이 젊은 일반 조합원을 대의원 자리에 오르도록 민 것은 작업장의 권력 구조에 도전하는 급진적이고 전복적인 행위였다. 그리고 실제로 이 순간은 조공 노조의 민주화로 치닫는 일련의 사건의 작은 시발점이었다.

김진숙은 1977~81년 사이에 조공 조선소에 용접공이나 절단공으로 고용된 약 1백여 명의 여성 노동자 중 한 명이었다. 재벌 회사들의 조선산업 진출에 따라 생긴 심각한 숙련 노동자 부족 현상 때문에 이 기간 동안 회사는 숙련 생산직 자리를 여성에게 처음으로 개방한다. 김진숙은 힘든 남성적 환경을 이겨내고 작업장에서 존중받는 숙련공으

장) 참조.

33_이 일로부터 조공 노조의 민주화로 이르는 일련의 사건들, 그리고 여성 노동자가 노조 민주화 운동을 이끌 수 있도록 허용한 조선소의 젠더 정치에 대한 분석은 Nam(2009) 참조. 이 장에서 다루는 조공 노조 민주화 투쟁 이야기는 노조와 회사 문헌 기록, 그리고 김진숙을 포함한 조공 노동자들과의 면담에 기초한 이 논문에 기대고 있다.

로 자리 잡는 데 성공했다. 김진숙이 노조 활동가로 변신하는 과정은 몇 년에 걸쳐 서서히 일어났는데, 두 가지 사건이 그의 세계관 변화에 특별히 큰 영향을 끼쳤다. 하나는 떨어지는 철판에 맞아 다리가 부러진 사건으로, 그 일을 통해 김진숙은 노동자들이 부상을 입고도 이를 보고하지 못하고 치료비를 스스로 부담해야 하는 조선소의 엄혹한 노동 현실에 눈뜨게 되었다. 다른 하나는 1984년 3월 대학에 가고 싶은 강렬한 소망으로 등록한 야학에서 지역 노동운동을 접하게 된 일이다. 1985년 김진숙은 노동운동에 발을 디디기 시작하고 있었다. 작업장 동료 두 사람과 함께 김진숙은 노동법을 공부하고 노조의 활동을 조사하는 소그룹을 조직한다. 근로기준법에 쓰여 있는 보호 조항에 고무되어 그는 기회가 있을 때마다 동료 노동자들에게 노동자의 권리에 대해 설파하기 시작했다. 노동권에 대한 열정이 그를 노조 대의원대회로 보내자는 선배 노동자들의 결정에 큰 역할을 했을 것으로 보인다.

김진숙과 다른 두 명의 노동자가 선거에 나가겠다고 하자 당황한 직장과 관리자들은 그들을 괴롭히며 다른 노동자들과의 접촉을 막고자 했다. 하지만 선거일 당일에 김진숙은 생산직 노동자들이 점심 식사 장소로 사용하는 크레인 위의 큰 방에 몰래 들어가는 데 성공, 노동자들이 회사로부터 받는 나쁜 대우를 고발하는 감동적인 선거 유세를 했다. 그 자리에 있던 수백 명의 노동자들이 김진숙의 연설에 열정적으로 호응했고, 그를 끌어내리려고 하는 관리자들과 경비 요원들을 몸으로 막았다. 그가 속해 있던 용접 공장의 노동자들이 그때 그 자리에서 당장 투표를 실시할 것을 요구했고, 투표에서 김진숙과 다른 두 일반 조합원 후보가 직장 신분인 후보 세 명을 가뿐히 이겨 사측을 경악케 했다.

1986년 2월 대의원 선거에 이긴 후 셋은 노조의 대의원대회에 참석하지만, 그들의 발언 기회가 노조 간부들에 의해 철저히 차단당하는 경험을 한다. 김진숙, 이정식, 박영제 세 활동가는 좌절하지 않고 노조를 비판하는 "대의원대회를 다녀와서"라는 제목의 유인물을 배포했다.[34] 그리하여 노조 민주화를 위한 힘든 여정이 시작되었다. 그 과정에서 이 세 사람은 회사로부터 해고를 당하고 국가안전기획부(약칭 안기부)와 경찰의 심문에 시달렸으며 '빨갱이'로 낙인찍히고 회사 경비들에게 무수히 구타당했다. 그러나 그들은 동료 노동자들의 계속되는 지지 성원에 힘입어 투쟁을 지속해 갔다. 세 활동가를 중심으로 조공 노조 정상화추진위원회가 구성되어 점점 더 많은 노동자들이 싸움에 동참했고, 위원회가 제작한 유인물과 신문이 비밀리에 조선소에 배포되어 민주적 변화의 요구를 대세로 만드는 데 기여했다.

1987년 4월 회사는 재정난을 이유로 법정 관리를 신청한다. 그 결과로 일어난 인원 감축, 작업 중단, 월급 지연이 노동자들의 상태를 더욱 악화했다. 하지만 노조는 노동자의 이해를 위해 싸우는 대신 조합원들의 반대에도 불구하고 조공 '구사 결의대회'를 강행한다. 일반 조합원 사이에 불만과 분노가 높아 가던 중, 7월 25일 김진숙의 그룹에 의해 "우리는 요구한다"라는 제목으로 노동자 요구 조건 20개 항목을 열거한 대자보가 식당 벽에 나붙었다. 관리자들이 노동자들이 보는 앞에서 이를 찢자 분개한 노동자들 1천5백여 명이 농성에 들어갔고, 폭우 속에서도 근처의 도로를 점거했다. 이 조공 파업은 그해 7월에 시작해 전국

34_1986~94년까지의 사건들은 다른 언급이 없는 경우 한진중공업노동조합(1995, 475-496)과 민주헌법쟁취국민운동부산본부 노동문제특별대책위원회(1987, 40-46)에 근거하고 있다.

을 휩쓴 대규모 파업 물결을 만드는 시발점이 된 초창기 파업 중의 하나였다.[35]

경찰은 다음 날 아침 51명의 노동자를 연행했고, 관리자와 노조 간부들은 파업 시 회사가 조선소 문을 닫거나 파산 신청을 할 거라며 남은 노동자들을 위협했다. 그럼에도 파업 대오는 2천5백여 명으로 불어났다. 6월 항쟁의 결과로 중앙에서 권위주의적 정치 통제가 일시적으로 무너진 것이 산업 노동자들을 고무해 오랜 세월 쌓여 온 불만과 분노를 발산할 수 있게 만들었다. 조공 노동자들은 노조 사무실 유리창을 박살내고 가두 진출을 위해 전투경찰의 차단선을 뚫으려 시도했으며 쇳조각을 던지며 싸웠다. 경찰은 7월 27일 연행자들을 전원 석방해야 했다. 다음 날 노동자들은 노조 위원장 김종래의 허수아비를 불태웠다. 1960년대 후반 현저히 나타났던 조공 노조 가족원들의 적극적 파업 참여 전통을 되살려, 파업 노동자 가족들도 파업에 적극적으로 나섰다.

노동자 대표, 노조 간부, 회사, 안기부 사이에 협상이 진행되는 동안 사측은 여러 가지 방법으로 파업 노동자들을 분열시키려 노력했다. 1970년대 이래 전형적으로 사용된 반노조 전술인 '구사대'가 조직되었으나 파업 노동자 가족들에 밀려 쫓겨났다. 회사는 수백 명의 노동자 집에 전화를 걸어 가족들을 위협했고, 방위산업 사업장으로 지정되어 있는 특수선부 노동자들에게 군법회의 회부와 국가보안법 적용 가능성을 언급하며 협박했다. 그 결과 다수가 두려움을 느껴 농성장을 떠난다.

35_현대엔진 노동자들이 7월 5일, 현대그룹 첫 노조를 결성했고, 7월 15일 현대미포조선소 노동자들이 노조를 결성한다. 현대미포조선소 노동자들은 7월 하순경 노조 조직화를 위한 중요한 투쟁을 시작하려 하고 있었다.

남은 노동자들은 정문에 산소 탱크를 쌓아 만든 바리케이드를 치고 경찰의 진입이 예상되는 곳에 아세틸렌을 배치해 농성장 방어를 강화했다. 그리고 쇠파이프 등으로 무장한 경비대를 만들어 조선소를 순찰했다.[36] 7월 31일에는 경찰에 고용된 '백골단' 사복 경찰들이 배로 조선소에 잠입하려다 쫓겨나는 일이 있었다. 이날, 요구의 주요 부분이 쟁취되었다고 인식한 조공 노동자들은 파업 농성을 풀고 노조 민주화 과제에 집중하기로 결정한다. 8월 1일 민주노조 건설 추진위원회가 결성되었고, 노조 집행부를 불신임하는 임시총회 개최 요구서에 2천5백 명이 서명하는 열기에 힘입어 9월이 되면 조공 노동자들은 결국 위원장 직접선거를 통해 새 노조 집행부를 출범시킨다. 이어 파업 결의와 농성을 거치며 치열하게 전개된 단체협상 과정을 통해 조공 노조원들은 10월 말 임금 인상(18%) 등 여러 요구 사항들을 쟁취한다.

노조 민주화는 파업 한 번으로 쉽게 얻어지지 않았다. 이태득이 이끄는 새 노조 집행부는 김진숙 등 1986년 해고자 세 명의 복직을 요구하는 일반 조합원들을 외면하면서 사측에 유화적인 태도를 취했다. 일부 노조 활동가들은 상록회라 불리는 소집단을 만들고 동료 노동자들의 신뢰를 얻기 위해 노력했다. 상록회 회원이었던 박창수는 1988년 4월 그를 포함한 노동자들이 해고 노동자 복직을 요구하며 노조 사무실 근처에서 단식 투쟁을 하고 있을 때 노조 간부들이 큰소리로 점심에 무엇을 먹을지 떠드는 소리를 듣고 노조에 배신감을 느꼈었다고 회고한

36_민주헌법쟁취국민운동부산본부 노동문제특별대책위원회(1987)에 실린 부산 민주노동자투쟁위원회, 『노동소식』(1987/07/29).

다(박창수 1991). 마침내 1990년 7월, 박창수는 90.85%라는 압도적인 지지로 노조 위원장에 당선되었다.[37]

1987년 노동자 대투쟁 이후 조선산업 노동자들은 이제 강력한 세력으로 부상한 자주적 노동조합운동에서 중심적 위치를 차지하게 된다. 박창수 지도부가 이끄는 한진중공업(대한조선공사) 노조는 현대중공업 및 대우조선공업 노조와 함께 이 운동에서 선도적 세력을 형성했다. 한진중공업 노조는 대기업연대회의와 전국노동조합협의회(약칭 전노협)의 조직에도 적극적으로 참여했다. 전노협은 한국노총과 대립하는 '민주'노조 세력의 전국 중앙 조직인 전국민주노동조합총연맹(약칭 민주노총)의 전신이다.

그런데 1991년 2월 11일, 박창수와 다른 두 노조 간부가 대우조선공업 노동자들의 파업에 관한 연대회의 모임에 참석한 후 연행되는 일이 벌어진다.[38] 죄명은 악명 높은 '제삼자 개입 금지' 위반으로, 이 조항은 쟁의 당사자인 노조와 사측 이외에 쟁의에 직접적으로 관련되지 않은 '제삼자'의 쟁의 개입을 금하고 있으며 1980년 개정 노동법에 삽입된 것이다. 이 조항의 목적은 산업 전체를 마비시킬 수 있는 연대 파업

37_1958년생인 박창수는 가난한 가정 형편 때문에 일반 고교 대신 부산기계공고를 택해야 했다. 1981년 조공에 생산직 노동자로 입사한 그는 곧 생산과정을 다루는 사무직 자리로 전보된다. 박창수는 면담에서 생산직 노동자에 대한 차별 대우에 충격을 받았고 같은 해 조공에 입사한 김진숙의 행동에 감명을 받았다고 진술했다. 그는 1987년부터 노동운동에 참여하기 시작한다. 그에 따르면 노동운동은 그의 개인적 삶도 변화시켜, 아내에 대해 "다소 권위적이고 독선적"이었던 태도를 버리고 혼자 일방적으로 결정을 내리지 않는 "민주 가장"이 되었다고 술회한다(박창수 1991).

38_박창수의 연행으로부터 사망까지의 경위는 한진중공업노동조합(1995, 484-488) 참조.

의 가능성을 방지하고 한국노총에 도전하는 조직의 결성 노력이 커지는 것을 막으려는 데 있었다.[39] 다시 말해 박창수의 죄는 그가 다른 노조의 단체행동을 지지하는 행동을 했다는 것이었다.

약 3개월간의 구속과 조사가 있은 후인 1991년 5월 4일, 박창수는 병원으로 옮겨졌다가 그곳에서 이틀 후 사망한다. 한진중공업 노조는 규탄 농성에 들어갔고, 수천 명의 노동자, 시민, 학생들이 5월과 6월 내내 규탄 대회와 항의 시위를 벌였다. 박창수의 장례식은 '전국노동자장'으로 거행되었고, 시민 2만 명이 참석했다. 노태우 정권의 발표는 박창수가 병원 창문에서 뛰어내려 자살했다는 것이었지만, 그 설명을 그대로 받아들이는 사람은 많지 않았다. 노동운동가들 다수는 당시 안기부에서 박창수에게 전노협 탈퇴 압력을 강하게 넣고 있던 정황에 주목해 그가 살해되었을 것이라 믿었다. 결국 그의 이름은 안기부, 경찰, 군에 의해 '의문사'한 긴 희생자 명단에 덧붙여졌다.[40] 한진중공업 노조원들

39_ 전두환 정권의 1980년 노동법 개정은 산별노조 체계를 해체하고 개별 기업별노조들이 서로 고립되게 만들었다. '제삼자 개입'을 금지하는 조항은 단체행동 중인 노조에 대해 외부 그룹이나 개인이 연대를 표현하는 것을 금지할 뿐만 아니라, 전국 수준의 산업연맹이 산하 노조의 단체행동에 '간섭'하는 것도 금지했다. 2002년 대통령에 당선된 노무현도 이 조항의 피해자였다. 그는 변호사로서 1987년 9월 최루탄에 맞아 숨진 동료 노동자 이석규의 죽음을 파업으로 항의하는 대우조선공업 노동자들을 돕다가 체포되었다(『한겨레신문』 2002/12/20).

40_ 2002년, 박창수의 죽음으로부터 10년도 더 지난 후 의문사진상규명위원회가 조사를 위촉한 일본의 저명 법의학 전문가 가미야마 시게타로(上山滋太郎)는 추락사의 가능성을 배제하는 소견을 냈다. 대신 그는 "벽이나 바닥에 기댄 상태에서 한쪽에서 가격했을 경우 생기는 양면성 압박으로 인한 골절과 심폐 파열"이 직접 사인인 듯하다고 결론을 내렸다(『한국일보』 2002/08/02). 그러나 위원회는 박창수 사건이나 그 밖의 많은 사건들을 해결하지 않은 채 곧 소멸되었다. 한국 정치의 민주화가 계속 진전되면, 조합원의 높은 지지를 받던 노조 위원장인 이 33세의 노동자가 어떻게 죽음을 맞았는지 밝혀질 날이 언젠가는 올 것이다.

에게 박창수는 종종 '우리의 영원한 위원장'이라 불린다. 노동자 연대와 민주주의를 향한 그의 헌신은 한진 노조원들의 집단 기억에 귀중한 유산으로 깊이 새겨져 있다. 노조는 그의 희생에 대한 기억이 지워지지 않도록 노력해 왔고, 1987년 이후 한국의 노동운동에서 가장 투쟁적이고 민주적인 노조의 하나라는 한진중공업 노조의 평판은 오늘날에도 강하게 살아 있다.

1960년대 대한조선공사 노동조합운동의 유산

1960년대 조공 노동조합운동이 1980년대 새로운 전투적 노동조합운동의 발전에 기여한 바가 얼마나 될까? 1970년대와 1980년대 조공 조선소의 높은 이직률을 고려할 때, 그리고 판단을 내리기에 충분한 자료가 수집되어 있지 않은 현 상황에서, 1960년대의 운동과 1980년대 중반의 노동조합운동을 직접 연결 짓기는 어렵다. 앞서 논의했듯이 1970년대 조선산업이 급팽창할 때 조공에서 기술을 익힌 숙련 노동력이 대거 새 재벌 조선소로 옮겨 갔음은 조선산업 전문가들 사이에서 일반적으로 인정되는 사실이다. 조공은 '조선사관학교' 역할을 했고, 조공 출신 노동자들이 기술뿐만 아니라 민주적 노동조합운동의 전성기에 습득한 조직적 경험과 기술, 기대와 가치들도 재벌 조선소로 가지고 갔다고 충분히 상정해 볼 수 있다.

앞서 기술한 김진숙의 1986년도 대의원 선거 출마를 둘러싼 사건에서도 간접적이긴 하지만 일말의 증거를 찾아볼 수 있다. 김진숙을 노조 민주화 투쟁의 길에 들어서도록 민 것은 아저씨 노동자들이었는데, 김진숙의 진술에 의하면 그들 다수는 조선소에서 20년 이상의 경력을 가진 사람들이었다.[41] 회사와 경찰의 빨갱이 낙인과 위협 속에서 젊은 조공 노동자들이 노조 민주화운동을 지탱할 수 있도록 해준 것도 이들 아저씨 노동자들의 흔들리지 않는 지원이었다. 조공 조선소 안팎에서 1968~69년의 파업과 조공 노동조합운동이 기억되고 망각된 복잡한 방식들에 대한 탐구는 아직 미래의 과제로 남겨져 있다. 조공 노동조합 운동의 유산과 그 유산이 1987년 노동자 대투쟁에 끼친 영향 문제는 그런 개인적·집단적 기억의 영역에서 이해되어야 할 것이다.

1960년대 한국에서 가장 치열했던 노동조합운동의 하나로서 조공 노동자들의 파업은 널리 알려졌고, 타 사업장 노동자들을 고무했으며, 적어도 일부 파업 참여자들에게는 평생 소중히 간직할 기억이 되었다. 예를 들어, 1996~2000년까지 개혁적 한국노총의 수장이었던 박인상 은 1960년대 후반 조공 노조의 간부였다.[42] 박인상은 라이벌인 민주노

41_2006년 5월 20일 김진숙 인터뷰(면담자: 남화숙). 그의 기억이 정확하다면, 그것은 적어도 아저씨 노동자들 일부는 조선소에서 1969년 가을까지 지속된 민주노조운동의 전성기를 목격했을 것이라는 이야기다. 조합원 4,126명 중 231명(남성 218명, 여성 13명)을 표본으로 한 노조의 1982년 조사를 보면, 7명의 남성 노동자(표본의 3%)가 13년 이상 조공에서 장기근속한 자, 다시 말해, 1969년 파업의 직접 참여자로 나타난대조공 문서철, "1982년도 임금 현황"(이 자료는 이 책의 〈부록 1〉 조공 문서철 목록에 들어 있지 않음)의 1982년 9월 30일자 조사 자료]. 안타깝게도 이 조사는 조합원 개개인의 조선산업 경력을 기재하고 있지 않다. 조공과 다른 조선소 사이에 특히 임시공들의 경우 전직이 잦았던 사정을 고려할 때, 표본의 노동자 중 1960년대 후반에 조공에서 일했던 사람의 수는 7명보다 훨씬 많았을 것으로 짐작된다. 또한 1982년 당시 40대였던 27명의 남성 노동자(표본의 218명 중 12.4%)는 1969년에 27~37세의 나이였을 것이고 따라서 1968~69년도 조공 파업에 노동자로서 직간접적으로 노출되었을 가능성이 크다. 그들 이외에 남성 노동자 51명이 파업이 있던 1969년도에 20세 이상이었던 것으로 나온다.

42_1969년 이후 박인상과 권오덕의 활동에 대해서는 이 책의 8장, 각주 127 참조. 박인상은 신원철이 허재업을 포함, 전직 조공 노조 간부들을 찾아 면담하는 일에 도움을 주었다. 그 결과가

총과 협조적 관계를 갖기 위해 노력했다. 조공 파업은 노동 지도자로서 박인상의 삶을 조명한 『영원한 위원장』(박인상 문집발간위원회 2004)에서도 크게 강조되고 있다. 역시 조공 노조 간부였던 권오덕은 조공에서 해고된 지 30년 이상 지난 시점에서 필자를 비롯한 연구자들의 면담 요청에 흔쾌히 응해 주었다. 권오덕은 1960년대 조공 노동운동이 그 당시 전국에서 "최고"였고 "우리 노동운동의 물꼬를 텄다고 볼 수 있다"고 자랑스럽게 기억했다.[43] 그의 평가에 따르면 조공 노조는 "불모지에서 노동조합을 이렇게 할 수 있고 이렇게 살아야 한다는 것을 실제 행동을 통해 보여 준 것"이었다. 권오덕은 "80년대 …… 격렬하고 수준이 높아진 노동조합운동을 보면 …… 20년 격차를 두고" 1960년대 조공 노동조합운동이 "선험자"라 할 수 있다고 평가했다.[44] 박인상이나 권오덕 같은 전 조공 노조 간부들에게 1968~69년도 조공 파업은, 그 결과와 상관없이, 노조의 투쟁성과 역량의 정점을 대표하는 자랑스러운 순간이었다.

더 간접적으로는 조공 조선소가 이전 노동운동의 중요한 장이었다는 자각이, 사업장을 넘어서는 연대를 꾸리는 일에 대한 한진 노조원들의 태도에 영향을 주었던 듯하다. 박창수는 노조 위원장으로서 민주노조운동에서 한진중공업 노조가 갖는 사명에 대해 강하게 자각하고 있

1960년대 조공에서 있었던 일들을 이해하는 데 크게 도움이 되는 자료인 2000년 8월 9일 조공 전 임원들 인터뷰(면담자: 신원철)다.

43_2001년 9월 20일 권오덕 인터뷰(면담자: 김준).

44_2001년 9월 20일 권오덕 인터뷰(면담자: 김준); 2000년 8월 9일 조공 전 임원들 인터뷰(면담자: 신원철).

었는데, 그 이유는 "기업 규모" 때문만이 아니라 노조의 "투쟁 역사" 때문이라고 술회했다(박창수 1991). 과거의 투쟁에 대한 이런 자각과 존중감은 한국의 노조로서는 드물게 한진중공업 노조가 방대한 양의 노조 문서를 수십 년 동안 비좁은 노조 사무실에 정성스레 보존하고 있었다는 사실에서도 찾아볼 수 있다. 민주화된 조공 노조는 잊혀진 역사를 연구자들이 밝혀 줄 것을 희망하면서 1990년대에 그 자료실을 개방했다. 필자는 자신들의 노동조합운동의 뿌리를 발견하려는 조공 노조원들의 염원 덕분에 그 자료를 볼 수 있었던 첫 연구자들 중의 하나가 되는 행운을 누렸다.

더 중요하게는, 1960년대 파업과 1980년대 투쟁에서 나타난 조선산업과 기타 중공업 노동자들의 요구 조건이 놀랄 만큼 비슷하다는 점도 두 시기 노동자 운동과 노동자 주체성 면에 지속성이 있음을 암시한다. 1987년 조공 노동자들의 20개 요구 사항의 초점은 하루 일당 1천5백원 인상, 월급의 200%에 상당하는 하기 상여금 지급, 상여금 연 400% 지급, 진폐 환자에 대한 치료 보상, 장기근속자 우대, 기존 어용 노조 해산과 직선제에 의한 새 노조 구성, 부당 해고자 즉각 복직이었다(민주헌법쟁취국민운동부산본부 노동문제특별대책위원회 1987, 40). 1987년 파업 중 조합원들에게 돌린 유인물에서 김진숙은 그 파업을 노동자의 "빼긴 권리"를 다시 찾기 위한 "정당한 투쟁"이라 규정했다. "이젠 정말 인간답게 살아야"겠다는 한국 노동운동에 친숙하게 등장하는 요구가 그 파업의 궁극적 목표를 요약해서 말해 준다(민주헌법쟁취국민운동부산본부 노동문제특별대책위원회 1987, 45-46).

1987년 파업 동안 한국 노동자들이 공통적으로 요구한 내용은 노조 인정, 임금 인상과 성과급 폐지, 안전한 작업 환경, 산업재해 희생자에 대한 보상, 사무·관리직 대비 생산직 노동자에 대한 차별 중단, 노동자를 인간으로 존중할 것 등이었다. 이 시기의 파업에서 거의 항상 등장하는 노동자 존중에 대한 요구는 두발 길이, 복장의 규제나 강제 체조 등 여러 가지 권위주의적이고 굴욕감을 주는 통제 방식들의 폐지를 의미하는 경우가 많았다.[45] 그런 노동 통제 방식들에 대한 저항이 1980년대 들어 전면에 나타나는 것은 1970년대 동안 다수의 사업장에서 군사주의적 노동 통제 체제가 도입되고 노동운동이 억압되었던 상황을 반영하는 것이다. 그것은 또한 노동자의 생활 경험과 불만에 신분 의식이 계속 중요하게 작용한다는 것을 보여 준다. 1960년대 조공 노동조합운동에서 제기된 기타 요구들의 많은 부분이 1980년대 노동자 요구에서도 핵심 항목으로 나타나는데, 국가의 발전에서 노동자의 정당한 '자리'를 인정할 것, 개발에서 나오는 부의 공평한 분배, 노동자의 노동권과 인권, 작업장에서 노동자가 갖는 통제력에 대한 존중, 공평한 평가제도와 승진제도의 실시, 노사 관계에서 노측과 사측의 동등한 지위 인정, 생산직 노동자에 대한 차별 철폐 등이 그것이다.

1960년대와 1980년대의 노동조합운동에서 유사한 것은 요구의 내용만이 아니었다. 투쟁성과 연대 의식, 그리고 민주주의에 대한 강조가 양 운동에서 비슷하게 나타나는 것도 두 시기 노동운동 사이의 지속성을 강하게 암시한다. 우리가 살펴보았듯이, 노조의 자주성과 내부 민주주의는 1960년대 조공 노동운동에서 매우 강조되고 소중히 여겨지던 가치들이었다. 조공 조선소의 조합원들은 한국 사회의 선도적 민주 세

45_1987년 노동자 요구의 사례들은 한국기독교사회문제연구원(1988) 참조.

력으로서 자신들이 차지하는 위치와 한국 노동조합운동에서 자신들이 담당하는 지도적 역할에 대해 깊이 자각하고 있었고, 자주적이고 민주적인 노동조합운동을 사회적 신분 상승과 남성성의 상징으로 여기며 자부심을 가졌다. 여성 노동자가 대다수를 차지하는 수출산업에 중심을 둔 1970년대 노동운동의 뚜렷한 특징 중 하나는 지식인이나 학생운동가 등 외부 세력이 의식화나 조직적 지원 면에서 영향을 끼쳤던 것인데, 이런 영향력은 조공 노동자들의 운동에서는 확연히 부재했고, 1980년대 중공업 남성 노동자의 노동조합운동에서도 전반적으로 주변적인 데 머물렀다. 따라서 운동의 자주적 성격이 1960년대와 1980년대 중공업 노동자의 운동 사이의 또 하나의 연결점이 된다.

1940년대로부터 우리가 추적해 온 조공 노동자들의 역사는 1980년대 중반 이래 분출된 투쟁성이 완전히 새로운 민주적 노동운동의 탄생을 의미하지 않음을 보여 준다. 시대가 변했고 정치 경제적 조건들이 많이 달라졌지만 1960년대 조공 노동자들이 원하고 요구했던 것들과 1980년대의 노동자들이 요구한 것은 본질적으로 같았다. 공평한 분배, 민주주의, 노동자의 발언권, 사회적 신분 및 인간적 존엄성에 대한 존중이 그것이다. 두 운동 사이의 주요한 차이는 투쟁적이고 민주적인 노동운동의 영향권 범위가 1960년대에 비해 1987년 노동자 대투쟁에서 믿기 어려울 만큼 확장되었다는 점이다. 1960년대 후반 조공 조합원들은 그 시대 가장 선진적이고 강력했던 열두 개 대규모 국영기업체 노조들의 협의체를 통해 조공 조선소의 경계를 넘어 연대 투쟁을 조직하려고 애썼지만 그 시도는 성공적이지 못했다. 연대는 매우 미약한 수준에 머물렀고, 조공 노조는 결국 국가의 탄압을 누구의 도움도 없이 홀로 감당하는 상황에 처한다. 그 반면에 민주노조들은 1987년 파업에 이어 수많은 지역·전국·직업별·기업별 협의체들을 발전시키고, 1995년 수년간의 실험을 거쳐 기존 한국노총과 별도로 새 전국 연맹체인 민주노총을 발족시킬 수 있었다.[46] 구해근이 한국 노동운동에 대한 그의 저술에서 결론지었듯이 1987년 노동자 대투쟁을 통해 "연대 의식이 탄생"했고, 한국 노동자들 사이에 더 긍정적인 노동자 정체성과 정치의식이 빠르게 성장해 갔다(Koo 2001, 175).[47]

1987년 파업으로부터 이제 20년 이상이 지났다. 노조와 단체행동은 산업 노동자의 생활에서 정당한 한 부분으로 자리 잡았다. 현대나 삼성까지 포함한 한국의 대기업과 국가는 강한 노조와 공존하는 것을 배우도록 강요받았다. 지난 20여 년 동안 정치의 장과 사회생활에서 굴곡은 있지만 꾸준하게 민주화 과정이 진행되어 왔고, 노동운동도 그에 기여한 주요 세력의 하나였다. 이제 권위주의적 통치로의 복귀는 성공할 가능성이 적다. 2000년대 들어 한국 노동운동은 선거 정치에서 뜻깊고 귀중한 정치적 성취를 이루었다. 새로 창당된 민주노동당 후보들이 2001년 지방선거에서 전체 투표수의 8.1%를 획득했고, 2002년 12월의 대통령 선거에서 3.8%, 2004년 총선에서 13%에 가까운 득표를 했다.[48] 이는 한국에서 노동자 정당으로서는 전대미문의 성공이었다.

46_민주노총은 1997년 3월의 개정 노동법에 의해 합법적 조직으로 승인된다(Koo 2001, 200).

47_구해근은 "1980년대 말이 되면 독자적 계급으로서의 한국 노동계급의 형성이 가까워 오고 있었다"고 보았다(Koo 2001, 188).

48_2004년 4월 15일의 선거에서는 노동, 농민, 기타 사회운동 분야에서 오래 활동해 온 운동가 열 명이 민주노동당 후보로 국회의원에 당선되었다. 그중에는 YH무역 노조 농성의 주역, 최순영이 포함되어 있다.

하지만 21세기 한국 노동조합운동의 전망은, 1990년대 초 이후의 노동 상황이 가진 복잡성에 대한 구해근의 사려 깊은 논의가 제시하듯이, 결코 밝다고 할 수 없으며 불투명한 상태로 남아 있다.[49] 1987년 파업이 끝나고 얼마 되지 않아 한국 조직노동자들은 빠르게 변화하는 1990년대의 국내외 경제 상황 속에서 갈림길에 선 자신들을 발견하게 되었고 한편으로는 노조의 세력이 강화되고 다른 한편으로는 기업과 국가에 의해 역공세의 방법으로 고도의 관리 전략, 노동 통제 전략들이 채택되면서 1990년대를 거치며 한국 노동계급 안에서는 젠더, 기업 규모 및 정규/비정규 신분을 따라 "물질적 조건과 의식 면에서" 분화가 일어난다(Koo 2001, 189-193; 205-209).[50]

한국 조직노동자들은 이제 노동운동에 대한 사회적 지지를 높이고 노동자들이 행동에 나서도록, 감동을 줄 수 있는 민주적이고 현실적인 노동 이데올로기를 만들어 내야 하는 결정적인 시점에 서있다. 노조원들은 말로만이 아니라 행동을 통해 자신들보다 형편이 어려운 산업 노동자들, 즉 임시직, 파트타임, 파견 노동자들과 외국인 이주 노동자들을 1960년대 조공 노조원들이 그랬듯이 껴안을 것인지, 아니면 방기할 것인지에 대한 역사적인 결정을 내려야 한다.[51] 1960년대에 임시직 노동자들과의 연대는 조공 노조를 훨씬 더 민주적이고 활동성 강한 조직

49_Koo(2001, 8장 "기로에 선 노동계급").

50_1999년 현재, 한국 전체 고용 노동자의 52%가량이 임시직이거나 일용직 노동자다. 여성 중에서는 같은 해 여성 노동 인력의 31%만이 정규직으로 나타난다.

51_1990년대 이래 외국인 이주 노동자의 증가로 한국 노동운동의 연대 정치에 처음으로 민족적·인종적 요소가 개재되기 시작했다.

으로 만들어 주었다. 오늘날 한국의 경제적·정치적 조건에서 고용 안정과 노동 유연성의 문제, 다시 말해 회사가 얼마나 쉽게 비정규 인력을 사용할 수 있으며 종업원을 해고할 수 있는가의 문제는 노동과 자본 간 투쟁의 초점에 놓여 있다. 조직노동운동이 어디에 연대의 경계를 그을 것인가가 노동운동의 미래를 크게 규정할 것이다. 대기업 정규직 조합원들의 개인주의적이고 이기적인 태도가 갈수록 깊은 우려를 낳고 있는 상황에서, 포용적이었던 조공 노동조합운동의 사례가 더욱 중요하게 떠오른다.

오늘날 한국 민주노조운동의 또 하나의, 마찬가지로 어려운 과제는 공평하면서 동시에 성공적인 경제 발전을 어떻게 성취할 것이냐는 질문에 답하는 일인데, 산업화가 만들어 낸 환경문제가 경종을 울리고 있고 자본주의의 재정·생산·분배 체제가 점점 더 세계화되어 가며 신자유주의의 반노동 신념이 위력을 떨치는 현재 상황은 그 문제에 대한 답변을 더욱 어렵게 하고 있다. 1960년대 허재업과 그의 동료 노조원들에게 세상은 훨씬 단순했다. 그들은 노동자가 파트너로 참여하고 개발 과실도 나누어 향유하는 그런 경제 발전의 경로가 존재하고 성공적일 수 있다고 믿었다. 전향적이고 낙관적이었던 그들은 박정희가 주창한, 민족국가의 장래를 위한 노사협조의 필요성과 기업가의 사회적 사명에 대한 강조에 신뢰를 보냈다.

그러나 1960년대 후반 박정희 정권이 대기업 편에 확실히 서서 한국의 경제 기적을 위한 준비 작업으로 노동운동에 헌신적인 노조원들을 쓸어 냄으로써 조공 노동자들의 장밋빛 전망은 산산이 부서졌고, 1969년의 탄압 이후 권위주의적 노동 탄압이 세력을 떨치다 후퇴하고 자주적이고 전투적인 노동운동이 다시 분출하는 데까지 18년이 걸렸음을 우리는 지금까지 보아 왔다. 오늘날 노동운동은 산업 분야에서만이 아니라 정치의 장에서도 입지를 굳히고 있다. 그러나 신자유주의 이데올로기 아래 날로 통합되어 가는 자본주의 세계에서 노동운동이 마주한 도전은 그 어느 때보다도 크고 힘들다. 한국의 미래에 노동자의 자리가 어느 곳이어야 하는지는 아직도 결론이 나지 않은 질문이다.

대한조선공사 노동조합 자료실 문서철 목록(1960~79년)

1. 1960년

2. 1965·61년 제 규정철

3. 설립 대의원 명단 1963~65년

4. 1963~64년도 회의록

   A. 1963년 5월 25일~1964년 6월 18일까지 회의록

   B. 1964년도 회의록

   C. 1963년 5월 25일~1964년 6월 18일까지 노사협의록

5. 1964년도 서류철

6. 1964~65년도 업무 일지

7. 1965년도 회의록철

8. 1965년도 서류철

● 문서철 번호는 저자가 부여한 것으로, 노조에서 철해 놓은 그대로 가능한 한 연대순을 따라 붙였
  다. 일부 문서철은 그 안에 하나 이상의 독립적 서류 묶음을 가지고 있다. 제목은 표지에 써있는
  것을 따랐다.

9. 1965년도 임금인상 및 (부당)노동행위 관계철

   A. 일용공 부당노동행위 관계철

   B. 1965년 임금인상 관계철

   C. 1965년 쟁의 관계철

10. 1965년도 조합원 관계철

11. 1966년도 회의록철

12. 1966년도 대의원대회철

13. 1966년도 임금인상 쟁의 관계철

14. 1966~67년까지 각종 규정철

15. 1966~68년도 서류철

16. 1966~68년도 업무 일지

17. 1967년도 서류철: 대선 분회 관계자료

18. 1967년도 서류철(회의록)

19. 1967년도 회의록

20. 1967년 회의록

21. 1968년도 회의록철(1)

22. 1968년도 회의록철(2)

23. 1968년도 노동쟁의 발생 보고서철

24. 1968년도 쟁의행위 가부투표자 명단

25. 1968년 11월 16일 노동조합지부 해산 신고철

26. 1968~69년

27. 1969년도 서류철(1)

28. 1969년도 서류철(2)

29. 1969년 8월 9일~10월 11일 업무 일지

30. 1969~70년 조합원 대장

31. 1970년도 업무 일지

32. 1971년도 업무 일지

33. 1971년도 통계자료철

34. 1971~72년도 업무 일지

35. 1972년도 회의록

36. 1973년도 회의록

37. 1973~74년도 업무 일지

38. 1974년도 대의원대회철

39. 1975년도 회의록철

40. 1976년도 대의원대회 관계철

41. 1976년도 각종 회의록철

42. 1976년도 항도분회 단체협약 제 규정철

43. 1977년도 상무집행위원회 회의록

44. 1977년도 대의원대회 관계철

45. 1977년도 업무 일지: 도장분회

46. 1977년 2월 업무 일지: 도장분회

47. 1977년도 업무 일지

48. 1978년도 대의원대회 관계철

49. 1978년도 업무 일지

50. 1978년도 장학 관계철: 재단법인 노총장학회

51. 1979년도 상집회의록

52. 1979년도 각종 자료철

53. 대내 문서철

54. 근로과 1979년도 노사 관계철

55. 1979년도 대의원대회 관계철

56. 1979년도 대내 문서철

57. 조합 인원 현황, 1979~80년

58. 조직 실태 보고, 1979~81년

1948년 노동헌장

1. 근로자의 단결, 단체교섭과 파업, 기타 단체행동의 자유는 법률의 범위 내에서 보장
   된다.

2. 노령, 병약, 기타 노동능력의 상실 또는 실업으로 인하여 생활을 유지할 능력이 없는
   자는 법률이 정하는 바에 의하여 국가의 보호를 받을 권리가 있다.

3. 광물, 기타 중요한 지하자원, 수원, 수력, 수리, 산림 기타 경제상 이용할 수 있는 모든 자연
   력은 국유로 한다. 공공 필요에 의하여 일정한 기간 그 개발이용을 특허하거나 또는
   특허를 취소함은 법률이 정하는 바에 의하여 그를 행한다.

4. 노동과 기술은 자본으로 간주한다. 관, 공, 사영 일체 기업체에 속한 노동자는 임금
   이외에 당해 기업체의 이윤 중에서 최저 30% 이상 50% 이내의 이익배당을 받을 권
   리가 있다. 각개 기업체에 대한 구체적 이익배당률은 국민경제회의의 결의를 거쳐
   법률로써 정한다.

• 한국노총(1979, 296).

5. 관, 공, 사영 일체 기업체에 속한 노동자는 당해 기업체의 운영에 참여할 권리가 있다. 각 기업체 내에 노자협의회를 구성하여 운영에 관한 중요사항을 협의하며 노자협의회의 판정이 없이는 노동자의 해고, 정직, 기타 처분을 하지 못한다. 노자협의회에 관한 사항은 국민경제회의의 결의를 거쳐 법률로써 정한다.

6. 농지는 농민에게 한하여 분배하되 그 대상(代償)은 그 농지의 연생산량의 25%를 5개년간 정부에 납입함으로써 그 소유권을 획득한다. 농지의 분배 방법, 소유권의 한도, 소유권의 내용과 한계는 법률로서 정하되 한 세대의 농민이 3정보 이상의 농지를 소유함은 부득(不得)한다.

7. 자본과 무역은 국가 통제하에 둔다. 그에 관한 사항은 법률로서 정한다.

8. 국민경제회의는 경제와 사회문제에 관한 기본 정책에 관하여 내각의 자문에 응하여 그 입안한 바를 내각에 건의한다. 국민경제회의의 조직은 법률로서 정하되 구성원의 반수는 직역별(職域別) 노동자 대표로서 한다.

대한조선공사 단체협약 비교(1968년과 1970년)

제목	연도	항목	내용
목적	1968	서문	대한조선공사(이하 공사라 함)와 전국해상노동조합 대한조선공사 지부(이하 노조라 함)는 조선공업의 사회적 사명을 자각하여 <u>노사 대등히</u> 기업의 번영과 근로 생활의 안정을 목적으로 본 협약을 체결하며 쌍방 성실히 이행할 것을 확약한다.
	1970	1	주식회사 대한조선공사(이하 회사라 함)와 전국금속노동조합 대한조선공사 지부(이하 노조라 함)는 조선공업의 국가적 사명을 자각하여 회사의 융창과 생산 능력 발양에 최선을 다하며 국가 경제 발전에 이바지하고 <u>헌법 및 노동 제 법의 입법 취지에 입각하여</u> 조합원의 복리 증진과 조합의 건전한 발전을 도모함을 목적으로 본 협약을 체결하며 쌍방 성실히 이행할 것을 확약한다.
조합원과 비조합원	1968	2	공사의 종업원은 다음 각 호의 1에 해당하는 자를 제외하고는 <u>노조원이 되어야 한다.</u> 1. <u>과장급 이상의 관리 감독의 직에 있는 자</u> 2. 비서, 기획, 인사, 노무, 총무, 경리 및 감사 등의 기밀 사항 담당의 직에 있는 자 3. <u>경비 계장, 조장 및</u> 승용 자동차 통신의 업무에 종사하는 자 4. 고문, 촉탁, 수습사원 및 시용기간 중에 있는 자 5. 기타 공사와 노조가 협의하여 정한 자

---

* 조공 문서철 #18에서 주요 조항만 발췌했다. 크게 대조되는 문구는 밑줄로 표시했다.
조공 문서철 #18은 1959~71년 사이 조공의 단체협약 및 노조와 회사가 제시한 여러 단체협약 개정안들을 철해 놓고 있다. 이 두 단협 내용의 더 상세한 비교는 Nam(2003, 부록 D) 참조.

	1970	3	회사의 종업원은 다음 각 호의 1에 해당하는 자를 제외하고는 본인의 자유 의사에 따라 조합원이 될 수 있다.
			1. 담당급 이상의 직에 있는 자
			2. 비서, 기획, 예산, 원가, 인사, 노무, 경리, 총무, 감사, 영업, 업무, 설계 및 기타 기밀 사항을 취급하는 직에 있는 자
			3. 직장의 직에 있는 자
			4. 경비, 승용차 운전, 발간, 도면, 사진, 타자, 창고, 동력, 급수, 보이라, 폼푸, 산소, 까스, 예선, 안전, 보건 및 통신 업무에 종사하는 자
			5. 고문, 촉탁, 일용공 및 시용기간 중에 있는 자
			6. 기타 회사와 조합이 협의하여 정하는 자
제 규정의 제정 및 개폐	1968	5	공사는 다음 각 호의 1에 해당하는 제 규정의 제정 및 개폐에 관하여는 노조와 협의 후 시행한다.
			1. 취업 규칙 2. 포상 규정 3. 징계 규정 4. 보수 규정
			5. 수당금 지급 규정 6. 여비 규정 7. 퇴직금 지급 규정
			8. 안전 보건 규정 9. 경조금 지급 규정[1]
	1970	-	[삭제]
조합 활동의 자유	1968	6	공사는 노조 활동의 자유를 보장하며 정당한 노조 활동을 이유로 근로조건 기타 불이익한 처우를 하지 못한다.
	1970	5	회사는 회사 내에 있어서의 조합 활동의 자유를 보장하며 정당한 조합 활동을 이유로 근로조건 기타 불이익한 처우를 하지 못한다. 단, 조합 본연의 노동 활동을 벗어난 정치 활동은 할 수 없다.
취업 중의 조합 활동	1968	7	전임 아닌 조합원이 근무시간 중에 근로조건의 처리 기타 노조 활동을 하고자 할 때에는 사전에 소속장의 승인을 얻어야 하며 소속장은 업무상 특별한 지장이 없는 한 편의를 제공하되 그 시간은 근무한 것으로 간주한다.
	1970	6	① 조합은 규약 및 운영 규칙에 명시된 제 집회 및 기타의 조합 활동을 취업 시간 외에 행한다. 단, 부득이한 사유로서 취업 시간 중에 이를 행하고자 할 때에는 사전에 회사의 승인을 득하여야 한다.
			② 전항의 경우 그 임금은 지급하지 아니함을 원칙으로 한다. 단, 정기연차대회 상급단체 회의 참석의 경우에는 예외로 한다.
게시 공고 인쇄물 배포	1968	11	① 노조는 공사 구내의 지정된 장소에 노조 활동에 필요한 공고문을 게시 또는 첨부할 수 있다.
			② 전항의 지정된 장소 이외의 공사 시설에 공고문을 게시 또는 첨부할 때와 공사의 구내에서 연설 방송을 하고자 할 때에는 사전에 공사의 승인을 얻어야 한다. 다만, 문서를 배포하고자 할 때에는 사전에 공사에 통고하여야 한다.[2]
	1970	8	조합은 회사 구내의 지정된 장소에 조합 활동에 필요한 공고문을 게시 또는 첨부할 수 있다. 단, 그 내용은 사전에 회사의 승인을 득하여야 한다.
휴일	1968	25	공사는 다음 각 호에 해당하는 날을 유급 휴일로 한다.
			1. 일요일 (주 휴일로서 전주 개근자에 한하여 유급으로 한다)
			2. 국경일 (삼일절, 제헌절, 광복절, 개천절)
			3. 연말연시휴일 (12월 31일, 1월 1일, 1월 2일, 1월 3일)
			4. 공휴일 (근로자의 날, 식목일, 현충일, 추석절, 한글날, 유엔데이, 성탄절)
			5. 공사 창립기념일 (6월 5일)

			6. 해상노조 조공 지부 창립 기념일 (5월 25일)
			7. 기타 공사 또는 정부에서 수시 정하는 날
	1970	27	회사는 매주 일요일을 주휴일로 정하고 유급 휴일로 한다. 단, 전주 개근하지 아니한 자에 대하여는 무급으로 한다.
		28	① 회사는 다음 각 호에 해당하는 날을 휴일로 한다.
			1. 국경일 (삼일절, 제헌절, 광복절, 개천절)
			2. 연시휴일 (1월 1일, 1월 2일, 1월 3일)
			3. 공휴일 (근로자의 날, 식목일, 현충일, 추석절, 한글날, 유엔데이, 성탄절)
			4. 회사 창립기념일 (6월 5일)
			5. 기타 회사 또는 정부에서 수시 정하는 날
			② 전항의 휴일 중 국경일, 연시휴일 (1월 1일), 근로자의 날, 추석절 및 회사 창립기념일은 유급으로 한다.
상여금	1968	33	① 공사는 노조원에게 연2회 상여금을 지급한다
			② 상여금의 지급에 대하여는 공사와 노조가 사전 협의하여 주무부 장관에게 그 지급률을 승인 신청한다.
	1970	-	[삭제]
쟁의행위	1968	62	본 협약에서 쟁의행위라 함은 동맹파업, 태업 ,직장 폐쇄, 기타 공사 또는 노조가 그 주장을 관철할 것을 목적으로 행하는 행위 및 그에 대항하는 행위로서 업무의 정상적 운영을 저해하는 행위를 말한다.
	1970	53	① [위 62조와 동일]
			② 다음 각 호의 1에 해당할 때에는 이를 쟁의행위로 간주한다.
			1. 다수의 의식적인 업무 능률 저하
			2. 다수의 동시 잔업 거부
			3. 다수의 동시 휴가 청구 또는 결근
		58	(쟁의행위 기간 중의 임금) 조합원의 쟁의행위 기간 중의 임금은 지불하지 아니한다. 단, 전 조의 협정 근무자에 대하여는 예외로 할 수 있다.

1_ 1969년 단협 협상에서 회사 측은 '협의'에 관한 문구를 덜 구속적인 표현으로 다음과 같이 바꾸려 했다. "회사는 …… 노조의 의견을 들을 수 있다." 반면 노조는 그 문구를 "합의 후 시행하며"로 더 강화하려 했다[조공 문서철 #18, "1969년도 단체협약(안) 대비표 (노사)"].

2_ 1969년 노조는 기존 단협의 '게시, 인쇄물 배포' 조항 제2항의 사전 '승인' 규정을 회사에 대한 '통고' 의무로 바꾸려 했고, 회사 측은 다음 문장을 첨가하려 했다. "단, 노조 활동의 범위를 벗어난 성격을 내포하거나 인권침해 또는 회사 운영상 불리한 사항은 일체 이를 금한다"[조공 문서철 #18, "1969년도 단체협약(안) 대비표 (노사)"].

쟁의행위	1968	63	공사는 노조가 쟁의행위 중일지라도 노조원의 일상생활을 유지케 하기 위하여 후생시설의 이용을 제한하거나 식료 기타 생활필수품의 조달을 저해하지 아니 한다.
중의 일상생활	1970	-	[삭제]
폭력 및	1968	-	[조항 없음]
파괴행위 등의 금지	1970	56	조합원은 쟁의행위 중 일지라도 회사의 구내외를 막론하고 다음 각 호와 같은 난동 행위를 할 수 없다.
			1. 타인의 인권을 침해하는 폭언 및 폭행
			2. 회사의 시설 장비 비품 및 집기 들의 파손
			3. 안전 보건 시설의 정상적 유지 운영의 정지 또는 방해
			4. 고객 또는 외부 인사의 선박 차량 및 기계 장비에 대한 파손 또는 그 정상적 유지 운영의 정지 및 방해
			5. 조합원 이외의 가족 또는 외부인과 작당 합세하여 전 각 호의 행위를 하거 나 가두시위, 교통 방해 등 사회질서를 문란케 하는 반사회적 행위
			6. 기타 전 각 호에 준하는 일체의 불법행위
쟁의행위 중의 재해	1968	66	쟁의행위 중일지라도 공사 시설에 화재 기타 비상 재해가 발생하였을 시 또는 발생이 예측되어 위험 상태에 있을 시는 노조는 진압 또는 방지에 공사와 협력 하여야 한다.
	1970	59	쟁의행위 중일지라도 회사 시설에 화재 기타 비상 재해가 발생하였을 시 또는 발생이 예측되어 위험 상태에 있을 시는 조합원은 쟁의행위를 중지하고 진압 또는 예방에 적극 협력하여야 한다.

| 참고문헌 |

강이수. 1997. "공장체제와 노동규율." 김진균·정근식 편. 『근대 주체와 식민지 규율 권력』. 문화과학사.

강인순. 2001. 『한국여성 노동자운동사』 제2권. 한울.

강재순. 1991. "일제하 부산 지역에서의 노동자계급의 형성." 부산대학교 석사 학위 논문.

경제기획원. 1969. 『주요행정통계 보고서』.

_____. 1970. 『주요행정통계 보고서』.

곽건홍. 2001. 『일제의 노동정책과 조선 노동자: 1938~1945』. 신서원.

권성일. 1994. "한국 노동자계급의 계급경험과 계급의식." 한림대학교 박사 학위 논문.

권오덕. 2004. "조공 파업이 말하고자 하는 것." 박인상 문집발간위원회. 『영원한 위원장』. 당그래.

권희경. 1989. 『한국 혁신정당과 사회주의 인터내셔널』. 태양.

금성사노동조합. 1994. 『노동운동 30년사』.

김경일. 1992. 『일제하 노동운동사』. 창작과비평사.

_____. 2004. 『한국 근대 노동사와 노동운동』. 문학과지성사.

_____. 2007. 『이재유 나의 시대 나의 혁명: 1930년대 서울의 혁명운동』. 푸른역사.

김기원. 1990. 『미군정기의 경제구조: 귀속기업체의 처리와 노동자 자주관리운동을 중심으로』. 푸른산.

김낙중. 1982. 『한국노동운동사: 해방 후편』. 청사.

김낙중·김윤환. 1970. 『한국노동운동사』. 일조각.

김남식·이정식·한홍구 편. 1986. 『한국현대사 자료총서』. 돌베개.

김대환. 1981. "1950년대 한국 경제의 연구: 공업을 중심으로." 진덕규 외 편. 『1950년대의 인식』. 한길사.

김무용. 1994. "해방직후 노동자 공장관리위원회의 조직과 성격." 『역사연구』 3호.

_____. 2002. "한국 노동자계급의 경험과 집단 기억, 저항과 순응의 공존." 『역사연구』 10호.

김삼수. 1999. "1960년대 한국의 노동정책과 노사 관계." 한국정신문화연구원 편. 『1960년대 한국의 공업화와 경제구조』. 백산서당.

김양재. 1947. 『노동조합교정』. 노동자사[1987, 돌베개 재출간].

김윤환. 1981. 『한국노동운동사 1: 일제하 편』. 청사.

김재근. 1993. 『속 한국 선박사 연구』. 서울대학교 출판부.

김 준. 2002. "1970년대 여성 노동자의 일상생활과 의식: 이른바 '모범근로자'를 중심으로." 『역사연구』 10호.

김준원. 1991. "한국 공기업의 민영화에 관한 연구: 대한항공, 유공, 대한조선공사를 중심으로."
　　　한국외국어대학교 석사 학위 논문.

김지태. 2003. 『문항라 저고리는 비에 젖지 않았다』. 석필.

김진균·정근식 편. 1997. 『근대 주체와 식민지 규율 권력』. 문화과학사.

나카오 미치코. 1984a. 『해방 후 전평 노동운동』. 춘추사.

＿＿＿. 1984b. "해방과 전평 노동운동." 화다 편집부 편. 『한국 자본주의와 임금노동』. 화다.

나카오 미치코·나카니시 요우. 1985. "미군정의 노동정책과 노동운동의 전개." 최장집 편. 『한국현대사 I:
　　　1945~1950』. 열음사.

노동부. 『노동통계연감』 각 연도.

노영기 외. 2004. 『1960년대 한국의 근대화와 지식인』. 선인.

노중기. 1993. "한국 국가의 노동 통제 유형에 관한 비판적 연구." 『경제와 사회』 18호.

대한조선공사. 1968. 『대한조선공사 30년사』.

＿＿＿. 『조공』 각 호.

동아일보사. 1965. 『신동아』 10월호.

류상영. 1989. "8·15 이후 좌우익 청년단체의 조직과 활동." 최장집 외. 『해방 전후사의 인식』 제4권.
　　　한길사.

민족주의민족전선. 1988. 『해방조선 I』. 과학과사상 [『조선해방연보』(1946)를 『해방조선 I』, 『해방조선 II』로
　　　재출간].

민주헌법쟁취국민운동부산본부 노동문제특별대책위원회. 1987. 『잔업 없는 세상에 살고 싶다: 부산지역 7,
　　　8월 노동자투쟁 자료집』.

박기호. 1984. "한국의 노동쟁의 I." 화다 편집부 편. 『한국 자본주의와 임금노동』. 화다.

박덕제·박기성. 1989. 『한국의 노동조합 I』. 한국노동연구원.

박동철. 1999. "1960년대 기업집단의 형성과 구조." 한국정신문화연구원 편. 『1960년대 한국의 공업화와
　　　경제구조』. 백산서당.

박명림. 1999. "한국 민주주의와 제삼의 길." 정태영·오유석·권대복 편. 『죽산 조봉암 전집』 제6권. 세명서관.

박순원. 1993. "해방 후 삼척 시멘트공장의 재건과정: 1945~1960." 『경제사학』 17호.

박인상 문집발간위원회. 2004. 『영원한 위원장』. 당그래.

박창수(구술). 1991. "투쟁의 불씨를 살리는 마음으로." 『지역과 노동』 8호.

박철규. 2002. "해방 직후 부산 지역의 노동운동." 『역사연구』 10호.

박현채·김형기 외. 1985. 『한국 자본주의와 노동문제』. 돌베개.

배석만. 1993. "1950년대 대한조선공사의 자본 축적 시도와 실패 원인: 자본 축적 과정에서 귀속기업체의
　　　역할 분석." 부산대학교 석사 학위 논문.

＿＿＿. 2001. "해방 후 조선방직의 경영과 그 성격." 『지역과 역사』 9호.

보건사회부. 『보건사회 통계연보』 각 연도.

부산매일신문사. 『부산매일』 각 호.

부산매일신문사 편. 1991. 『울부짖는 원혼들: 민족의 대비극, 한국의 킬링필드』.

삼균학회 편. 1990.『삼균주의 논선』. 삼성출판사.

서중석. 1991.『한국현대민족운동연구: 해방 후 민족국가 건설운동과 통일전선』. 역사비평사.

_____. 1996a.『한국현대민족운동연구 2: 1948-1950 민주주의, 민족주의, 그리고 반공주의』. 역사비평사.

_____. 1996b. "1980년대 이후 진보적 연구자들의 남한 현대사연구의 동향과 전망." 역사문제연구소 편.『한국의 '근대'와 '근대성' 비판』. 역사비평사.

_____. 1999a.『조봉암과 1950년대』상·하. 역사비평사.

_____. 1999b. "조봉암과 진보당." 정태영·오유석·권대복 편.『죽산 조봉암전집』제6권. 세명서관.

_____. 2005.『사진과 그림으로 보는 한국현대사』. 웅진.

성한표. 1984. "8·15 직후의 노동자 자주관리운동."『한국사회연구』제2권. 한길사.

손호철. 1995.『해방 50년의 한국정치』. 새길.

송준호. 1987.『조선사회사연구』. 일조각.

송호근. 1990.『노동과 불평등』. 나남.

신용하·박명규·김필동 편. 1995.『한국사회사의 이해』. 문학과지성사.

신원철. 2001. "기업 내부노동시장의 형성과 전개: 한국 조선산업에 관한 사례연구." 서울대학교 박사 학위 논문.

신인령. 1985.『노동기본권 연구』. 미래사.

_____. 1987.『노동법과 노동운동』. 일월서각.

_____. 1996.『노동인권과 노동법』. 녹두.

안병직 편. 2001.『한국 경제성장사: 예비적 고찰』. 서울대학교 출판부.

안병직 외 편. 1989.『근대 조선의 경제구조』. 비평출판사.

안병직·나카무라 테츠 편. 1993.『근대 조선공업화의 연구: 1930-1945년』. 일조각.

안태정. 2002.『조선노동조합전국평의회』. 현장에서미래를.

역사문제연구소 편.『한국의 '근대'와 '근대성' 비판』. 역사비평사.

연세대학교 산업경영연구소. 1965.『상공부 산하 국영기업체 경영합리화 및 민영화 방안 연구』. 연세대학교.

윤여덕. 1991.『한국 초기 노동운동 연구』. 일조각.

이규수. 1998. "일제시대 사회통계 2: 교육 추계."『한국현대사연구』1-2호.

이대근. 1989. "해방 후 귀속 사업체의 실태와 그 처리과정." 안병직·나카무라 테츠 편.『근대 조선의 경제구조』. 비평출판사.

_____. 1993. "정부수립 후 귀속 사업체의 실태와 그 처리과정." 안병직·나카무라 테츠 편.『근대 조선공업화의 연구: 1930~1945년』. 일조각.

이병철. 1966.『호암자전』. 중앙일보사.

이상철. 1992.『한국의 지역노동운동 연구: 포항, 울산, 마산-창원 지역의 비교』. 한울.

이승렬. 1996. "일제하 조선인 자본가의 근대성." 역사문제연구소 편.『한국의 '근대'와 '근대성' 비판』. 역사비평사.

이영석. 1983.『죽산 조봉암』. 원음출판사.

이영훈. 1996. "한국사에 있어서 근대로의 이행과 특질."『경제사학』21호.

이영희. 1990. 『노동기본권의 이론과 실제』. 까치.

이옥지. 2001. 『한국 여성 노동자운동사』 제1권. 한울.

이은진. 1981. "한국의 노동쟁의, 1963-71." 서울대학교 석사 학위 논문.

_____. 1984. "한국의 노동쟁의 II." 화다 편집부 편. 『한국 자본주의와 임금노동』. 화다.

이정식. 1976. 『해방 30년사』 제3권. 성문각.

이준식. 1998. "일제시대 사회통계 1: 인구." 『한국현대사연구』 1-2호.

이호룡. 2001. 『한국의 아나키즘: 사상편』. 지식산업사.

_____. 2002. "일제강점기 국내 아나키스트들의 조직과 활동: 노동운동을 중심으로." 『역사와 현실』 44호.

임송자. 1993. "미군정기 대한독립촉성노동총연맹에 관한 연구." 성균관대학교 석사 학위 논문.

임영일. 1991. "한국사회의 지배 이데올로기." 한국산업사회연구회 편. 『한국사회와 지배이데올로기』. 녹두.

임철규. 1965. "유솜." 『신동아』 5월호.

장상환. 1999. "한국전쟁과 경제구조의 변화." 한국정신문화연구원 편. 『한국전쟁과 사회구조의 변화』. 백산서당.

장하원. 1999. "1960년대 한국의 개발 전략과 산업정책의 형성." 한국정신문화연구원 편. 『1960년대 한국의 공업화와 경제구조』. 백산서당.

전국경제인연합회. 1997. 『한국의 조선산업』.

전국금속노동조합연맹. 1971. 『1970년 사업보고서』.

_____. 1993. 『금속노동운동 30년사』.

전국노동자신문사. 『전국노동자신문』 1945/11/01~1947/08/19.

전국해원노동조합. 1973. 『전국해원노동조합사』 제1집. 동아출판사.

전범성. 1984. 『정주영』. 서문당.

전상인. 2001. "1946년경 남한주민의 사회의식." 『고개 숙인 수정주의』. 전통과현대.

전인권. 1992. "국가자본에 관한 연구: 포항종합제철을 사례로 하여." 서울대학교 석사 학위 논문.

전진한. 1955. 『민족 위기와 혁신 세력』. 우촌 전진한 선생 저서간행위원회

_____. 1957. 『자유협동주의』. 국회타임스.

_____. 1965. 『나는 이렇게 싸웠다』. 우촌 전진한 선생 저서간행위원회

_____. 1967. 『구국 투쟁의 일대기: 우촌(전진한) 입지전』. 우촌 전진한 선생 저서간행위원회

_____. 1996. 『이렇게 싸웠다』. 무역연구원.

전태일기념사업회 편. 1991. 『한국노동운동 20년의 결산과 전망』. 세계.

정성호. 1999. "한국전쟁과 인구사회학적 변화." 한국정신문화연구원 편. 『한국전쟁과 사회구조의 변화』. 백산서당.

정성화 편. 2005. 『박정희 시대 연구의 쟁점과 과제』. 선인.

정주영. 1998. 『이 땅에 태어나서: 나의 살아온 이야기』. 솔.

정진성. 1995. "인구변동과 도시화." 신용하·박명규·김필동 편. 『한국 사회사의 이해』. 문학과지성사.

_____. 2001. "군가산제에 대한 여성주의 관점에서의 재고." 『한국여성학』 17-1호.

정태영·오유석·권대복 편. 1999.『죽산 조봉암 전집 6: 한국현대사와 조봉암 노선』. 세명서관.

정태헌. 1996. "한국의 식민지적 근대화 모순과 그 실체." 역사문제연구소 편.『한국의 '근대'와 '근대성' 비판』. 역사비평사.

정혜경. 1998. "일제하 재일한국인 민족운동의 연구." 한국학중앙연구원 박사 학위 논문.

조선경제사. 1949.『조선경제 통계요람』.

조선노동조합전국평의회.『조선노동조합전국평의회 결성대회 회의록』(1945년 11월).

조선우선주식회사. 1937.『조선우선주식회사 25년사』.

조선은행 조사부. 1948.『조선경제 연보』.

_____. 1949.『조선연감』

조선일보사. 2002.『월간 조선』5월호.

조선총독부.『조선총독부 통계연보』. 각 연도.

조성구. 1990. "경남 전라지역의 보도연맹원 양민학살."『역사비평』11호.

조성원. 1998. "일제시대 경제통계 1: 경제성장 추계(생산면)." 한국정신문화연구원 편.『한국현대사연구』 1-2호.

조세현. 2001.『동아시아 아나키즘, 그 반역의 역사』. 책세상.

조순경·이숙진. 1995.『냉전체제와 생산의 정치: 미군정기의 노동정책과 노동운동』. 이화여자대학교 출판부.

조희연. 2002. "한국 민주주의 투쟁의 보편사적 의미와 남겨진 과제들." 2002년 민주화운동기념사업회연구소 국제학술심포지엄 자료집: International Status of the Democratization Movement in Korea.

진덕규 외 편. 1981.『1950년대의 인식』. 한길사.

채수종. 1993.『배이야기』. 지구촌.

최장집. 1988.『한국의 노동운동과 국가』. 열음사.

최장집 외. 1989.『해방전후사의 인식』제4권. 한길사.

최장집 편. 1985.『한국 자본주의와 국가』. 한울.

커밍스, 브루스·존 할리데이. 1989.『한국전쟁의 전개 과정』. 대암.

한국광업노동조합. 1974.『광노 20년사』.

한국기독교교회협의회 편. 1984.『1970년대 노동현장과 증언』. 풀빛.

한국기독교사회문제연구원 편. 1988a.『1987년 노동사회 사정』. 민중사.

_____. 1988b.『기사연 리포트 6: 노정권의 출범과 민족민주운동의 진로』. 민중사.

한국노동연구원. 1993.『1992년 KLI 해외노동통계』.

한국노총(한국노동조합총연맹). 1979.『한국노동조합운동사』.

_____. 1988.『1987년도 노동쟁의』.

_____.『사업보고』각 연도.

한국민족문화연구소(부산대학교) 편. 1998.『부산의 역사와 문화』. 부산대학교 출판부.

전국부두노동조합. 1979.『한국부두노동운동 100년사』.

한국사회연구소 편. 1989.『한국 노동자 연구 II: 독점대기업을 중심으로』. 백산서당.

한국여성개발원. 1986.『여성 관련 사회통계 및 지표 1986』.

한국은행.『물가총람』각 연도.

한국전력노동조합. 1972.『전노 20년사』.

한국정신문화연구원 편. 1999a.『한국전쟁과 사회구조의 변화』. 백산서당.

_____. 1999b.『1960년대 한국의 공업화와 경제구조』. 백산서당.

한국철도노동조합. 1967.『철노 27년사』.

_____. 1976.『철노 30년사』.

한지희. 1996. "1949~50년 국민보도연맹 결성의 정치적 성격."『숙명 한국사론』제2권. 숙명여자대학교
출판부.

한진중공업.『한진중공업 60년사』. 미출간 초고.

한진중공업노동조합. 1995.『제32년차 활동보고서』.

현대중공업. 1992.『현대중공업 20년사』.

현대중공업노동조합. 1991.『현중노조사』.

홍석률. 1999. "1960년대 지성계의 동향." 한국정신문화연구원 편.『1960년대 사회변화 연구: 1963~1970』.
백산서당.

화다 편집부 편. 1984.『한국 자본주의와 임금노동』. 화다.

ILO기본조약비준 및 노동법개정을 위한 전국노동자공동대책위원회·전국노동조합협의회·전국업종노동조합회의.
1991.『한국노동운동 탄압백서: 1990년 1월~91년 7월』. 이웃.

Amsden, Alice. 1989. *Asia's Next Giant: South Korea and Late Industrialization*. New York:
Oxford University Press.

Armstrong, Charles. 2003. *The North Korean Revolution, 1945-1950*. Ithaca: Cornell
University Press.

Asia Labor Monitor. 1988. *Min-ju Nojo: South Korea's New Trade Unions*. Hong Kong: Asia
Monitor Resource Center.

Asia Watch Committee. 1986. *Human Rights in Korea*. Washington, D.C.: Asia Watch
Committee.

_____. 1990. *Retreat from Reform: Labor Rights and Freedom of Expression in South Korea*.
Washington, D.C.: Asia Watch Committee.

Bergquist, Charles W. 1986. *Labor in Latin America: Comparative Essays on Chile,
Argentina, Venezuela, and Colombia*. Stanford: Stanford University Press.

_____. 1996. *Labor and the Course of American Democracy: U.S. History in Latin American
Perspective*. London: Verso.

Brandt, Vincent. 1971. *A Korean Village Between Farm and Sea*. Cambridge, Mass.:
Harvard University Press.

Braverman, Harry. 1974. *Labor and Monopoly Capitalism: The Degradation of Work in the
Twentieth Century*. New York: Monthly Review.

Brody, David. 1993/1980. *Workers in Industrial America: Essays on the Twentieth Century Struggle*. 2nd edition. Oxford: Oxford University Press.

Burawoy, Michael. 1979. *Manufacturing Consent*. Chicago: University of Chicago Press.

Chandra, Vipan. 1988. *Imperialism, Resistance, and Reform in Late Nineteenth-Century Korea: Enlightenment and the Independence Club*. Berkeley: Center for Korean Studies, University of California.

Choi, Chungmoo. 1997. "The Discourse of Decolonization and Popular Memory: South Korea." Tani E. Barlow ed. *Formation of Colonial Modernity in East Asia*. Durham: Duke University Press.

Choi, Jang-Jip. 1989. *Labor and the Authoritarian State: Labor Unions in South Korean Manufacturing Industries, 1961-1980*. Seoul: Korea University Press.

Chun, Soonok. 2003. *They Are Not Machines: Korean Women Workers and Their Fight for Democratic Trade Union in the 1970s*. Aldershot, England: Ashgate Publishing.

Cumings, Bruce. 1981. *The Origins of the Korean War: Liberation and the Emergence of Separate Regimes, 1945-1947*. Princeton: Princeton University Press.

_____. 1987. "The Origins and Development of the Northeast Asian Political Economy: Industrial Sectors, Product Cycles, and Political Consequences." Frederic C. Deyo ed. *The Political Economy of the New Asian Industrialism*. Ithaca: Cornell University Press.

_____. 1990. *The Origins of the Korean War: The Roaring of the Cataract, 1947-1950*. Princeton: Princeton University Press.

_____. 1997. *Korea's Place in the Sun: A Modern History*. New York and London: W. W. Norton and Company.

_____. 1999. *Parallax Visions: Making Sense of American-East Asian Relations*. Durham and London: Duke University Press.

Deyo, Frederic C. 1987. *The Political Economy of the New Asian Industrialism*. Ithaca: Cornell University Press.

Deyo, Frederic C. ed. 1989. *Beneath the Miracle: Labor Subordination in the New Asian Industrialization*. Berkeley: University of California Press.

Dirlik, Arif. 1991. *Anarchism in the Chinese Revolution*. Berkeley: University of California Press.

Dubofsky, Melvyn. 1994. *The State and Labor in Modern America*. Chapel Hill: University of North Carolina Press.

Eckert, Carter J. 1990-1991. "The South Korean Bourgeoisie: A Class in Search of Hegemony." *Journal of Korean Studies* 7.

_____. 1991. *Offspring of Empire: The Koch'ang Kims and the Colonial Origins of Korean Capitalism, 1876-1945*. Seattle: University of Washington Press.

_____. 1996. "Total War, Industrialization, and Social Change in Late Colonial Korea." Peter Duus, Ramon H. Myers, and Mark R. Peattie eds. *The Japanese Wartime Empire, 1931-1945*. Princeton: Princeton University Press.

Eckert, Carter J. et al. 1990. *Korea Old and New, A History*. Seoul: Ilchokak.

Fantasia, Rick. 1988. *Culture of Solidarity: Consciousness, Action, and Contemporary American Workers*. Berkeley: University of California Press.

Fink, Carole & Philipp Gassert & Detlef Junker eds. 1998. *1968, the World Transformed*. Cambridge: Cambridge University Press.

Fraser, Ronald. 1998. "Upping the Stakes: January-April 1968." Deborah Symonds & Frederick Adams eds. *Passages to the Modern World Vol. 2: 1750 to the Present*. Forbes Custom Publishing.

French, John D. 1992. *The Brazilian Workers' ABC: Class Conflict and Alliances in Sao Paulo*. Chapel Hill: University of North Carolina Press.

Garon, Sheldon. 1987. *The State and Labor in Modern Japan*. Princeton: Princeton University Press.

Frenkel, Stephen ed. 1993. *Organized Labor in the Asia-Pacific Region: A Comparative Study of Trade Unionism in Nine Countries*. Ithaca, N.Y.: ILR Press.

Gereffi, Gary & Donald Wyman eds. 1990. *Manufacturing Miracles: Paths of Industrialization in Latin America and East Asia*. Princeton, N.J.: Princeton University Press.

Gerschenkron, Alexander. 1966. *Economic Backwardness in Historical Perspective: A Book of Essays*. Cambridge, Mass.: Harvard University Press.

Gordon, Andrew. 1985. *The Evolution of Labor Relations in Japan: Heavy Industry, 1853-1955*. Cambridge, Mass.: Harvard University Press.

_____. 1991. *Labor and Imperial Democracy in Prewar Japan*. Berkeley: University of California Press.

_____. 1996. "Conditions for the Disappearance of the Japanese Working-Class Movement." Elizabeth J. Perry ed. *Putting Class in Its Place: Worker Identities in East Asia*. Berkeley: University of California, Berkeley.

_____. 1998. *The Wages of Affluence: Labor and Management in Postwar Japan*. Cambridge, Mass.: Harvard University Press.

Grajdanzev, Andrew J. 1944. *Modern Korea*. New York: John Day Co.

Haggard, Stephan. 1990. *Pathways from the Periphery: The Politics of Growth in the Newly Industrializing Countries*. Ithaca, N.Y.: Cornell University Press.

Haggard, Stephan & David Kang & Chung-in Moon. 1997. "Japanese Colonialism and Korean Development: A Critique." *World Development* 25:6.

Hanes, Jeffrey. 2002. *The City as Subject: Seki Hajime and the Reinvention of Modern Osaka*. Berkeley: University of California Press.

Hart-Landsberg, Martin. 1993. *The Rush to Development: Economic Change and Political Struggle in South Korea*. New York: Monthly Review Press.

Helgesen, Geir. 1998. *Democracy and Authority in Korea: The Cultural Dimension in Korean Politics*. New York: St. Martin's Press.

Janelli, Roger L. with Dawnhee Yim. 1993. *Making Capitalism: The Social and Cultural*

Construction of a South Korean Conglomerate. Stanford: Stanford University Press.

Johnson, Chalmers. 1982. *MITI and the Japanese Miracle: The Growth of Industrial Policy, 1925-1975.* Stanford: Stanford University Press.

Jonsson, Gabriel. 1995. *Shipbuilding in South Korea: A Comparative Study.* Stockholm: Stockholm University Institute of Oriental Languages.

Keck, Margaret E. 1992. *The Workers' Party and Democratization in Brazil.* New Haven, Conn.: Yale University Press.

Kim, Eun-Mee. 1997. *Big Business, Strong State: Collusion and Conflict in South Korean Development, 1960-1990.* Albany, N.Y.: State University of New York Press.

Kim, Hyung-A. 2004. *Korea's Development under Park Chung Hee: Rapid Industrialization, 1961-79.* London: RoutledgeCurzon.

Kim, Hyun-Mee. 1995. "Labor, Politics, and the Women Subject in Contemporary Korea." Ph.D. diss., University of Washington.

Kim, Janice. 2001. "Gender, Labor and Political Consciousness: Female Factory Workers in Colonial Korea." Ph.D. diss., School of Oriental and African Studies, University of London.

Kim, Seung-Kyung. 1997. *Class Struggle or Family Struggle?: The Lives of Women Factory Workers in South Korea.* Cambridge: Cambridge University Press.

Kirk, Donald. 1994. *Korean Dynasty: Hyundai and Chung Ju Yung.* New York: M.E.Sharpe, Inc.

Kohli, Atul. 1997. "Japanese Colonialism and Korean Development: A Reply." *World Development* 25:6.

_____. 1999. "Where Do High Growth Political Economies Come From? The Japanese Lineage of Korea's 'Developmental State'." Meredith Woo-Cumings ed. *The Developmental State.* Ithaca, N.Y.: Cornell University Press.

Koo, Hagen. 2001. *Korean Workers: The Culture and Politics of Class Formation.* New York: Cornell University Press.

Koo, Hagen ed. 1993. *State and Society in Contemporary Korea.* Ithaca: Cornell University Press.

Kwon, Tai Hwan et al. 1975. *The Population of Korea.* Seoul: The Population and Development Studies Center, Seoul National University.

Laba, Roman. 1991. *The Roots of Solidarity: A Political Sociology of Poland's Working-class Democratization.* Princeton, N.J.: Princeton University Press.

Lee, Byeong-cheon ed. 2003. *Developmental Dictatorship and the Park Chung-Hee Era: The Shaping of Modernity in the Republic of Korea.* Paramus, N.J.: Homa & Sekey Books.

Lee, Namhee. 2005. "Representing the Worker: The Worker-Intellectual Alliance of the 1980s in South Korea." *The Journal of Asian Studies* 64:4.

Lichtenstein, Nelson. 1982. *Labor's War at Home: The CIO in World War II.* Cambridge:

Cambridge University Press.

_____. 1995. *The Most Dangerous Man in Detroit: Walter Reuther and the Fate of American Labor.* New York: Basic Books.

Maier, Charles. 1981. "Two Postwar Eras and the Conditions for Stability in Twentieth-Century Western Europe." *American Historical Review* 86:2.

McNamara, Dennis L. 1990. *The Colonial Origins of Korean Enterprise, 1910-1945.* Cambridge: Cambridge University Press.

Min, Kwan-shik. 1975. "Personal Reflections on Democracy in Korea." Colloquium Paper No. 3 (Honolulu: Center for Korean Studies).

Montgomery, David. 1979. *Workers' Control in America.* New York: Cambridge University Press.

Moon, Seungsook. 2005. *Militarized Modernity and Gendered Citizenship in South Korea.* Durham, N.C.: Duke University Press.

Moore, Joe. 1983. *Japanese Workers and the Struggle for Power 1945-1947.* Madison: University of Wisconsin Press.

_____. 1985. "Production Control: Workers' Control in early Postwar Japan." *Bulletin of Concerned Asian Studies* 17:4.

Nam, Hwasook. 2003. "Labor's Place in South Korean Development: Shipbuilding Workers, Capital, and the State, 1960-79." Ph.D. diss., University of Washington.

_____. 2009. "Shipyard Women and the Politics of Gender: A Case Study of the KSEC Yard in South Korea." Elyssa Faison & Rugh Barraclough eds. *Sexing Class: Gender and Labor in Korea and Japan.* London: Routledge.

Ogle, George E. 1973. "Labor Unions in Rapid Economic Development: Case of the Republic of Korea in the 1960s." Ph.D. diss., University of Wisconsin-Madison.

_____. 1990. *South Korea: Dissent within the Economic Miracle.* London: Zed Books.

Pahk, Induk. 1954. *September Monkey.* New York: Harper & Brothers.

Palais, James B. 1975. *Politics and Policy in Traditional Korea.* Cambridge, Mass.: Harvard University Press.

_____. 1986. "Labor." Asia Watch Committee ed. *Human Rights in Korea: January 1986.* Washington, D.C.: Asia Watch Committee.

Park, Soon-Won. 1990. "The First Generation of Korean Skilled Workers: The Onoda Cement Sunghori Factory." *Journal of Korean Studies* 7.

_____. 1999a. *Colonial Industrialization and Labor in Korea: the Onoda Cement Factory.* Cambridge, Mass.: Harvard University Asia Center.

_____. 1999b. "Colonial Industrial Growth and the Emergence of the Korean Working Class." Gi-Wook Shin & Michael Robinson eds. *Colonial Modernity in Korea.* Cambridge, Mass.: Harvard University Asia Center.

Perry, Elizabeth J. 1993. *Shanghai on Strike: The Politics of Chinese Labor.* Stanford: Stanford University Press.

Pusey, James. 1983. *China and Charles Darwin*. Cambridge, M.A.: Harvard East Asian Monograph Series.

Pyle, Kenneth B. 1974. "Advantages of Followership: German Economics and Japanese Bureaucrats, 1890-1925." *Journal of Japanese Studies* 1:1.

Robinson, Michael E. 1988. *Cultural Nationalism in Colonial Korea, 1920-1925*. Seattle: University of Washington Press.

Scott, James. 1985. *Weapons of the Weak: Everyday Forms of Peasant Resistance*. New Haven, Conn.: Yale University Press.

Seidman, Gay Willcox. 1994. *Manufacturing Militance: Workers' Movements in Brazil and South Africa*. Berkeley: University of California Press.

Shin, Bum Shik(comp.). 1970. *Major Speeches by Korea's Park Chung Hee*. Seoul: Hollym Corporation.

Shin, Gi-Wook. 1996. *Peasant Protest and Social Change in Colonial Korea*. Seattle: University of Washington Press.

_____. 1999. "Colonial Corporatism: The Rural Revitalization Campaign, 1932-40." Gi-Wook Shin & Michael Robinson eds. *Colonial Modernity in Korea*. Cambridge, Mass.: Harvard University Asia Center.

Shin, Gi-Wook & Michael Robinson eds. 1999. *Colonial Modernity in Korea*. Cambridge, Mass.: Harvard University Asia Center.

Smith, Thomas C. 1988. *Native Sources of Japanese Industrialization, 1750-1920*. Berkeley: University of California Press.

Smith, William Donald. 1999. "Ethnicity, Class, and Gender in the Mines: Korean Workers in Japan's Chikuho Coal Field, 1917-1945." Ph.D. diss., University of Washington.

Sorensen, Clark. 1988. *Over the Mountains Are Mountains: Korean Peasant Households and Their Adaptations to Rapid Industrialization*. Seattle: University of Washington Press.

Steers, Richard M. 1999. *Made in Korea: Chung Ju Yung and the Rise of Hyundai*. London: Routledge.

Steers, Richard M. & Yoo Keun Shin & Gerardo R. Ungson. 1989. *The Chaebol: Korea's New Industrial Might*. New York: HarperBusiness.

Suh, Dae-Sook. 1988. *Kim Il Sung: The North Korean Leader*. New York: Columbia University Press.

Suh, Sang-chul. 1978. *Growth and Structural Changes in the Korean Economy, 1910-1940*. Cambridge, Mass.: Harvard University Press.

Tamaki, Norio. 2001. *Yukichi Fukuzawa 1835-1901: The Spirit of Enterprise in Modern Japan*. New York: Palgrave.

Weiner, Michael A. 1989. *The Origins of the Korean Community in Japan 1910-1923*. Atlantic Heights, N.J.: Humanities Press International.

Wells, Kenneth M. 1990. *New God, New Nation: Protestants and Self-Reconstruction*

Nationalism in Korea, 1896-1937. Honolulu: University of Hawaii Press.

Wells, Kenneth M. ed. 1995. *South Korea's Minjung Movement: The Culture and Politics of Dissidence*. Honolulu: University of Hawaii Press.

Woo, Jung-en. 1991. *Race to the Swift: State and Finance in Korean Industrialization*. New York: Columbia University Press.

Woo-Cumings, Meredith ed. 1999. *The Developmental State*. Ithaca, N.J.: Cornell University Press.

金三洙. 1993. 『韓國資本主義國家の成立過程, 1945-53年: 政治体制・勞働運動・勞働政策』. 東京大學出版會.

金鎔基. 1997. "1950年代韓國企業の經營管理と勞動者: 大韓造船公社の事例分析." 『大原社會問題研究所雜誌』 469.

朴己出. 1975. 『韓國政治史』. 民族統一問題研究院朴己出先生著作刊行會.

구술 자료

권오덕. 2001년 9월 20일(부산, 면담자: 김준)

_____. 2006년 5월 18일(부산, 면담자: 남화숙, 김준)

_____. 2006년 5월 19일, 30일(부산, 면담자: 남화숙)

김인수. 2004년 7월 26일(부산, 면담자: 남화숙)

김진숙. 2004년 7월 24일(부산, 면담자: 남화숙); 2004년 7월 30일(서울, 면담자: 남화숙); 2006년 5월 20일, 29일(부산, 면담자: 남화숙)

대한조선공사 전 임원들. 2000년 8월 9일(부산, 면담자: 신원철)

박인상. 2007년 11월 7일(서울, 면담자: 남화숙)

정옥련. 2006년 5월 19일(부산, 면담자: 남화숙)

조춘화. 2004년 7월 26일(부산, 면담자: 남화숙)

| 찾아보기 |